Der Equinox

Das offizielle Organ der A.'.A.'.

Tu was Du willst soll das Ganze des Gesetzes sein.
Liebe ist das Gesetz, Liebe unter Willen.
Das Wort des Gesetzes ist Θελημα.

Das offizielle Organ des O.T.O.

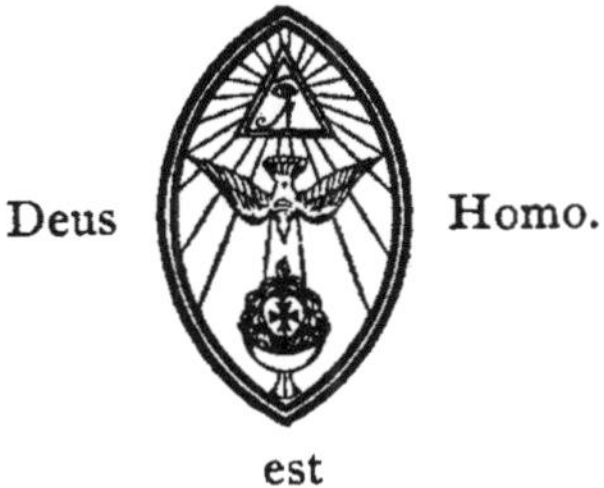

Das Magazin des wissenschaftlichen Illuminismus

Die Methode der Wissenschaft, das Ziel der Religion.

An XV - Vol. III. - No.I. - Sol in ♈

März MCMXIX E.V.

Nach dem Ölgemälde von Frater T.A.T.K.T.A (Leon Kennedy)

Der Meister wird in Seiner Heiligen Meditation dargestellt. Um Ihn flammt die Aura, die zu dieser besonderen Trance korrespondiert, wie sie direkt vom Künstler beobachtet wurde, der die Kraft der Wahren Sicht besitzt.

Erstausgabe 1929
© 1994,2015 Kersken-Canbaz-Verlag
Alle Rechte vorbehalten.
Druck und jegliche Wiedergabe in jedweder Form, auch elektronisch oder als Daten, nur mit vorheriger Genehmigung des Verlages.
Satz: KC-Verlag mit KOMA-Script und LaTeX.
Herstellung: Books on Demand GmbH, Norderstedt

ISBN 978-3-89423-097-5

Inhaltsverzeichnis

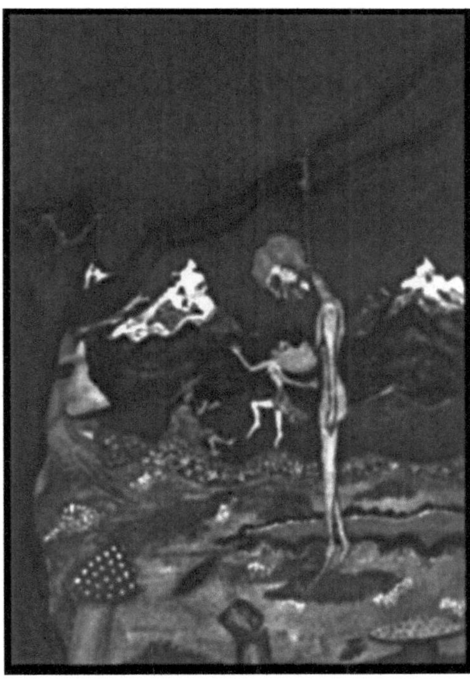

Mai-Morgen

Der Künstler stellt die Dämmerung des Tages nach der Hexenjagd dar. Die Hexe wurde gehängt und der Satyr blickt freudig hinter dem Baum hervor; im Hintergrund ist alles Frühling und die Nymphe tanzt voller Freude zum Flötenspiel des Schäfers.

Das Bild ist symbolisch für das Neue Äon. Am zerschmetterten Stumpf des Dogmas, der Gifteiche der »Ursünde« wurde die Vettel mit ihrem gefärbten und blutigen Haar gehängt, das Christentum; und so erinnert die Glyphe an »sa vie horizontale et sa mort verticale«. Der Satyr, ein Portrait von Frater D.D.S., einem der Lehrer des Meisters Therion, stellt die Seele des Neuen Äons dar, dessen Wort ist »Tu was Du willst«; denn der Satyr ist die wahre Natur eines jeden Mannes und einer jeden Frau; und jeder Mann und jede Frau ist ein Stern.

Der Schäfer und die Nymphe im Hintergrund repräsentieren den spontanen Ausbruch der Musik des Klanges und der Bewegung, hervorgerufen durch die Befreiung der Kinder des Neuen Äons vom Fluche der Ursünde und anderen priesterlichen Lügenmärchen.

Liebe ist das Gesetz, Liebe unter Willen.

Hymne an Pan

εφριξ ερωτι περιαρχηζ δ ανεπτομαν
ιω ιω παν παν
ω παν παν αλιτλαγκτε, κξλλανιαζ ξιονοκτξποξ
πετραιαζ απο δειραδοζ φανηθ, ω
θεων ξοροποι αναξ

Sophokles, Ajax

Thrill with lissome lust of the light,
O man! My man!
Come careering out of the night
Of Pan! Io Pan!

Io Pan! Io Pan! Come over the sea
From Sicily and from Arcady!

Roaming as Bacchus with fawns and pards
And nymphs and satyrs for thy guards,
On a milk-white ass, come over the sea
To me, to me,
Come with Apollo in bridal dress
(Shepherdess and pythoness)
Come with Artemis, silken shod,
And wash thy white tigh, beautiful God,
In the moon of the woods, on the marble mount,
The dimpled dawn of the amber fount!

Dip the purple of passionate prayer
In the crimson shrine, the scarlet snare,
The soul that startles in eyes of blue

To watch thy wantonness weeping through
The tangled grove, the gnarled bole
Of the living tree that is spirit and soul
And body and brain - come over the sea,
(Io Pan! Io Pan!)
Devil or god, to me, to me,
My man! my man!

Come with trumpets sounding shrill
Over the hill!
Come with drums low muttering
From the spring!
Come with flute and come with pipe!
Am I not ripe?

I, who wait and writhe and wrestle
With air that hath no boughs to nestle
My body, weary of empty clasp,
Strong as a lion and sharp as an asp –
Come, O come!

I am numb
With the lonely lust of devildom.
Thrust thy sword through the galling fetter,
All-devourer, all-begetter;
Give me the sign of the Open Eye,
And the token erect of thorny thigh,
And the word of madness and mystery,
O Pan! Io Pan!

Io Pan! Io Pan Pan! Pan Pan! Pan,
I am a man:
Do as thou wilt, as a great god can,
O Pan! Io Pan!
Io Pan! Io Pan Pan! I am awake
In the grip of the snake.

The eagle slashes with beak and claw;

The gods withdraw:
The great beasts come, Io Pan! I am borne
To death on the horn
Of the Unicorn.
I am Pan! Io Pan! Io Pan Pan! Pan!

I am thy mate, I am thy man,
Goat of thy flock, I am gold, I am god,
Flesh to thy bone, flower to thy rod.

With hoofs of steel I race on the rocks
Through solstice stubborn to equinox.

And I rave; and I rape and I rip and I rend
Everlasting, world without end,
Mannikin, maiden, maenad, man,
In the might of Pan.
Io Pan! Io Pan Pan! Pan! Io Pan![1]

[1] [A.d.R.] Längere Gedichte, so wie dieses, haben wir im Original belassen. Eine korrekte Übersetzung, die alle wesentlichen Elemente bewahrt, ist bei keinem Gedicht wirklich möglich und die andere Alternative, eine wörtliche Übersetzung in Form einer Fußnote, ist in Hinsicht auf das Verständis eines Gedichtes und vor allem auch für das Erfassen mittels des Gefühls, völlig unzulänglich.

Editorial

Tu was Du willst soll das Ganze des Gesetzes sein.

Die Welt benötigt Religion.

Religion muß Wahrheit repräsentieren und sie zelebrieren.

Diese Wahrheit hat zwei Ordnungen: zum einen betrifft sie die Natur außerhalb des Menschen, zum anderen betrifft sie die Natur innerhalb des Menschen.

Bestehende Religionen, besonders die Christenheit, basieren auf der primitiven Ignoranz von Fakten, besonders denen der äußeren Umwelt.

Feste müssen sich dem Sinn und der Natur der Menschen anpassen.

Die Christenheit hat die freudvollen Feste, charakterisiert durch Musik, Tanz, Feiern und liebevolle Vereinigung, zerstört und hat lediglich die Melancholie erhalten.

Das Gesetz von Thelema offenbart eine Religion, die alle notwendigen Bedingungen erfüllt.

Die Philosophie und die Metaphysik von Thelema sind gültig und offenbaren eine Lösung der tiefsten Probleme der Menschheit.

Die Wissenschaft von Thelema ist orthodox; sie hat keine fehlerhaften Theorien über die Natur, noch fehlerhafte Fabeln vom Ursprung der Dinge.

Psychologie und Ethik von Thelema sind vollkommen. Sie haben die verdammte Täuschung der Ur-Sünde zerstört und jeden einzig, unabhängig, überlegen und sich selbst genügend gemacht.

Das Gesetz von Thelema ist im Buch des Gesetzes gegeben. [Equinox Vol. I, Bde. VII und X]

Der Equinox wurde verfaßt, um dieses Gesetz zu verkünden und zu demonstrieren.

Die A.·.A.·. oder Große Weiße Bruderschaft, durch welche dieses Gesetz erlangt wurde, ist eine Körperschaft der höchsten Initiierten, welche gelobten, die Menschheit zu unterstützen.

Diese Körperschaft offenbart dem individuell Suchenden Instruktionen auf dem Weg des spirituellen Fortschrittes und der Illumination.

Die Arbeit der A.·.A.·. wird wissenschaftlicher Illuminismus genannt. Dies soll kurz ausgedrückt werden durch das Zitat des Mottos

»Die Methode der Wissenschaft; das Ziel der Religion«.

Jeder Suchende wird darin unterrichtet, wie er für sich selbst die Wahrheit durch akkurate und erprobte Mittel erlangen kann.

Der O.T.O. ist die erste der großen religiösen Gesellschaften, die das Gesetz akzeptiert. Er schult Gruppen durch den Weg der progressiven Initiation.

Der Equinox publiziert alle Instruktionen und Kundgebungen der A.·.A.·. und des O.T.O. Er publiziert ebenso Poesie, Drama, Fiktion und Essay, soweit sie mit diesem Programm harmonieren und soweit es der Platz erlaubt.

Der Equinox wird so genannt, weil er zum einen der Kommentar zum Wort des Neuen Äons, Θελημα, ist, welches zum Equinox der Götter gegeben wurde, als das gekrönte und erobernde Kind Horus den Platz des sterbenden Gottes Osiris einnahm. (Der Equinox markiert eine Periode frischen Einflusses der Kraft unseres Vaters, der SONNE.) Zum zweiten, weil in Übereinstimmung damit die Publikationen zum Equinox des Frühlings und des Herbstes eines jeden Jahres erscheinen. Es ist eine Regel der A...A.., zwischen fünf Jahren des Schweigens und fünf Jahren des Sprechens zu alternieren. So erfolgte die Publikation von 1909 bis 1914, an V bis IX, und nun von 1919 bis 1924, an XV bis XIX.

Liebe ist das Gesetz, Liebe unter Willen.

A∴A∴

Bekanntmachung

Ein Manifest der Großen Weißen Bruderschaft.

Tu was Du willst soll das Ganze des Gesetzes sein.

Der Praemonstrator der A∴A∴ wünscht bekanntzugeben, daß die Periode des Schweigens, welche - entsprechend der Regel des Ordens - während einer Zeitspanne von fünf Jahren andauerte, im Equinox des Frühlings des Jahres 1919 der gewöhnlichen Zeitrechnung enden wird. Er wünscht, die Aufmerksamkeit auf die generellen Prinzipien der Großen Weißen Bruderschaft zu lenken, welche ebenso als A∴A∴ bekannt ist.

Diese Körperschaft existiert hauptsächlich zu dem Zweck, Initiation zu übertragen.

Außerdem bereitet sie die Menschen auf die Initiation durch verschiedene Arten der Instruktion vor.

Diese teilen sich in zwei Hauptarten, theoretische und praktische Unterweisungen.

Informationen zu diesen beiden Wegen der Unterweisung:

Der Orden gibt gedruckte Bücher der Unterweisung heraus. Sie decken die klassischen Bereiche aller vorhergehenden Systeme ab und erklären das spezielle System der A∴A∴. Diese Instruktionen werden in außerordentlich verständlicher und wohlgeordneter

Form herausgegeben. Jede Instruktion wurde nach strikten wissenschaftlichen Richtlinien editiert. Studenten werden in dieser Arbeit sorgfältig geübt; Prüfumgen finden regelmäßig statt und Diplome werden an solche verteilt, die sie bestanden haben. Die Unterweisung durch die A.·.A.·. ist deshalb so präzise und bestimmt wie ein Universitätskurs.

Während der fünf Jahre der Rede, vom Equinox des Frühlings 1909 der gewöhnlichen Zeitrechnung an, wurden 65 verschiedene Bücher herausgegeben. Fast alle wurden in den 10 Nummern des Equinox Vol. I abgedruckt.

Vol. I des Equinox ist nun selten und teuer. Lediglich einige wenige Sätze sind noch für je $100 erhältlich. Wenn diese verkauft sein werden, ist geplant, die oben angesprochenen Offiziellen Instruktion einzeln wieder aufzulegen, so daß auch jene Studenten davon profitieren können, welchen es nicht gelungen ist, einen kompletten Satz des Equinox Vol. I zu erwerben.

Die A.·.A.·. wird eine neue Auflage des Equinox in 10 Nummern in Intervallen von 6 Monaten, beginnend mit dem Frühlingsequinox des gewöhnlichen Jahres 1919 (23. März), veröffentlichen. Die grundlegenden Themen der neuen Ausgabe sind die folgenden:

Liber CCXX[2]: Das Buch des Gesetzes, welches die Grundlage unserer gesamten Arbeit ist, und der Kommentar dazu, verfaßt von dem Meister, dem es für die Welt gegeben wurde.

Liber LXI: Ein Manuskript, welches einen Überblick über die Geschichte der A.·.A.·. in vergangenen Zeiten gibt. Die Geschichte beinhaltet keine Mythologie. Es ist eine Stellungnahme, die auf Fakten basiert, die der rationalen Prüfung standhalten.

Liber CL: De Lege Libellum. Eine kurze Erklärung des Gesetzes, die seinen sublimen Wert ausführt. Vom Meister Therion.

Liber LXV[3]: Das Buch des mit der Schlange gegürteten Herzens. Diese magische Abhandlung beschreibt speziell das Verhältnis des Aspiranten zu seinem Höheren Selbst. Es ist in seiner Konzeption und Ausführung ein Meisterstück der Erhöhung des Denkens, in reiner Schönheit geschrieben.

---

[2] [A.d.R.] Als Liber AL vel Legis im Kersken-Canbaz-Verlag erhältlich.

[3] [A.d.R.] Siehe zu diesem und den folgenden beiden Büchern »Die heiligen Bücher von Thelema«

Liber VII: Das Buch des Lapis Lazuli. Es gibt in magischer Sprache einen Einblick in die Initiation eines Meisters des Tempels. Dies ist die einzige Parallele in Schönheit und Ekstase zum Liber LXV.

Liber XXVII: Vel Trigrammaton. Es beschreibt den Lauf der Schöpfung unter der Figur des Zusammenspiels der drei Prinzipien. Das Buch korrespondiert zu den Stanzen von Dzyan.

Liber DCCCXIII: Vel Ararita. Dieses Buch beschreibt in magischer Sprache einen sehr geheimen Prozeß der Initiation.

Liber II: Die Botschaft des Meisters Therion. Es erklärt die Essenz des neuen Gesetzes auf sehr einfache Art und Weise.

Liber DCCCXXXVII: Das Gesetz der Freiheit. Dies ist eine weitere Erklärung des Buches des Gesetzes mit Bezug auf einige ethische Probleme.

Liber DCXXIII: De Thaumaturgia. Eine Stellungnahme zu einigen ethischen Überlegungen bezüglich der Magick.

Liber LXXIII: Die Urne. Dies ist die Fortsetzung von »Der Tempel von Salomon dem König« und es ist das Tagebuch eines Magus. Dieses Buch beinhaltet eine detaillierte Beschreibung aller Erfahrungen des Meisters Therion bei der Erlangung dieses Grades der Initiation, dem höchsten, der einem manifestierten Menschen möglich ist.

Liber LXXI: Die Stimme der Stille, von H.P. Blavatsky, mit einem ausgearbeiteten Kommentar von Frater O.M., $7^\circ=4^\square$, dem gelehrtesten aller Brüder dieses Ordens; er hat 18 Jahre mit dem kritischen Studium dieses Meisterstückes verbracht.

Liber XXI: Der Klassiker der Reinheit: von Ko Hsuen. Eine Übersetzung aus dem Chinesischen von Meister Therion.

Liber Aleph CXI[4]**:** Das Buch von Weisheit oder Torheit. Ein erweiterter und ausgearbeiteter Kommentar zum Buch des Gesetzes in der Form eines Briefes von Meister Therion an seinen magischen Sohn. Dieses Buch beinhaltet einige der tiefsten Geheimnisse der Initiation mit einer klaren Lösung vieler kosmischer und ethischer Probleme.

---

[4] [A.d.R.] Siehe zu diesem und dem folgenden Buch die beiden Bände gleichen Titels im Kersken-Canbaz-Verlag.

Liber CCCXXXIII: Das Buch der Lügen, fälschlich so genannt: mit einem ausführlichen Kommentar des Meisters Therion. Dieses Buch beinhaltet einige der wertvollsten mystischen Epigramme, die jemals geschrieben wurden und ebenso einige sehr wichtige, geheime Rituale. Es ist das offizielle Textbuch der A.·.A.·. für »Kinder des Abyss«.

Liber XV: Der Kanon der Messe, entsprechend der gnostischen katholischen Kirche, die die originale und wahre vorchristliche Christenheit repräsentiert.

Liber LI: Der verlorene Kontinent. Eine Ausführung über den Kontinent Atlantis. Die Sitten und Gewohnheiten, magische Riten und Ansichten seines Volkes, zusammen mit einer wahren Ausführung über die sogenannte Katastrophe, welche in seinem Verschwinden endete.

Liber CVI: Eine Abhandlung über die Natur des Todes und die passende Einstellung dazu.

Liber DCCCLXXXVIII: Eine vollständige Studie der Anfänge der Christenheit.

Liber DCLXVI: Das Tier. Dieses Buch ist eine Ausführung über die magische Persönlichkeit, die der Logos des gegenwärtigen Äons ist.

Liber LXXXI: Das Schmetterlingsnetz. Eine Ausführung über eine magische Operation, speziell den Planeten Mond betreffend, geschrieben in Form einer Novelle.

Liber DCCLXXVII: Ein vollständiges Wörterbuch der Korrespondenzen aller magischen Elemente, nachgedruckt mit ausführlichen Anhängen, was es zu dem einzigen vergleichbaren Standardbuch der Referenzen macht, das jemals veröffentlicht wurde. Es ist für die Sprache des Okkultismus, was der Webster oder Murray[5] für die englische Sprache sind.

Liber CCXVI: Das Yi King. (I-Ging, Der Klassiker der Wandlungen) Eine neue Übersetzung mit Kommentar von Meister Therion. Konfuzius sagte, daß wenn sein Leben um einige Jahre verlängert werden würde, er 50 Jahre dem Studium dieses Buches widmen würde.

---

[5] [A.d.R.] Berühmte englische Wörterbücher.

Liber CLVII: Das Tao Teh King. Eine neue Übersetzung mit einem Kommentar von Meister Therion. Dies ist der höchste und doch praktischste der chinesischen Klassiker.

Liber CLXV: Eine Ausführung über die Erlangung eines Meisters des Tempels, detailliert gegeben von Frater O.I.V.V.I.O. Dies ist die Aufzeichnung eines Mannes, der tatsächlich durch das System, welches von der A.·.A.·. gelehrt wird, diesen Grad erlangte.

Liber DXXXVI: Eine vollständige Abhandlung über Astrologie, von Frater O.M. Dies ist das einzige Textbuch, welches nach wissenschaftlichen Richtlinien aufgebaut wurde. Durch Klassifikation beobachteter Fakten, anstelle der Herleitung von à priori Theorien.

Liber XLIX: Shi Yi Chien. Eine Ausführung über die göttliche Vollkommenheit, illustriert durch die siebenfältige Permutation der Dyade.

Liber LXXVIII: Eine vollständige Abhandlung über das Tarot. Sie gibt die korrekte Darstellung der Karten mit ihren Zuordnungen und ihren symbolischen Bedeutungen auf allen Ebenen.

Liber LXXXIV: Die Vervollständigung des Buches (begonnen in Equinox Vol. I: VII, VIII.), welches das System des Universums erklärt, das von Dr. John Dee (dem Hofastrologen von Königin Elisabeth I.) und Sir Edward Kelly entwickelt wurde.

Liber CMXXXIV: Der Kaktus. Eine ausgearbeitete Studie der psychologischen Effekte, die durch Anhalonium Levinii (Mescal-Buttons) produziert werden. Zusammengestellt aus den tatsächlichen Aufzeichnungen einiger hundert Experimente, mit einem erklärenden Essay.

Liber CCLXV: Die Struktur des Bewußtseins. Eine Abhandlung über Psychologie vom mystisch magischen Standpunkt. Ihr Studium wird dem Aspiranten helfen, eine detaillierte wissenschaftliche Analyse seines Bewußtseins anzufertigen und so zu erlernen, es zu kontrollieren.

Liber CCCLXV: Die (sogenannte) einleitende Invokation der Goetia, mit einer vollständigen Erklärung der barbarischen Namen, der Evokationen, die darin benutzt werden und einer geheimen Rubrik zum Ritual von Meister Therion. Dies ist die wirkungsvollste, bekannte Invokation und wurde vom Meister selbst in seiner Erlangung benutzt[6].

Liber MCCLXIV: Die griechische Kabbalah. Ein vollständiges Wörterbuch aller heiligen und wichtigen Worte und Ausdrücke, welche in den Büchern der Gnosis und anderen wichtigen, griechischen und koptischen Schriftstücken vorkommen.

Zahlreiche andere Unterweisungen sind in Vorbereitung und werden fortlaufend veröffentlicht. Soweit es der Platz erlaubt, wird eine Reihe von Geschichten und Gedichten von höchstem, mystischen und magischen Wert angefügt. Es wird daran erinnert, daß es stets die Politik der A.·.A.·. war, keinen irgendwie gearteten finanziellen Profit zu machen, weder aus Publikationen, noch auf irgendeine andere Art. Und der Equinox wurde immer zu einem Preis herausgegeben, der, wenn überhaupt, gerade die Kosten des Druckes deckte. Es wird bezweckt, diese Politik bei der neuen Ausgabe fortzusetzen. Infolge des Krieges sind die Kosten des Drucks, sowohl für das benötigte Papier, als auch für die notwendige Arbeit, in eine unvorhersehbare Höhe gestiegen. Aber der Praemonstrator der A.·.A.·. ist angewiesen, diesen Gegebenheiten nicht zu erlauben, sein Vorhaben, den Equinox in einer dem Inhalt angepaßten Form herauszubringen, zu behindern. Die neue Auflage von 10 Nummern, im Schnitt 400 Seiten stark, wird der alten in keiner Weise, weder bezüglich des Papiers noch des Drucks, nachstehen. Er wird in der bestmöglichen Art produziert und es wird von bleibendem Wert für eine Bibliothek sein. Das Aussehen wird einheitlich zu der letzten Auflage sein, aber die Bindung wird in der Qualität verbessert werden.

Liebe ist das Gesetz, Liebe unter Willen.

[Alle Anfragen bezüglich der Publikationen der A.·.A.·. sollten an den Cancellarius der A.·.A.·. gerichtet werden, der über die Herausgeber des Equinox erreichbar ist[7].]

---

[6] [A.d.R] Siehe »Liber Samekh« in Magick, Band 2 und »Die Goetia« in Aleister Crowley: Gesammelte Schriften Band 2, beide Kersken-Canbaz-Verlag.

[7] [A.d.R.] Dies ist ein Absatz, der dem Original entspricht und nicht als moderne Aufforderung mißverstanden werden sollte.

A.·.A.·.
Curriculum

Tu was Du willst soll das Ganze des Gesetzes sein.

Um das Studium der offiziellen Instruktionen und der anderen Publikationen der A.·.A.·. zu erleichtern, gibt der Praemonstrator des Ordens nun eine Serie von Kursen heraus, die zu den unterschiedlichen Graden korrespondieren.

Die Grade selbst repräsentieren magischen und mystischen Fortschritt, korrespondierend zu den Graden der Studentenschaft, die den intellektuellen Fortschritt repräsentieren. In jedem solcher Grade muß ein Examen durchlaufen werden, bevor der äquivalente Grad offiziell gültig wird. Es muß verstanden werden, daß die höchsten okkulten Erlangungen sogar den Menschen möglich sind, die nicht das geringste intellektuelle Wissen besitzen. Dieses war in der Vergangenheit ein Quell großer Ungleichheit. Und es repräsentierte eine Übervorteilung des einen Organs der Natur auf Kosten eines anderen. Es ist die spezielle Intention der A.·.A.·., dafür zu sorgen, daß der Fortschritt ordentlich und vollständig erfolgt. Es muß weiterhin festgestellt werden, daß, obwohl einige Bücher für spezielle Studien ausgewählt wurden, der Student dadurch nicht vom generellen Studium aller Bücher ausgeschlossen werden soll, denn es ist wichtig für ihn, von Anfang an die umfassende Anstrengung zu unternehmen, das ganze System zu verstehen.

Erstens, weil es wünschenswert ist, daß er seine Praktiken aus dem gesamten Angebot zu seinem eigenen Vorteil wählt und ebenso, weil er, wenn er fortschreitet, bis zu einem gewissen Umfang mit all diesen Praktiken vertraut sein muß, so daß er vorbereitet sein mag, die zu instruieren, welche sich seiner Führung anvertrauen.

Kurs I

Generelle Lesung

Sektion 1: Bücher für das sorgfältige Studium:

Liber CCXX (Liber Al vel Legis). Das Buch des Gesetzes. Dieses Buch ist das Fundament des Neuen Äons und damit das Fundament unserer gesamten Arbeit.

Equinox Vol. I No. I.-X. Das Standardwerk in allen okkulten Angelegenheiten. Die Enzyklopädie der Initiation.

Liber ABA (Buch 4). Eine generelle Ausführung über das elementare Thema der magischen und mystischen Kräfte in 4 Teilen: (1) Mystizismus, (2) Magische Theorie, (3) Magische Praxis, (4) Das Gesetz[8].

Liber II. Die Botschaft des Meisters Therion, welche die Essenz des neuen Gesetzes auf sehr einfache Weise erläutert.

Liber DCCCXXXVII. Das Gesetz der Freiheit, welches eine weitere Erläuterung des Buches des Gesetzes ist mit Bezug zu einigen ethischen Problemen.

Gesammelte Werke von Aleister Crowley. Diese Arbeiten beinhalten viele mystische und magische Geheimnisse, sowohl deutlich in Prosa ausgedrückt, als auch verwoben in die Robe sublimster Poesie.

»Das Yi King« (S.B.E. Series, Oxford University Press). Der »Klassiker der Wandlungen«. Es gibt das initiierte chinesische System der Magick wieder.

»Das Tao Te King« (S.B.E. Series). Es gibt das initiierte chinesische System des Mystizismus wieder.

Tannhäuser, von A. Crowley. Ein allegorisches Drama betreffs des Fortschrittes der Seele. Die Tannhäuser Geschichte, geringfügig angepaßt.

Die Upanishaden (S.B.E. Series). Die klassische Basis des Vedantismus, die bestbekannte Form des Hindu-Mystizismus.

---

[8] [A.d.R.] Siehe Magick, 2 Bände, Kersken-Canbaz-Verlag.

Die Bhagavadgita. Ein Dialog, in welchem Krishna, der Hindu-«Christus«, ein System der Erlangung ausdrückt.

Die Stimme der Stille, von H.P. Blavatsky, mit einem ausgearbeiteten Kommentar von Frater O.M.

Die Goetia. Das verständlichste der mittelalterlichen Rituale der Evokation. Sie beinhaltet ebenso die favorisierte Evokation des Meister Therion.

Die Shiva Sanhita. Eine berühmte hinduistische Abhandlung über bestimmte physische Praktiken.

Die Hatha-Yoga Pradipika. Vergleichbar der Shiva Sanhita.

Erdmanns »Geschichte der Philosophie«. Eine zusammenfassende Darstellung der Philosophie von den frühesten Zeiten an. Höchst wertvoll zur allgemeinen Bildung des Bewußtseins.

Der spirituelle Führer von Molinos. Ein einfaches Handbuch des christlichen Mystizismus.

Ein Stern im Westen[9]. (Captain Fuller) Eine Einführung in das Studium der Arbeiten von Aleister Crowley.

Das Dhammapada. (S.B.E. Serie, Oxford, University Press.) Der beste der buddhistischen Klassiker.

Die Fragen des König Milinda. (S.B.E. Serie.) Technische Punkte des buddhistischen Dogmas, durch Dialoge illustriert.

Liber DCCLXXVII. Vel Prolegomena Symbolica Ad Systeman Sceptico-Mysticae Viae Explicandae, Fundamentum Hieroglyphicum Sanctissimorum Scientiae Summae[10]. Ein vollständiges Nachschlagewerk der Korrespondenzen aller magischen Elemente, nachgedruckt mit ausführlichen Ergänzungen, welche es zum einzigen Standardbuch der Referenzen machen, welches jemals publiziert wurde. Es ist für die Sprache des Okkultismus das, was Webster oder Murray für die englische Sprache ist.

Die Vielfalt religiöser Erfahrungen. (James) Wertvoll insofern, als es die Uniformität der mystischen Erlangung darstellt.

Kabbalah Denudata, von Rosenroth: Ebenso Kabbalah entschleiert, von S.L. Mathers. Der Text der Kabbalah mit Kommentar. Eine gute elementare Einführung in die Angelegenheit.

---

[9] [A.d.R.] Siehe Magick, Band 1, Kersken-Canbaz-Verlag.

[10] [A.d.R.] Siehe »Liber 777«, Kersken-Canbaz-Verlag.

Konx Om Pax. Vier unbeschreiblich wertvolle Abhandlungen und ein Vorwort über Mystizismus und Magick.

Pistis Sophia. Eine bewundernswerte Einführung in die Studien des Gnostizismus.

Die Orakel des Zoroaster. Eine unbeschreiblich wertvolle Sammlung mystischer und magischer Lehren.

Der Traum des Scipio von Cicero. Exzellent wegen seiner Vision und seiner Philosophie.

Die goldenen Verse des Pythagoras von Fabre d`Olivet. Eine interessante Studie der exoterischen Doktrinen dieses Meisters.

Der göttliche Pymander von Hermes Trismegistos. Unbeschreiblich wertvoll, insofern es sich mit der gnostischen Philosophie befaßt.

Die geheimen Symbole der Rosenkreuzer. Nachdruck von Franz Hartmann. Eine höchst wertvolle Zusammenfassung.

Scrutinium Chymicum von Michael Maier. Eine der besten Abhandlungen über Alchemie.

Wissenschaft und die Unendlichkeit von Sidney Klein. Eines der besten Essays, welches in den letzten Jahren geschrieben wurde.

Zwei Essays über die Verehrung des Priapus. Von Richard Payne Knight. Unschätzbar für alle Studenten.

Der Goldene Zweig von J.G. Frazer. Ein Lehrbuch der Volksweisheiten. Unschätzbar für alle Studenten.

Das Zeitalter der Vernunft. Von Thomas Payne. Exzellent, obwohl elementar, als Korrektiv zum Aberglauben.

Flüsse des Lebens von General Forlong. Ein höchst wertvolles Textbuch alter Systeme der Initiation.

Drei Dialoge von Bischof Berkeley. Der Klassiker des subjektiven Idealismus.

Essays von David Hume. Der Klassiker des akademischen Skeptizismus.

Erste Prinzipien von Herbert Spencer. Der Klassiker des Agnostizismus.

Prolegomena, von Immanuel Kant. Die beste Einführung in Metaphysik.

Der Kanon. Das beste Textbuch der angewandten Kabbalah.

Die vierte Dimension von H. Hinton. Das Textbuch über diese Angelegenheit.

Die Essays von Thomas Henry Huxley. Meisterstücke der Philosophie, sowie der Prosa.

Das Ziel dieses Lesekurses besteht darin, den Studenten mit all dem bekannt zu machen, was die großen Meister zu allen Zeiten in allen Ländern gesagt haben. Er sollte sie kritisch studieren; nicht so sehr mit dem Gedanken, die Wahrheit darin zu entdecken, denn das kann er nicht, außer durch seine eigenen spirituellen Erfahrungen, sondern eher, um die essentielle Harmonie in diesen unterschiedlichen Arbeiten zu entdecken. Er sollte sich davor hüten, sich auf die Seite seines bevorzugten Autors zu schlagen. Und er sollte sich sorgfältigst mit der Methode des mentalen Equilibriums vertraut machen und versuchen, jede Aussage, welche auch immer, zu widerlegen, obwohl sie augenscheinlich axiomatisch sein mag.

Das allgemeine Ziel dieses Kurses, neben dem bereits Gesagten, ist, eine umfassende Ausbildung in okkulten Angelegenheiten zu gewährleisten, so daß, wenn die spirituelle Erleuchtung kommt, sie einen wohlgebauten Tempel vorfinden mag. Dort, wo das Bewußtsein starr auf eine bestimmte Theorie ausgerichtet ist, besteht das Resultat einer Illumination häufig darin, diesen Teil Bewußtseins zu entflammen, welcher auf diese Art und Weise überbeansprucht wird, mit der Folge, daß der Aspirant, anstatt ein Adept zu werden, ein Bigotter oder Fanatiker wird.

Die A.·.A.·. bietet keine Prüfung in diesem Kurs an, sondern empfiehlt diese Bücher als Fundament einer Bibliothek.

Sektion 2: Andere Bücher, hauptsächlich Erzählungen von allgemein anregender und hilfreicher Art:

Zanoni, von Sir Edward Bulwer-Lytton. Wertvoll wegen seiner Fakten und Anregungen über Mystizismus.

Eine ungewöhnliche Geschichte, von Sir Edward Bulwer-Lytton. Wertvoll wegen seiner Fakten und Anregungen über Magick.

Die Blüte und die Frucht, von Mable Collins. Wertvoll wegen der Darstellung des Weges.

Petronius Arbiter. Wertvoll für jene, welche die Weisheit haben, es zu verstehen.

Der goldene Esel, von Apuleius. Wertvoll für jene, welche die Weisheit haben, es zu verstehen.

Lecomte de Gabalis. Wertvoll wegen seiner Hinweise auf jene Dinge, welche es verspottet.

Das Zerreißen der Fessel, von Alexander Pope. Wertvoll wegen seiner Ahandlung über Elementale.

Undine, von de la Motte Fouqué. Wertvoll als eine Abhandlung über Elementale.

Schwarze Magie, von Marjorie Bowen. Eine äußerst interessante Geschichte über Hexerei.

La Peau de Chagrin, von Honore de Balzac. Eine großartige magische Allegorie.

Nummer Neunzehn, von Edgar Jepson. Eine exzellente Geschichte über moderne Magie.

Dracula, von Bram Stoker. Wertvoll wegen der Zusammenstellung von Legenden über Vampire.

Wissenschaftliche Romanzen, von H. Hinton. Wertvoll als Einführung in das Studium der vierten Dimension.

Alice im Wunderland, von Lewis Caroll. Wertvoll für jene, welche die Kabbalah verstehen.

Alice hinter den Spiegeln, von Lewis Caroll. Wertvoll für jene, welche die Kabbalah verstehen.

Die Jagd auf den Snark, von Lewis Carrol. Wertvoll für jene, welche die Kabbalah verstehen.

Die arabischen Nächte, übersetzt von entweder Sir Richard Burton oder John Payne. Wertvoll als Lagerhaus orientalischer Weisheiten der Magick.

Morte d'Arthur, von Sir Thomas Mallory. Wertvoll als Lagerhaus abendländischer Weisheiten der Magick.

Die Werke von Francois Rabelais. Unschätzbare Weisheit.

Die Kasidah, von Sir Richard Burton. Wertvoll als Zusammenfassung der Philosophie.

Das himmlische Lied, von Sir Edwin Arnold. »Die Bhagavad-Gita« in Versen.

Das Licht Asiens, von Sir Edwin Arnold. Eine Erzählung über die Erlangung des Gautama Buddha.

Die Rosenkreuzer, von Hargave Jennings. Wertvoll für jene, die zwischen den Zeilen lesen können.

Die wahre Geschichte der Rosenkreuzer, von A.E. Waite. Ein gutes, gewöhnliches Stück Journalismus über die Angelegenheit.

Die Werke von Arthur Machen. Die meisten dieser Geschichten sind von größtem magischen Interesse.

Die Schriften von William O'Neill (Blake). Höchst wertvoll für alle Studenten.

Die Rasur des Shagpat, von George Meredith. Eine exzellente Allegorie.

Lilith, von George MacDonald. Eine superbe Geschichte über Magie.

La Bas, von J.K. Huysmans. Eine Darstellung der Extravaganzen, verursacht durch den Sündenkomplex.

Die Weisheiten der Proserpine, von Maurice Hewlett. Eine anregende Einführung in das Hermetische Arkanum.

En Route von J.K. Huysmans. Eine Darstellung der Narrheiten des christlichen Mystizismus.

Sidonia, die Hexerin, von Wilhelm Meinhold.

Die Bernstein-Hexe, von Wilhelm Meinhold. Diese beiden Geschichten sind höchst informativ.

Macbeth; Mittsommernachtstraum; Der Sturm, von W. Shakespeare. Interessant wegen der Traditionen, die darin behandelt werden.

Redgauntlet, von Sir Walter Scott. Ebenso ein oder zwei weitere Novellen. Interessant wegen der Traditionen, die darin behandelt werden.

Rob Roy, von James Grant. Interessant wegen der Traditionen, die darin behandelt werden.

Der Magier, von W. Somerset Maugham. Eine amüsante Mischung gestohlener Begebenheiten.

Die Bibel, von unterschiedlichen unbekannten Autoren. Die hebräischen und griechischen Originale sind von kabbalistischem Wert. Sie beinhaltet ebenso viele magische Gleichnisse und erzählt viele Geschichten der Volksweisheit und magischer Riten.

Kim, von Rudyard Kipling. Eine bewundernswerte Studie östlichen Gedankengutes und östlichen Lebens. Viele andere Geschichten dieses Autors sind höchst anregend und informativ.

Über Mythologie als lehrreiche Korrespondenzen:

Märchenbücher - allgemein.
Orientalische Klassiker - allgemein.
Sufi-Dichtung - allgemein.
Griechische und lateinische Klassiker - allgemein.
Skandinavische und germanische Sagas - allgemein.
Keltische Volksweisheiten - allgemein.

Dieser Kursus ist für den Anfänger von allgemeinem Wert. Obwohl er nicht in allen Fällen zu ernst genommen werden sollte, wird er ihn allgemein mit der mystischen und magischen Tradition bekannt machen, ein tiefes Interesse an der Angelegenheit hervorrufen und viele hilfreiche Gedankengänge vorschlagen.

Es war unmöglich, in dieser Liste mehr zu tun, als einen recht umfassenden Lesekurs vorzuschlagen.

Kurs II

Die Grundlage unserer gesamten Arbeit ist das Buch des Gesetzes. Es ist essentiell für jeden Anwärter, dieses Buch und jene, welche direkt damit in Verbindung stehen, sowie die Kommentare zu studieren:

Liber CCXX Liber AL vel Legis Sub Figura CCXX. Wie es übermittelt wurde von XCIII an DCLXVI. Dieses Buch ist die Grundlage des Neuen Äons und ebenso der Gesamtheit unserer Arbeit.

Liber II. Die Botschaft des Meister Therion. Es erläutert die Essenz des neuen Gesetzes in sehr einfacher Art und Weise.

Liber DCCCXXXVII. Das Gesetz der Freiheit. Dies ist eine weitere Erläuterung des Buches des Gesetzes in Bezug auf einige ethische Probleme.

Liber CL. De Lege Libellum. Eine weitere Erklärung des Buches des Gesetzes mit besonderem Bezug auf die Kräfte und Privilegien, welche durch seine Anerkennung verliehen werden.

Liber CXI. (ALEPH) Das Buch von Weisheit oder Torheit. Ein ausführlicher und ausgearbeiteter Kommentar zum Buch des Gesetzes in Form eines Briefes vom Meister Therion an seinen magischen Sohn.

Liber X. Liber Porta Lucis. Dieses Buch ist eine Darstellung der Aussendung eines Meisters durch die A∴A∴ und eine Erklärung seiner Mission.

Liber XC. Liber Tzaddi vel Hamus Hermeticus, Sub Figura XC. Eine Darstellung der Initiation und ein Hinweis für jene, die dafür bereit sind.

Liber CCCCXVIII. Liber XXX AERUM Vel Saeculi[11], welches die Vision und die Stimme der Engel der 30 Aethyre ist. Neben der Tatsache, daß sie die klassische Darstellung der 30 Aethyre und ein Vorbild für alle Visionen sind, sollten die Schreie der Engel als fehlerfrei betrachtet werden, und die Doktrinen der Funktion der Großen Weißen Bruderschaft sollte verstanden werden als die Grundlage des Strebens des Adepten. Im Besonderen sollte die Darstellung des Meisters des Tempels als authentisch angesehen werden. Die Anweisungen im 8. Aethyr gehören zur Klasse D. Das heißt, es ist ein offizielles Ritual und das Gleiche gilt für die korrekte Methode der Invokation der Aethyre, welche im 18. Aethyr gegeben wird.

Liber LXV. Liber Cordis Cincti Serpente. Eine Darstellung der Beziehung des Aspiranten zu seinem Heiligen Schutzengel. Dieses Buch wird den Anwärtern gegeben, da die Erlangung der Kenntnis und Konversation mit dem Heiligen Schutzengel die Krone des äußeren Kollegiums ist, entsprechend wird Liber VII den Neophyten gegeben, da der Grad des Meisters des Tempels der nächste Ruheplatz ist und Liber CCXX dem Zelator, da ihn dies zum höchstmöglichen Grade trägt. Liber XXVII wird an den Practicus gegeben,

[11] [A.d.R.] Siehe »Liber 418 - Die Vision und die Stimme«, Kersken-Canbaz-Verlag.

weil sich in diesem Buch die ultimate Grundlegung der höchsten theoretischen Kabbalah findet. Und Liber DDCCXIII wird an den Philosophus gegeben, als die Grundlegung der höchsten praktischen Kabbalah.

Liber VI. Liber O vel Manus et Sagittae[12]. Die Instruktionen, welche in diesem Buch gegeben werden, sind zu weit gestreut, als daß sie einen Platz in einer Klasse D Publikation finden können. Es werden Instruktionen zum elementaren Studium der Kabbalah gegeben, zur Annahme der Gottformen, zur Vibration der göttlichen Namen, zum Ritual des Pentagrammes und des Hexagrammes und ihre Benutzung in Evokation und Invokation, eine Methode, sogenannte Astralvision zu erlangen und eine Instruktion in die Praxis, die der Aufstieg auf die Ebenen genannt wird.

Liber IX. Liber E vel Exercitiorum. Dieses Buch instruiert den Aspiranten in der Notwendigkeit, ein Tagebuch anzulegen. Es stellt Methoden vor, physisches Hellsehen zu testen, gibt Instruktion in Asana, Pranayama und Dharana und weist in die Durchführung von Experimenten für den physischen Körper ein, so daß der Student ausführlich seine eigenen Grenzen verstehen mag.

Liber XXX. Liber Librae. Ein elementarer Kurs über Moralität, passend für den Durchschnittsmenschen.

Liber LXI. Liber Causae. Die einleitende Lektion, die eine Geschichtslektion enthält. Sie führt die aktuelle Geschichte des Anbeginns der momentanen Bewegung aus. Ihre Ausführungen sind im normalen Sinne des Wortes akkurat. Das Thema dieses Buches ist die Abrechnung mit der Mythopoeia.

Liber XXXIII. Eine Übersicht über die A.·.A.·., zuerst in der Sprache seiner Zeit verfaßt von von Eckartshausen. Und nun überarbeitet und neu geschrieben in der universalen Schrift.

Liber XXV. Dies ist das Kapitel im Buch der Lügen, welches dort der »Sternrubin« genannt wird. Es ist eine erweiterte Form des kleinen Pentagrammrituals.

---

[12] [A.d.R.] Sowohl dieses als auch andere hier aufgeführte Unterweisungen (z.B. Liber E, Liber Resh, Liber Jugorum) sind enthalten in Magick, Band 2, Kersken-Canbaz-Verlag.

Liber CC. Resh vel Helios. Eine Instruktion für die viermal tägliche Anbetung der Sonne, mit dem Ziel, das Bewußtsein für die Meditation vorzubereiten und die Handlungen zu regulieren.

Liber CCC. Eine spezielle Instruktion für die Verbreitung des Gesetzes. Dies ist die erste und wichtigste Aufgabe eines jeden Aspiranten, welchen Grades auch immer. Es erbaut in ihm den Charakter und das Karma, das dann den Faden der Erlangung spinnt.

Liber ABA (Buch 4), eine generelle Ausführung über elementare Begriffe der magischen und mystischen Kräfte in vier Teilen. (1) Mystizismus, (2) Magische Theorie, (3) Magische Praxis, (4) Das Gesetz.

Liber CCVII. Syllabus. Eine Aufzählung der offiziellen Publikationen der A∴A∴ mit einer Beschreibung des Inhaltes eines jeden Buches.

Dieser Lesekurs wird den Anwärter mit einem ausführlichen, generellen Wissen des gesamten Systems der Erlangung und der Praktiken, dieses Ziel zu erreichen, ausstatten, so daß er frei wählen mag, welchen Weg er in seinem Beginnen wählen will. Denn dies wird durch die A∴A∴ immer seinem freien Willen überlassen. Sie unterweisen und kritisieren ihn nur bezüglich der Information, die er selbst in seinen magischen Aufzeichnungen, die er zu ihrer Instruktion niederschreibt, vorlegt.

Kurs III

Die folgenden Bücher sind offiziell für das Studium des Neophyten freigegeben.

Liber CCXX. Liber AL vel Legis Sub Figura CCXX, wie es gegeben ward von XCIII an DCLXVI. Dieses Buch ist die Grundlage des Neuen Äons und unserer gesamten Arbeit.

Liber VII, Liber Liberi vel Lapidis Lazuli, Adumbratio Kabbalae Aegyptiorum Sub Figura VII. Die freiwillige Emanzipation eines bestimmten Adepten von seiner Adeptschaft. Dies sind die Geburtsworte eines Meisters des Tempels. Die Natur dieses Buches ist eindeutig erläutert durch seinen Titel. Seine sieben Kapitel beziehen sich auf die sieben Planeten in der folgenden Ordnung: Mars, Saturn, Jupiter, Sol, Merkur, Luna, Venus.

Liber VI. Liber O vel Manus et Saggittae. Die Instruktionen, welche in diesem Buch gegeben werden, sind zu weit gestreut, als daß sie in einer Klasse D Publikation Platz finden könnten. Es werden Instruktionen gegeben bezüglich des elementaren Studiums der Kabbalah, der Annahme der Gottformen, der Vibration der göttlichen Namen, der Rituale des Pentagrammes und des Hexagrammes und ihrer Benutzung in Evokation und Invokation. Eine Methode, sogenannte astrale Vision zu erlangen und eine Instruktion, in die Praxis, welche das Erheben auf die Ebenen genannt wird.

Liber IX, Liber E vel Exercitiorum. Dieses Buch instruiert den Aspiranten in der Notwendigkeit, ein Tagebuch anzulegen. Es nennt Methoden, physisches Hellsehen zu testen. Es gibt Instruktion in Asana, Pranayama, Dharana und gibt Anleitungen, den physischen Körper zu testen, so daß der Student seine eigenen Begrenzungen genauestens verstehen mag.

Liber XCVI. Liber Gaias. Ein Handbuch der Geomantie. Es gibt ein einfaches und einigermaßen zufriedenstellendes System der Geomantie.

Liber LXXVIII. Eine Beschreibung der Karten des Tarot mit ihren Zuordnungen, beinhaltend eine Methode der Divination durch ihre Benutzung.

Liber CCCCXII. A vel Armorum. Eine Unterweisung in der Herstellung der Elementarwaffen.

Liber CDLXXIV. Liber Os Abysmi Vel DAATH. Eine Instruktion in eine rein intellektuelle Methode, in den Abyss einzutreten.

Liber DCCCXI. Energetisierter Enthusiasmus. Dieser Kurs ist speziell an die Aufgaben dieses Grades, die Erlangung der Kontrolle des Lichtkörpers, Entwicklungen der Intuition etc. angepaßt.

Kurs IV

Der Zelator wird in den folgenden Büchern geprüft:

Liber CCXX. Liber Al vel Legis Sub Figura CCXX, wie es gegeben ward von XCIII an DCLXVI. Dieses Buch ist die Grundlage des Neuen Äons und ebenso die Grundlage unserer gesamten Arbeit.

Liber DCCCCLXIII (Lediglich die kurze Anmerkung gehört zu Klasse A). Dieses Buch ist eine superbe Sammlung von Litaneien, passend zu den Zeichen des Zodiak.

Liber CMXIII. Liber Viae Memoriae. Es stellt Methoden der Erlangung des magischen Gedächtnisses oder der Erinnerung an vergangene Leben und Einsicht in die Funktion des Aspiranten in diesem gegenwärtigen Leben vor.

Liber III. Liber Jugorum. Eine Instruktion für die Kontrolle der Sprache, der Handlungen und der Gedanken.

Liber XIII. Graduum Montis Abiegni. Eine Ausführung über die Aufgaben des Aspiranten vom Anwärter bis zur Adeptschaft.

Liber XVII. Liber I.A.O. Beinhaltet drei Methoden der Erlangung durch gewollte Aneinanderreihung der Gedanken. Dieses Buch wurde nicht publiziert. Es ist die aktive Form von Liber HHH. Der Artikel »Energetisierter Enthusiasmus« ist ein Abriß dieses Buches.

Liber XXXVI. Der Sternsaphir. Dies ist Kapitel XXXVI des Buches der Lügen. Es stellt ein verbessertes Hexagrammritual vor.

Liber CLXXXV. Liber Collegii Sancti. Die Aufgaben der Grade und ihrer Eide, entsprechend des Liber XIII. Dies ist das offizielle Papier für die unterschiedlichen Grade. Es beinhaltet die Aufgabe und den Eid des Anwärters.

Liber CCVI. Liber R V Vel Spiritus. Vollständige Instruktion in Pranayama.

Liber CCCLXI. Liber HHH. Es beinhaltet drei Methoden der Erlangung durch gewollte Aneinanderreihung von Gedanken.

Liber CCCXXXIII. Das Buch der Lügen, fälschlich so genannt. Dieses Buch behandelt viele Angelegenheiten, welche auf allen Ebenen von höchster Wichtigkeit sind. Es ist eine offizielle Publikation für Kinder des Abyss, aber wird ebenso den Anfängern als höchst anregend empfohlen. Seine Kapitel XXV, XXXVI und XLIV gehören der Klasse D an.

Liber DCCCXI. Energetisierter Enthusiasmus. Dieser Kurs ist speziell an die Aufgabe des Grades angepaßt. Die Erlangung von Hatha-Yoga.

Kurs V

Der Practicus wird in den folgenden Büchern geprüft:

Liber CCXX. Liber Al vel Legis Sub Figura CCXX, wie es gegeben ward von XCIII an DCLXVI. Dieses Buch ist die Grundlage des Neuen Äons und ebenso die Grundlage unserer gesamten Arbeit.

Liber XXVII. Liber Trigrammaton. Ein Buch über Trigramme der Mutationen des Tao mit Yin und Yang. Eine Ausführung über den kosmischen Prozeß, korrespondierend zu den Stanzen von Dzyan in einem anderen System.

Liber CCXXXI. Liber Arcanorum. των ATV του TAHVTI QVAS VIDIT ASAR IN AMENNTI Sub Figura CCXXXI, Liber Carcerorum των QLIPHOT cum suis Geniis. Adduntur Sigilla et Nomina Eorum. Dies ist eine Ausführung über den kosmischen Prozeß, soweit er durch die Tarottrümpfe angezeigt wird.

Liber CD. Liber TAV vel Kabbalae Trium Literarum Sub Figura CD. Eine graphische Interpretation des Tarot auf der Ebene der Initiation.

Liber LVIII. Dies ist ein Artikel über die Kabbalah in »Der Tempel von Salomon, dem König«, Equinox V.

Liber LXIV. Liber Israfel, früher ANUBIS genannt. Eine Unterweisung in eine passende Methode des Predigens.

Liber LXXXIV. Vel Chanokh. Eine kurze Abstraktion der symbolischen Repräsentation des Universums, erarbeitet von Dr. John Dee durch die Schreie des Sir Edward Kelly. Seine Publikation ist zur Zeit unvollständig.

Liber DXXXVI. Batrachophrenoboocosmomachia. Eine Instruktion in die Ausdehnung des Feldes des Bewußtseins.

Liber D. Sepher Sephiroth. Ein Wörterbuch der hebräischen Wörter, entsprechend ihres numerischen Wertes angeordnet. Dies ist eine Enzyklopädie der heiligen Kabbalah, welche eine Karte des Universums ist und dem Menschen ermöglicht, vollkommenes Verständnis zu erlangen.

Liber DCCLXXVII. Vel Prolegomena Symbolica ad Systemam Sceptico-Mysticae viae Explicandae, Fundamentum Hieroglyphicum Sanctissimorum Scientiae Summae. Ein vollständiges Wörterbuch über die Korrespondenzen aller magischen Elemente, nachgedruckt mit ausführlichen Anhängen, welches es zu dem einzigen umfassenden Standardwerk der Korrespondenzen macht, das jemals publiziert wurde. Es ist für die Sprache des Okkultismus das, was Webster oder Murray für die englische Sprache sind.

Liber LXVII. Das Schwert des Gesanges. Eine kritische Studie unterschiedlicher Philosophien. Eine Ausführung über Buddhismus.

Liber MMCMXI. Eine Notiz zur Genesis. Ein Modell kabbalistischer Schlußfolgerung.

Dieser Kurs ist speziell angepaßt an die Aufgaben dieses Grades. Die Erlangung von Jnana-Yoga.

Kurs VI

Der Philosophus wird in folgenden Büchern geprüft:

Liber CCXX. Liber Al vel Legis Sub Figura CCXX, wie es gegeben ward von XCIII an DCLXVI. Dieses Buch ist die Grundlage des Neuen Äons und ebenso die Grundlage unserer gesamten Arbeit.

Liber DCCCXIII. Vel Ararita Sub Figura DLXX. Dieses Buch ist eine Ausführung über das Hexagramm und eine Methode, es auf die Einheit und darüber hinaus zu reduzieren.

Liber LV. Das chymische Turnier des Bruder Perardua. Eine Ausführung über den magischen und mystischen Pfad in der Sprache der Alchemie.

Liber LIX. Jenseits des Golfes. Eine fantastische Ausführung über eine vorhergehende Inkarnation. Die hauptsächliche Bedeutung dieses Werkes besteht darin, daß die Geschichte der Überwindung der Isis durch Osiris dem Leser helfen mag, die Bedeutung der Überwindung des Osiris durch Horus im gegenwärtigen Äon zu verstehen.

Liber CXCVII. Die hohe Geschichte des guten Sir Palamedes, des Ritters der Sarazenen und wie er das Questen-Tier verfolgte. Eine poetische Ausführung über das große Werk und ein Hinweis auf viele Hindernisse.

Liber CCXLII. AHA! Eine Exposition in poetischer Sprache über unterschiedliche Wege der Erlangung und ihrer verschiedenen Ergebnisse.

Liber CCCXXXV. Adonis. Dieses Buch erstellt in poetischer Sprache eine Ausführung über das Ringen der menschlichen und göttlichen Elemente im Bewußtsein des Menschen, die ihre Harmonie in Folge des Sieges der Letzteren erhalten.

Liber XVI. Liber Turris Vel Domus Dei. Eine Instruktion über die Erlangung durch direkte Zerstörung der Gedanken, da sie im Bewußtsein aufsteigen.

Liber CLXXV. Astarte Vel Liber Berylli. Eine Instruktion über die Erlangung durch die Methode der Hingabe oder Bhakta-Yoga.

Liber XLVI. Der Schlüssel zu den Mysterien. Eine Übersetzung des Meisterstückes des Eliphas Levi von Frater O.M.

Dieser Kurs ist speziell angepaßt an die Aufgabe dieses Grades, die Erlangung von Bhakta-Yoga.

Kurs VII

Der Dominus Liminis wird in den folgenden Büchern geprüft werden:

Liber CCXX. Liber Al vel Legis Sub Figura CCXX, wie es gegeben ward von XCIII an DCLXVI. Dieses Buch ist die Grundlage des Neuen Äons und ebenso die Grundlage unserer gesamten Arbeit.

Liber XCV. Die wache Welt[13] (in Konx Om Pax). Eine poetische Allegorie über die Beziehung der Seele zu ihrem Heiligen Schutzengel.

Liber DCCCLX. John St. John[14]. Ein Modell dessen, was eine magische Aufzeichnung sein sollte, soweit akkurate Analyse und vollständige Beschreibung betroffen sind.

Liber VIII. Siehe CCCCXVIII.

Liber XI. Liber NV. Eine Instruktion für die Erlangung von Nuit.

Liber DLV. Liber HAD. Eine Instruktion für die Erlangung von Hadit.

---

[13] [A.d.R] Siehe Aleister Crowley: Gesammelte Schriften Band 2, Kersken-Canbaz-Verlag.

[14] [A.d.R] Siehe Equinox, Band 1, Kersken-Canbaz-Verlag.

Liber DCCCXXXI. Liber IOD, früher VESTA genannt. Eine Instruktion, welche die drei Methoden der Rückführung des mannigfaltigen Bewußtseins zur Einheit nennt.

Dieser Kurs ist speziell angepaßt, um die Aufgabe der Erlangung des Grades des Adeptus Minor zu erleichtern: die Erlangung von Raja-Yoga und das Wissen um und die Konversation mit dem Heiligen Schutzengel.

Kurs VIII

Liber CCXX. Liber Al vel Legis Sub Figura CCXX, wie es gegeben ward von XCIII an DCLXVI. Dieses Buch ist die Grundlage des Neuen Äons und ebenso die Grundlage unserer gesamten Arbeit.

Liber I. Liber B vel Magi. Dies ist eine Ausführung über den Grad des Magus, der höchste Grad, der jemals auf irgendeine Art und Weise auf dieser Ebene manifestiert werden kann, so wie es von den Meistern des Tempels gesagt wird.

Liber LXVI. Liber Stellae Rubeae. Ein geheimes Ritual, das Herz von IAO - OAI, befreit in V.V.V.V.V. Zu seiner Benutzung in einem bestimmten Sinne des Liber Legis und niedergeschrieben unter der Zahl LXVI.

Liber DLVI. Liber Cheth vel Vallum Abiegni Sub Figura CLVI. Dieses Buch ist eine vollkommene Ausführung der Aufgabe des Adeptus Exemptus. Zusammengefaßt unter den Symbolen einer bestimmten Ebene, nicht der intellektuellen.

Liber XLIV. Die Messe des Phönix. Ein Ritual des Gesetzes.

Liber XLI. Thien Tao. Ein Essay über die Erlangung durch den Weg des Gleichgewichtes.

Liber DCCCLXVIII. Liber Viarum Viae. Eine graphische Ausführung über die magischen Kräfte, klassifiziert unter den Tarottrümpfen.

Kurs VIII Publikationen werden speziell an den Grad des Adeptus Major ausgegeben, dessen Aufgabe die Erlangung der vollständigen magischen Kraft ist. Es ist höchst wünschenswert, daß Aspiranten dieses Grades den neunten Grad des O.T.O. erlangt haben, in welchem Falle ihnen, neben dem öffentlich publizierten, viel geheimes Wissen dargeboten wird. Die Methoden der Prüfung für das innere Kollegium unterscheiden sich deshalb von den im äußeren angewandten.

Zusätzliche Publikationen werden, sobald veröffentlicht, dem passenden Kurs zugeordnet.

Der Adept Exempt wird das umfassende Wissen all dieser Kurse besitzen und seine eigene These als generellen Abriß seiner eigenen Erlangung erstellen, reflektiert in der Sphäre des Bewußtseins.

Liebe ist das Gesetz, Liebe unter Willen.

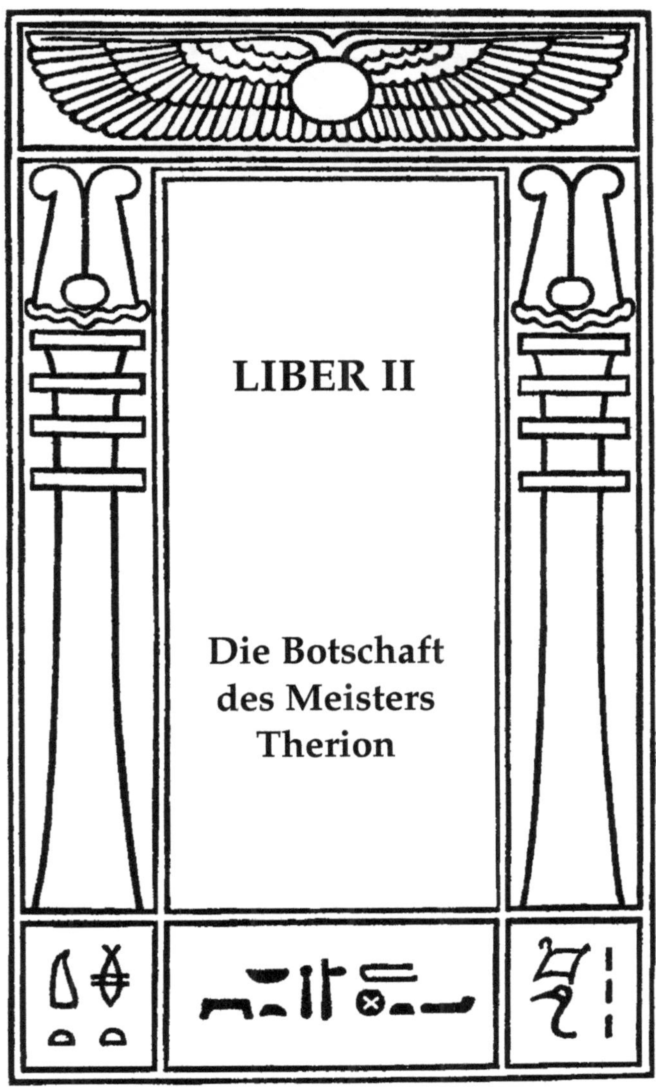
LIBER II

Die Botschaft
des Meisters
Therion

A∴A∴ Publikation in Klasse E

Pro Coll. Summ.:

93	10°=1□
666	9°=2□
777	8°=3□

Pro Coll. Int.:

D.D.S.	7°=4□
O.M.	7°=4□
O.S.V.	6°=5□
Parzival	5°=6□

Pro Coll. Ext.:

V.N.	Praemonstrator
P.	Imperator
Achad	Cancellarius

Liber II

Die Botschaft des Meisters Therion

»Tu was Du willst soll das Ganze des Gesetzes sein.«

»Es gibt kein Gesetz außer Tu was Du willst.«
»Das Wort des Gesetzes ist Θελημα.*«*
Θελημα *- Thelema - bedeutet Wille.*

Der Schlüssel zu dieser Botschaft ist dies Wort - Wille. Die erste offensichtliche Bedeutung dieses Gesetzes findet sich ausgedrückt in einer Antithese: »Das Wort der Sünde ist Begrenzung.«

Nochmal: »Du hast kein Recht, als deinen Willen zu tun. Tue das, und kein anderer soll nein sagen. Denn reiner Wille, unbefleckt von Zweck, befreit von der Gier nach Ergebnis, ist in jeder Hinsicht vollkommen.«

Dies nimm auf mit Sorgfalt. Es scheint eine Theorie zu implizieren, daß, wenn jeder Mann und jede Frau seinen und ihren Willen tut - den wahren Willen - es keinen Widerspruch gibt. »Jeder Mann und jede Frau ist ein Stern.« Und jeder Stern bewegt sich in einer festgelegten Bahn, ohne Störung durch andere. Es gibt genug Platz für alle; lediglich Unordnung erschafft Konfusion.

Von diesen Überlegungen ausgehend sollte es klar sein, daß »Tu was Du willst« nicht heißt, »Tu was Du wünschst.« Es ist die Verherrlichung der Freiheit; aber ebenso die festeste mögliche Bande.

Tu was Du willst - und tue nichts anderes. Laß nichts dich abbringen von dieser strengen und heiligen Aufgabe. Die Freiheit, deinen Willen zu tun, ist absolut; aber versuche irgendetwas anderes zu tun und sofort erheben sich die Hindernisse. Jeder Akt, der nicht definitiv auf dem Kurs dieses Orbit liegt, ist Irrung, eine Hinderung. Wille darf nicht zwei sein, sondern eins.

Bemerke weiterhin, daß dieser Wille nicht nur rein sein muß, das heißt eindeutig, wie vorher erläutert, sondern ebenso »unbefleckt von Zweck«. Diese befremdliche Phrase bewegt uns zu einer Pause. Es mag bedeuten, daß irgendein Zweck im Willen ihn verunreinigt; auf jeden Fall ist »die Gier nach Ergebnis« ein Ding, von welchem er befreit werden muß.

Aber die Phrase mag ebenso interpretiert wie gelesen werden als »mit Zweck unbefleckt« - d.h. versehen mit unermüdlicher Energie. Die Konzeption ist deshalb die einer immerwährenden Bewegung, unbegrenzt und unveränderlich. Es ist Nirwana, immer dynamisch anstatt statisch, und dies kommt am Ende zum selben Schluß.

Die offensichtliche, praktische Aufgabe des Magiers ist dann, zu entdecken, was sein Wille wirklich ist, so daß er ihn nach seiner Art tun mag. Und dieses kann er bestens nach den Praktiken des Liber Thisharb[15] oder anderen, wie sie von Zeit zu Zeit bezeichnet werden, erfüllen.

Es sollte nun für jeden vollkommen einfach sein, die Botschaft des Meister Therion zu verstehen.

Du mußt 1. herausfinden, was dein Wille ist, 2. diesen Willen tun mit a) Einpunktigkeit, b) Loslösung, c) Frieden.

Dann und nur dann bist du in Harmonie mit der Bewegung der Dinge, dein Wille Teil vom Willen Gottes und deshalb gleich mit ihm. Und wenn der Wille lediglich der dynamische Aspekt des Selbst ist, und wenn zwei unterschiedliche Selbst nicht einen identischen Willen besitzen können, dann, wenn dein Wille Gottes Wille ist, dann bist du er.

Es gibt noch ein weiteres Wort zu erklären: Es steht an anderer Stelle geschrieben, sicherlich zu unserem großen Wohle - »Liebe ist das Gesetz, Liebe unter Willen.«

Dies soll bedeuten, daß solange Wille das Gesetz ist, die Natur des Willens Liebe ist. Aber Liebe ist, wie sie ist, ein Mitprodukt dieses Willens. Sie widerspricht oder ersetzt den Willen nicht.

---

[15] [A.d.R] Liber Thisharb ist in Magick, Band 2, Kersken-Canbaz-Verlag, enthalten. Der aufmerksame Leser bemerkt, daß Thisharb lediglich die Umkehrung von BRAShITh ist, Berashith, dem ersten Wort der Genesis.

Und wenn Ambitionen zu Widerspruch sich erheben in irgendeiner Krise, ist es der Wille, der uns auf den rechten Weg führt. Siehe, während in dem Buch des Gesetzes viel Liebe ist, steht dort nicht ein Wort von Sentimentalität. Haß selbst ist beinahe gleich Liebe! Kämpfen ist sicherlich Liebe! »Als Brüder kämpft!« All die menschlichen Rassen dieser Welt verstehen dies. Die Liebe des Liber Legis ist immer mutig, männlich, sogar orgiastisch. Da ist Zartheit, aber es ist die Zartheit der Strenge. Mächtig und fürchterlich und ruhmvoll, wie sie ist, ist sie jedoch nur der Wimpel an der Heiligen Lanze des Willens. Die Damast-Inschrift auf dem Schwert der Kriegermönche von Thelema.

Liebe ist das Gesetz, Liebe unter Willen.

Das Zelt

Nur die Sterne überwölben das einsame Lager,
Nur wüste Meilen umgeben es;
Wasserlose Leeren, eine Wildnis des Geistes,
Umkämpfte Kälte, Krampf der Imagination.
Nun wäre die Trostlosigkeit bereit zu stampfen,
Den gefrorenen Geist des Menschen in die Grube,
Trotzdem, Unauslöschlich, weil Unbeleuchtet,
Die Liebe Gottes stetig wie eine Lampe brennt.

Sie brennt! Jenseits des Sandes, jenseits der Sterne.
Sie brennt! Jenseits der Fesseln, jenseits der Mauern.
Und so die Ausdehnung des Mysteriums, Schleier für Schleier
Brennt nach innen, Feder auf Feder, sich immer noch faltend
Um das aufgelöste Herz des verwunderten Liebenden -
Die Engels-Schwingen über dem heiligen Gral.

LIBER DCCCXXXVII

Das Gesetz der Freiheit.

Ein Traktat von
ΤΟ ΜΕΓΑ ΘΗΡΙΟΝ
666
Magus 9°=2□ A.·.A.·.

A.·.A.·. Publikation in Klasse E

Pro Coll. Summ.:

93	10°=1□
666	9°=2□
777	8°=3□

Pro Coll. Int.:

D.D.S.	7°=4□
O.M.	7°=4□
O.S.V.	6°=5□
Parzival	5°=6□

Pro Coll. Ext.:

V.N.	Praemonstrator
P.	Imperator
Achad	Cancellarius

Liber DCCCXXXVII

Das Gesetz der Freiheit.

Ein Traktat von ΤΟ ΜΕΓΑ ΘΗΡΙΟΝ *666,*
der ein Magus 9°=2□ der A.·.A.·. ist.

Tu was Du willst soll das Ganze des Gesetzes sein.

I.

Ich werde oft gefragt, warum ich meine Briefe auf diese Art und Weise beginne. Unabhängig davon, ob ich an meine Freundin oder an meinen Fleischer schreibe, beginne ich immer mit diesen zehn Worten. Warum? Wie anders sollte ich beginnen? Welcher andere Gruß könnte so glücklich sein? Siehe, Bruder, wir sind frei. Erfreue dich mit mir, Schwester. Es gibt kein Gesetz jenseits von Tu was Du willst.

II.

Ich schreibe dies für jene, die unser heiliges Buch, das Buch des Gesetzes, nicht gelesen haben und auch für jene, denen es, obwohl sie es gelesen haben, irgendwie nicht gelang, seine Vollkommenheit zu verstehen. Denn in diesem Buch werden viele Angelegenheiten behandelt, und die frohen Botschaften finden sich hier und dort, über das gesamte Buch verteilt, wie die Sterne über den gesamten Nachthimmel verteilt sind. Erfreut euch mit mir, all ihr Menschen! An höchster Stelle in diesem Buch steht die große Kunde unserer Gottheit: »Jeder Mann und jede Frau ist ein Stern.« Wir sind alle frei, alle unabhängig, alle rühmlich leuchtend. Jeder Einzelne ist eine strahlende Welt. Sind das keine guten Neuigkeiten?

Dann kommt der erste Ruf der Großen Göttin Nuit, Herrin des Sternenhimmels, die ebenso Materie im tiefsten metaphysischen Sinne ist, die das Unendliche ist, in dem wir alle leben und uns bewegen und unser Dasein haben. Höre Ihre ersten Aufforderungen an uns Männer und Frauen: »Kommet hervor, ihr Kinder unter den Sternen und nehmet eure Fülle der Liebe! Ich bin über euch und in euch. Meine Ekstase ist in eurer. Meine Freude ist, eure Freude zu sehen.« Später erläutert sie das Mysterium des Kummers: »Denn ich bin geteilt um der Liebe Willen, für die Möglichkeit der Vereinigung.«

»Dies ist die Schöpfung der Welt, daß der Schmerz der Teilung wie nichts ist und die Freude der Vereinigung alles.«

Später wird gezeigt, wie dies sein kann, wie der Tod selbst eine Ekstase wie die Liebe ist, aber viel intensiver, die Wiedervereinigung der Seele mit ihrem wahren Selbst.

Und was sind die Bedingungen dieser Freude und des Friedens und des Ruhmes? Gilt für uns der trübsinnige Asketizismus der Christen und der Buddhisten und der Hindus? Wandern wir in der ewigen Furcht, daß letztlich eine \`Sünde' uns von der \`Gnade' abschneiden könnte? Niemals.

»Seid daher anmutig: Kleidet euch alle in feine Gewänder; eßt kräftige Speisen und trinkt süße Weine und Weine, die schäumen. Auch nehmt eure Fülle und euren Willen der Liebe, wie ihr wollt, wann, wo und mit wem ihr wollt! Aber immer zu mir.«

Dies ist der einzige Punkt, an den zu denken ist, daß jede Handlung ein Ritual sein muß, ein Akt der Verehrung, ein Sakrament. Lebet wie die Könige und Prinzen dieser Erde, ob gekrönt oder ungekrönt, immer gelebt haben, lebet immer als Herren; aber laßt es keine Zügellosigkeit sein, macht eure Zügellosigkeit zu eurer Religion.

Wenn du trinkst und tanzt und dich erfreust, bist du nicht »unmoralisch«, du »riskierst nicht deine unsterbliche Seele«, du erfüllst die Vorschriften deiner heiligen Religion, vorausgesetzt lediglich, daß du dich daran erinnerst, deine Handlungen in diesem Licht zu sehen. Erniedrige dich nicht selbst und zerstöre und setze nicht dein Wohlergehen herab, indem du die höchste Freude ausläßt, das Bewußtsein des Friedens, das den Verstand hinter sich läßt. Umarme nicht einfach Marian oder Melusine; sie ist Nuit selbst, besonders konzentriert und inkarniert in menschlicher Form, um dir unendliche Liebe zu geben, dir selbst auf Erden den Geschmack des Elixiers der Unsterblichkeit zu bieten. »Aber Ekstase sei mein und Freude auf Erden. Immer zu mir, zu mir.«

Wieder spricht sie: »Liebe ist das Gesetz, Liebe unter Willen.« Halte dein höchstes Ideal rein; strebe ihm immer entgegen, ohne irgendwem oder irgendetwas zu erlauben, dich aufzuhalten oder abzuwenden, wie ein Stern, der auf seiner unberechenbaren und unendlichen Bahn des Glanzes zieht - und alles ist Liebe. Das Gesetz deines Seins wird Licht, Leben, Liebe und Freiheit. Alles ist Frieden. Alles ist Harmonie und Schönheit. Alles ist Freude.

Denn höre, wie großartig die Göttin ist: »Ich gebe unvorstellbare Freuden auf Erden: Gewißheit, nicht Glauben, während des Lebens und auch beim Tode; unaussprechlichen Frieden, Ruhe, Ekstase; und ich verlange kein Opfer dafür.«

Ist das nicht besser, als der Tod im Leben der Sklaven, der Sklavengötter, wie sie unterdrückt vom Bewußtsein der »Sünde« einherschreiten, ermüdet suchend oder ermüdende und langweilige »Tugenden« vortäuschend?

Mit solchen haben wir, welche wir das Gesetz von Thelema akzeptieren, nichts zu tun. Wir haben die Stimme der Sternengöttin gehört: »Ich liebe euch! Ich sehne mich nach euch! Bleich oder purpurn, verschleiert oder wollüstig, die ich alle Freude und aller Purpur bin und Trunkenheit im innersten Sinne, begehre euch. Legt eure Schwingen an und erhebt die gewundene Herrlichkeit in euch: kommet zu mir.« Und so endet sie:

»Sing mir das leidenschaftliche Liebeslied. Verbrenne Parfüm für mich. Trage Juwelen für mich. Trinke für mich. Denn ich liebe dich. Ich liebe dich. Ich bin die blaulidrige Tochter des Sonnenuntergangs. Ich bin das nackte Strahlen des wollüstigen Nachthimmels. Zu mir, zu mir.« Und mit diesen Worten »ist die Manifestation der Nuit beendet.«

III.

Im nächsten Kapitel unseres Buches wird das Wort von Hadit, der das Komplement von Nuit ist, gegeben. Er ist immerwährende Energie, die unendliche Bewegung der Dinge, das zentrale Innerste allen Seins. Das manifestierte Universum geht aus der Heirat von Nuit und Hadit hervor. Ohne dies könnte kein Ding sein. Dieses immerwährende, dieses sich immer wiederholende Heiratsfest ist dann die Natur der Dinge selbst. Und deshalb ist alles, was ist, eine Kristallisation der göttlichen Ekstase.

Hadit sagt uns von sich selbst: »Ich bin die Flamme, die in jedem Menschenherzen brennt und im Innersten eines jeden Sterns.« Er ist daher dein eigenes, innerstes, göttliches Selbst; es bist du und kein anderer, der verloren ist im andauernden Entzücken der Umarmungen unendlicher Schönheit. Etwas weiter sagt er von uns:

»Wir sind nicht für die Armen und die Wehleidigen. Die Herren der Erde sind unser Geschlecht.«

»Soll ein Gott in einem Hunde leben? Nein! Nur die Höchsten sind von uns. Sie sollen sich erfreuen, unsere Auserwählten. Wer trauert, ist nicht von uns.«

»Schönheit und Stärke, perlendes Lachen, köstliche Mattigkeit, Gewalt und Feuer, sind von uns.« Später, bezüglich des Todes, sagt er: »Denke nicht, O König, an diese Lüge: Daß du sterben mußt: Wahrlich, du sollst nicht sterben, sondern leben. Nun laß es verstanden sein: Wenn der Körper des Königs sich auflöst, soll er verbleiben in reiner Ekstase für immer.« Wenn du das weißt, was bleibt übrig, außer Freude? Und wie müssen wir weiterhin leben?

»Sie ist eine Lüge, diese Torheit gegen das Selbst - Sei stark, Mensch! verlange, freue dich aller Dinge der Sinne und des Entzückens: fürchte nicht, daß irgendein Gott dich dafür ablehnt.«

Wieder und wieder, in Worten gleich diesen, sieht er die Ausdehnung und die Entwicklung der Seele durch Freude.

Hier ist der Kalender unserer Kirche: »Aber ihr, O mein Volk, erhebt euch und erwacht. Laßt die Rituale richtig durchgeführt werden mit Freude und Schönheit.« Erinnere dich, daß alle Handlungen der Liebe und der Freude Rituale sind und Rituale sein müssen. »Es gibt Rituale der Elemente und Feste der Zeiten. Ein Fest für die erste Nacht des Propheten und seiner Braut! Ein Fest für die drei Tage der Niederschrift des Buches des Gesetzes. Ein Fest für Tahuti und das Kind des Propheten - geheim, O Prophet! Ein Fest für das Höchste Ritual und ein Fest für den Equinox der Götter. Ein Fest für Feuer und ein Fest für Wasser; ein Fest für das Leben und ein größeres Fest für den Tod! Ein Fest jeden Tag in euren Herzen, in der Freude meines Entzückens! Ein Fest jede Nacht für Nu und das Vergnügen äußerster Lust! Ja! feiert! frohlockt! es gibt keine Furcht danach! Es gibt Auflösung und ewige Ekstase in den Küssen von Nu.« Dies alles hängt von deiner eigenen Akzeptanz für dieses neue Gesetz ab. Du sollst nicht irgendetwas glauben, du sollst nicht eine Reihe närrischer Fabeln, unterhalb des intellektuellen Niveaus eines Buschmannes und des moralischen Niveaus eines Drogensüchtigen akzeptieren. Alles, was du tun mußt, ist, du selbst zu sein, deinen Willen zu tun und dich zu erfreuen.

»Versagst du? Bist du traurig? Ist Furcht in deinem Herzen?« Er sagt wieder: »Wo ich bin, sind diese nicht.« Dort steht noch viel mehr von derselben Art, allerdings wurde bislang ausreichend zitiert, um alles zu klären. Aber es gibt eine weitere Anweisung: »Weisheit sagt: sei stark! Dann kannst du mehr Freude ertragen. Sei nicht tierisch, verfeinere dein Entzücken! Wenn du trinkst, trink nach den acht und neunzig Regeln der Kunst; wenn du liebst, übertriff durch Zartheit; Wenn du etwas Freudiges tust, laß Feinheit darin sein. Aber übertriff, übertriff. Strebe immer nach mehr. Und wenn du wahrlich mein bist - und bezweifle das nicht, und wenn du immer freudvoll bist! - Tod ist die Krone von allem.«

Erhebt euch, meine Brüder und Schwestern der Erde. Laßt unter euch alle Furcht, alle Zweifel, alles Zaudern. Erhebt euch! Kommet hervor, frei und freudig, in der Nacht und am Tage, um euren Willen zu tun. Denn: »Es gibt kein Gesetz jenseits von Tu was Du willst.« Erhebt euch! Schreitet voran mit uns in Licht und Leben und Liebe und Freiheit, indem ihr eure Freude nehmt als Könige und Königinnen im Himmel und auf der Erde.

Die Sonne ist aufgegangen; das Gespenst der Zeitalter wurde in die Flucht geschlagen. »Das Wort der Sünde ist Beschränkung.« oder, wie es anderswo in diesem Text gesagt wurde: Es ist Sünde, deinen heiligen Geist zurückzuhalten!

Schreite voran, schreite voran in deiner Macht und laß dich durch keinen Menschen ängstigen.

Liebe ist das Gesetz, Liebe unter Willen.

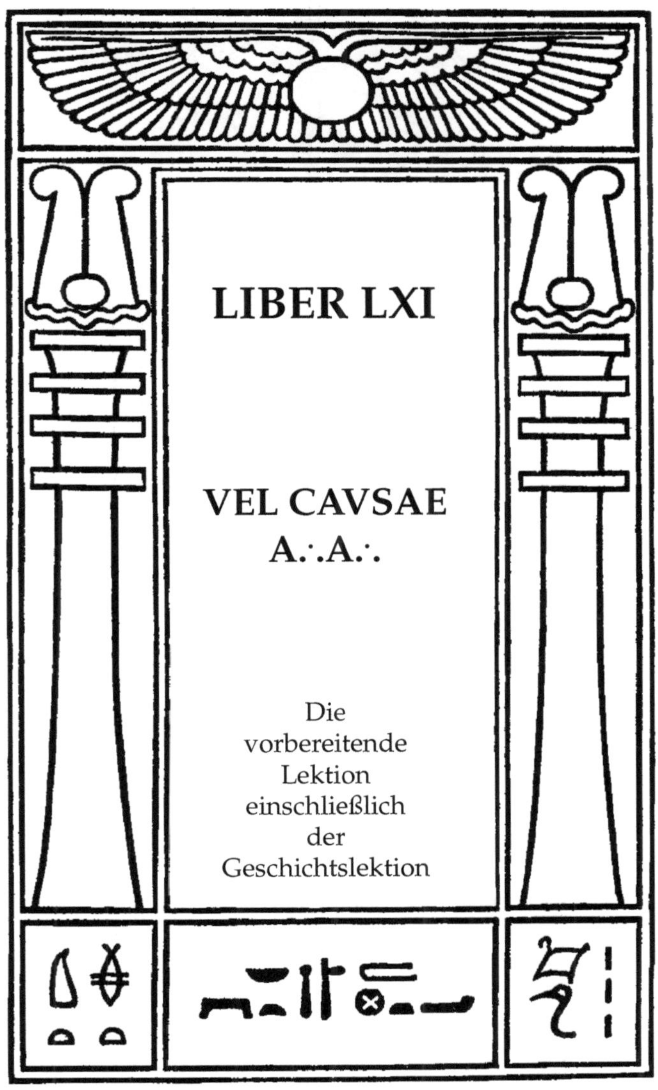
LIBER LXI
VEL CAVSAE
A.·.A.·.
Die
vorbereitende
Lektion
einschließlich
der
Geschichtslektion

A.·.A.·. Publikation in Klasse D

Pro Coll. Summ.:

93	10°=1□
666	9°=2□
777	8°=3□

Pro Coll. Int.:

D.D.S.	7°=4□
O.M.	7°=4□
O.S.V.	6°=5□
Parzival	5°=6□

Pro Coll. Ext.:

V.N.	Praemonstrator
P.	Imperator
Achad	Cancellarius

Liber LXI

A.·.A.·.
Die einleitende Lektion

Im Namen des Initiators. Amen.

1. Am Anfang war Initiation. Das Fleisch hat keinen Vorteil, das Bewußtsein hat keinen Vorteil; jenes, welches dir unbekannt ist und erhaben über diese, doch fest auf ihr Gleichgewicht gestützt, gibt Leben.

2. In allen Systemen der Religion kann ein System der Initiation gefunden werden, welches definiert werden kann als der Prozeß, durch welchen ein Mensch dahin kommt, diese unbekannte Krone zu erkennen.

3. Obwohl niemand über Wissen oder die Kraft sprechen kann, das zu erlangen, was wir das große Werk nennen wollen, ist es Initiierten dennoch möglich, andere zu geleiten.

4. Jeder Mensch muß seine eigenen Hindernisse überwinden, besonders seine eigenen Illusionen. Doch mögen andere ihm beistehen, dies zu erreichen, und sie mögen ihm insgesamt ermöglichen, viele der falschen Pfade zu vermeiden, die nirgendwo hinführen, die nur die müden Füße des uninitiierten Pilgerers noch weiter ermüden. Sie können weiterhin sicherstellen, daß er vollständig erprobt und geprüft ist, denn es gibt viele, die von sich selbst denken, Meister zu sein, aber noch nicht einmal begonnen haben, den Weg des Dienstes zu betreten, der dorthin führt.

5. Nun ist das große Werk eins und die Initiation ist eins und der Lohn ist eins, wie unterschiedlich auch die Symbole sein mögen, in die das Unaussprechliche gekleidet ist.

6. Höre denn die Geschichte des Systems, zu welcher diese Lektion dir die Möglichkeit der Erprobung gibt.

Höre, wir beschwören dich, mit Aufmerksamkeit zu: denn einmal nur klopft der große Orden an irgendeine Tür.

Wer auch immer irgendein Mitglied dieses Ordens als solches erkennt, wird niemals ein anderes kennenlernen, bis auch er die Meisterschaft erlangt hat.

Hier halten wir deshalb ein, auf daß du dich sorgfältigst selbst erkunden mögest und feststellen, ob du bereit bist, den unwiderruflichen Schritt zu tun.

Denn dein Lesen des Folgenden wird aufgezeichnet.

Die Geschichtslektion

7. Vor einigen Jahren wurde von gewissen Studenten eine Anzahl von chiffrierten MSS. entdeckt und entschlüsselt. Sie zogen einige Aufmerksamkeit auf sich, da sie besagten, von den Rosenkreuzern zu stammen. Du wirst bald verstehen, daß der Anspruch auf Echtheit nichts bedeutet, da solche Literatur durch sich selbst bewertet wird, nicht durch Berufung auf Quellen.

8. Unter den MSS. war eines, das die Adresse einer bestimmten Person in Deutschland, die uns als S.D.A. bekannt ist, angab. Jene, welche die Chiffren entdeckten, schrieben an S.D.A. Und entsprechend der erhaltenen Instruktionen wurde ein Orden gegründet, welcher halb geheim arbeitete.

9. Nach einiger Zeit starb S.D.A.: Weitere Bitten um Hilfe wurden von den Gefährten von S.D.A mit prompter Zurückweisung beantwortet. Einer von ihnen schrieb, daß der Plan von S.D.A. immer schon mit Mißbilligung betrachtet worden sei. Aber da es die absolute Regel der Adepten ist, sich niemals in die Entscheidung irgendeiner anderen Person, welcher auch immer, einzumischen - wieviel mehr dann in Bezug auf einen der Ihrigen - und höchst Angesehenen! - hielten sie sich von aktiver Opposition fern. Der Adept, welcher dieses schrieb, fügte hinzu, daß der Orden bereits genug Wissen besitzt, um ihn oder seine Mitglieder in die Lage zu

versetzen, eine magische Verbindung mit den Adepten zu formulieren.

10. Kurze Zeit später gab jemand namens S.R.M.D. an, er hätte eine derartige Verbindung hergestellt und daß er und zwei andere bestimmt wären, den Orden zu leiten. Neue und überarbeitete Rituale wurden herausgegeben und frisches Wissen floß in Strömen.

11. Wir müssen nun einige unglückliche Verwicklungen, welche die nächste Periode charakterisierten, überspringen. Es hat sich als vollständig unmöglich herausgestellt, diese komplexen Fakten zu erhellen.

Wir beschränken uns daher darauf festzustellen, daß der Tod eines seiner zwei Kollegen und die Schwäche des anderen S.R.M.D. die alleinige Autorität sicherten. Die Rituale wurden, obwohl mit viel Gelehrsamkeit, in wortreichen und angeberischen Unsinn ausgearbeitet: das Wissen erwies sich als wertlos, selbst wo es korrekt war: denn es ist vergeblich, wenn Perlen, mögen sie noch so rein und wertvoll sein, vor die Säue geworfen werden.

Die Prüfungen wurden so nichtswürdig, daß es unmöglich wurde, darin zu versagen. Ungeeignete Kandidaten wurden aus keinem anderen Grunde, als wegen ihres weltlichen Reichtums zugelassen.

In Kürze, der Orden versagte in der Initiation.

12. Es gab einen Skandal und mit diesem Spaltung.

13. Im Jahre 1900 inszenierte ein P., ein Bruder, einen rigorosen Test von S.R.M.D. auf der einen Seite und dem Orden auf der anderen Seite.

14. Er entdeckte, daß S.R.M.D., obwohl ein Gelehrter mit einigen Fähigkeiten und ein Magier mit bemerkenswerten Kräften, niemals vollständige Initiation erlangt hatte: und weiterhin von seinem ursprünglichen Platz herabgefallen war, nachdem er unvorsichtigerweise Kräfte von zu gewaltiger Bösartigkeit, als daß er ihnen hätte standhalten können, auf sich gezogen hatte.

Der Anspruch des Ordens, mit der wahren Adeptschaft übereinzustimmen, wurde deutlich widerlegt.

15. Im Orden fand er, abgesehen von zwei sicheren Ausnahmen und zwei zweifelhaften, keine Personen, die für irgendwelche Initiation vorbereitet gewesen wären.

16. Deshalb zerstörte er in seiner subtilen Weisheit beide, den Orden und sein Oberhaupt.

17. Da er selbst kein perfekter Adept war, wurde er durch den Geist in die Wildnis getrieben, wo er sechs Jahre verweilte und mit dem Licht der Vernunft die heiligen Bücher und geheimen Systeme der Initiation aller Länder und Zeitalter studierte.

18. Schließlich wurde ihm ein bestimmter hoher Grad verliehen, durch den ein Mensch der Meister des Wissens und der Intelligenz wird und nicht mehr ihr Sklave bleibt. Er bemerkte die Inadäquatheit der Wissenschaft, Philosophie und Religion und enthüllte die sich selbst widersprechende Natur der Fähigkeit des Denkens.

19. Zurückgekehrt nach England, legte er seine Errungenschaften ehrerbietig zu den Füßen eines bestimmten Adepten D.D.S., der ihn brüderlich willkommen hieß und seinen Anspruch auf den Grad, den er so schwer erarbeitet hatte, bestätigte.

20. Darauf berieten die beiden Adepten zusammen und sagten: Steht es nicht geschrieben, daß die Leiden verkürzt werden sollen? So beschlossen sie, einen neuen Orden zu gründen, der frei von Fehlern und Täuschungen der vorhergehenden sein sollte.

21. Ohne Autorität konnten sie dies nicht tun, so erhöht auch ihr Rang unter den Adepten war. Sie beschlossen, alle Dinge vorzubereiten, große und kleine, für den Tag, an dem sie diese Autorität erhalten sollten, denn sie wußten nicht, wo sie nach höheren Adepten als sich selbst suchen sollten. Aber sie wußten, daß der wahre Weg, um die Aufmerksamkeit solcher auf sich zu ziehen, darin bestand, die Symbole ins Gleichgewicht zu bringen. Der Tempel muß gebaut werden, bevor der Gott darin wohnen kann.

22. Deshalb bereitete P. auf die Anweisung von D.D.S. alle Angelegenheiten durch seine geheime Wissenschaft und Weisheit vor, indem er lediglich die Symbole, welche mit allen Systemen übereinstimmten, wählte, und rigoros alle Namen und Worte entfernte, von denen angenommen werden könnte, daß sie irgendeine religiöse oder metaphysische Theorie implizierten. Dies bis zum Äußersten durchzuführen, erwies sich als unmöglich. Jede Sprache hat ihre Geschichte und die Benutzung (zum Beispiel) des Wortes »Geist« impliziert die scholastische Philosophie und die hinduistischen und taoistischen Theorien, betreffend den Atem des Men-

schen. So war es schwierig, die Implikationen unerwünschter Vorurteile zu vermeiden, die durch die Benutzung solcher Worte wie »Orden«, »Kreis«, »Abtei«, »Gesellschaft«, »Bruderschaft« oder irgendwelcher anderer, die dazu dienen, die Körperschaft der Initiierten zu bezeichnen, entstehen.

23. So zog er sich mit Überlegung in Vagheit zurück. Nicht, um die Wahrheit den Neophyten zu verschleiern, sondern um ihn vor der Wertschätzung des Nicht-Essentiellen zu warnen. Sollte deshalb der Kandidat den Namen irgendeines Gottes hören, laß ihn nicht voreilig annehmen, daß er sich auf irgendeinen bekannten Gott bezieht, außer seinem eigenen Gott. Oder sollten die Rituale in Begriffen (wie vage auch immer) sprechen, die sich den Anschein geben, ägyptische, taoistische, indianische, persische, griechische, judaische, christliche oder moslemische Philosophie zu implizieren, laß ihn bemerken, daß dies ein Defekt der Sprache ist; eine literarische Grenze und nicht die spirituelle Voreingenommenheit des Menschen P.

24. Besonders soll er sich vor dem Auffinden definitiv sektiererischer Symbole in den Lehren seines Meisters hüten, und vor dem Schließen vom Bekannten auf das Unbekannte, welches ihn mit Sicherheit versuchen wird.

Wir arbeiten sorgfältig, lieber Bruder, auf daß du niemals verführt werden magst, an diesem Punkt zu scheitern. Denn daran haben viele heilige und gerechte Männer Schiffbruch erlitten. Dadurch haben alle sichtbaren Systeme die Essenz der Weisheit verloren.

Wir haben gesucht, das Arkanum zu enthüllen; wir haben es lediglich profaniert.

25. Nun, als P. mit bitterer Mühe alle Angelegenheiten unter der Führung von D.D.S. bereitet hatte (wie die Hand schreibt, während das bewußte Hirn, obschon sich der einzelnen Bewegungen nicht bewußt, das fertige Werk begrüßt oder ablehnt), gab es eine bestimmte Zeit des Rückzuges, wie die Erde brachliegt.

26. Währenddessen beschäftigten sich diese Adepten eindringlichst mit dem großen Werk.

27. In der Fülle der Zeit, genau wie ein blühender Baum zu seiner Jahreszeit Früchte trägt, wurden all diese Schmerzen beendet und

diese Adepten und ihre Mitarbeiter erhielten die Belohnung, nach welcher sie gesucht hatten - sie wurden zu dem Ewigen und Unsichtbaren Orden zugelassen, der keinen Namen unter den Menschen hat.

28. Dadurch konnten sie, die sie mit lachenden Gesichtern ihre Heime preisgaben, ihren Besitz, ihre Frauen, ihre Kinder, um das große Werk zu vollenden, mit stetiger Anstrengung und sicherer Korrektheit das große Werk selbst preisgeben, denn dies ist der letzte und größte Plan der Alchemisten.

29. Ebenso erhob sich ein V.V.V.V.V., ein erhöhter Adept des Ranges des Meister des Tempels (soviel zumindest enthüllte er dem Adeptus Exemptus) und seine Worte sind in den heiligen Schiften bewahrt.

30. Diese sind das Liber Legis, das Liber Cordis Cincti Serpente, das Liber Liberi vel Lapidis Lazuli und andere, deren Existenz dir eines Tages offenbar werden wird. Sei auf der Hut, ob du sie im Lichte oder in der Dunkelheit interpretierst, denn nur im L.V.X. können sie verstanden werden.

31. Ebenso übertrug er auf D.D.S., O.N. und einen anderen die Autorität der Triade, die sie wiederum an andere delegierten. Und diese wieder, so daß der Körper der Initiierten perfekt sein mag, von der Krone bis zum Königreich und darüber hinaus.

32. Denn Vollkommenheit wohnt nicht in den Gipfeln oder in den Fundamenten, sondern in der geordneten Harmonie von einem mit allem.

Ein Psalm

Der Herr hat meinen Mund mit Danksagungen gefüllt; die Gerechtigkeit des Herrn hat meine Kehle zu ihrem Wohnsitz genommen.

Der Pavillion des Herrn ist das Dach meines Mundes; der Torweg des Herrn ist aus Elfenbein.

Meine Zunge ist die Zofe des Herrn; der Herr hat sich erfreut im Palast aus Porphyr.

Meine Lippen sollen sich an der Gerechtigkeit des Herrn erfreuen; mein Bauch soll Dank sagen, denn der Herr erfüllt ihn mit Wohlgefallen.

Ich bin das Gefäß des Herrn; Der Herr erfreut sich in mir; der Herr hat mich zur Erfüllung gebracht.

Lobet den Herrn, all ihr, die ihr den Herrn liebt; erfreut euch in Ihm, ihr Söhne und Töchter der Erleuchtung.

Siehe, der Herr ist erhöht in Gerechtigkeit; seine Aufrichtigkeit erfüllt die Erde mit Lob.

Denn der Herr füllt meinen Mund mit Stille; und das Lob des Herrn ist meine Genugtuung.

Mit einem geheimen Lied vergrößere ich den Herrn; und Sein Wort ist Licht.

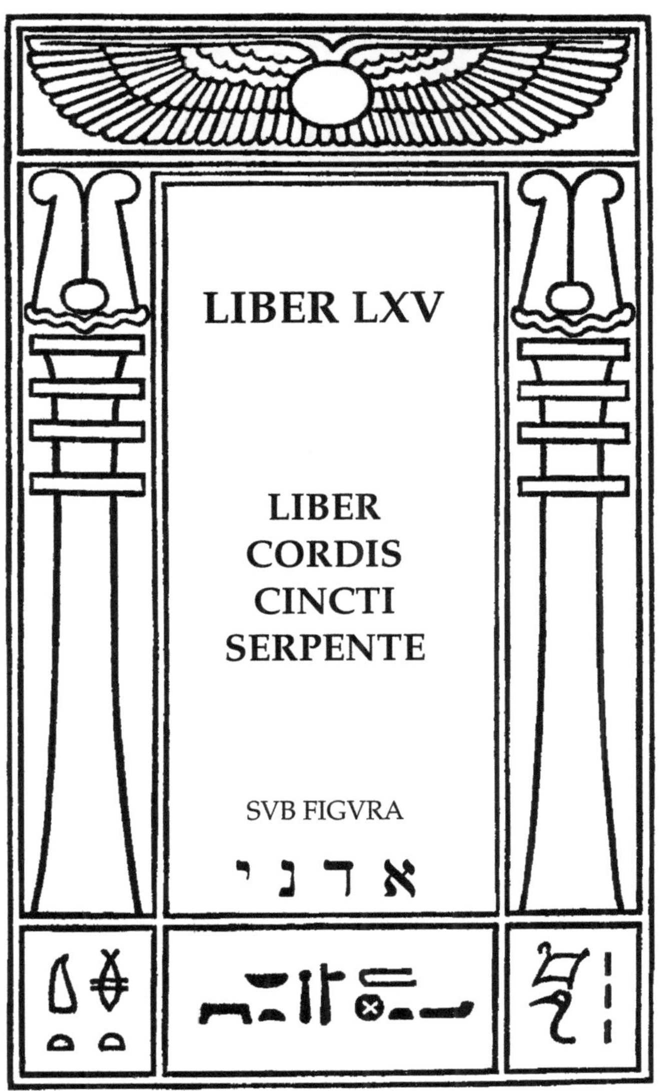
LIBER LXV
LIBER
CORDIS
CINCTI
SERPENTE
SVB FIGVRA
אדני

A.·.A.·. Publikation in Klasse A

Pro Coll. Summ.:

93	10°=1□
666	9°=2□
777	8°=3□

Pro Coll. Int.:

D.D.S.	7°=4□
O.M.	7°=4□
O.S.V.	6°=5□
Parzival	5°=6□

Pro Coll. Ext.:

V.N.	Praemonstrator
P.	Imperator
Achad	Cancellarius

Liber Cordis Cincti Serpente[16]

I

1. Ich bin das Herz und die Schlange ist gewunden um den unsichtbaren Kern des Gemütes. Erhebe Dich, Oh meine Schlange! Es ist nun die Stunde der verhüllten und unaussprechlich heiligen Blume. Erhebe dich, Oh meine Schlange, in das Strahlen der Blüte auf dem Leichnam von Osiris, im Grabe schwimmend! Oh Herz meiner Mutter, meiner Schwester, mein eigenes, du bist dem Nil übergeben, dem Schrecken Typhon! Ach! Aber die Glorie von rasendem Sturm umgibt dich und umhüllt dich im Rausch der Form. Siehe! In meiner Schönheit, wie fröhlich bist du, Oh Schlange, die die Krone meines Herzens liebkost! Siehe! Wir sind eins, und der Sturm der Jahre senkt sich zur Dämmerung nieder, und der Käfer erscheint. Oh Käfer! Das Surren deines traurigen Tons sei immer der Taumel dieser zitternden Kehle! Ich erwarte das Erwachen! Den Ruf von oben, vom Herrn Adonai, vom Herrn Adonai!

2. Adonai sprach zu V.V.V.V.V., sagend: Es muß immer Spaltung sein in dem Wort.

3. Denn die Farben sind viele, aber das Licht ist eins.

4. Daher schreibst du das, was aus Smaragdmutter ist, und aus Lapis Lazuli, und aus Türkis und aus Alexandrit.

5. Ein weiterer schreibt die Worte aus Topas, und aus dunklem Amethyst, und aus grauem Saphir, und aus dunklem Saphir mit einer Tönung von Blut.

16[A.d.R] Wir geben hier, entsprechend dem Origial des Blue Equinox, die unkommentierte Fassung des Liber LXV wieder.

6. Darum ärgert euch deswegen.

7. Seid nicht zufrieden mit dem Bilde.

8. Ich bin das Bild eines Bildes, sage dies.

9. Streitet nicht über dieses Bild, sagend jenseits! Jenseits! Man ersteigt die Krone über den Mond und über die Sonne, und über den Pfeil, und über das Fundament, und über das dunkle Heim der Sterne von der schwarzen Erde.

10. Nicht anders könnt ihr den glatten Punkt erreichen.

11. Noch ist es passend für den Schuster, von königlichen Dingen zu reden. Oh Schuster! Flicke mir diesen Schuh, daß ich gehen kann, Oh König! Wenn ich dein Sohn bin, laß uns von der Gesandtschaft an den König, deinen Bruder, reden.

12. Dann war Schweigen. Sprechen war für uns eine Weile zu Ende. Es gibt ein Licht so stark, daß es nicht als Licht wahrgenommen wird.

13. Des Wolfes Zahn ist nicht so scharf wie Stahl; und doch durchdringt er den Körper subtiler.

14. So, wie böse Küsse das Blut verderben, so tun es auch meine Worte mit dem Geist der Menschen.

15. Ich atme, und es ist unendliches Unbehagen im Geiste.

16. So, wie eine Säure sich in den Stahl frißt, wie ein Krebs, der den Körper gänzlich zerfrißt; so bin ich für den Geist des Menschen.

17. Ich werde nicht ruhen, bis ich es alles aufgelöst habe.

18. So auch das Licht, das absorbiert wird. Einer absorbiert wenig und wird weiß und glänzend genannt; einer absorbiert alles und wird schwarz genannt.

19. Darum, Oh mein Liebling, bist du schwarz.

20. Oh mein Schöner, ich habe dich mit einem kohlschwarzen nubischen Sklaven verglichen, einem Knaben mit schwermütigen Augen.

21. Oh der Unflätige! Der Hund! rufen sie dir zu. Weil du mein Geliebter bist.

22. Glücklich sind die, die dich preisen; denn sie sehen dich mit Meinen Augen.

23. Nicht laut sollen sie dich preisen; doch in der Nachtwache soll sich einer heranstehlen und dich mit dem geheimen Griff fassen; ein anderer soll dir heimlich eine Krone aus Veilchen aufsetzen; ein dritter soll kühn wagen und irre Lippen auf deine pressen.

24. Ja! Die Nacht wird alles bedecken, die Nacht wird alles bedecken.

25. Du hast Mich lange gesucht; du bist so rasch vorwärts geeilt, daß ich unfähig war, dich einzuholen. Oh du mein geliebter Narr! Mit welcher Bitternis hast du überdies deine Tage gekrönt.

26. Nun bin ich mit dir; ich werde dein Wesen nie verlassen. Denn ich bin die sanft Schmiegsame, um dich gewunden, Herz von Gold!

27. Denn ich bin die sanft Schmiegsame, um dich gewunden, Herz von Gold!

28. Mein Haupt ist mit zwölf Sternen geschmückt; Mein Körper ist weiß wie die Milch der Sterne; er ist leuchtend mit dem Blau des Abyss von unsichtbaren Sternen.

29. Ich habe das gefunden, was nicht zu finden war; ich habe ein Gefäß aus Quecksilber gefunden.

30. Du sollst deinen Diener auf seine Art lehren, du sollst oft mit ihm sprechen.

31. (Der Schreiber schaute nach oben und rief) Amen! Du hast es gesagt, Herr Gott!

32. Weiter sprach Adonai zu V.V.V.V.V. und sagte:

33. Laß uns unsere Lust in der Menge der Menschen nehmen! Laß uns von ihnen ein Boot aus Perlmutter formen, damit wir auf dem Flusse Amrit fahren können!

34. Siehst du dort jenes Blatt der Amaranth-Blüte, welches der Wind von der niedrigen, süßen Stirn Hathors geweht hat?

35. (Der Magister sah es und erfreute sich an der Schönheit davon.) Lausche!

36. (Aus einer gewissen Welt kam ein unendliches Wehklagen.) Jenes fallende Blütenblatt erschien den Kleinen wie eine Woge, die ihren Erdteil zu verschlingen drohte.

37. Also werden sie deinen Diener beschuldigen, sagend: Wer hat dich zu unserem Retter gemacht?

38. Er wird tief betrübt sein.

39. Alle sie verstehen nicht, daß du und ich ein Boot aus Perlmutter bauen. Wir werden den Fluß Amrit hinabsegeln, sogar bis zu den Eibenhainen von Yama, wo wir uns über alle Maßen erfreuen werden.

40. Die Freude der Menschen soll unser silberner Glanz, ihr Weh unser blauer Glanz sein - alles in Perlmutter.

41. (Der Schreiber war darüber erzürnt) Er sprach: Oh Adonai und mein Meister, ich habe Tintenfaß und Feder ohne Entgelt getragen, damit ich den Fluß Amrit suchen und darauf als einer von euch segeln könne. Dies verlange ich als meinen Lohn, daß ich am Echo eurer Küsse teilhabe.

42. (Und sofort wurde ihm dies gewährt.)

43. (Nein; aber damit war er nicht zufrieden. Durch eine unendliche Erniedrigung bis zur Schande strebte er. Dann eine Stimme:)

44. Du strebtest immer; sogar in deinem Hingeben strebst du danach, dich zu geben - und siehe! Du gibst dich nicht.

45. Gehe bis zu den äußersten Orten und unterwirf dich allen Dingen.

46. Bezwinge deine Furcht und deinen Ekel. Dann - gib dich!

47. Es war eine Magd, die irrte im Korn umher und seufzte; dann wurde etwas Neues geboren, ein Narziß, und darin vergaß sie ihr Seufzen und ihre Einsamkeit.

48. Und sofort kam Hades schwer über sie und entzückte sie.

49. (Dann erkannte der Schreiber den Narziß in seinem Herzen; doch weil er nicht an seine Lippen kam, schämte er sich und sprach nicht mehr.)

50. Adonai sprach wiederum mit V.V.V.V.V. und sagte: Die Erde ist reif zur Weinlese; Laß uns von ihren Trauben essen und uns daran berauschen.

51. Und V.V.V.V.V. antwortete und sagte: Oh mein Herr, meine Taube, mein Vortrefflicher, wie wird dieses Wort den Kindern der Menschen vorkommen?

52. Und Er antwortete ihm: Nicht wie du sehen kannst. Es ist sicher, daß jeder Buchstabe dieser Schrift einen Wert hat; aber wer

soll den Wert bestimmen? Denn er wechselt immer, entsprechend der Feinheit von Ihm, der ihn gemacht hat.

53. Und Er antwortete Ihm: Habe ich nicht den Schlüssel davon? Ich bin mit dem Körper aus Fleisch bekleidet; ich bin eins mit dem Ewigen und Allmächtigen Gott.

54. Dann sprach Adonai. Du hast den Kopf des Falken, und dein Phallus ist der Phallus von Asar. Du kennst das Weiße, und du kennst das Schwarze, und du weißt, daß diese eins sind. Aber warum suchst du nach der Kenntnis ihrer Gleichwertigkeit?

55. Und er sagte: Damit mein Werk richtig sei.

56. Und Adonai sagte: Der starke braune Schnitter schwang seine Sense und frohlockte. Der Weise zählte seine Muskeln, und grübelte, und verstand nicht, und war traurig. Ernte du und frohlocke!

57. Dann war der Adept froh und erhob seinen Arm. Siehe! Ein Erdbeben, und Klage und Schrecken auf der Erde! Ein Hinabstürzen derer, die auf hoher Stelle saßen; eine Hungersnot über die Menge!

58. Und die Traube fiel reif und voll in seinen Mund.

59. Befleckt ist der Purpur deines Mundes, Oh Strahlender, von der weißen Glorie der Lippen Adonais.

60. Der Schaum der Traube gleicht dem Sturm auf dem Meer; die Schiffe erzittern und beben; der Schiffsherr ist voller Furcht.

61. Dies ist deine Trunkenheit, Oh Heiliger, und die Winde wirbeln die Seele des Schreibers in den glücklichen Hafen hinweg.

62. Oh Herr Gott! Lasse den Hafen vernichtet sein durch die Wut des Sturmes! Lasse den Schaum der Traube meine Seele mit Deinem Licht färben!

63. Bacchus wurde alt und war Silenus; Pan war immer Pan in alle Ewigkeit durch die Äonen.

64. Berausche das Innerste, Oh mein Geliebter, nicht das Äußerste!

65. So war es - immer dasselbe! Ich habe nach dem geschälten Stabe meines Gottes gezielt, und ich habe getroffen; ja, ich habe getroffen.

II

1. Ich ging zwischen den Säulen aus Türkis, so wie ein grüner Falke, der auf dem Thron im Osten sitzt, in den Berg aus Lapis Lazuli.

2. So kam ich nach Duant, dem sternigen Wohnort, und ich hörte Stimmen laut rufen.

3. Oh du, der du auf der Erde sitzt! (So sprach eine gewisse Verschleierte zu mir) Du bist nicht größer als deine Mutter! Du winziges Staubkörnchen! Du bist der Herr der Herrlichkeit, und der unreine Hund.

4. Niederfallend, mit gesenkten Flügeln, kam ich zu den Wohnorten der dunklen Herrlichkeit. Dort, in jenem formlosen Abyss, wurde ich zum Teilhaber der verruchten Mysterien gemacht.

5. Ich erlitt die tödliche Umarmung der Schlange und der Ziege; ich brachte der Scham von Khem die höllische Huldigung dar.

6. Darin war diese Tugend, daß das Eine zu allem wurde.

7. Außerdem hatte ich eine Vision von einem Fluß. Darauf war ein kleines Boot; und in ihm unter purpurnen Segeln war eine goldene Frau, ein Abbild von Asi, aus feinstem Gold gearbeitet. Auch war der Fluß aus Blut und das Boot aus glänzendem Stahl. Dann liebte ich sie, und meinen Gürtel lösend, warf ich mich in den Strom.

8. Ich stieg in das kleine Boot, und viele Tage und Nächte lang liebte ich sie, und brannte schönen Weihrauch vor ihr.

9. Ja! Ich gab ihr von der Blüte meiner Jugend.

10. Doch sie rührte sich nicht; durch meine Küsse besudelte ich sie nur, sodaß sie vor mir schwarz wurde.

11. Dennoch verehrte ich sie und gab ihr die Blüte meiner Jugend.

12. Auch geschah es, daß sie dadurch hinsiechte und vor mir verdarb. Beinahe warf ich mich in den Strom.

13. Dann, zur ernannten Zeit, war ihr Körper weißer als die Milch der Sterne, und ihre Lippen rot und warm wie der Sonnenuntergang und ihr Leben von der weißen Glut des Inneren der Sonne.

14. Dann erhob sie sich aus dem Abyss von Ewigkeiten des Schlafes und ihr Körper umarmte mich. Ich verging völlig in ihrer Schönheit und war glücklich.

15. Auch wurde der Fluß zum Fluß Amrit, und das kleine Boot war das Gefäß des Fleisches und seine Segel das Blut des Herzens, das mich trägt, das mich trägt.

16. Oh Schlangenweib der Sterne! Ich, sogar ich, habe dich aus einem blassen Bilde von feinem Gold gebildet.

17. Auch kam der Heilige über mich, und ich sah einen weißen Schwan in der Bläue schweben.

18. Zwischen seinen Schwingen saß ich, und die Äonen flogen dahin.

19. Dann flog der Schwan und tauchte nieder und glitt empor, und doch gingen wir nirgendwohin.

20. Ein kleiner blöder Knabe, der mit mir flog, sprach zum Schwan und sagte:

21. Wer bist du, daß du schwebst und fliegst und niedertauchst und im Leeren schwimmst? Siehe, diese vielen Äonen sind vergangen; woher kamst du? Wohin willst du gehen?

22. Und lachend schalt ich ihn, sagend: Nirgendwoher! Nirgendwohin!

23. Da der Schwan schwieg, antwortete er: Also, wenn es kein Ziel gibt, warum dann diese ewige Reise?

24. Und ich lehnte meinen Kopf an den Kopf des Schwans und lachte, sagend: Ist nicht unsagbare Freude in diesem ziellosen Fliegen? Ist nicht Trübsal und Ungeduld für den, der irgendein Ziel erreichen möchte?

25. Und der Schwan schwieg immerfort. Ah! Aber wir schwebten im unendlichen Abyss. Freude! Freude! Weißer Schwan, trage du mich empor zwischen deinen Schwingen!

26. Oh Schweigen! Oh Entzücken! Oh Ende der Dinge, sichtbar und unsichtbar! Dies alles ist mein, der ich Nicht bin.

27. Strahlender Gott! Laß mich ein Bild aus Juwelen und Gold für Dich schaffen! Daß die Leute es herunterreißen und in den Staub treten! Daß Deine Herrlichkeit von ihnen gesehen werden mag.

28. Noch soll auf den Märkten gesagt werden, daß ich gekommen sei, der da kommen sollte; aber Dein Kommen soll das eine Wort sein.

29. Du sollst Dich im Nichtoffenbaren offenbaren; an den geheimen Orten sollen sich die Menschen mit Dir treffen, und Du sollst sie überwinden.

30. Ich sah einen blassen traurigen Knaben, der auf dem Marmor im Sonnenlicht lag und weinte. An seiner Seite lag die vergessene Laute. Ah! Aber er weinte.

31. Dann kam ein Adler aus dem Abyss der Herrlichkeit und überschattete ihn. So schwarz war der Schatten, daß er nicht länger sichtbar war.

32. Aber ich hörte die Laute lebhaft durch die blaue, stille Luft sprechen.

33. Ah! Bote des Geliebten, laß Deinen Schatten über mir sein!

34. Dein Name ist Tod, so mag es sein, oder Schande, oder Liebe.

35. Wo ist nun der Meister? schreien die kleinen blöden Knaben. Er ist tot! Er ist beschämt! Er ist vermählt! Und ihr Gespött wird rund um die Welt ertönen.

36. Doch der Meister wird seinen Lohn gehabt haben. Das Gelächter der Spötter soll ein Kräuseln im Haar des Geliebten sein.

37. Siehe! der Abyss der Großen Tiefe. Darin ist ein mächtiger Delphin, der mit der Kraft der Wogen seine Seiten peitscht.

38. Da ist auch ein Harfner aus Gold, der unendliche Töne spielt.

39. Dann entzückte das den Delphin, und er legte seinen Körper ab und wurde ein Vogel.

40. Der Harfner legte auch seine Harfe weg und spielte unendliche Töne auf der Panflöte.

41. Dann verlangte es den Vogel über alle Maßen nach dieser Wonne, und seine Flügel niederlegend, wurde er ein Faun des Waldes.

42. Auch der Harfner legte seine Panflöte beiseite und sang seine unendlichen Weisen mit menschlicher Stimme.

43. Dann ward der Faun in Entzücken versetzt und folgte weit mit; zuletzt schwieg der Harfner, und der Faun wurde Pan inmitten des Urwaldes der Ewigkeit.

44. Nicht mit Schweigen kannst du den Delphin bezaubern, Oh mein Prophet!

45. Dann wurde der Adept in Seligkeit entrückt, und jenseits über die Seligkeit hinaus, und er überstieg das Höchste des Höchsten.

46. Auch sein Körper bebte und schwankte von der Bürde dieser Seligkeit und jenem Höchsten und jenem letzten Namenlosen.

47. Sie riefen: Er ist betrunken, oder Er ist verrückt, oder Er ist in Schmerzen, oder Er ist am Sterben; und er hörte sie nicht.

48. Oh mein Herr, mein Geliebter! Wie soll ich Lieder singen, wenn selbst die Erinnerung an den Schatten deiner Herrlichkeit ein Ding jenseits aller Musik des Sprechens oder des Schweigens ist?

49. Siehe! Ich bin ein Mann. Sogar ein kleines Kind könnte dich nicht ertragen. Und siehe!

50. Ich war allein in einem großen Park, und bei einem gewissen Hügel war ein Kreis von tiefgefärbtem Gras, auf dem wunderschön Grünbekleidete spielten.

51. In ihrem Spiel kam ich sogar bis zum Lande des Feenschlafes. All meine Gedanken waren in Grün gekleidet; wunderschön waren sie.

52. Die ganze Nacht tanzten und sangen sie; aber Du bist der Morgen, Oh mein Liebling, meine Schlange, die Du Dich um mein Herz windest.

53. Ich bin das Herz, und Du bist die Schlange. Winde Dich enger um mich, damit weder Licht noch Seligkeit hindurchdringen können.

54. Drücke mein Blut aus, wie eine Traube auf der Zunge eines weißen dorischen Mädchens, das mit ihrem Liebsten im Mondlicht schmachtet.

55. Dann lasse das Ende erwachen. Lange hast du geschlafen, Oh großer Gott Terminus! Lange Zeiten hast du am Ende der Stadt und ihrer Strassen gewartet. Erwache Du! warte nicht mehr!

56. Nein, Herr! Doch bin ich zu Dir gekommen. Ich bin es, der endlich wartet.

57. Der Prophet rief dem Berge zu; komme du hierher, damit ich mit dir reden kann!

58. Der Berg rührte sich nicht. Deshalb ging der Prophet zum Berge und sprach zu ihm. Aber die Füße des Propheten waren müde, und der Berg hörte seine Stimme nicht.

59. Doch habe ich Dich gerufen, und ich bin zu Dir gewandert, und es half mir nicht.

60. Ich wartete geduldig, und Du warst bei mir von Anbeginn.

61. Dies weiß ich jetzt, Oh mein Geliebter, wir liegen gemächlich ausgestreckt zwischen den Weinreben.

62. Aber diese deine Propheten; sie müssen laut schreien und sich geißeln; sie müssen weglose Wüsten durchwandern und über unergründliche Meere ziehen; Dich zu erwarten ist das Ende, nicht der Anfang.

63. Laß Dunkel die Schrift bedecken! Lasse den Schreiber seine Wege gehen.

64. Aber du und ich, wir liegen gemächlich zwischen den Weinreben ausgestreckt; was ist er?

65. Oh du Geliebter! gibt es nicht ein Ende? Nein, doch es gibt ein Ende. Erwache! stehe auf! gürte deine Glieder, Oh du Läufer; trage du das Wort in die mächtigen Städte, ja, in die mächtigen Städte.

III

1. Wahrlich und Amen! Ich zog durch das tiefe Meer und an den Strömen fließenden Wassers vorbei, die dort im Überfluß sind, und ich kam zum Land des Nicht-Begehrens.

2. Darin war ein weißes Einhorn mit silbernem Kragen, worauf der Aphorismus Linea viridis gyrat universa eingegraben war.

3. Dann kam das Wort Adonais zu mir durch den Mund meines Magisters, sagend: Oh Herz, das du mit den Windungen der alten Schlange umgürtet bist, erhebe dich auf den Berg der Initiation!

4. Aber ich erinnere mich. Ja, Than, ja Theli, ja, Lilith! diese drei waren um mich wie von alters her. Denn sie sind eins.

5. Schön warst du, Oh Lilith, du Schlangenweib!

6. Du warst geschmeidig und köstlich für den Geschmack, und dein Duft von Moschus vermischt mit Ambra.

7. Eng schmiegtest du dich mit deinen Windungen um das Herz, und es war wie die Freude des ganzen Frühlings.

8. Aber ich gewahrte in dir einen gewissen Makel, selbst in dem, der mich entzückte.

9. Ich gewahrte in dir den Makel deines Vaters, dem Affen, und deiner Ahnen, dem Blinden Wurm des Schlammes.

10. Ich starrte in den Kristall der Zukunft, und ich sah das Grauen deines Endes.

11. Ferner zerstörte ich das Vergangene und Zukünftige - hatte ich nicht die Macht der Sanduhr?

12. Doch zur selben Stunde erblickte ich Verderbnis.

13. Dann sagte ich: Oh mein Geliebter, Oh Herr Adonai, ich bitte dich, die Windungen der Schlange zu lösen!

14. Aber sie war fest um mich geschlungen, sodaß meine Kraft im Entstehen erstickt wurde.

15. Auch betete ich zum Elefantengott, dem Herrn der Anfänge, der Widerstand bricht.

16. Diese Götter kamen recht schnell zu meiner Hilfe. Ich sah sie; ich verband mich mit ihnen; ich verlor mich in ihrer Unermeßlichkeit.

17. Dann gewahrte ich mich, umschlossen vom Unendlichen Kreis aus Smaragd, der das Universum einschließt.

18. Oh Schlange aus Smaragd, Du hast keine vergangene Zeit, keine Zeit, die kommt. Wahrlich, Du bist nicht.

19. Du bist köstlicher als aller Geschmack und jedes Gefühl, du bist nicht anzuschauen vor Herrlichkeit, Deine Stimme ist jenseits von Rede und Schweigen und die Sprache darin, und Dein Duft ist von reinem Ambra, das nicht gegen das feinste von feinem Gold aufzuwiegen ist.

20. Auch deine Windungen sind von unendlicher Mannigfaltigkeit; das Herz, das Du gibst, ist ein Universales Herz.

21. Ich und Mich und Mein saßen mit Lauten auf dem Marktplatz der großen Stadt, der Stadt der Veilchen und der Rosen.

22. Die Nacht brach herein, und die Musik der Lauten schwieg.

23. Der Sturm erhob sich, und die Musik der Lauten schwieg.

24. Die Stunde ging hin, und die Musik der Lauten schwieg.

25. Aber Du bist Ewigkeit und Raum - Du bist Materie und Bewegung; und Du bist die Negation all dieser Dinge.

26. Denn es gibt kein Symbol von Dir.

27. Wenn ich sage, Komm hinauf auf die Berge! so fließen die himmlischen Wasser auf mein Wort. Aber du bist das Wasser jenseits der Wasser.

28. Das rote dreieckige Herz wurde in Deinem Schrein aufgestellt; denn die Priester verachteten sowohl den Schrein als auch den Gott.

29. Und doch warst Du die ganze Zeit darin verborgen, so wie der Herr des Schweigens in den Knospen des Lotus verborgen ist.

30. Du bist Sebek, das Krokodil gegen Asar; Du bist Mati, der Würger in der Tiefe. Du bist Typhon, die Wut der Elemente, Oh Du, der Du die Kräfte in ihrem Zusammenfluß und ihrer Kohäsion transzendierst, in ihrem Tode und ihrer Zersetzung. Du bist Python, die furchtbare Schlange um das Ende aller Dinge!

31. Ich wandte mich dreimal in jede Richtung; aber immer kam ich zuletzt zu Dir.

32. Viele Dinge erblickte ich mittelbar und unmittelbar; aber, als ich sie nicht mehr sah, schaute ich Dich.

33. Komme du, Oh Geliebter, Oh Herr Gott des Universums, Oh Unermeßlicher, Oh winzig Kleiner! Ich bin Dein Geliebter.

34. Den ganzen Tag singe ich Dein Entzücken; die ganze Nacht frohlocke ich in Deinem Gesang.

35. Es gibt keinen anderen Tag oder Nacht als diese.

36. Du bist jenseits von Tag und Nacht; ich bin Du selbst, Oh mein Schöpfer, mein Meister, mein Gefährte!

37. Ich bin wie der kleine rote Hund, der auf den Knien des Unbekannten sitzt.

38. Du hast mich zu großer Wonne geführt. Du hast mir von Deinem Fleisch zu essen gegeben und von Deinem Blut zu einem Opfer der Berauschung.

39. Du hast die Giftzähne der Ewigkeit in meine Seele geschlagen, und das Gift des Unendlichen hat mich völlig verzehrt.

40. Ich bin wie eine lüsterne Teufelin Italiens geworden; eine schöne starke Frau mit verlebten Wangen, zerfressen vom Hunger nach Küssen. Sie hat die Hure in vielerlei Palästen gespielt; sie hat ihren Körper den Tieren gegeben.

41. Sie hat ihre Sippe mit starkem Krötengift erschlagen; sie ist mit vielen Ruten gegeißelt worden.

42. Sie ist auf dem Rad in Stücke gebrochen worden; die Hände des Henkers haben sie daraufgebunden.

43. Die Quellen des Wassers sind auf sie losgelassen worden; sie hat mit höchster Qual gerungen.

44. Von der Wucht der Wasser ist sie auseinandergebrochen; sie ist in die schreckliche See gesunken.

45. So bin ich, Oh Adonai, mein Herr, und so sind die Wasser Deines untragbaren Wesens.

46. So bin ich, Oh Adonai, mein Geliebter, und Du hast mich gänzlich auseinandergebrochen.

47. Ich bin wie vergossenes Blut auf den Bergen verschüttet; die Raben der Zerstreuung haben mich gänzlich hinweggetragen.

48. Darum ist das Siegel gelöst, welches den Achten Abyss schützte; daher ist die unermeßliche See wie ein Schleier; daher ist da ein Zerreißen aller Dinge.

49. Ja, wahrlich bist Du auch das kühle stille Wasser des Zauberbrunnens. Ich habe in Dir gebadet und verlor mich in Deiner Stille.

50. Das, was als tapferer Jüngling mit schönen Gliedern hineinging, kommt heraus als ein Mädchen, ein kleines Kind zur Vollendung.

51. Oh du Licht und Entzücken, entrücke mich in das milchige Meer der Sterne!

52. Oh du Sohn einer lichttranszendierenden Mutter, geheiligt sei Dein Name, und der Name Deines Namens, durch alle Zeitalter!

53. Siehe! Ich bin ein Schmetterling an der Quelle der Schöpfung; lasse mich vor der Stunde sterben, tot in Deinen unendlichen Strom fallend!

54. Auch fließt der Strom der Sterne immer majestätisch der Heimat zu; trage mich hinweg auf dem Busen von Nuit!

55. Dies ist die Welt der Wasser von Maim; dies ist das bittere Wasser, welches süß wird. Du bist schön und bitter, Oh Goldener, Oh mein Herr Adonai, Oh du Abyss aus Saphir!

56. Ich folge Dir, und die Wasser des Todes kämpfen unentwegt gegen mich an. Ich gelange zu den Wassern jenseits des Todes und jenseits des Lebens.

57. Wie soll ich dem törichten Menschen antworten? Auf keine Weise wird er zu Deiner Identität kommen!

58. Aber ich bin der Narr, den das Spiel des Magiers nicht kümmert. Mich lehrt die Frau der Mysterien vergebens; ich habe die Bande der Liebe, der Macht und der Anbetung zerrissen.

59. Darum ward der Adler eins gemacht mit dem Menschen, und die Galgen der Schande tanzen mit der Frucht des Gerechten.

60. Ich bin hinabgestiegen, Oh mein Liebling, in die schwarzen glänzenden Wasser und ich habe dich als schwarze Perle von unendlicher Kostbarkeit hervorgeholt.

61. Ich bin hinabgetaucht Oh, Oh mein Gott, in den Abyss von Allem, und ich habe Dich in dessen Mitte unter der Maske von Kein Ding gefunden.

62. Aber so, wie Du der Letzte bist, so bist Du auch der Nächste, und als der Nächste enthülle ich Dich der Menge.

63. Die, welche dich immer begehren, sollen Dich erlangen, gerade am Ende des Begehrens.

64. Glorreich, glorreich, glorreich bist Du, Oh mein himmlischer Geliebter, Oh Selbst meines Selbstes.

65. Denn ich habe Dich gleichermaßen in dem Meer und dem Dir gefunden; es gibt keinen Unterschied, Oh mein Schöner, mein Begehrenswerter! In dem Einen und den Vielen habe ich Dich gefunden; ja, ich habe Dich gefunden.

IV

1. Oh kristallenes Herz! Ich, die Schlange, ergreife Dich; ich treibe mein Haupt in den innersten Kern von Dir, Oh Gott, mein Geliebter.

2. Wie auf den widerhallenden wind-gefegten Höhen von Mitylene ein gottgleiches Weib die Leier hinwirft und mit ihren Locken, flammengleich einer Strahlenkrone, in das feuchte Herz der Schöpfung stürzt, so ich, Oh Herr, mein Gott!

3. Es ist eine unsagbare Schönheit in diesem Herzen der Verderbnis, wo die Blumen in Flammen stehen.

4. Ach! doch der Durst nach Deiner Freude trocknet diese Kehle aus, so daß ich nicht singen kann.

5. Ich will mir ein kleines Boot aus meiner Zunge machen und die unbekannten Flüsse erforschen. Es mag sein, daß das ewig bestehende Salz süß wird, und daß mein Leben nicht länger dürstet.

6. Oh ihr, die ihr von der Sohle eures Begehrens trinkt, ihr seid dem Wahnsinn nahe! Eure Qual wächst mit dem Trinken, dennoch trinkt ihr weiter. Kommt herauf durch die Bäche zum frischen Wasser; ich werde auf euch mit meinen Küssen warten.

7. Wie der Bezoar-Stein, der im Bauch der Kuh zu finden ist, so ist mein Geliebter unter den Liebenden.

8. Oh süßer Knabe! Bringe mir Deine kühlen Glieder hierher! Laß uns eine Weile im Obstgarten sitzen, bis die Sonne sinkt! Laß uns auf dem kühlen Grase feiern! Bringt Wein, ihr Sklaven, damit die Wangen meines Knaben sich röten.

9. Im Garten unsterblicher Küsse, Oh du Strahlender, leuchte hervor! Mache Deinen Mund zu einer Opiumblüte, damit ein Kuß zum Schlüssel des unendlichen und lichterfüllten Schlafes werde, des Schlafes von Shi-lo-ham.

10. In meinem Schlafe erweckte ich das Universum gleich einem Kristall ohne einen Fleck.

11. Da sind geldstolze Pfenniglose, die in der Tür der Schenke stehen und sich ihrer Heldentaten des Weintrinkens rühmen.

12. Da sind geldstolze Pfenniglose, die an der Tür der Schenke stehen und die Gäste schmähen.

13. Die Gäste vergnügen sich auf den Ruhebetten von Perlmutter im Garten; der Lärm der närrischen Menschen ist ihnen verborgen.

14. Nur der Schankwirt fürchtet, daß ihm die Gunst des Königs entzogen werde.

15. So sprach der Magister V.V.V.V.V. zu Adonai, seinem Gott, als sie miteinander im Sternenlicht spielten, gegenüber dem tiefen schwarzen Teiche, der an dem heiligen Orte des Heiligen Hauses unter dem Altar des Heiligsten ist.

16. Aber Adonai lachte und spielte noch lässiger.

17. Da merkte der Schreiber auf und war froh. Aber Adonai füchtete den Magier nicht und sein Spiel. Denn es war Adonai, der den Magier alle seine Künste gelehrt hatte.

18. Und der Magister ging auf das Spiel des Magiers ein. Als der Magier lachte, lachte er; ganz wie es ein Mensch tun soll.

19. Und Adonai sprach: Du bist im Netz des Magiers verstrickt. Das sprach er listig, um ihn zu versuchen.

20. Aber der Magister gab das Zeichen der Magisterwürde und lachte zu Ihm zurück: Oh Herr, Oh Geliebter, entspannten sich diese Finger auf Deinen Locken, oder wandten sich diese Augen von Deinem Auge ab?

21. Und Adonai hatte die größte Freude an ihm.

22. Ja, Oh mein Meister, du bist der Geliebte des Geliebten; der Bennu-Vogel wurde nicht vergebens in Philae errichtet.

23. Ich, die ich die Priesterin von Ahathoor war, frohlocke in deiner Liebe. Steig empor, Oh Nil-Gott, und verschlinge den heiligen Ort der Himmelskuh! Möge die Milch der Sterne von Sebek, dem Bewohner des Nils, ausgetrunken werden!

24. Erhebe dich, Oh Schlange Apep, du bist Adonai, der Geliebte! Du bist mein Liebling und mein Herr, und Dein Gift ist süßer als die Küsse von Isis, der Mutter der Götter!

25. Denn Du bist Er! Ja, Du sollst Asi und Asar verschlingen und die Kinder von Ptah. Du sollst eine Flut von Gift ausströmen, um die Werke des Magiers zu zerstören. Nur der Zerstörer soll Dich verschlingen; Du sollst seine Kehle schwärzen, worin sein Geist wohnt. Ach, Schlange von Apep, doch ich liebe Dich!

26. Mein Gott! Lasse deinen geheimen Fangzahn bis zum Mark des kleinen geheimen Knochens dringen, den ich für den Tag der Rache von Hoor-Ra aufbewahrt habe. Lasse Kheph-Ra sein scharrendes Brummen ertönen! Lasse die Schakale von Tag und Nacht in der Wildnis der Zeit heulen! Lasse die Türme des Weltalls wanken

und die Wächter davonlaufen! Denn mein Herr hat sich selbst als mächtige Schlange geoffenbart, und mein Herz ist das Blut Seines Körpers.

27. Ich gleiche einer liebeskranken Kurtisane von Korinth. Ich habe mit Kaisern und Königen gespielt, und sie zu meinen Sklaven gemacht. Heute bin ich der Sklave der kleinen Schlange des Todes; und wer soll unsere Liebe lösen?

28. Müde, müde! sagt der Schreiber, wer wird mich zum Anblick des Entzückens meines Meisters führen?

29. Der Körper ist müde, und die Seele ist wundmüde, und der Schlaf drückt schwer die Augenlider nieder; jedoch bleibt das sichere Wissen um die Ekstase, unbekannt, jedoch bekannt, daß ihr Dasein gewiß ist. Oh Herr, sei mein Helfer und bringe mich zur Wonne des Geliebten!

30. Ich kam zum Hause des Geliebten, und der Wein war wie Feuer, das mit grünen Schwingen durch die Welt der Wasser fliegt.

31. Ich fühlte die roten Lippen der Natur und die schwarzen Lippen der Vollendung. Wie Schwestern liebkosten sie mich, ihren kleinen Bruder; sie schmückten mich wie eine Braut, sie schmückten mich für Deine Brautkammer.

32. Sie flohen bei Deinem Kommen hinweg; ich war allein vor Dir.

33. Ich erzitterte bei Deinem Kommen, Oh mein Gott, denn Dein Botschafter war furchtbarer als der Todes-Stern.

34. Auf der Schwelle stand die fulminante Gestalt des Bösen, der Schrecken der Leere, mit seinen gräßlichen Augen wie giftige Brunnen. Er stand, und die Kammer war vergiftet, die Luft stank. Er war ein alter, knorriger Fisch, scheußlicher als die Hüllen von Abbadon.

35. Er umschlag mich mit seinen Dämonenfangarmen; ja, die acht Ängste überkamen mich.

36. Aber ich wurde gesalbt mit dem rechten süßen Öl des Magisters; ich glitt aus seiner Umarmung, wie ein Stein aus der Klinge eines Knaben aus den Waldländern.

37. Ich war glatt und hart wie Elfenbein; der Schrecken fand keinen Halt. Dann, beim Geräusch des Windes Deines Kommens verschwand er, und der Abgrund der großen Leere ward vor ihm aufgetan.

38. Über das wellenlose Meer der Ewigkeit fuhrst Du mit Deinen Kapitänen und Deinen Heeren; mit Deinen Wagenlenkern und Reitern und Speerträgern reistest Du durch das Blau.

39. Bevor ich Dich sah, warst Du bereits bei mir; Dein wunderbarer Speer traf mich durch und durch.

40. Ich ward getroffen wie ein Vogel vom Keil des Donnerers; ich wurde durchbohrt als der Dieb vom Herrn des Gartens.

41. Oh mein Herr, laß uns auf dem Meer von Blut segeln!

42. Da ist ein tiefer Makel unter der unsagbaren Wonne; es ist der Makel der Zeugung.

43. Ja, bewegt sich auch die Blume hell im Sonnenschein, ist doch die Wurzel tief im Dunkeln der Erde.

44. Gepriesen seist du, Oh schöne dunkle Erde, du bist die Mutter von Millionen Myriaden von Myriaden von Blumen.

45. Auch erblickte ich meinen Gott, und das Antlitz von Ihm war eintausendmal leuchtender als ein Blitz. Dennoch sah ich in seinem Herzen den Langsamen und Dunklen, den Alten, den Verschlinger Seiner Kinder.

46. In der Höhe und im Abyss, Oh mein Schöner, gibt es kein Ding, wahrlich, gibt es überhaupt kein Ding, das nicht ganz und vollkommen zu Deinem Entzücken gestaltet ist.

47. Licht klammert sich an Licht, und Schmutz an Schmutz; mit Stolz verdammt eines das andere. Aber nicht Du, der Du alles bist und jenseits von allem; der Du von der Trennung der Schatten erlöst bist.

48. Oh Tag der Ewigkeit, laß Deine Woge in schaumloser Glorie des Saphirs auf der Koralle, die wir uns so mühselig geschaffen haben, rächen!

49. Wir haben uns einen Ring aus glitzerndem, weißen Sand gemacht, weise hingestreut inmitten des Entzückenden Ozeans.

50. Lasse die Palmen des Glanzes auf unserer Insel blühen; wir werden von ihrer Frucht essen und glücklich sein.

51. Doch für mich das Lustralwasser, die große Waschung, die Auflösung der Seele in jenem widerhallenden Abyss.

52. Ich habe einen kleinen Sohn gleich einem mutwilligen Bock; meine Tochter ist wie ein unflügger junger Adler; sie sollen sich Flossen schaffen, damit sie schwimmen können.

53. Damit sie schwimmen können, Oh mein Geliebter, schwimme weit im warmen Honig Deines Wesens, Oh Gesegneter, Oh Knabe der Glückseligkeit!

54. Dies Herz von mir ist mit der Schlange umgürtet, die ihre eigenen Windungen verschlingt.

55. Wann wird da ein Ende sein, Oh mein Liebling, Oh wann wird das Weltall und sein Herr gänzlich verschlungen sein?

56. Nein! wer soll das Unendliche verschlingen? Wer soll das Unrecht des Beginnens ungeschehen machen?

57. Du schreist wie eine weiße Katze auf dem Dach des Universums; es ist niemand da, Dir zu antworten.

58. Du bist wie eine einsame Säule in der Mitte der See; da ist keiner, Dich zu sehen, Oh Du, der Du alles siehst!

59. Du wirst schwach, du versagst, du Schreiber; rief die trostlose Stimme; aber ich habe dich mit einem Weine erfüllt, dessen Duft du nicht kennst.

60. Es soll bewirken, das Volk der alten grauen Erdkugel trunken zu machen, die in unendlicher Ferne rollt; sie sollen den Wein wie Hunde schlecken, die das Blut einer schönen Kurtisane auflecken, durchbohrt vom Speer eines flinken Reiters durch die Stadt.

61. Auch bin ich die Seele der Wüste; du sollst mich jedoch noch einmal in der Wildnis des Sandes suchen.

62. Zu deiner Rechten ein hoher Herr und ein wohlgestalteter; zu deiner Linken eine Frau in Sommerfäden und Gold gekleidet und die Sterne in ihrem Haar tragend. Ihr sollt weit in ein Land der Pest und des Bösen reisen. Ihr sollt im Flusse einer närrischen, vergessenen Stadt euer Lager aufschlagen; dort werdet ihr Mich treffen.

63. Dort werde ich mir meinen Wohnort schaffen; wie zur Vermählung will ich geschmückt und gesalbt kommen; dort soll die Vollendung vollzogen werden.

64. Oh mein Liebling, ich warte auch auf den Glanz der unaussprechlichen Stunde, wenn das Universum gleich einem Gürtel für

die Mitte des Strahles unserer Liebe sein soll, sich ausdehnend über das erlaubte Ende des endlosen Einen.

65. Dann, Oh du Herz, will ich, die Schlange, dich völlig verzehren; ja, ich will dich völlig verzehren.

V.

1. Ah! Mein Herr Adonai, der Du mit dem Magister im Schatzhaus der Perlen tändelst, laß mich dem Echo eurer Küsse lauschen.

2. Ist nicht der Sternenhimmel erschüttert wie ein Blatt, bei dem webenden Entzücken deiner Liebe? Bin nicht ich der fliegende Funke von Licht, fortgewirbelt vom großen Winde deiner Vollendung?

3. Ja, rief der Heilige, und aus Deinem Funken will ich, der Herr, ein großes Feuer entzünden; ich will durch die graue Stadt im alten und verlassenen Land brennen; ich will sie von ihrer großen Unreinheit reinigen.

4. Und du, Oh Prophet, sollst diese Dinge sehen, und sie sollen dich nicht berühren.

5. Nun ist die Säule in der Leere errichtet; nun ist Asi von Asar erfüllt; nun ist Hoor hinabgelassen in die Tierseele der Dinge gleich einem Feuerstern, der auf die Finsternis der Erde fällt.

6. Durch die Mitternacht bist du herabgefallen, Oh mein Kind, mein Eroberer, mein schwertgegürteter Krieger, Oh Hoor! Und sie sollen dich als schwarzen, knorrigen, glitzernden Stein finden, und sie sollen dich verehren.

7. Mein Prophet soll etwas dich Betreffendes prophezeien; um dich sollen die Mädchen tanzen, und ihnen sollen gescheite Kinder geboren werden. Du sollst die Stolzen mit unendlichem Stolz begeistern und die Demütigen in einer Ekstase der Erniedrigung; und dies alles soll die Bekannten und die Unbekannten mit etwas transzendieren, das keinen Namen hat. Denn es ist wie der Abyss des Akarnums, das in dem geheimen Orte des Schweigens eröffnet ist.

8. Du bist hierher gekommen, Oh mein Prophet, auf ersten Pfaden. Du hast vom Dung der Abscheulichen gegessen; du hast dich

vor dem Bock und dem Krokodil prostituiert; die bösen Menschen haben dich zu einem Spielzeug gemacht; du bist auf den Straßen als eine geschminkte Hure umhergegangen, und hast mit süßen Wohlgerüchen und chinesischer Bemalung verführt; du hast deine Augenhöhlen mit Kohle geschwärzt; du hast deine Lippen mit Zinnober gefärbt: du hast deine Wangen mit emailliertem Elfenbein beklebt. Du hast in jedem Torweg und Gäßchen der großen Stadt die Dirne gespielt. Die Männer der Stadt hat es nach dir gelüstet, dich zu mißbrauchen und dich zu schlagen. Sie haben den Goldflitter aus reinem Staube verhöhnt, mit welchem du dein Haar schmücktest; sie haben dein bemaltes Fleisch mit ihren Peitschen gegeißelt; unsagbare Dinge hast du geduldet.

9. Aber ich habe in dir als eine reine Flamme gebrannt ohne Öl. Um Mitternacht war ich heller als der Mond; bei Tage übertraf ich die Sonne ganz und gar; auf den Seitenwegen deines Wesens flammte ich und verbannte die Illusion.

10. Deshalb bist du völlig rein vor Mir; deshalb bist du Meine Jungfrau bis in Ewigkeit.

11. Deshalb liebe ich dich mit übermäßiger Liebe, deshalb sollen die, die dich verachten, dich anbeten.

12. Du sollst leidlich und mitleidsvoll gegenüber ihnen sein; du sollst sie vom unnennbaren Bösen heilen.

13. In ihrer Vernichtung sollen sie sich ändern, gleich wie zwei dunkle Sterne, die im Abyss zusammenstoßen und in unendlicher Glut auflodern.

14. All die Zeit durchbohrte Adonai mein Wesen mit seinem Schwert, das vier Klingen hat; die Klinge des Donnerkeils, die Klinge des Pylons, die Klinge der Schlange, die Klinge des Phallus.

15. Auch lehrte er mich das unaussprechliche Wort Ararita, so daß ich das sechsfache Gold in einen einzigen unsichtbaren Punkt verschmolz, wovon nicht gesprochen werden darf.

16. Denn die Meisterschaft dieses Werkes ist eine geheime Meisterschaft und das Zeichen des Meisters davon ist ein gewisser Ring aus Lapis Lazuli mit dem Namen meines Meister, der ich bin, und dem Auge in seiner Mitte.

17. Auch sprach Er und sagte: Sie ist ein geheimes Zeichen, und du sollst sie weder den Profanen enthüllen, noch dem Neophyten, noch dem Zelator, noch dem Praktikus, noch dem Philosophus, noch dem kleineren Adepten, noch dem größeren Adepten.

18. Doch dem Exempt Adept sollst du dich enthüllen, wenn du seiner für die niederen Operationen deiner Kunst bedarfst.

19. Nimm die Anbetung der törichten Menschen, die du hassest, an. Das Feuer wird durch die Altäre der Ghebers nicht entweiht, noch wird der Mond vom Weihrauch derer befleckt, die die Königin der Nacht anbeten.

20. Du sollst unter dem Volke wohnen, wie ein kostbarer Diamant unter wolkigen Diamanten und Kristallen und Stücken von Glas. Nur das Auge des gerechten Kaufmannes soll dich erblicken, und seine Hand hineintauchend, soll er dich aussortieren und dich vor den Menschen verherrlichen.

21. Doch du sollst nichts von diesem beachten. Du sollst immer das Herz sein, und ich, die Schlange, will mich immer eng um dich schlingen. Meine Windungen sollen durch die Äonen hindurch sich niemals lockern. Weder Wechsel noch Leid noch Wesenlosigkeit sollen dich berühren; denn du bist jenseits von allen diesen gelangt.

22. So, wie der Diamant rot glühen wird für die Rose, und grün für das Rosenblatt; so sollst du getrennt von den Eindrücken bleiben.

23. Ich bin du, und die Säule ist in der Leere errichtet.

24. Auch du bist jenseits von den Stabilitäten von Sein und Bewußtsein und Glückseligkeit; denn ich bin du, und die Säule ist in der Leere errichtet.

25. Auch sollst du von diesen Dingen zu dem Menschen sprechen, der sie schreibt, und er soll an ihnen teilnehmen als ein Sakrament; denn ich, der du bist, bin er, und die Säule ist in der Leere errichtet.

26. Von der Krone zum Abyss, so geht sie allein und aufrecht. Auch die grenzenlose Sphäre soll von ihrem Glanze erglühen.

27. Du sollst dich an den Teilchen wunderbaren Wassers erfreuen; du sollst deine Mädchen mit Perlen der Fruchtbarkeit

schmücken; du sollst zwischen den Teichen Flammen entzünden, gleich leckenden Zungen vom Likör der Götter.

28. Auch sollst du die alles mitreißende Luft in die Winde blassen Wassers verwandeln, du sollst die Erde zu einem blauen Abgrund von Wein transmutieren.

29. Rötlich sind die Schimmer von Rubin und Gold, die darin funkeln; ein Tropfen soll den Herrn der Götter, meinen Diener, berauschen.

30. Auch sprach Adonai zu V.V.V.V.V., sagend: Oh mein Kleiner, mein Zärtlicher, mein kleiner Verliebter, meine Gazelle, mein Lieblicher, mein Knabe, laß uns die Säule des Unendlichen mit einem unendlichen Kusse füllen!

31. So daß das Feste erschüttert war und das Unfeste still wurde.

32. Die dies sahen, schrieen mit furchtbarer Angst: Das Ende der Dinge ist auf uns gekommen.

33. Und es war auch so.

34. Auch war ich in der Geistvision und sah einen vatermörderischen Pomp von Atheisten in der himmlischen Ekstase der Sterne, je zwei und zwei gepaart, sie lachten und frohlockten außerordentlich, gekleidet in purpurne Roben, und berauscht von purpurnem Weine, und ihre ganze Seele war eine einzige purpurne Blütenflamme der Heiligkeit.

35. Sie sahen Gott nicht; sie sahen nicht das Abbild Gottes; deshalb waren sie zum Palast des Unsagbaren Glanzes emporgestiegen. Ein scharfes Schwert schlug vor ihnen aus, und der Wurm Hoffnung wand sich in Todesqual unter ihren Füßen.

36. So, wie ihr Entzücken die sichtbare Hoffnung zerschlug, so floh auch die unsichtbare Furcht hinweg und war nicht mehr.

37. Oh ihr, die ihr jenseits von Aormuzdi und Ahrimanes seid! Gesegnet seid ihr für alle Zeiten.

38. Sie formten den Zweifel als eine Sichel und ernteten die Blumen des Glaubens für ihre Grenze.

39. Sie formten die Ekstase als Speer und durchbohrten den alten Drachen, der auf dem stehenden Wasser saß.

40. Dann wurden die frischen Quellen losgelassen, daß das durstige Volk sein Behagen fände.

41. Und wiederum ward ich in die Gegenwart meines Herrn Adonai entrückt, und die Kenntnis und Konversation des Heiligen, des Engels, der mich beschützt.

42. Oh Heiliger Erhabener, Oh Selbst jenseits von Selbst, Oh selbst-leuchtendes Bild des unvorstellbaren Nichts, Oh mein Liebling, mein Schöner, komme Du hervor und folge mir.

43. Adonai, göttlicher Adonai, lasse Adonai reine Hingabe initiieren! So verbarg ich den Namen Ihres Namens, der mein Entzücken inspiriert, deren Körperduft die Seele verwirrt, deren Seelenlicht diesen Körper zu den Tieren erniedrigt.

44. Ich habe das Blut mit meinen Lippen ausgesogen; ich habe ihre Schönheit seiner Nahrung beraubt; ich habe Sie vor mir erniedrigt, ich habe Sie besessen, und Ihr Leben ist in mir. In Ihr Blut schreibe ich die geheimen Rätsel der Sphinx der Götter, die keiner verstehen soll, - außer den Reinen und Wollüstigen, den Keuschen und Unzüchtigen, dem Adrogyn und dem Gynander, die über die Stäbe des Gefängnisses hinausgelangt sind, welches der alte Schleim von Khem in den Toren von Amennti errichtet.

45. Oh meine Anbetungswürdige, meine Köstliche, die ganze Nacht will ich das Trankopfer auf Deinen Altären vergießen; die ganze Nacht will ich das Opfer des Blutes verbrennen; die ganze Nacht will ich das Weihrauchgefäß meines Entzückens vor Dir schwingen, und die Inbrunst der Gebete soll deine Nüstern berauschen.

46. Oh du, der du aus dem Land der Elefanten kamst, gegürtet mit dem Tigerfell und gekränzt mit dem Lotus des Geistes, berausche Du mein Leben mit Deinem Wahnsinn, damit Sie bei meinem Vorbeigehen hervorspringe.

47. Heiße Deine Mädchen, die Dir folgen, uns ein Bett von unsterblichen Blumen zu streuen, damit wir unsere Lust daran haben. Heiße Deine Satyre Dornen unter die Blumen häufen, daß wir unseren Schmerz daran haben. Lasse Lust und Schmerz sich vermischen zu einem allerhöchsten Opfer für den Herrn Adonai.

48. Auch hörte ich die Stimme Adonais, des Herrn, des Begehrenswerten, über das, was jenseits ist.

49. Laß nicht die Bewohner von Theben und deren Tempel immer von den Säulen des Herkules und vom Ozean des Westens schwatzen. Ist nicht der Nil ein schönes Gewässer?

50. Laß nicht den Priester der Isis die Nacktheit von Nuit enthüllen, denn jeder Schritt ist ein Tod und eine Geburt. Der Priester der Isis lüftete den Schleier der Isis, und er wurde von den Küssen ihres Mundes erschlagen. Dann war er der Priester von Nuit und trank von der Milch der Sterne.

51. Laß nicht durch Fehlschlag und Schmerz die Anbeter sich abwenden. Die Grundmauern der Pyramide wurden vor Sonnenaufgang in lebendigen Felsen gehauen; weinte der König am Morgen, da die Krone der Pyramide noch ungebrochen im fernen Lande lag?

52. Es gab auch einen Kolibri, der sprach zur Hornviper und bat sie um Gift. Und die große Schlange von Khem, die Heilige, die königliche Uraeusschlange, antwortete ihm und sagte:

53. Ich segelte über den Himmel von Nu in dem Wagen, Millionen Jahre genannt, und ich sah kein Geschöpf auf Seb, welches mir gleich war. Das Gift meines Zahnes ist das Erbe meines Vaters und meines Vaters Vater; und wie soll ich es dir geben? Lebe du und deine Kinder, wie ich und meine Väter gelebt haben, sogar einhundert Millionen von Generationen, und es mag sein, daß die Gnade der Mächtigen deinen Kindern einen Tropfen des Giftes von Alters her verleihen.

54. Doch da war der Kolibri im Geiste betrübt, und er flog zu den Blumen, und es war, als sei nichts zwischen ihnen gesprochen worden. Doch nach einer kleinen Weile biß ihn die Schlange, so daß er starb.

55. Doch ein Ibis, der am Ufer des Nils meditierte, der schöne Gott, lauschte und hörte. Und er legte seine Ibisart ab und wurde zur Schlange und sprach: Vielleicht in hundert Millionen von Millionen von Generationen meiner Kinder werden sie einen Tropfen von dem Gift aus dem Zahn des Erhabenen erlangen.

56. Und siehe! Ehe der Mond dreimal zunahm, wurde er zu einer Uraeusschlange, und das Gift des Zahns ward in ihm und seinen Samen gelegt für immer und ewig.

57. Oh du Schlange Apep, mein Herr Adonai, es ist ein Fleckchen winzigster Zeit, dies Reisen durch die Ewigkeit, und vor Deinem

Angesicht sind die Meilensteine auf schönstem weißem Marmor, unberührt vom Meißel des Bildhauers. Deshalb bist Du mein, sogar jetzt und für immer und für ewig. Amen.

58. Ferner hörte ich die Stimme von Adonai: Versiegle das Buch des Herzens und der Schlange; in der Zahl fünfundsechzig versiegele du das heilige Buch.

Wie feines Gold, welches in ein Diadem für die schöne Königin Pharaos gehämmert ist; wie große Steine, die zusammengefügt werden in die Pyramide der Zeremonie des Todes von Asar, so binde du die Worte und die Taten zusammen, so daß in allem ein Gedanke von Mir, deine Freude Adonai ist.

59. Und ich antwortete und sagte: Es ist nach deinem Worte geschehen. Und es ist getan. Und die, die dieses Buch lesen und darüber streiten, gelangen in das öde Land dürrer Worte, und die, die dieses Buch in ihr Blut siegelten, waren die Erwählten von Adonai, und der Gedanke von Adonai war ein Wort und eine Tat; und sie wohnten in dem Land, welches die Weitgereisten Nichts nennen.

60. Oh Land jenseits von Honig und Gewürz und aller Vollkommenheit! Ich werde darin wohnen mit meinem Herrn für immer.

61. Und der Herr Adonai frohlockte in mir, und ich trage den Kelch Seiner Freude zu den Müden des alten grauen Landes.

62. Die davon trinken, werden mit Krankheit geschlagen; der Abscheu ergreift sie, und ihre Qual gleicht dem dicken schwarzen Rauch des bösen Ortes.

63. Doch die Auserwählten tranken davon und wurden ebenso wie mein Herr, mein Schöner, mein Begehrenswerter. Es gibt keinen Wein, diesem gleich.

64. Sie sind versammelt in ein glühendes Herz, wie Ra, der seine Wolken zur Abendzeit um sich scharrt zu einem geschmolzenen Meer der Freude; und die Schlange, die die Krone von Ra ist, umwindet sie mit dem goldenen Gürtel der Todesküsse.

65. So auch ist das Ende des Buches, und der Herr Adonai umgibt es auf allen Seiten, einem Donnerkeil gleich, und einem Pylon, und einer Schlange, und einem Phallus, und in der Mitte davon ist Er, gleich wie eine Frau, die die Milch der Sterne aus ihren Brüsten spritzt; ja, die Milch der Sterne aus ihren Brüsten.

LIBER CL
VEL
נ צ ל
Eine Sandale
DE LEGE
LIBELLUM
L-L-L-L-L
Vorwort Das Gesetz
I. Von Freiheit
II. Von Liebe
III. Vom Leben
IV. Vom Licht

A∴A∴ Publikation in Klasse E

Pro Coll. Summ.:

93	$10^\circ=1^\square$
666	$9^\circ=2^\square$
777	$8^\circ=3^\square$

Pro Coll. Int.:

D.D.S.	$7^\circ=4^\square$
O.M.	$7^\circ=4^\square$
O.S.V.	$6^\circ=5^\square$
Parzival	$5^\circ=6^\square$

Pro Coll. Ext.:

V.N.	Praemonstrator
P.	Imperator
Achad	Cancellarius

Liber CL

De Lege Libellum
L-L-L-L-L
Vorwort. Das Gesetz

Tu was Du willst soll das Ganze des Gesetzes sein.

Mit redlichem Herzen komme hierher und lausche, denn ich bin es, ΤΟ ΜΕΓΑ ΘΗΡΙΟΝ, der dieses Gesetz jedem gegeben hat, der sich als heilig ansieht. Ich bin es und kein anderer, der deine ganze Freiheit will und das Aufgehen voller Wissen und voller Macht in dir.

Siehe! das Königreich Gottes ist in dir, so wie die Sonne ewiglich am Himmel steht, sowohl um Mitternacht, als auch am Mittag. Sie geht nicht auf: sie geht nicht unter: es ist nur der Schatten der Erde, der sie verbirgt oder die Wolken auf ihrem Antlitz.

Laß mich dir also das Mysterium dieses Gesetzes enthüllen, wie es mir an verschiedenen Orten gegeben wurde, auf den Bergen und in der Wüste, aber auch in großen Städten, welches ich dir sage, damit du Trost und Mut darin finden mögest. Und so sei es für euch alle!

Wisset zunächst, daß aus dem Gesetz vier Strahlen oder Emanationen entspringen: so daß, wenn das Gesetz das Zentrum deines eigenen Wesens ist, sie dich mit ihrer geheimen Güte erfüllen müssen. Und diese vier sind Licht, Liebe, Leben und Freiheit.

Durch das Licht sollt ihr auf euch selbst blicken und alle Dinge bewahren, die in Wahrheit nur ein Ding sind, dessen Name kein Ding genannt worden ist aus einem Grunde, welcher euch später erklärt werden wird. Doch die Substanz des Lichtes ist Leben, da es ohne Dasein und Kraft nichts wäre. Durch das Leben seid ihr daher selbst gemacht, ewig und unzerstörbar, flammend wie Sonnen, selbsterschaffend und selbsterhaltend, jeder das einzige Zentrum des Universums.

Wie ihr nun durch das Licht wahrnehmt, so fühlt ihr durch die Liebe. Es gibt eine Ekstase reinen Wissens und eine andere reiner Liebe. Und diese Liebe ist die Kraft, welche verschiedene Dinge vereinigt, damit man sie im Lichte ihrer Einheit betrachte. Wisse, daß das Universum nicht ruht, sondern sich in extremer Bewegung befindet, deren Summe Ruhe ist. Und diese Erkenntnis, daß Stabilität Wechsel und Wechsel Stabilität ist, daß Sein Werden und Werden Sein ist, ist der Schlüssel zum goldenen Palaste dieses Gesetzes.

Aus der Freiheit schließlich kommt die Kraft, eure Bahn eurem Willen gemäß zu lenken, denn die Ausdehnung des Universums ist grenzenlos und du sei frei, dich nach deinem Willen zu erfreuen und zu sehen, daß auch die Mannigfaltigkeit des Daseins unendlich ist. Dies ist ebenfalls die Freude des Gesetzes, daß keine zwei Sterne gleich sind. Und ihr müßt begreifen, daß die Vielfältigkeit selbst Einheit ist und ohne die Vielfältigkeit die Einheit nicht sein könnte. Und dies ist ein harter Spruch für den Verstand: ihr sollt begreifen, daß wenn ihr euch über den Verstand erhebt, der nur eine Manipulation des Gemütes ist, ihr zum reinen Wissen durch unmittelbare Wahrnehmung der Wahrheit gelangt.

Wisset auch, daß diese vier Emanationen des Gesetzes auf allen Pfaden leuchten. Ihr sollt sie nicht nur auf den Hauptstraßen des Universums anwenden, von denen ich geschrieben habe, sondern auch auf jedem Nebenpfad eures täglichen Lebens.

Liebe ist das Gesetz, Liebe unter Willen.

I.
Von der Freiheit

Von der Freiheit will ich euch zuerst schreiben, denn wenn ihr nicht frei seid zu handeln, so könnt ihr nicht handeln. Dennoch müssen alle vier Gaben des Gesetzes in gewissem Grade geübt werden, da diese vier eins sind. Doch für den Strebenden, der zum Meister kommt, ist die erste Notwendigkeit Freiheit.

Die große Fessel aller Fesseln ist Unwissenheit. Wie soll ein Mensch frei handeln können, wenn er nicht seine eigene Bestimmung kennt. Zuallererst mußt du daher herausfinden, welcher Stern von allen Sternen du bist, deine Beziehung zu den anderen Sternen um dich herum, deine Beziehung zum Ganzen und deine Identität mit ihm.

In unseren heiligen Büchern sind verschiedene Mittel gegeben, wie man zu dieser Entdeckung gelangt und jeder muß sie für sich selbst machen, indem er absolute Überzeugung durch unmittelbare Erfahrung erlangt, nicht durch das Vernünfteln und Berechnen von dem, was wahrscheinlich ist. Und einem jeden wird das Wissen seines endlichen Willens zuteil werden, durch welchen der eine ein Dichter, der eine ein Prophet, einer ein Stahlarbeiter, ein anderer ein Steinarbeiter ist. Aber jedem wird auch das Wissen seines unendlichen Willens zuteil, seine Bestimmung, das große Werk zu vollbringen, die Verwirklichung seines wahren Selbstes. Von diesem Willen laßt mich daher deutlich sprechen, da er alle betrifft.

Erkennt nun, daß in euch eine gewisse Unzufriedenheit ist. Analysiert ihre Natur. Am Ende derselben ist in jedem Falle die eine Schlußfolgerung: Das Übel entspringt aus dem Glauben an zwei Dinge, an das Selbst und an das Nichtselbst und dem Konflikt zwischen ihnen. Auch dies ist eine Beschränkung des Willens. Wer krank ist, ist im Streit mit seinem eigenen Körper. Wer arm ist, befindet sich in Uneinigkeit mit der Gesellschaft und so in allen anderen Fällen. Letzten Endes besteht daher das Problem darin, wie diese Wahrnehmung der Realität zerstört werden kann, um die Vorstellung der Einheit zu erlangen.

Nun laßt uns annehmen, daß ihr zum Meister gekommen seid und daß er euch den Weg seiner Erlangung erklärt hat. Was hindert euch? Wehe! viel der Freiheit liegt weit in der Ferne.

Verstehet folgendes recht: wenn ihr euch eures Willens und eurer Mittel sicher seid, dann sind alle Gedanken und Handlungen, die gegen diese Mittel sind, auch gegen diesen Willen.

Wenn daher der Meister euch ein Gelübde heiligen Gehorsams abverlangen sollte, so ist ein Eingehen darauf nicht ein Aufgeben des Willens, sondern nur dessen Erfüllung.

Denn siehe, was hindert euch? Es kommt entweder von außen oder von innen oder von beiden Seiten. Für den Suchenden vom starken Geist mag es leicht sein, der öffentlichen Meinung zu trotzen oder die Dinge, die er liebt, in gewissem Sinne aus seinem Herzen zu reißen, aber es werden noch viele zwiespältige Neigungen in ihm bleiben, wie z.B. auch die Fesseln der Gewohnheit; auch diese muß er besiegen.

In unserem heiligsten Buche steht geschrieben: »Du hast kein Recht, als deinen Willen zu tun. Tue dies und kein anderer soll nein sagen.« Schreibt es auch in eure Herzen und in euer Hirn, denn dies ist der Schlüssel der ganzen Sache.

Hier mag die Natur selbst euch predigen: denn in jedem Phänomen der Kraft und der Bewegung verkündet sie laut die Wahrheit. Selbst in einer solchen Kleinigkeit, wenn ein Nagel in ein Brett geklopft wird, höre dieselbe Predigt. Euer Nagel muß hart, glatt und spitz sein, sonst dringt er nicht schnell in der gewollten Richtung ein. Nun stellt euch einen Nagel aus Brennholz mit 20 Spitzen vor. Wahrlich, er ist kein Nagel mehr. Und dennoch sind fast alle Menschen ihm gleich. Sie begehen 10 verschiedene Laufbahnen. Und die Kraft, die vielleicht ausgereicht hätte, in einer einzigen Bedeutung zu erlangen, wird auf die anderen verschwendet. Sie ist gleich Null.

Hier laß mich offen beichten und folgendes sagen. Obwohl ich mich fast schon im Knabenalter dem großen Werk weihte, obwohl mir die mächtigsten Kräfte im ganzen Universum zur Hilfe kamen, um mich daran festzuhalten, obwohl mich die Gewohnheit selbst nun in die richtige Bahn hineinzwängte, so habe ich dennoch meinen Willen nicht erfüllt. Täglich wende ich mich von der festgelegten Arbeit ab. Ich schwanke, ich halte, ich zaudere.

Mag dies euch allen ein großer Trost sein, daß ich so unvollkommen bin, denn weil ich mich schämte, habe ich keinen Nachdruck auf diese Unvollkommenheit gelegt. Wenn ich, der Erwählte, noch versage, wie leicht ist es dann für euch, über mich hinauszugehen, oder solltet ihr mir auch nur gleich werden, die große Vollendung würdet ihr dann erlangen.

Seid darum guten Mutes, denn sowohl mein Versagen, als auch meine Erfolge, sind Gründe des Mutes für euch.

Ich bitte euch, erforscht euch aufs Genaueste und analysiert eure innersten Gedanken. Denn zuerst sollt ihr all die groben, deutlich sichtbaren Hemmungen vor eurem Willen aufdecken. Trägheit, törichte Freundschaften, nutzlose Beschäftigungen oder Vergnügungen. Ich will die Verschwörer gegen die Wohlfahrt eures Staates nicht aufzählen.

Danach suchet das Minimum der täglichen Zeit, welche wirklich zu eurem natürlichen Leben notwendig ist. Die übrige Zeit sollt ihr den wahren Mitteln eurer Vollendung widmen und sogar diese notwendigen Stunden sollt ihr dem großen Werk weihen, indem ihr euch allzeit während dieser Arbeit bewußt sagt, daß ihr sie tut, um euren Körper und Geist gesund zu halten, zur rechten Anwendung für jenes erhabene und einzige Ziel.

Ihr werdet sehr bald zu der Einsicht kommen, daß solches Leben wahre Freiheit ist. Ablenkungen von eurem Willen werdet ihr als das empfinden, was sie sind. Nicht länger werden sie angenehm und anziehend erscheinen, sondern als Fesseln, als Schande. Und wenn ihr diesen Punkt erreicht habt, so wisset, daß ihr das mittlere Tor dieses Weges durchschritten habt, denn ihr werdet euren Willen zur Einheit gebracht haben. Gerade so würde ein Mensch, der in einem Theater sitzt, wo die Aufführung ihn langweilt, jede Zerstreuung willkommen heißen und jeden Vorfall genügend finden. Doch wäre er mit ganzer Aufmerksamkeit bei der Aufführung, so würde ihn jeder solche Zwischenfall verdrießen. Seine Einstellung diesen gegenüber ist also eine Einstellung dem Spiel selbst gegenüber.

Zuerst ist es schwierig, sich an Aufmerksamkeit zu gewöhnen. Wenn du ausharrst, wirst du periodisch Ablenkungen haben. Der Verstand selbst wird dich angreifen und sagen, wie kann eine so starke Bindung der Pfad der Freiheit sein?

Harre aus! Bisher hast du die Freiheit noch nicht gekannt. Sind die Versuchungen überwunden, die Stimme des Verstandes zum Schweigen gebracht, dann wird deine Seele ungehindert vorwärtsstürmen auf ihrer erwählten Bahn. Und zum ersten Male wirst du das unbändige Entzücken erfahren, Herr deines Selbstes zu sein und damit des Universums.

Ist dies voll erreicht, sitzt du sicher im Sattel, dann kannst du auch all jene Zerstreuung genießen, die dich zuerst ergötzte, dann verdroß. Von nun an werden sie nichts derartiges mehr tun, denn sie sind deine Sklaven und Spielzeuge.

Bis du nicht diesen Punkt erreicht hast, bist du nicht vollständig frei. Die Begierde mußt du töten und die Furcht mußt du töten. Das Ende von all diesem ist die Macht, in Übereinstimmung mit deiner eigenen Natur zu leben, ohne die Gefahr, daß sich ein Teil zum Nachteile des Ganzen entwickelt und ohne die Sorge zu haben, daß Gefahr entstehen könnte.

Der Trunkenbold trinkt und ist betrunken. Der Feigling trinkt nicht und schaudert. Der Weise, tapfer und frei, trinkt und gibt dem höchsten Gott Ehre. Dies ist also das Gesetz der Freiheit. Du besitzt alle Freiheit in deinen eigenen Rechten. Aber du mußt das Recht durch Macht stützen. Deine Freiheit mußt du dir in mancher Schlacht erringen. Wehe den Kindern, die in der Freiheit schlafen, die ihnen ihre Vorväter errungen haben.

»Es gibt kein Gesetz jenseits von Tu was Du willst.« Aber nur die größten der Rasse sind es, die Kraft und den Mut haben, ihm zu gehorchen.

Oh Mensch, sieh dich selbst an. In wieviel Leiden wurdest du gestaltet, wieviele Zeitalter sind nicht zu deiner Gestaltung dahingegangen. Die Geschichte des Planeten ist in die gesamte Substanz deines Innern verwoben. War das alles umsonst? Ist kein Ziel in dir? Wurdest du so geschaffen, damit du ißt, dich vermehrst und stirbst? Denke das nicht. Du verkörperst so viele Elemente. Du bist die Frucht so vieler Äonen der Arbeit. So, wie du bist und nicht anders, bist du zu einem gewaltigen Ziele gebildet.

Spanne deine Nerven an, suche und vollbringe es. Nichts kann dich befriedigen, außer die Erfüllung deines erhabenen Willens, der in dir verborgen ist. Also: auf zu den Waffen! Gewinne dir selbst deine Freiheit, kämpfe kraftvoll.

II.
Von der Liebe

Es steht geschrieben »Liebe ist das Gesetz, Liebe unter Willen«. Hierin liegt ein Arkanum verborgen, denn in der griechischen Sprache hat ΑΓΑΠΗ - Liebe - den selben Zahlwert wie ΘΕΛΗΜΑ - Wille. Hieraus erkennen wir, daß der universale Wille seiner Natur nach Liebe ist.

Nun ist die Liebe das Entflammen in Ekstase von Zweien, die den Willen haben, Eins zu werden. Somit ist sie eine universelle Formel der hohen Magie. Siehe, wie alle Dinge, die durch Trennung in Leid geraten sind, notwendigerweise Einheit als Allheilmittel wollen.

Hier warnt die Natur auch diejenigen, welche an ihrer Brust Weisheit suchen, denn in der Vereinigung von Elementen in entgegengesetzter Polarität entsteht der Glanz von Hitze, Licht und Elektrizität. So gewahren wir auch in der Menschheit die spirituelle Frucht der Poesie und allen Genies, das aus einem Samen entsteht, der in der Bewertung derjenigen, welche im philosophischen Denken geschult sind, nichts als eine tierische Geste ist. Und es ist als bedeutsam zu beachten, daß die heftigsten und göttlichsten Leidenschaften zwischen Menschen von gänzlich unharmonischen Naturen bestehen.

Aber nun möchte ich, daß ihr wißt, daß im Geiste keine Beschränkungen der Art sind, die einen Menschen davon abhalten, sich in einen unbeseelten Gegenstand oder in eine Idee zu verlieben. Denn demjenigen, der in irgendeiner Weise auf dem Weg der Meditation fortgeschritten ist, erscheinen alle Gegenstände mit Ausnahme des Einen Gegenstandes unangenehm, so wie vorher seine zufälligen Wünsche dem Willen. So müssen also alle Gegenstände vom Geiste ergriffen und im siebenfachen Schmelzofen der Liebe erhitzt werden, bis daß sie sich mit der Explosion der Ekstase verbinden und verschwinden. Denn, da sie unvollkommen sind, werden sie in der Schöpfung der vollendeten Vereinigung vollkommen zerstört, ebenso wie die Person des Liebenden und der Geliebten in das geistige Gold der Liebe verschweißt werden, die keine Persönlichkeit kennt, sondern alles umfaßt.

Aber da jeder Stern nur ein Stern ist, und das Zusammentreffen von zwei Beliebigen nur teilweises Entzücken, muß der nach unserer heiligen Wissenschaft und Kunst Strebende beständig durch diese Methode der Assimilation von Ideen wachsen, damit er am Ende fähig werde, das Universum in einem Gedanken zu umfassen, sich mit der gesammelten Wucht seines Selbst darauf stürzen, und sie beide zerstören, um jene Einheit zu werden, deren Name Kein Ding ist. Suchet euch alle daher beständig in Entzücken mit jedem Ding, das ist, zu vereinigen und zwar durch höchste Leidenschaft und Lust nach Vereinigung. Zu diesem Zwecke nehmt hauptsächlich solche Dinge, die von Natur aus abstoßend sind, denn das, was angenehm ist, wird leicht und ohne Ekstase assimiliert. Die Verwandlung des Ekelhaften und des Abscheulichen in das Geliebte ist es, wodurch das Selbst bis auf die Wurzel in Liebe erschüttert wird.

So finden wir auch in der menschlichen Liebe die Mittelmäßigen unter den Männern, die mit unwürdigen Frauen verbunden sind: doch die Geschichte lehrt uns, daß die obersten Herren der Welt sich immer die bösartigsten und schrecklichsten Kreaturen zu Konkubinen nehmen und in ihrem Drang, die Normalität hinter sich zu lassen, sogar die Grenzen des Geschlechtes und der Spezies überschreiten. Solchen Naturen reicht es nicht, Lust oder Leidenschaft hervorzurufen, die Imagination selbst muß mit allen Mitteln entflammt werden.

Was sollen wir, die wir uns von allen niederen Gesetzen befreit haben, nun tun, um unseren Willen zur Einheit zu befriedigen? Keine geringere Geliebte als das Universum: keine Bettstatt kleiner als der unendliche Raum: keine Nacht der lustvollen Vereinigung, die nicht die Ewigkeit ist.

Bedenke, daß so, wie die Liebe mächtig genug ist, alle Ekstase hervorzurufen, so ruft Mangel an Liebe größte Begierde hervor. Wer in der Liebe verschmäht wird, leidet in der Tat, da in seinem Herzen jene Leidenschaft nach einem Dinge nicht lebendig ist. Er wird gequält vom Schmerz der Begierde und dieser Zustand wird mystisch »Trockenheit« genannt. Dagegen gibt es, glaube ich, keine andere Heilung als geduldiges Ausharren in einer Regelung des Lebens.

Indes hat diese Trockenheit ihre Tugend, weil dadurch die Seele von jenen Dingen gereinigt wird, die den Willen behindern, denn wenn die Trockenheit ganz vollkommen ist, dann ist es sicher, daß die Seele durch kein anderes Mittel befriedigt werden kann als durch die Vollbringung des großen Werkes. Und dies ist bei starken Seelen ein Ansporn für den Willen. Der Ofen des Durstes ist es, der alle Schlacken in uns verbrennt.

Aber jedem Willen entspringt eine besondere Art der Trockenheit. In dem Maß, in dem Liebe in dir zunimmt, entspringt eine besondere Art der Trockenheit. In dem Maße, als die Liebe in dir zunimmt, wächst auch die Pein bei ihrer Abwesenheit. Mag dir auch dies ein Trost in der Prüfung sein! Je rasender darüberhinaus die Qual des Unvermögens ist, umso rascher und gründlicher pflegt sie nachzulassen.

Die Methode der Liebe in der Meditation ist wie folgt: Der Strebende schule sich zunächst in der Kunst, die Aufmerksamkeit nach seinem Willen auf irgendeinen beliebigen Gegenstand zu sammeln, ohne die denkbar geringste Abschweifung zu gestatten.

Er übe auch die Kunst der Analyse von Ideen, sowie auch die, das Gemüt an seinen natürlichen Reaktionen auf dieselben zu hindern, seien sie angenehm oder unangenehm, wodurch er sich in Einfachheit oder Gleichmut festlegt. Sind diese Dinge in ihrer Zeit vollbracht, so solltest du wissen, daß alle Ideen in deiner Auffassung gleich geworden sein werden, insofern, als jede einfach und jede indifferent ist. Jede beliebige bleibt gewollt im Gemüt, ohne sich zu rühren oder sich zu sträuben oder das Bestreben zu haben, in eine andere überzugehen. Aber jede Idee wird eine besondere Eigenschaft haben, die allen gemeinsam ist: nämlich daß keine von ihnen das Selbst ist, da sie vom Selbste als etwas Entgegengesetzes wahrgenommen werden.

Wenn dies vollständig und gründlich verwirklicht ist, dann ist für den Strebenden der Augenblick gekommen, seinen Willen zur Liebe darauf zu richten, so daß sein ganzes Bewußtsein im Brennpunkt dieser Einen Idee gesammelt wird. Im Anfang ist sie vielleicht fest oder tot oder nur leicht festgehalten. Dies geht dann vielleicht in Trockenheit oder Abwehr über. Dann wird schließlich durch reines Ausharren in jedem Willensakte zur Liebe die Liebe selbst entstehen als Vogel, als Flamme, als Gesang. Und die ganze Seele wird sich auf den feurigen Schwingen der Musik im höchsten Himmel des Besitzes erheben.

Nun finden sich in dieser Methode viele Wege und Straßen, einige einfach und direkt, andere verborgen und geheim, ebenso, wie es in der menschlichen Liebe ist, von der kein Mensch auch nur mehr als die ersten Skizzen zu einer Karte gemacht hat. Denn die Liebe ist unendlich in ihrer Mannigfaltigkeit, wie die Sterne es sind. Aus diesem Grunde lasse ich die Liebe selbst als Meister im Herzen eines jeden von euch, denn sie wird euch recht lehren, wenn ihr ihm nur mit Fleiß und Verehrung dient bis zur vollen Hingabe.

Auch sollt ihr nicht an den seltsamen Streichen Anstoß nehmen, die sie euch spielen wird, noch euch darüber wundern, denn sie ist ein launischer Knabe und lüstern, erfahren in den Listen der Aphrodite, unserer Herrin, seiner süßen holden Mutter. Und all seine Scherze und Grausamkeiten sind Würze in einer Mischung, der keine Kunst gewachsen ist.

Freuet euch daher an allen ihren Spielen. Vermindert keineswegs euren Eifer, sondern erglüht unter dem Antrieb ihrer Peitsche und macht selbst aus dem Lachen ein Sakrament, das der Liebe dient, so wie im Weine von Reims sowohl Gefunkel als Schärfe ist, als wären es Ministranten für den Hohepriester seines Rausches.

Es ist auch notwendig, daß ich euch von der Bedeutung der Reinheit der Liebe schreibe. Und zwar betrifft diese Sache in keiner Weise den Gegenstand oder die Methode der Übung: das wesentliche ist, daß kein fremdes Element eindringe und dies ist von höchster Wichtigkeit für den Strebenden, bei der anfänglichen und weltlichen Seite seines Werkes, an dessen Methode er sich nach seinen natürlichen Neigungen gefällt.

Denn wisse, daß alle Dinge Masken oder Symbole der einen Wahrheit sind und die Natur ist allzeit dazu da, auf die höhere Vollendung des Entschleierns der niederen Vollendung hinzuweisen. So soll denn alle Kunst und List menschlicher Liebe dir als eine Hieroglyphe dienen, denn es steht geschrieben: das, was oben ist, ist gleich dem, was unten ist und das, was unten ist, ist gleich dem, was oben ist.

Deshalb geziemt es sich, dich davor zu hüten, daß du nicht in irgendeiner Weise in der Sache der Reinheit versagst. Denn, wenn auch jede Handlung auf ihrer eigenen Ebene vollständig sein muß und kein Einfluß von irgendeiner anderen Ebene dazwischen treten oder sich damit vermischen soll, weil das alles Unreinheit ist, so sollte doch jeder Akt in sich so vollständig und vollkommen sein, daß er ein Spiegel der Vollendung jeder anderen Ebene ist und dadurch am reinen Lichte der Höchsten teilnimmt. Da ferner auch alle Handlungen auf jeder Ebene Handlungen des Willens in Freiheit sein sollen, so sind alle Ebenen in Wirklichkeit nur eine. So soll der niedrigste Ausdruck irgendeiner Tätigkeit jenes Willens gleichzeitig ein Ausdruck des höchsten Willens oder des einzigen wahren Willens sein, welcher bereits in der Annahme des Gesetzes liegt.

Verstehe auch recht, daß es nicht nötig oder richtig ist, natürliche Tätigkeiten irgendwelcher Art auszuschalten, die gewisse falsch denkende Leute, Eunuchen des Geistes, zur Vernichtung vieler, höchst unwürdig, lehren. Jedem Dinge, was es auch sei, muß seine besondere, ihm eigentümliche Vollendung innewohnen. Und die Vernachlässigung der vollen Auswirkung und Funktion irgendeines Teiles bringt Verzerrung und Degeneration für das Ganze. Wirke daher auf jede Weise, aber verwandle die Wirkung all dieser Wege in den einen Weg des Willens. Und dies ist möglich, weil alle Wege in Wahrheit nur ein Weg sind. Das Universum ist in sich selbst eins und sein Erscheinen als Mannigfaltigkeit ist jene Hauptillusion, deren Vernichtung gerade das Ziel der Liebe ist.

Im Werke der Liebe gibt es zwei Prinzipien: das des Bemeisterns und das des Nachgebens. Aber ihre Natur ist schwer zu erklären, denn sie sind zart und werden im Laufe der Operation von der Liebe selbst gelehrt. Es kann aber allgemein gesagt werden, daß die Wahl der einen oder der anderen Formel automatisch erfolgt, denn sie sind das Werk jenes innersten Willens, der in euch lebendig ist. Suche also nicht, diese Entscheidung bewußt herbeizuführen, denn hierin kann der wahre Instinkt nicht irren.

Nun aber schließe ich, ohne weitere Worte. Denn in unseren heiligen Büchern sind viele Einzelheiten der wirklichen Werke der Liebe beschrieben. Und diejenigen sind die besten und wahrsten, welche am feinsten in Symbol und Bild geschrieben sind, besonders in

Tragödie und Komödie. Denn die ganze Natur der Dinge ist dieser Art, das Leben selbst ist die Frucht der Blume der Liebe.

Darum muß ich euch jetzt notwendigerweise vom Leben schreiben, angesichts der Tatsache, daß ihr es durch jeden Willensakt in der Liebe erschafft. Es ist eine geheimnisvollere und freudvollere Quintessenz, als ihr denkt, denn das, was die Menschen Leben nennen, ist nur der Schatten jenes wahren Lebens, eures Geburtsrechts, und der Gabe des Gesetzes von Thelema.

III.
Vom Leben

Systole und Diastole: das sind die Phasen aller zusammengesetzten Dinge. Dazu gehört auch das Leben des Menschen. Seine Kurve steigt aus der Verborgenheit des befruchteten Eis, sagt ihr, zu einem Zenit empor, von wo es zum Nichts des Todes herabsteigt. Recht betrachtet ist das nicht ganz wahr. Das Leben des Menschen ist nur ein Abschnitt einer Serpentinenkurve, die bis in die Unendlichkeit reicht, und seine Nullen bedeuten nur die Übergänge vom Plus zum Minus, vom Minus zum Plus, den Koeffizienten seiner Gleichung. Dies ist einer von vielen Gründen, warum weise Männer in alten Zeiten die Schlange als Hieroglyphe des Lebens wählten.

Das Leben ist also unzerstörbar, wie alles andere. Alle Zerstörung und aller Aufbau sind Veränderungen in der Natur der Liebe, wie ich es euch in dem unmittelbar vorhergehenden Kapitel beschrieben habe. Aber wie das Blut in dem einen Pulsschlag des Handgelenkes nicht dasselbe Blut ist, wie im nächsten, so wird die Individualität teilweise beim Aufhören eines jeden Lebens zerstört, ja sogar mit jedem Gedanken.

Was macht dann den Menschen aus, wenn er stirbt und mit jedem Atemzuge als Wechselbalg wiedergeboren wird? Es ist dies: das Bewußtsein der Fortdauer, das durch das Gedächtnis gegeben wird. Die Vorstellung seines Selbstes als Etwas, dessen Existenz weit entfernt davon ist, durch diese Veränderung bedroht zu sein, sondern in Wahrheit dadurch gesichert wird. Der Aspirant der heiligen Weisheit betrachte also sein Selbst nicht länger als einen Teil der Schlange, sondern als die ganze Schlange, dehne sein Bewußtsein so weit aus, daß er sowohl Geburt als auch Tod als belanglose Ereignisse anschaut, wie sie Zusammenziehung und Ausdehnung des Herzens sind, notwendig wie diese für dessen Funktion.

Um den Geist in dieser Auffassung des Lebens zu festigen, werden zwei Verfahren bevorzugt, als Vorbedingung zu den größeren Erfahrungen, die in der richtigen Reihenfolge zu besprechen sind. Erfahrungen, die selbst jene Erlangungen der Freiheit und der Liebe transzendieren, von denen ich bislang geschrieben habe, sowie diejenige des Lebens, die ich jetzt in dieses kleine Buch eintrage, das ich für euch schreibe, auf daß ihr zu der Großen Erfüllung kommen möget.

Die erste Methode ist die Erwerbung des sogenannten magischen Gedächtnisses. Und die Mittel dazu werden mit Genauigkeit und Klarheit in gewissen unserer heiligen Bücher beschrieben. Aber dies erweist sich für fast alle Menschen als eine Übung von außerordentlicher Schwierigkeit. Der Strebende folge daher dem Impuls seines eigenen Willens bei der Entscheidung, ob er dies wählt oder nicht.

Das zweite Verfahren ist leicht, angenehm, nicht ermüdend und am Ende so sicher, wie das andere. Wie aber der Weg des Irrtums beim ersteren in der Entmutigung liegt, so müßt ihr euch bei letzterem vor falschen Pfaden hüten. Ich kann tatsächlich allgemein von allen Werken sagen, daß zwei Gefahren bestehen: das Hindernis des Mißerfolges und die Falle des Erfolges.

Nun besteht diese zweite Methode darin, daß sie die Dinge, welche euer Leben ausmachen, sondert. Zuerst, weil es am leichtesten ist, solltet ihr jene Form, welche der Lichtkörper genannt wird (aber auch mit vielen anderen Namen bezeichnet wird), absondern und euch bereit machen, in dieser Form zu reisen, indem ihr systematische Entdeckungsreisen in jene Welten macht, die in bezug auf andere materielle Dinge das sind, was euer eigener Lichtkörper für eure eigene materielle Form ist.

Nun wird es euch auf diesen Reisen begegnen, daß ihr zu vielen Toren kommt, die zu passieren ihr nicht imstande seid. Das kommt daher, daß euer Lichtkörper bislang noch nicht stark genug oder fein genug oder rein genug ist. Dann müßt ihr lernen, die Elemente dieses Körpers durch einen dem ersten ähnlichen Prozeß zu trennen, indem euer Bewußtsein im Höheren verbleibt und das Niedere verläßt. Fahrt in dieser Übung fort, spannt euren Willen wie einen großen Bogen, um den Pfeil eurer Bewußtheit durch die immer höheren und heiligeren Himmel zu treiben. Doch das Beharren auf diesem Wege ist auch an sich von wesentlichem Wert: denn es wird so sein, daß die Gewohnheit selbst euch überzeugt, daß der Körper, der innerhalb eines so kleinen Zeitraums, wie ein Umlauf Neptuns durch den Tierkreis, geboren wird und stirbt, kein wesentlicher Teil eures Selbstes ist, daß das Leben, an dem ihr nun einen Anteil gewonnen habt, und obwohl auch dieses dem Gesetz von Aktion und Reaktion, Ebbe und Flut, Systole und Diastole unterworfen ist, für die Schmerzen jenes Lebens unerreichbar ist, das ihr vorher als eure einzige Verbindung mit dem Dasein betrachtet habt.

Und ihr müßt euer Selbst zu dem Entschlusse bringen, daß es die mächtigsten Anstrengungen unternimmt: denn so blumenreich sind die Wiesen dieses Edens und so süß die Früchte seiner Gärten, daß ihr euch sehnt, dort zu verweilen, eure Freude am Nichtstun und am Tändeln zu finden. Deshalb schreibe ich euch nachdrücklich, daß ihr dadurch nicht euren wahren Fortschritt hindern solltet, weil alle diese Freuden auf der Dualität beruhen, so daß ihr wahrer Name »Leid der Illusion« ist, gleich dem normalen Leben des Menschen, über das hinauszugehen ihr euch anschicktet.

So geschehe es nach eurem Willen. Lernt noch dies, daß (wie es geschrieben steht) nur die glücklich sind, die nach dem Unerreichbaren verlangt haben. Letzten Endes ist es dann das beste, wenn es euer Wille ist, immer eure Hauptfreude in der Liebe zu finden, in der Eroberung und dem Tode, das heißt, dem sich Ergeben, wie ich euch bereits geschrieben habe. So also sollt ihr euch an diesen oben genannten Freuden erfreuen, aber nur als ein Spielzeug, und sollt eure Männlichkeit fest und kühn erhalten, um in die tieferen und heiligeren Ekstasen vorzudringen, ohne den Willen aufzuhalten.

Ferner möchte ich, daß ihr wißt, daß in dieser Übung, wenn sie mit unbesiegbarer Inbrunst fortgesetzt wird, die besondere Gnade liegt, daß ihr sozusagen durch Glück in Zustände hineinkommt, welche über die Übung selbst hinausgehen, denn sie gehören in ihrer Natur zu jenem Werke reinen Lichtes, von dem ich euch im folgenden Kapitel schreiben will. Denn es gibt gewisse Tore, welche kein Wesen durchschreiten darf, das noch im Bewußtsein der Teilung lebt, das heißt des Selbstes und des Nicht-Selbstes als Gegensätze. Bei der Erstürmung dieser Tore durch feurigen Angriff himmlischer Begierde wird eure Flamme heftig gegen euer grobes Selbst schlagen, obwohl es bereits über eure jetzige Vorstellung hinaus göttlich sein mag. Und es wird sich in einem mystischen Tode verzehren, so daß beim Passieren des Tores alles im formlosen Licht der Einheit aufgelöst wird.

Wenn ihr nun zu diesen Bewußtseinszuständen zurückkehrt, und in der Rückkehr liegt ebenfalls ein Mysterium der Freude, werdet ihr von der Milch der Finsternis des Mondes entwöhnt zu einem Teilnehmer am Sakrament des Weines gemacht werden, welcher das Blut der Sonne ist. Doch es gibt zunächst vielleicht Erschütterung und Kampf, denn der alte Gedanke bleibt hartnäckig, infolge der Kraft seiner Gewohnheit, bestehen: an euch ist es, durch wiederholte Handlungen die wahre, rechte Gewohnheit des Bewußtseins des Lebens zu schaffen, welches im Lichte wohnt. Und das ist leicht, wenn euer Wille stark ist, denn das wahre Leben ist umso viel mehr lebenskräftig und wesentlich als das falsche, daß (nach oberflächlicher Schätzung) eine Stunde des ersteren, einen ebensolchen Eindruck auf das Gedächtnis macht, wie ein Jahr des letzteren. Eine einzige Erfahrung, mag es in der Zeitdauer unserer irdischen Zeit nur wenige Sekunden in Anspruch nehmen, genügt, um den Glauben an die Wirklichkeit unseres eigenen Lebens auf Erden zu zerstören: aber das verschwindet allmählich, wenn das Bewußtsein in Folge von Erschütterung oder Furcht nicht daran festhält und der Wille nicht unausgesetzt nach der Wiederholung dieser Wonne ringt, die schöner und furchtbarer als der Tod ist und die durch die Kraft der Liebe errungen wurde.

Es gibt außerdem viele andere Methoden, um zum Verstehen des wahren Lebens zu gelangen. Die folgenden beiden sind sehr wertvoll, um das Eis eures menschlichen Irrtums in der Vision eures Wesens zu zerbrechen. Und die erste davon ist die beständige Kontemplation der Identität von Liebe und Tod und die Erkenntnis des Körpers als eines Aktes der Liebe auf dem Körper des Universums, wie auch ausführlich in unseren heiligen Büchern geschrieben steht. Und damit vereint gilt, gewissermaßen wie die Schwester mit ihren Zwillingsbruder, die Übung sterblicher Liebe als ein Sakrament, das für diesen großen Tod symbolisch ist, wie geschrieben steht: »Und töte dich selbst.« Und wiederum »Stirb täglich«.

Und die zweite dieser untergeordneten Methoden besteht in der Übung mentaler Vorstellungen und der Analyse von Ideen hauptsächlich so, wie ich es euch bereits gelehrt habe, aber mit besonderer Betonung der Wahl solcher Gegenstände, welche von Natur aus abstoßend sind, besonders der Tod selbst und die ihn begleitenden

Phänomene. So forderte Buddha seine Jünger auf, über die 10 Unreinheiten zu meditieren, das heißt, über 10 Fälle des Todes durch Zersetzung, so daß der Strebende durch Identifizierung seines eigenen Leichnams mit all diesen vorgestellten Formen die natürliche Abscheu, den Ekel, die Furcht und den Widerwillen, die er vielleicht dafür gehabt haben mag, verliert. Wisse, daß jeder Gedanke jederart unwirklich, phantastisch und offenbarte Illusion wird, wenn er durch Konzentration der beharrlichen Untersuchung unterzogen wird. Und dies ist besonders leicht bei allen körperlichen Eindrücken zu erlangen, weil alle materiellen Dinge und besonders die, denen wir uns zuerst bewußt werden, nämlich unsere eigenen Körper, die gröbsten und unnatürlichsten aller Täuschungen sind. Denn in allem liegt latent das Licht verborgen, vor dem kein Irrtum bestehen kann und Es lehrt schon unseren Instinkt, zunächst alle Schleier zurückzuweisen, die Es in engster Form umschlingen. So ist es auch in der Meditation für viele am nützlichsten, den Willen der Liebe auf die heiligen Zentren der Nervenkraft zu konzentrieren, denn sie, wie alle Dinge, sind geeignete Bilder oder wahre Reflexe ihrer Ebenbilder in feineren Sphären, so daß, wenn ihre grobe Natur durch die auflösende Schärfe der Meditation zerstört ist, ihre feineren Seelen sozusagen nackt erscheinen und ihre Kraft und Glorie im Bewußtsein des Strebenden entfalten.

Ja wahrlich, laßt euren Willen zur Liebe freudig entgegenbrennen dieser Schöpfung des wahren Lebens in euch selbst, dessen Wogen dahinrollen über das uferlose Meer der Zeit! Lebt nicht euer kleinliches Leben in Furcht vor den Stunden! Der Mond, die Sonne und die Sterne, durch die ihr die Zeit meßt, sind selbst nur Diener des Lebens, das in euch pulsiert, ein freudiger Trommelschlag, mit dem ihr triumphierend auf dem Prozessionsweg der Zeitalter dahinschreitet. Wenn erst jede eurer Geburten und jeder eurer Tode in dieser Vorstellung als bloße Meilensteine auf eurem ewig lebendigen Wege erkannt sind, was sind dann die törichten Ereignisse eurer armseligen Leben? Sind sie nicht Sandkörner, die der Wüstenwind umherweht oder Kiesel, die ihr mit euren geflügelten Füßen fortstoßt oder tiefliegende Wiesen, auf deren Blüten und auf deren elastischem Boden ihr lyrische Tänze aufführt? Denn wer im Leben lebt, berührt nichts, denn er ist ewige Bewegung, Kraft, Freude in immerwährendem Wechsel. Unermüdlich wandelt ihr von Äon zu Äon, von Stern zu Stern, das Universum ist euer Tummelplatz, die unendliche Mannigfaltigkeit eines Spiels, immer alt und immer neu. Alle Ideen, die Furcht und Leid erzeugen, werden als das erkannt, was sie sind und werden so zum Samen der Freude. Denn über allen Zweifel hinaus ist es doch gewiß, daß ihr niemals sterben könnt. Daß, wenn ihr euch verändert, die Veränderung ein Teil eurer eigenen Natur ist. Der große Feind ist zum großen Verbündeten geworden.

Und nun, in dieser Vollendung wurzelnd, euer Selbst der Baum des Lebens selbst geworden, habt ihr einen festen Punkt für euren Hebel. Ihr seid imstande zu erkennen, daß dieses Pulsieren der Einheit an sich Zweiheit ist und daher im höchsten und heiligsten Sinn immer noch Leid und Illusion. Wenn ihr dies begriffen habt, strebt weiter bis zur vierten Gabe des Gesetzes am Ende des Pfades, ja bis zum Licht.

IV.
Vom Licht

Ich bitte euch, habt Geduld mit mir bei dem, was ich über das Licht schreiben werde, denn hier besteht eine ständig, wachsende Schwierigkeit im Gebrauch von Worten. Zudem werde ich selbst fortwährend durch die Erhabenheit des Gegenstandes fortgerissen und überwältigt, so daß die einfache Sprache vielleicht in Lyrik dahinströmt, während ich mich doch friedlich mit didaktischen Ausdrücken abmühen möchte. Meine einzige Hoffnung ist, daß ihr, vermöge der Sympathie eurer Intuition, versteht, wie Liebende sich in einer Sprache unterhalten können, die anderen ebenso unverständlich wie albern, lächerlich und dumm erscheint, oder wie in jenem anderen Rausch, den der Äther erzeugt, die Teilnehmer sich mit unendlichem Wissen oder mit Weisheit, je nachdem, wie die Stimmung es ihnen eingibt, sich durch ein Wort oder eine Geste verständigen, da sie durch die Feinheit des Narkotikums zu Verständnis geführt werden. Möge auch ich, der ich von der Liebe zu diesem Lichte entflammt und von ätherischem Weine dieses Lichtes berauscht bin, nicht so sehr mit eurem Verstand und eurer Intelligenz nun sprechen, sondern mit dem in euch verborgenen Prinzip, das bereit ist, an mir teilzuhaben. Ebenso können Mann und Frau vor Liebe zueinander entflammen, ohne daß ein Wort zwischen ihnen gesprochen wird, sozusagen durch die Verbindung ihrer Seelen. Und eure Erkenntnis wird von der Reifung eures Verständnisses für meine Wahrheit abhängen. Wenn das Licht in euch bereit ist, hervorzubrechen, dann wird das Licht diese dunklen Worte euch in der Sprache des Lichtes deuten, so wie eine richtig gespannte, unbelebte Saite, ihrem besonderen Ton entsprechend, mitschwingt, wenn diese auf einer anderen Saite angeschlagen wird. Lest daher nicht nur mit dem Auge und mit dem Gehirn, sondern mit dem Rhythmus jenes Lebens, das ihr durch euren Willen zur Liebe erlangt habt und das bis zum Tanzrhythmus durch diese Worte beschleunigt wird, welche die Bewegungen des Stabes meines Willens der Liebe darstellen und so euer Leben zum Lichte entzünden.

[In dieser Stimmung unterbrach ich mich beim Schreiben des kleinen Buches und habe zwei Tage und zwei Nächte lang schlaflos Betrachtungen angestellt und leidenschaftlich mit meinem Geiste gerungen, damit ich nicht etwa durch Hast oder Unachtsamkeit euch gegenüber versagen könnte.]

Mit der Ausübung von Wille und Liebe sind Bewegung und Wechsel verbunden, aber im Leben wird eine Einheit erlangt, die sich nur im Puls oder in der Phase bewegt, und sogar wie Musik ist. Doch werdet ihr bereits in der Erlangung dieses Lebens erfahren haben, daß dessen Quintessenz reines Licht ist, eine formlose Ekstase und ohne Grenze oder Kennzeichen. In diesem Lichte hat nichts ein Dasein, denn es ist gleichartig. Da haben es die Menschen Schweigen, Finsternis und Nichts genannt. Aber darin, wie in jeder anderen Bemühung, es zu benennen, liegt die Wurzel alles Falschen und aller Mißverständnisse, da alle Worte eine Dualität enthalten. Wenngleich ich es daher Licht nenne, so ist es dennoch nicht Licht, noch die Abwesenheit von Licht. Viele haben oft versucht, es durch Gegensätze zu beschreiben, da es von einigen Naturen durch erhabenes Verneinen aller Rede erreicht werden kann. Die Menschen haben sich auch bemüht, es durch Bilder und Symbole auszudrücken, aber alle Zeit vergebens. Dennoch sind diejenigen, die reif waren, die Natur dieses Lichtes zu begreifen, durch Sympathie zur Erkenntnis gekommen. Und so wird es mit euch sein, die ihr dieses kleine Buch lest und es liebt. Wißt ihr doch, daß die beste Belehrung darin, das für das Äon des Horus am besten geeignete Wort, im Buche des Gesetzes geschrieben steht. Immerhin ist auch das Buch ARARITA sehr wertvoll für die Werke des Lichtes, wie das Trigrammaton in dem des Willens, das Cordis Cincti Serpente für den Weg der Liebe und das Liber Liberi für den des Lebens. Alle diese Bücher beziehen sich auch auf diese vier Gaben. Und schließlich werdet ihr sehen, daß jedes einzige untrennbar vom anderen ist.

Ich möchte euch über die Zahl 93, die Zahl von ΘΕΛΗΜΑ, schreiben. Denn es ist nicht allein die Zahl seiner Ausdeutung AGAPE, sondern es ist auch die eines euch unbekannten Wortes, wenn ihr nicht Neophyten unseres heiligen Ordens der A.·.A.·. seid, welches in sich das Entstehen der Sprache aus dem Schweigen und die endliche Rückkehr dorthin darstellt. Nun ist diese Zahl 93 gleich 3 x 31, welche Zahl im hebräischen LA bedeutet, das heißt Nicht. Auf diese Weise leugnet es die Ausdehnung auf die drei Dimensionen des Raumes. Ferner möchte ich, daß ihr so intensiv wie möglich über den Namen NU, der 56[17] ist, meditiert, welche Zahl wir, wie gesagt wird, zu dividieren, zu addieren, zu multiplizieren, zu erkennen haben. Durch Division kommt 0,12 heraus, als wäre es geschrieben Nuit! Hadith!, Ra-Hoor-Khuith! vor der Dyade. Durch Addition entsteht 11, die Zahl der wahren Magie und durch Multiplikation 300, die Zahl des heiligen Geistes oder des Feuers, der Buchstabe Shin, in dem alle Dinge vollkommen verzehrt werden. Mit diesen Erwägungen und einem vollkommenen Verständnis der Mysterien der Zahlen 666 und 418 werdet ihr für diesen Weg fernen Fluges machtvoll bewaffnet sein. Aber ihr solltet auch alle Zahlen in ihrem Maßstab betrachten. Es gibt keine bessere Lösung als die durch die reine Mathematik, da hierin bereits grobe Ideen verfeinert werden und alles andere geordnet und bereit ist für die Alchemie des großen Werkes.

Ich habe euch bereits davon geschrieben, wie, im Willen zur Liebe, das Licht als der geheime Teil des Lebens aufsteigt. Und in den ersten, den kleinen Lieben, ist das erlangte Leben noch persönlich, doch wird es später unpersönlich und universell. Dann ist der Wille, wenn ich so sagen darf, an seinem magnetischen Pole angelangt, von wo aus die Kraftlinien überall und nirgendwo hinlaufen. Und die Liebe ist nicht länger eine Handlung, sondern ein Zustand. Diese Eigenschaft ist ein Teil des universellen Lebens geworden, welches mit der Freude am Willen und der darin inbegriffenen Liebe bis in die Unendlichkeit weitergeht. Diese Dinge haben daher, wenn sie vollendet sind, ihren Namen und ihre Natur verloren. Und doch waren diese die Substanz des Lebens, sein Vater und seine Mutter: und ohne ihr Wirken und ohne ihren Antrieb beendet das Leben selbst sein Pulsieren. Aber da die unendliche Energie des gesamten Universums darin enthalten ist, was ist dann möglich, außer daß es zu seiner eigenen Ersten Intention zurückkehrt

---

[17][A.d.R] Hier bezieht sich Crowley auf das Liber AL, I:24-25: »I am Nuit and my word is six and fifty. Divide, add, multiply and understand.« 6 geteilt durch 50 ergibt 0.12, 5 + 6 ergibt 11 und 6 * 50 ergibt 300.

und sich nach und nach in jenes Licht auflöst, das seine geheimste und feinste Natur ist.

Denn dieses Universum ist in Wirklichkeit Null, eine Gleichung, deren Summe Null ist. Der Beweis dafür liegt darin, daß, wenn dem nicht so wäre, es nicht im Gleichgewicht wäre und es wäre etwas aus dem Nichts Entstandenes, was ein Unding ist. Dieses Licht oder Nichts ist also die Resultante oder die Summe davon in reiner Vollendung. Und alle anderen Zustände, seien sie positiv oder negativ, sind unvollkommen, da sie ihre Gegensätze nicht einschließen.

Gleichwohl möchte ich, daß ihr bedenkt, daß die Gleichheit oder Identität des Ausgleichs zwischen allen Dingen und keinen Dingen schlechthin absolut ist, so daß ihr ebenso wenig bei dem einen verbleibt, wie ihr es bei dem anderen tatet. Ihr werdet dieses größte Mysterium sehr leicht im Licht jener anderen Erfahrung begreifen, derer ihr euch erfreut, in denen Bewegung und Ruhe, Wechsel und Stabilität und viele andere, tiefe Gegensätze durch die Kraft eurer heiligen Meditation zur Erkenntnis ihrer Identität gekommen und erlöst worden sind.

Die größte Gabe des Gesetzes entspringt also aus der vollkommensten Anwendung der Drei Kleineren Gaben. Und so gründlich müßt ihr euch bei diesem Werke mühen, daß ihr imstande seid, beliebig von einer Seite der Gleichung zur anderen überzugehen, nein, das Ganze sofort und für immer zu begreifen. So soll dann eure zeit- und raumgebundene Seele ihrer Natur gemäß in ihrer Bahn wandern und das Gesetz denjenigen enthüllen, die in Ketten gehen, denn dies ist euer besonderes Amt.

Hier ist nun das Mysterium vom Ursprung des Übels. Erstens verstehen wir unter Übel das, was im Gegensatz zu unserem eigenen Willen steht, daher ist es eine relative und nicht eine absolute Bezeichnung. Denn was das größte Übel für den einen ist, ist das größte Gut für den anderen. Gerade, wie die Härte des Holzes den Holzfäller müde macht, ebenso sicher wird er sich in einem, aus diesem Holze gebauten Schiffe aufs Meer wagen. Und dies ist eine Wahrheit, die leicht zu begreifen ist, weil oberflächlich und dem gemeinen Verstande verständlich.

Alles Böse ist daher relativ oder scheinbar oder illusorisch. Um aber zur Philosophie zurückzukehren, möchte ich wiederholen, daß seine Wurzel immer in Dualität liegt. Deshalb besteht die Flucht aus diesem scheinbaren Bösen darin, daß man die Einheit sucht, was ihr tun sollt, wie ich es euch bereits gezeigt habe. Nun aber will ich das erwähnen, was im Buche des Gesetzes darüber geschrieben steht.

Weil der erste Schritt der Wille ist, so erscheint in dieser Definition das Böse als alles, was die Ausführung dieses Willens hindert. Deshalb steht geschrieben: »Das Wort der Sünde ist Beschränkung.« Es sollte auch beachtet werden, daß im Buche der 30 Äthyre das Böse als Choronzon erscheint, dessen Zahl 333 ist, was im Griechischen Impotenz und Trägheit bedeutet; und die Natur von Choronzon ist Zerstreuung und Zusammenhanglosigkeit.

Dann erscheint im Wege der Liebe das Böse als »all das, was dazu geneigt ist, die Vereinigung zweier Dinge zu verhindern«. So sagt das Buch des Gesetzes unter dem Bilde der Stimme der Nuit: »Nehmt eure Fülle der Liebe wie ihr wollt, wann, wo und mit wem ihr wollt! Aber immer zu mir.« Denn jeder Liebesakt muß »unter Willen« stehen, das heißt in Übereinstimmung mit dem wahren Willen, was nicht darin besteht, daß man sich mit einzelnen und vergänglichen Dingen begnügt, sondern fest bis ans Ende weitergeht. So sind auch im Buche der 30 Äthyre die schwarzen Brüder diejenigen, die sich abschließen und sich nicht durch die Liebe zerstören wollen.

Drittens erscheint auf dem Wege des Lebens das Böse unter einer feineren Form als »all das, was nicht unpersönlich und universal ist«. Hier belehrt uns das Buch des Gesetzes durch die Stimme von Hadit: »In der Sphäre bin ich überall das Zentrum.« Und wiederum: »Ich bin Leben und Lebensgeber... ›Kommet zu mir‹ ist ein törichtes Wort, denn ich bin es, der geht.« - »Denn ich bin vollkommen, da ich Nicht bin.« Denn dieses Leben ist an jedem Ort und zu jeder Zeit zugleich, so daß diese Beschränkungen nicht mehr bestehen. Und ihr werdet selbst gesehen haben, daß in jedem Akte der Liebe Zeit und Raum mit der Erschaffung des Lebens durch seine Macht verschwinden, wie auch die Persönlichkeit selbst. Zum dritten Male also in noch feinerem Sinne: »Das Wort der Sünde ist Beschränkung.«

Schließlich ist im Wege des Lichtes dieser selbe kurze Ausspruch der Schlüssel für den Begriff des Bösen. Doch liegt hier die Beschränkung in der Unfähigkeit, die große Gleichung zu lösen und später darin, einen Ausdruck oder eine Formel des Universums vorzuziehen. Hiervor werden wir im Buche des Gesetzes durch das Wort der Nuit gewarnt, die da spricht: »Keiner ... und zwei. Denn ich bin geteilt um der Liebe Willen für die Möglichkeit der Vereinigung.« Und daher »Wenn dies nicht richtig ist, wenn ihr die Raumzeichen verwechselt und sagt: Sie sind eines: oder sagt, Sie sind viele..., dann erwartet die furchtbaren Richtsprüche...«

Somit bin ich nunmehr mit Hilfe Thots zum Schluße dieses kleinen Buches gelangt. Nun bewaffnet euch demgemäß mit den Vier Waffen, mit dem Stab der Freiheit, dem Kelch der Liebe, mit dem Schwert des Lebens und mit dem Pentakel des Lichtes. Mit diesen bewirkt alle Wunder durch die Kunst der hohen Magie und dem Gesetz des Neuen Äons, dessen Wort ΘΕΛΗΜΑ ist.

Ein Psalm

Der Herr hat mich in das Haus der Dunkelheit gebracht; mit Heimlichkeit hat der Herr mich in die Nacht gezogen.

Ich sah die Schwärze, die mich umgab; meine Augen wurden verdunkelt im Haus der Dunkelheit.

Dort kam in meine Nüstern der Duft eines großen Flusses; eben eines Flusses, der im Geheimen unter den Palmbäumen brodelt.

Ich erhob meinen Kopf und siehe, der Herr stand aufrecht in der Schwärze.

Als eine Feuersäule schien der Herr; als ein Teufel, der in der Ödnis des Sandes wirbelt.

Der Herr hat Sich Selbst in Purpur verschleiert; Der Herr hat sich selbst in Manifestation erhöht.

Der Herr wanderte vor mir in die Dunkelheit; der Herr schlug Ihm einen Weg in den Wald der Nacht.

Der Ruhm des Herrn war wie der Sonnenaufgang über schwarzen Bergen; der Herr sandte seinen Schein wie der Vollmond auf den schwarzen Fluß.

Dann schritt ich voran in die Stadt, den Herrn preisend; ich schrie laut in meiner Freude, ich machte Lieder über den Herrn, den lebenden Gott.

Ich werde dem Herrn folgen in allen Tagen meines Lebens; und in der Stunde meines Todes laß den Herrn mich führen in das Ewige Haus.

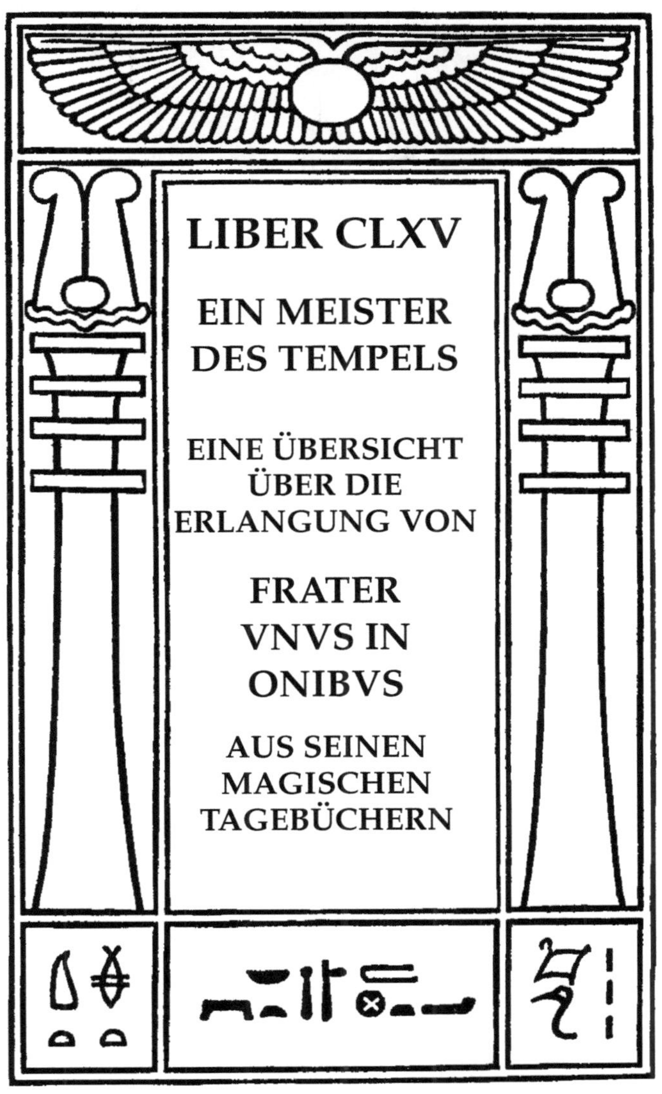
LIBER CLXV
EIN MEISTER
DES TEMPELS
EINE ÜBERSICHT
ÜBER DIE
ERLANGUNG VON
FRATER
VNVS IN
ONIBVS
AUS SEINEN
MAGISCHEN
TAGEBÜCHERN

A.·.A.·. Publikation in Klasse B

Pro Coll. Summ.:

93	10°=1□
666	9°=2□
777	8°=3□

Pro Coll. Int.:

D.D.S.	7°=4□
O.M.	7°=4□
O.S.V.	6°=5□
Parzival	5°=6□

Pro Coll. Ext.:

V.N.	Praemonstrator
P.	Imperator
Achad	Cancellarius

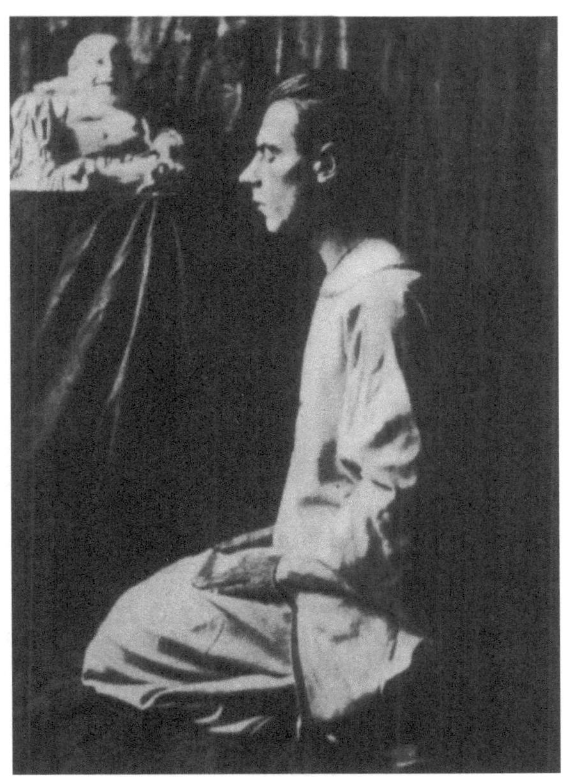

FRATER VNVS IN OMNIBVS
Nach der Photographie von Henry B. Camp

Der Meister wird in der Robe des und mit seinem Namen als Probationer dargestellt, wie um seine Einfachheit zu versichern. Er ist in seinem Liebligs-Asana, dem Drachensitz, in profunder, heiliger Meditation.

Liber CLXV

Ein Meister des Tempels

Sektion I. 2. April 1886 bis 24. Dezember 1909

Charles Stanfield Jones, den ich üblicherweise bei seinem Motto V.I.O. nennen werde, unter welchem er ein Anwärter der A.·.A.·. wurde, trat am 2. April 1886 E.V. entsprechend der üblichen und erprobten Methode in diese Welt ein. Er vermied es nur dadurch, daß er einen weiteren Tag ausharrte, um genügend Mut zu sammeln, sich ein weiteres Mal in diese kalte, wenig einladende Welt zu begeben, ein April-Narr zu werden. Er wurde eingeölt, bekam seinen Klaps und ihm wurde erlaubt zu leben. Wir kümmern uns nicht weiter um die Details seiner Karriere bis 1906. Zu diesem Zeitpunkt erreichte er das Alter von 20 Jahren und begann, seine Aufmerksamkeit den Mysterien zuzuwenden und sich mit dem Spiritismus zu beschäftigen, hauptsächlich mit der Idee, ihn zu widerlegen. Aus diesem Jahr scheint sich sein Interesse für das Okkulte zu datieren. Und es war zu dieser Zeit, daß er zum ersten Mal bewußt Ausschau hielt, um einen wahren okkulten Orden zu finden und mit diesem in Kontakt zu kommen. Dieser Anspruch wurde, wie wir sehen, drei Jahre später erfüllt, als er die Gelegenheit erhielt, ein Anwärter der A.·.A.·. zu werden und diese auch umgehend ergriff. Aber während dieser 3 Jahre führten ihn seine Untersuchungen auf unterschiedliche Pfade. Spiritualismus, Glaubensismus[18] und andere ismen, auf der einen Seite, und »The Europe«, »The Leicester«, und »The Cosy Corner« auf der anderen. Zum letzten, aber nicht zum schlechtesten, führten sie ihn in die Ehe - eine schwierige Angelegenheit, wenn man sie auf die eine Seite festlegen will und

[18] [A.d.R.] Im Original »Faithism«.

vielleicht ist es das beste, sie auf der anderen zu belassen. Als er sich dann mit ganzem Herzen diesem finalen Experiment hingab, für eine Zeit »Omnia in Uno« zu werden, schritt er in einem passenden Bewußtseinszustand schnell in den Studien des wissenschaftlichen Illuminismus voran, derer er so sehr bedurfte. Und nachdem er das Anwärterformular am 24. Dezember 1909 E.V. unterzeichnet hatte, nahm er, nach sorgfältigem Nachdenken, das Motto »Unus in Omnibus« an und fuhr seither ganz gut damit.

Von dieser Zeit an begann er, entsprechend den Regeln des Ordens, eine schriftliche Aufzeichnung seiner Arbeit zu erstellen und dies macht unsere Arbeit einfacher. Aber, obwohl er von diesem Moment an ernsthafter wurde, müssen wir seinem Beispiel mit sicherem Abstand folgen und das, was aufgezeichnet wurde, als den Versuch einer verwirrten Seele, das Licht für sich und andere zu erlangen, behandeln. Welche Fehler er auch immer machte, wie armselig seine Ergebnisse waren, oder wie lachhaft seine Irrungen, da ist das eine, was zu seinen Gunsten gesagt werden kann: Er gab niemals auf.

Sektion II. 24. Dezember 1909 bis 14. Mai 1910

Frater V.I.O. begann zielstrebig genug. Alsbald, als er die erste Nummer des Equinox gelesen hatte, und bevor er mit irgendeinem Mitglied der A∴A∴ in Berührung kam, versuchte er sich in Asana. Die früheste Aufzeichnung, die ich finden konnte, liest sich folgendermaßen:

Donnerstag, 4.Nov 1909. 11.20 p.m. bis 11.41 p.m.

Asana. Position I. Der Gott.

Neigung, den Rücken knapp über den Hüften zu beugen, mußte mich mehrere Male strecken.

Öffnete nach ungefähr 5 Minuten einmal die Augen und bewegte den Kopf.

Atmete einigermaßen regelmäßig nach den ersten paar Minuten, zählend

9 ein, haltend 4, 9 aus, haltend 4.

Sah gegen Ende der Zeit verschiedenartige Farben in Wolken und unbestimmte Figuren.

Am 19. Dezember dauerte seine Übung 46 Minuten. Er hoffte, das nächste Mal 60 Minuten zu schaffen, aber es scheint nicht, als hätte er es getan, denn nachdem er am 24. Dezember seinen Anwärtereid leistete, konnte ich keine Aufzeichnung bis zum 11. Januar 1910 E.V. finden, dem Tag, als er die ersten schriftlichen Instruktionen von seinem Neophyten Frater P.A. erhielt. Diese Instruktionen repräsentieren die Basis, auf welcher er für einen längeren Zeitraum arbeitete. Deshalb werde ich sie hier einfügen, trotz der Tatsache, daß es ihm möglicherweise unmöglich war, überhaupt mit definiten Instruktionen zu arbeiten, denn es wird vom Anwärter erwartet, daß er für sich selbst die Praktiken wählt, welche ihm am besten dienen, und daß er mit ihnen für sich selbst experimentiert. Wie auch immer, er wußte dies zu dieser Zeit nicht und es kann nicht ihm die Schuld dafür gegeben werden, daß er sein bestes getan hat, entsprechend der Richtlinien, die sein Neophyt ihm darlegte[19]. In jedem Falle hätte er schlechteres tun können, als danach zu streben, diese wenigen und einfachen Regeln auszuführen, die wie folgt lauteten:

Die Regeln.

1. *Sei stets mäßig und folge dem mittleren Pfad. Sei eher die Schildkröte denn der Hase. Verrenne Dich nicht in irgendetwas. Aber laß auch nicht ab von dem, was Du Dir vorgenommen hast, ohne genauestens darüber nachzudenken.*
2. *Halte Deinen Körper und Deinen Geist stets in gesundem Zustand; und führe niemals eine Übung aus, weder mental noch physisch, wenn Du ermüdet bist.*
3. *In einer idealen Umgebung sind die Stunden, in denen praktiziert werden sollte, zu Sonnenaufgang, zu Sonnenuntergang, zu Mittag und zu Mit-*

[19]Es ist für einen Neophyten unpassend, Regeln zu geben. Denn (a) er kann nicht wissen, was der Anwärter benötigt, da er keine Aufzeichnungen hat, aus denen er es ersehen könnte; (b) die Aufgabe des Anwärters besteht darin, seine eigene Natur zu erforschen und nicht, einem vorgeschriebenen Kurs zu folgen. Ein drittes Anliegen ist, daß dadurch, daß dem Anwärter Zwangsjacken angelegt werden, sich eine gänzlich schlaffe Person durch ihr Jahr schlängeln mag und zur Schande des Ordens Neophyt werden könnte. Jedoch ist dieses Anliegen theoretisch, denn die Initiation wird vom dritten Orden überwacht, in dem kein Fehler unterlaufen kann.

ternacht (und stets vor der Mahlzeit und niemals sofort nach einer Mahlzeit). Da dies hier (in England) schwierig ist, laß Deine Hauptübungen eine Stunde oder eine halbe Stunde vor Deinem Frühstück stattfinden.

4. *Wenn möglich, stelle einen Raum bereit, in welchem Du Deine Übungen durchführst. Halte ihn sauber und bewahre lediglich Gegenstände, welche Dich fördern, darin auf. Verbrenne eine kleine Räucherung in Deinem Raum, bevor Du mit Deinen Übungen beginnst. Halte den Raum für Dich selbst heilig und erlaube weder Dir, noch irgendeinem anderen, irgendetwas Unausgeglichenes in Gedanken oder in der Tat darin zu tun. In Wille und Tat mache diesen Raum zu einem Tempel und zu einem Symbol dieses größeren Tempels, welcher Dein höheres Selbst ist.*

Die Übungen.

Die erste Übung.

Stehe auf und wasche und kleide Dich ohne unnötige Hast an. Ziehe Deine Robe über und betritt den Raum, den Du bereitgestellt hast. Verbrenne eine kleine Räucherung, richte Dich gen Osten und gib ein kleines Gebet wider, das lautet: »Möge das Licht von Adonai in mir aufsteigen. Möge es mich durch diesen Tag führen und wie eine Lampe sein, die meine Dunkelheit erleuchtet.« Dann erstelle eine allgemeine Zusammenfassung, so kurz wie möglich, über die Arbeiten des vorhergehenden Tages und trage sie in Dein Tagebuch ein. Danach setze Dich in vorteilhafter Position nieder und beginne das folgende.

Mit Deinen Händen auf den Knien und Deinem Kopf gerade aufgerichtet, atme in einer bemessenen Zeit ein und konzentriere Deine gesamten Gedanken auf diesen Atemzug, wie er in Deine Lungen fließt, und schneide alle anderen Gedanken ab, die zu dieser Zeit aufsteigen mögen. Dann atme aus und halte weiterhin Deine Gedanken darauf fixiert. Tue dies für 10 Minuten oder für das Viertel einer Stunde und schreibe dann in Dein Tagebuch die Zahl der Unterbrechungen oder irgendwelche Ergebnisse nieder. Diese gesamte Übung soll rhythmisch und harmonisch durchgeführt werden.

Die zweite Übung.

Weil die Hast der täglichen Arbeit dazu tendiert, das, was die morgendliche Übung bewirkt hat, ungetan zu machen, bemühe Dich nach bestem Ermessen, jeden Bereich Deiner beruflichen Arbeit in eine magische Übung zu wandeln. Begehe alles, selbst die kleinsten Arbeiten, zur Ehre und zum Ruhme Adonais. Übertriff in Deinen speziellen Pflichten im Leben, denn Er ist von Dir und Du bist von Ihm. Denke nicht an Ihn als Adonai, aber denke an Adonai als die Arbeit und erschaffe aus Deiner täglichen Arbeit ein Symbol des Symboles des »Großen Werkes, welches SEIN WIRD«.

Die dritte Übung.

Wie die Hast Deiner täglichen Arbeit dazu tendiert, Dich aus dem Gleichgewicht zu bringen, so auch die Freuden, denen Du Dich hingibst. Kultiviere Freuderfüllung in allem, was Dich amüsiert. Und wenn Du freudig bist, brich aus in Schweigen und innere Lobpreisung der Freude in Dir. Mache daraus keine bloße Übung. Arbeite mit Schweigen und mit Freude erfüllt und diskutiere nicht Deine Ergebnisse mit gelegentlichen Freunden. Und über allem tue all dies zur Ehre und zum Ruhme Adonais, so daß Du aus Deinen täglichen Freuden ein Symbol der unveränderlichen Freude, die IST, konstruieren magst.

Diese Instruktionen wurden aus einem Brief entnommen, aus welchem ich auch das folgende zitiere: »Führe die enthaltenen Übungen regelmäßig aus. Sage Dir selbst: »Ich will diese für die Dauer von drei Monaten tun. Selbst, wenn ich kein Wohlgefallen an ihnen finde, jetzt bin ich gebunden, sie zu tun.« Schreibe mir, wann immer Du magst, aber erwarte nicht von irgendeinem Resultat, das Du erhalten magst, daß es viel Wert hat, denn diese kleinen Übungen dienen lediglich dazu, ein Equilibrium zu produzieren, welches essentiell dafür ist, tatsächlich zu beginnen. Wenn Du irgendeine Übung aus eigenem Ermessen hinzufügst, dann tue dies zu einer definierten Stunde des Tages und mache sie kontinuierlich. Eine Übung aufzunehmen und sie dann fallen zu lassen, ist schlecht und nutzlos. Denn es bringt aus dem Gleichgewicht.«

Nun, wie jeder Anwärter weiß, sobald jemand beginnt, die simpelste Aufgabe regelmäßig und mit magischer Intention durchzuführen, wird die Aufgabe nicht lediglich schwierig, sondern beinahe unmöglich durchzuführen. Dies war es, was V.I.O. herausfand. Und kaum waren ihm die Aufgaben gestellt, als alle Arten von Schwierigkeiten sich selbst präsentierten, wie die hundsgesichtigen Dämonen, welche Zoroaster erwähnt, um ihre Erfüllung zu verhindern. Er bemühte sich, aber am Ende des Januar schrieb er: »Ich kann unter diesen Bedingungen nicht weitermachen. Ich hatte eine Menge Zeit, die Übungen an diesem Morgen durchzuführen, aber wurde ständig unterbrochen. Habe nicht die Robe angelegt, da ich keinen angemessenen Platz habe, den ich einen Tempel nennen könnte.« Wie wenig wußte er zu dieser Zeit, wie gut es ihm in Hinsicht auf das Letztere erging! Er lebte im Komfort einer Kensington Wohnung, ausgestattet mit jeglicher Bequemlichkeit der Zivilisation. Wenige Jahre später war er glücklich, sein Asana und seine Meditation draußen im Regen auszuführen, bekleidet mit einem Pyjama, denn sein winziges Zelt in British-Columbia war zu klein, um seine Arbeit darin auszuführen. Aber wir schweifen ab. An diesem Punkt brechen seine Aufzeichnungen abrupt ab. Er verblieb in London bis zum Mai des Jahres 1910, als Umstände eintraten, die es ihm ermöglichten, British Columbia zu besuchen. Bewaffnet mit seinem Instruktionspapier, dem Equinox und einigen wenigen okkulten Büchern, schiffte er sich allein nach Kanada ein, um abermals auf neuen und ungepflügten Feldern zu beginnen.

Sektion III. 25. Juli 1910 bis 30. April 1911

Der nächste Eintrag in seinem Tagebuch ist auf den 25. Juli 1910 datiert. Er ist eine generelle Zusammenfassung der vorhergehenden 6 Monate. Die Hälfte seines Jahres der Anwärterschaft ging vorüber, und er hatte nicht darüber berichtet oder irgendeine Nachricht vom Orden erhalten. Er lamentiert über seine Nichtachtung in dieser Hinsicht, aber er schreibt: »Jetzt weiß ich wohl, daß ich alleine gelitten habe und leiden sollte wegen dieser Nichtachtung. Und ich muß wohl jegliche Ergebnisse, die aus diesem Fehler hervorgehen, in Kauf nehmen. Immer noch, obwohl ich den Rat mißachtete, der mir am Beginn meiner Anwärterschaft gegeben wurde, fühle ich, daß ich Fortschritte gemacht habe, wenn auch nur geringe, auf dem Pfad, welchen ich zuerst in Angriff nahm. Mag es nicht sein, O Adonai, daß sogar jetzt die zweiten 6 Monate dazu gemacht sein mögen, die ersten 6 zu balancieren und daß das, was war, doch zum Besten gewesen sein mag?«

Zu dieser Zeit hatte er noch nicht herausgefunden, daß alle Dinge immer zum Besten ausgehen. Es kostete ihn eine lange Zeit, dies zu realisieren. Aber es ist offensichtlich, daß kurze Zeit später seine Fortschritte ein Ergebnis produzierten, denn wir finden einen Eintrag am Sonntag, den 7. August 1910. »Ich habe (für wenige Momente) den Frieden gefunden, der alles Verständnis übersteigt. Amen.« Das war offensichtlich ein Vorgeschmack seines ersten wirklich bemerkenswerten Ergebnisses, dem ersten Erscheinen von L.V.X., welches er am 29. August erfuhr. Es gibt einen Eintrag vom 2. September, voller Freude, Glück und Bewunderung für seine erste Illumination und dann, drei Tage später, hatte er offensichtlich erkannt, daß dies allein nicht genug war und dies war offensichtlich der Grund für die nächste, ebenso kuriose Eintragung vom 5. September, 7.53 p.m., welche ich vollständig zitieren werde:

Ich bin nun ruhig, da ich beginne zu schreiben, was der letzte Eintrag in diesem Tagebuch sein mag. Alles, an das ich mich von meinem Leben auf diesem Planeten erinnern kann, wurde, wenn ich darauf zurückblicke, von einer unsichtbaren Hand geleitet. Für ein solch kurzes Leben (24 Jahre und 6 Monate), war es erfüllt von einer ungewöhnlichen Anzahl bemerkenswerter Ereignisse. Einige schmerzhaft, andere freudig und wiederum andere von einer reinen, spirituellen Natur. Ich bedauere nichts. Wiederum 3 Tage gingen vorüber, bis ich den Eintrag in dieses Buch machte. Ich kann nicht über das reden, was während dieser drei Tage geschah. Es scheint nutzlos, es zu versuchen und es zu tun. Tatsächlich scheint es nutzlos, diesen Eintrag überhaupt zu machen, außer daß ich nicht weiß, was vor mir liegt. Und ich fühle, daß, hätte ich (vielleicht tue ich es auch noch) länger auf diesem Planeten gelebt, es mein Lebenswerk gewesen wäre, es muß tatsächlich so gewesen sein, anderen auf diesen Pfad zu helfen. Deshalb sind diese Zeilen an jene gerichtet, die folgen, geschrieben in der Hoffnung, daß ihnen ein Tropfen der Pein, die ich nun erdulde, erspart bleiben mag. Was immer auch in diesen letzten drei Tagen passiert sein mag, das Ergebnis meiner Gedanken ist dies: Ich, der ich das Herz des strahlenden Dreieckes gefunden habe, der ich in der Tat eins wurde mit der großen weißen Bruderschaft, der ich die Stimme Gottes in all ihrer Süße hörte, der ich diese Botschaft zu einem Teil (nein: zu allem) meines Daseins machte, der ich meinen Geliebten in meinen Armen hielt, der ich mein Geliebter war und mein Selbst in Ihm verlor, der ich für immer mein niederes Selbst aufgegeben habe, der ich den Tod besiegt habe, der ich die Qual der gesamten Welt gefühlt habe, der ich Weisheit gefunden habe, Liebe und Kraft, der ich alles aufgegeben habe, um nichts zu bekommen, ich, der ich die Not der Welt gesehen habe, habe gefunden, daß diese Bücher (bisher meine besten Gefährten), mir nicht länger auch nur ein Wort zu sagen haben, habe gefunden, daß Wissen (relativ), oder was ich dachte, was Wissen sei, von keinem Nutzen für die Nöte all diesen anderen Teile meines Selbst ist, die aus meiner großen Gottes-Liebe kommen. Ich, der ich Furcht und Tod besiegt habe, bin nun konfrontiert mit der Tatsache, daß ohne absolutes Wissen alles Verzweiflung ist. Ich mache mich auf, die eine letzte Frage zu fragen. Warum? Ich habe es geschrieben, eine ekelhafte Stille fällt herab. Ich bin allein in meiner Unterkunft, ich habe kein Geld und ich kann meinen Willen nicht benutzen, es von anderen zu verlangen, wenn ich ihnen im Gegenzug nichts geben kann, um ihnen zu helfen, das zu finden, was sie wirklich suchen. Ich habe mit Christus geweint »Eli, Eli, Lama Sabacthani«. Ich habe den Blutschweiß mit ihm am Kreuz erlitten. Und nun sage ich mit ihm »Es ist vollbracht«. Amen. Eine letzte Bemerkung kommt über mich, bevor ich dieses Buch verschließe und versiegle und adressiere an F..., in dessen Händen es sicher sein wird. Ich schaute heute Abend in die Augen eines kleinen Kindes. Liegt die Antwort hier?

5. September, 12.26 p.m. Es ist vorüber. Ich habe das Päckchen entsiegelt und das Buch nochmals geöffnet. Diesmal wird es lediglich ein kurzer Eintrag sein. Sehr still kniete ich. Ich trug keine Robe und verbrannte keinen Weihrauch. Ich nahm lediglich mit mir die Erinnerung an das kleine Kind, das mir in die Augen sah, als ich seine Stirn küßte. Sehr still fragte ich meine Frage. Ich erhob mich und legte mich auf das Bett und bald kam die Antwort. Sie kam still und leise und zuerst dachte ich, ich müsse sie mißverstanden haben. Ich hatte (so der Anschein) es so häufig zuvor gehört. Keine andere Antwort kam und so ging ich hinaus in die Straßen und entlang meines Weges. Geradewegs kam die vollständige Bedeutung zu mir hernieder und ich kehrte zurück, um diesen Eintrag zu machen. Ich brauche nicht viel mehr hinzuzufügen. Ich schreibe die Antwort nicht nieder. Sie war in Stille gegeben und muß in Stille verbleiben. Immer noch scheint dort lediglich eine kleine Welle der Freude in der großen stillen See zu sein, da eine weitere Seele gemächlich in ihre Ruhe sinkt und die stillen Stimmen flüstern »Willkommen, Bruder«. Dann war alles ruhig und Friede wie zuvor. Die kleine Welle floß weiter, um es die ganze Welt wissen zu lassen. Dann, diese Botschaft erhaltend, war alles still. Amen.

Welcher Natur diese Erleuchtung auch immer war, möglicherweise ein Stadium des Dhyana, hinterließ sie ein deutliches Ergebnis im Bewußtsein des Frater V.I.O. und gab ihm die nötige Energie, seine Arbeit durch viele dunkle und unerfreuliche Perioden hindurch fortzusetzen. Er selbst konnte ihren Wert zu dieser Zeit nicht bemessen. Er war allein in Vancouver und außer Reichweite des Ordens. Er hatte kein weiteres Wort von seinem Neophyten erhalten, seitdem er England verlassen hatte. Tatsächlich hörte er nichts bis zum Januar des folgenden Jahres. Er sandte eine Postkarte ab, um mitzuteilen, daß er ein Ergebnis erlangt hatte. Um dieselbe Zeit finde ich einen Eintrag, genannt »die Philosophie von V.I.O.«, welcher interessant genug zu sein scheint, um bezüglich einiger Übereinstimmungen mit dem Gesetz von Thelema, von welchem er zu dieser Zeit noch nichts gehört hatte, erwähnt zu werden. Er liest sich folgendermaßen:

Der Mensch ist gebunden durch nur EIN GESETZ.

Wenn er einen Teil davon bricht, verletzt er niemanden, außer sich selbst.

Solange er mit DIESEM[20] *in Einheit lebt, ist er Gott.*

---

[20] [A.d.R.] Bezieht sich auf das erwähnte Gesetz.

Solange er nicht mit DIESEM in Einheit lebt, ist er Mensch.

Solange er in Einheit mit diesem lebt, wird er das Gesetz.

Das Gesetz zu realisieren und es zu leben, ist das Große Werk.

Das Gesetz zu brechen, nachdem es erkannt wurde, ist Sünde.

Danach zu streben, alle zum Wissen dieses Gesetzes zu bringen, heißt, das Gesetz zu halten.

Suchet ihr das Gesetz, auf daß ihr frei sein möget.

Wissen, Liebe und Kraft. Diese drei sind Eins. Daß diese Eins sein sollten, ist das Gesetz.

Durch die Auffindung dieses Punktes, von welchem aus diese drei gleich werden und dort verbleiben, durch dieses Bestreben lediglich kann das Gesetz gekannt werden.

Wenn ihr dies wißt, wißt ihr alles.

Wenn ihr dies nicht wißt, wißt ihr weniger als alles.

Suche immer nach dem Absoluten und sei zufrieden mit nichts weniger.

Gegen Ende September scheinen die sofortigen Resultate seiner ersten Illumination verflogen. Und wir finden Frater V.I.O., verzweifelt danach strebend, den Wert dessen einzuschätzen, was ihm geschah. Er war sicherlich in einem mentalen Durcheinander, wie der folgende Eintrag zeigt. Gerade zur selben Zeit scheint sein einziger Gedanke gewesen zu sein, einen Weg zu finden, anderen zu helfen, zu dem Licht zu gelangen, welches sein ganzes Sein so sehr verändert hatte.

24. Sep. 1910, Driad-Hotel. Victoria, B.C.

Ich sitze hier, um zu versuchen, die Ergebnisse zu klassifizieren, die ich letztlich erhielt (seit L.V.X. Eintrag).

Ich mag betonen, daß ich in der Zwischenzeit sorgfältig Crowleys Tannhäuser gelesen und studiert habe, ebenso das Sword of Song, die Excluded Middle, Zeit, Berashith, Wissenschaft und Buddhismus, Drei Charakteristika etc. Im Licht des Verstehens zeigten all diese Werke einen sehr unterschiedlichen Aspekt im Vergleich zu dem an, den sie für mich beim vorherigen Lesen hatten. Ebenso ist der Zweck des Liber LXV klar. Das Ergebnis all dessen gibt mir ein Gefühl, daß ich an einem Ende anlangte und ebenso an einem Anfang, beides zur gleichen Zeit.

Dies (nebenbei gesagt) scheint eine übliche Erfahrung des Anfängers zu sein. Nicht eher erhält er ein Resultat, irgendein Resultat, als er sofort denkt, daß er am Ende ist. Aber V.I.O. ist offensichtlich nicht dadurch getäuscht worden, denn er schritt weiter:

Nun, wenn ich tatsächlich an einem Ende angelangt wäre, schiene es begründbar, anzunehmen, daß ich nicht hier sein könnte, um dies zu schreiben. Mein Körper und mein Geist sind jedoch auf jeden Fall immer noch als ein Körper und Geist existent. Aber, wie diese zugegebenermaßen nicht von unbegrenzter Dauer sind, macht es viel aus, ob sie in dieser Form fortfahren zu existieren, oder nicht? Was hat dies mit dem Bewußtsein der Existenz zu tun, mit dem, was beides transzendiert? Nun, hat nicht ein Teil meines momentanen Stadiums der Existenz die Möglichkeit eines anderen und höheren Stadiums des Bewußtseins realisiert? Sollte ich nicht immer noch im Stadium der Unsicherheit sein, in welchem ich lebte, bevor diese Realisierung zustande kam? Diese Erkenntnis, die kam, verblieb auf jeden Fall als ein Schimmer des Seins, unterschiedlich zum vorhergehenden Nichtsein.

Das Ergebnis seiner mentalen Analyse scheint darauf hinzuweisen, daß er in sich selbst ein Stadium der Bewußtheit erfahren hat, welches voll Friede und Freude war, und welches sich mehr der Null näherte, denn irgendetwas anderem. Er kann nichts finden, womit er dieses Stadium vergleichen könnte. Aber er kennt dennoch seine immense Überlegenheit über sein normales Bewußtsein und fühlt den intensiven Wunsch, es anderen möglich zu machen, diese Erfahrung zu teilen. Obwohl er es unmöglich findet, es in Worten zu erklären, erkennt er, daß er das Wissen über ein definites System erlangen muß, mit dem er diesen Zustand wissenschaftlich produzieren kann. Aber solange er noch nicht einmal ein Neophyt der A.·.A.·. ist, stellt er sich die Frage, ob sie ihn als qualifiziert erkennen würden, so daß er das Recht, ihre Lehren zu wissen, beanspruchen kann und sie selbst lehren kann. Er beschließt jedoch, die Wünsche des Ego, als die eines separaten Seins, soweit wie möglich zu reduzieren, indem er sich selbst vergißt, in seinem Vorhaben gemäß dem Lichte, das er erlangt hat, alles, was er kann, für andere zu tun. Jedoch stellte er fest, daß die Zerstörung des Ego nicht so einfach erreicht werden konnte, wie im ersten Versuch. Nichtsdestoweniger lernte er nicht aus Büchern, sondern aus Erfahrungen, daß das Ziel in ihm selbst gefunden werden konnte und daß, je näher er dem Bewußtsein der Nichtsheit kommen konnte, desto näher der Realisierung reiner Existenz kam. Diese Reduktion des Bewußtseins auf Zero wurde dann das feste Ziel seiner Meditationen und bei jedem anderen Experiment, das er von da an in Angriff nahm, achtete er eher darauf, sich darauf vorzubereiten, anderen zu helfen, als auf seine persönliche Entwicklung. Am 7. Januar 1911 erhielt er die Nummer 4 des Equinox, und als er die Vorderseite des Liber Jugorum sah, erfuhr er ein Gefühl von entschiedener Aversion dagegen, sich in der beschriebenen Art und Weise in den Arm zu schneiden. Doch, sagte er, »Furcht ist Versagen und der Vorläufer des Versagens« und es wird ohne Zweifel das Beste sein, mich eine Woche lang mit dieser Arbeit zu beschäftigen, um damit vertraut zu werden, wonach ich gemäß meiner Erwartungen keine Schwierigkeiten mehr in dieser Angelegenheit haben werde.

Er entschied sich deshalb dafür, das Wort UND für diese Zeitspanne aus seiner Konversation auszulassen. Seine Aufzeichnungen über dieses Experiment sind im Detail[21] erhalten und mögen sich für andere Studenten als interessant erweisen. So werde ich sie vollständig übertragen.

Samstag, 7. Jan. 1911, Vancouver B.C.

4 p.m. Habe gerade den Equinox erhalten und werde nun mit der Kontrolle der Sprache experimentieren, indem ich das Wort UND eine Woche lang nicht benutze. Möge mein Herr Adonai mir beistehen. Amen.

Samstag, 7.Jan., 12 Uhr, Mitternacht.

Obwohl ich durchgehend aufmerksam war, mußte ich mich seit 4 Uhr 15 mal schneiden. Werde es weiterhin versuchen und morgen ein besseres Ergebnis erzielen (ich bin sicher, daß ich nicht vergessen habe, mich direkt, nachdem ich das Wort benutzt hatte, in den Arm zu schneiden).

Sonntag, 8.Jan., 11.30 p.m.

Sagte das verbotene Wort:

2 x vor dem Aufstehen in der Frühe

1 x während der Konversation

3 x während einer Gesangsübung

1 x beim Tee

1 x am Abend

1 x zum Abendbrot

---

[21] Der Leser wird darauf hingewiesen, daß lediglich einige wenige von sehr vielen Praktiken in diese verkürzte Aufzeichnung übernommen wurden. Diese Bemerkung ist besonders wichtig, weil der durchschnittliche Leser dazu verleitet werden könnte anzunehmen, daß V.I.O. sehr Viel für sehr Wenig erhielt. Im Gegenteil: Er ist der härteste Arbeiter von allen Brüdern und hat seinen beispiellosen Erfolg wohl verdient. O.M.

Insgesamt 9

Dies ist sicherlich besser. Die 3 mal während der Gesangsübung kamen zustande, als ich mit dem Chor, dessen Mitglied ich bin, an neuer Musik übte, und es ist sehr schwierig, ein Wort auszulassen, wenn ich singe. Ich finde, diese Übung bringt einen dazu, viel weniger zu sprechen. Das gewählte Wort, welches eine Konjunktion ist, führt häufig dazu, daß der zweite Teil eines Satzes unausgesprochen bleibt. Ich bemerkte niemals zuvor, wie unnötig einige Teile unserer Sprache sind. Tatsächlich habe ich nun keinen Zweifel, daß sehr viele Dinge besser ungesagt bleiben.

Montag, 9. Jan., Schlafenszeit.

Sagte das Wort heute zum ersten Male zum Lunch.

1 x um 1.20 p.m. Lunch

1 x um 2.25 p.m. bei der Arbeit

2 x um 4.00 p.m. Ich war unvorsichtig genug, einen Satz zu wiederholen, der es beinhaltete. Ich gab mir einen extrascharfen Schnitt.

1 x um 5.10 p.m.

1 x um 5.30 p.m.

Insgesamt 6.

Ich bin zufrieden, denn dies zeigt einen weiteren Fortschritt. Ich habe gearbeitet und bei der Arbeit gesprochen, den ganzen Abend bis 10.00 Uhr. Dann führte ich einige Gespräche zu Hause.

Dienstag, 10. Jan., 12.35 p.m.

Ich bin wütend auf mich, denn ich war sehr unachtsam. Ich habe des morgens mit einem Mann ca. 7 Minuten gesprochen und vergaß jegliche Konzentration. Wie auch immer, ich habe mehr oder weniger die Gewohnheit ausgeformt, in kurzen Sätzen zu sprechen. Deshalb denke ich, ich sagte das Wort nicht mehr als 2 x. Jedoch werde ich mir für Unachtsamkeit einen Extraschnitt geben.

1 x, bevor ich des morgens aus dem Haus ging.

2 x während der Konversation (wie oben) 12.10 p.m.

1 x während des Lunch (diesmal lediglich halb ausgesprochen, habe es allerdings verzeichnet)

1 x um 7.45 p.m. (der Arm beginnt zu schmerzen)

1 x um 10.30 p.m. (habe zu schnell zu M. gesprochen), ging ins Bett um 11.10 p.m.

Insgesamt 6

Mittwoch, 11. Jan., 6.45 p.m.

1 x um 9.50 a.m. auf der Arbeit

Lunch 1 x, während ich zu meinem Bruder C. sprach,

eine Stunde später 1 x, während ich zu meiner Frau sprach,

12.00 - 1.00 Uhr 1 x während ich zu meinem Friseur sprach.

Ich erachte das Obige als sehr schlecht. Aber die Erklärung ist, daß diese spezielle Stunde in großer Eile geschah, denn ich mußte in dieser Zeit am Arbeitsplatz meines Bruders anrufen, zum Lunch nach Hause gehen, einige Einkäufe dafür machen, wieder zurückgehen, um zu essen und mich dann noch rasieren lassen. Ich wurde offensichtlich nervös und verlor ein bißchen die Kontrolle. (Bemerke: ob ich es sagte, als ich mit meinem Bruder sprach, ist zweifelhaft, aber ich habe diese Gelegenheit dennoch aufgezeichnet). Ich denke, ich sollte hier bemerken, daß ich am Samstagabend, Sonntag und Montag meine Aufgabe praktisch die ganze Zeit beachtet habe. Sogar, wenn ich Fehler machte, waren sie meist dadurch verursacht, daß ich mich zu stark bemühte. Häufig wurde ich in einen Irrtum geführt, nachdem ich über eine schwierige Passage der Konversation erfolgreich hinausgelangt war. Dienstag und heute waren äußerst unterschiedlich. Ich habe meine Wachsamkeit etwas schleifen lassen, aber erlangte eine sichere unbewußte Vorsicht. Dies macht die Konversation einfacher, aber ist nicht etabliert genug, um mich frei von Fehlern zu machen. Tatsächlich weiß ich nicht, ob ich nicht unvorsichtiger werde.

1 x um 5.20 p.m. Arbeit

1 x um 8.30 p.m. zu meiner Frau

1 x um 10.00 p.m. während des Singens

1 x 10.50 Gespräch mit meiner Frau

Insgesamt für den Tag: 9

Bemerkung: Ich fühlte mich den gesamten Abend fürchterlich ruhelos und hatte den intensiven Wunsch, frei zu reden. Gingen zu einem Smoking-Konzert um 8.45 Uhr. Verließ es allerdings wieder um 10.05 Uhr, als ich es nicht länger ertragen konnte. Ich wünschte mir sehr zu singen und verfiel in der Tat in ein Lied und glitt aus, wie oben bemerkt. Ich finde es sehr schwierig, ein Wort in einem Lied auszulassen, selbst wenn ich mit anderen singe.

Donnerstag, 12. Jan., 7.35 p.m.

Ich fühlte mich heute sehr viel besser und hatte bislang bei weitem mehr Kontrolle. Um 8.58 a.m. verzeichnete ich ein Versagen, aber zu dieser Zeit nicht hörbar gesprochen. Die Bedeutung allerdings war mir im Bewußtsein. So zählte ich es. Ich wurde an die Zeit erinnert, nachdem ein Freund sie mir sagte. Es war 1 und 1/2 Minute vor 9.00. Wiederum um 6.35 p.m., aber ebenso unhörbar.

Ich beendete den Tag erfolgreich mit einer Totalen von Zwei (unhörbar).

Freitag, 13. Jan. 6.20 p.m.

1 x während der morgendlichen Arbeit

1 x um 2.35 p.m.

1 x um 4.30 p.m.

Alle unhörbar.

1 x um 6.10 p.m. laut

Ich weiß kaum, ob ich die Unhörbaren zählen sollte, aber es würde mir als eine schwerere Verfehlung erscheinen, dies zu versuchen und mich selbst zu betrügen.

1 x um 7.10 p.m. zu Mrs. R. (laut)

1 x um 9.00 p.m. bei der Arbeit

1 x um 10.30 p.m. zu meiner Frau

1 x um 11.30 p.m. zu meiner Frau

8 insgesamt am Tage.

Dies war ein sehr schlimmer Tag und ich hatte so sehr gehofft, durch einen klaren Tag zu gelangen, ohne Bruch. Nicht verzagen. Bessere Resultate im nächsten Experiment.

Samstag, 14. Jan., 6.30 p.m.

Wiederum sehr armselige Resultate.

1 x im Laufe des Morgens

1 x um 1.45 p.m. zu meiner Frau

1 x um 3.00 p.m. zu meiner Frau

3 insgesamt

Summe: Samstagabend 7. Jan.	*15*
Sonntag	*9*
Montag	*6*
Dienstag	*6*
Mittwoch	*9*
Donnerstag	*2*
Freitag	*8*
Samstag bis 4 p.m.	*3*
Summe in dieser Woche:	*58*

So endet das erste Experiment der Kontrolle der Sprache. Es war etwas enttäuschend, wie die Resultate zeigen, aber es zeigte mir, wie sehr ich diese Übung brauchte. Ich bin sehr zufrieden, daß ich sie unternahm und sollte es in der näheren Zukunft noch einmal versuchen.

Bemerkung: Ich habe das Gefühl, davor zurückzuschrecken, mich selbst zu schneiden, überwunden. Die ersten Schnitte waren sehr kurz, ca. 1/2 Inch lang, später verstärkte ich sie bis zu einer Länge von 3 Inches.

Vom 21. bis zum 28. Jan. experimentierte Frater V.I.O. mit der Kontrolle des Körpers durch Nichtkreuzen der Beine. Dieselbe Bestrafung wie zuvor. 24 Gesamtunterbrechungen in der Woche. Am 25. Februar verzeichnete er die Tatsache, daß er diese Praxis für eine Woche erfolgreich durchgeführt hatte, mit lediglich einer zweifelhaften Unterbrechung während des Schlafes.

Das Resultat dieser Übung durch Frater V.I.O. war bemerkenswert. Zum einen führte das Schneiden in den Arm während der ersten Übung der Kontrolle der Sprache zu einer unbewußten Achtsamkeit, denn während der zweiten, deren Details nicht aufgezeichnet wurden, bemerkte er, daß, obwohl das Objekt der Übung die Kontrolle des Körpers durch Nichtkreuzen der Beine war, dennoch der Versuch, die Beine nach alter Gewohnheit fallen zu lassen, häufig den Effekt hatte, ihn plötzlich aufmerksamer in der Benutzung seiner Sprache zu machen und so zu zeigen, daß dort eine sublime Verbindung in seinem unbewußten Geiste, resultierend aus der vorhergehenden Woche, bestand. Es mag dann von dieser Praxis gesagt werden, daß sie einen kumulativen Effekt hat, welche sie höchst wertvoll als Hilfe in Richtung genereller Kontrolle des Körpers und des Geistes macht.

Aber was von viel größerer Wichtigkeit ist, soweit es Frater V.I.O. betraf: die Übungen hatten offensichtlich den Effekt gesteigert, möglicherweise durch einen Brief von seinem Neophyten, ihn dazu zu bewegen, frischere und bestimmtere Anstrengungen zu unternehmen, die mystischen Aufgaben, entsprechend den originalen Instruktionen der A.·.A.·., für eine definierte Periode mit Regelmäßigkeit durchzuführen. Vom 30. Jan. 1911 bis zum 30. April des Jahres führte er ein wissenschaftlich tabelliertes Tagebuch und während der besagten drei Monate ließ er niemals einen Tag in der Durchführung seiner anvisierten Aufgabe aus. Seine Resultate während dieser Periode waren sicherlich nicht von einer sehr aufsehenerregenden Natur, aber, wie jeder wirkliche Student lernt, ist es der lange und kontinuierliche »Schliff«, der bestimmte Fortschritt darin, die Arbeit oder die gesetzte Aufgabe, trotz eines jeden Hindernisses, das auftreten mag, auszuführen, was wirklich zählt, wenn es zu andauernden Resultaten kommen soll. Es ist der Wille, der des Trainings bedarf, und das Zustandebringen solcher Arbeiten, speziell wenn uninteressant und langweilig, führt weit auf dem Weg zu diesem Ziel.

30. Jan. 1911.

Ein Brief von Frater P.A., seinem Neophyten. Aus diesem Schreiben erfuhr er von vielen Veränderungen, die sich vollzogen hatten, seit er England verließ: unter anderem hatte Frater P.A. seine Verbindung zum äußeren Orden abgebrochen, war aber gewillt, ihn weiterhin zu betreuen.

5. Febr.1911.

Er fragte sich, ob Frater P.A. ihm dies lediglich mitgeteilt hatte, um ihn zu prüfen. Es muß daran erinnert werden, daß er in dieser gesamten Zeit alleine gearbeitet hatte und keine Neuigkeiten kannte, von denen er sprechen konnte. Und dies betrachtete er als seine eigene Verfehlung in Bezug darauf, seine Aufgabe detailliert auszuführen. Damit lag er ohne Zweifel zum großen Teil richtig, denn wenn ein Anwärter nicht das ausführt, wozu er instruiert wird, kann er keine weitere Hilfe erwarten, weil dies lediglich bedeutet, daß der Meister ihn in seiner Faulheit und Schwäche unterstützt.

6. März 1911.

Bis zu dieser Zeit, obwohl er die Übungen regelmäßig durchgeführt hatte, waren keine besonderen Resultate aufgetreten und wir finden diese Worte: »Ich suche im Moment nicht wirklich nach irgendwelchen Resultaten, doch erwarte ich irgendwelche. Denn Kontrolle des »Selbst« ist das Ziel dieser Übungen.«

Nun muß bemerkt werden, daß, wenn jemand tatsächlich in ein Stadium gelangt, in dem er, wenn er gearbeitet hat, zufrieden ist, einfach fortzufahren, ohne Resultate zu erwarten, er sie häufig erlangt. (Natürlich ist es nutzlos zu versuchen, sich selbst in solchen Dingen zu narren. Man kann kein Resultat erlangen, indem man sich einfach sagt, daß es einen einen Dreck kümmert.) Etwas dieser Art scheint in diesem Falle passiert zu sein, wie das Folgende zeigt.

12. März 1911.

Während der Lektüre von »Parzifal« spürte ich Illumination, durch welche mein ganzes Sein betroffen wurde. Und ich wurde mir wieder einmal der Wahrheit meiner vorherigen Illuminationen bewußt, welche ich in ihrer Ganzheit verloren hatte.

Dieser Eintrag ist interessant. Illumination kommt, und zu der Zeit gibt es keinen Zweifel darüber. ES IST. Dann geht das Leben vielleicht weiter, wie zuvor, ausgenommen die immer gegenwärtige Erinnerung an »Etwas, das passierte«. Und, wenn man nichts

Vergleichbares kennt, ist dieses Etwas schwierig zu beschreiben oder gar zu formulieren. Wie auch immer, sobald sich jemand einer weiteren Periode nähert, kann er die Symptome schon in der Entstehung erkennen, und bei der neuen Illumination scheint es, als würde sie an die alte angefügt. Und in beiden Fällen entsteht frisches Erstaunen und Freude.

15. März 1911.

Ich fühle mich, als wäre ich ein stark gespanntes, musikalisches Instrument. Mein Wille rennt über die Seiten und bewirkt eine vollständige und harmonische Vibration meines Seins, das zu Zeiten scheinbar eine unformulierte und daher höchst erquickende Melodie hervorbringt.

28. März 1911.

Wie kann ich es schreiben, wie auch nur die kleinste Idee des Ungeformten in Worte fassen? Doch will ich es versuchen, solange noch eine Spur dieses Gedankens verbleibt. Ich habe in meinem Bauch ein Kind empfangen. Oder habe ich nur zum ersten Mal erkannt, daß ich einen Bauch habe? Doch das »Leere« darin, in welches ich meine Gedanken projiziert habe und aus welchem sie wieder hervorkamen, »lebend« ist für einen höheren Zweck. Kann ich darin nicht ein Kind formen, welches MEIN SELBST sein wird, geformt aus den höchsten Idealen, der Essenz meiner Schmerzen, veredelt und gereinigt, befreit vom Unrat durch das lebende Feuer? Dieses Leben des Dienens muß gelebt werden, bis ich »selbstlos« bin in allem, was ich als mich selbst kannte; aber wird nicht all diese Zeit mein »Kind« in mir wachsen, zusammengesetzt aus feineren Materialien? Und durch vollständige Einheit damit... Ich kann nicht mehr formulieren.

Dieser Eintrag zeigt ein Erkennen der »Formulierung des Negativen im Ego«, wodurch es endlich zerstört werden soll. Steht nicht im Liber LXV geschrieben »Wie eine Säure sich in Stahl frißt und wie ein Krebs den Körper gänzlich unterwandert, so bin ich für den Geist des Menschen. Ich werde nicht ruhen, bis ich ihn vollständig zerstört habe.«?

Sonntag, 2. April (Frater V.I.O.'s 25. Geburtstag)

Während meiner Übung hatte ich die klare Empfindung, daß das »Zentrum der Bewußtheit« nicht wie üblich »in mir« war, sondern über dem Kopf.

3. April 1911

Ich wechsle zwischen einem Stadium von »Freude an jeder Aufgabe oder Position, weil sie die naheliegendste ist und daher der einfachste, beste Weg der Handlung« und »einem Gefühl absoluter geistiger Folter, verursacht durch die Notwendigkeit der Existenz überhaupt«. Das erste scheint die Möglichkeit zu eröffnen, sich kontinuierlich zu »erweitern«, bis man DAS wird, was ich jeweils für eine kurze Zeitspanne »bewußt sein« kann. Und das andere scheint in die Vernichtung zu führen. Wahrscheinlich ist die Multiplikation des einen Stadiums mit dem anderen die Lösung (Crowley's 0 x ∝).

Samstag, 8. April 1911.

Während der letzten drei Tage habe ich mich schrittweise einer weiteren »Klimax« genähert, welche ihren Höhepunkt, so kann ich sagen, am Samstag erreichte, als ich ein Stadium der Illumination erreichte, welches sich, wie es mir schien, »zu meinem vorhergehenden Stadium addierte«. Ich griff einen Fetzen Papier und schrieb »Inmitten aller Komplikationen und Verwunderungen verbleibt im tiefsten Hintergrund der Wille. Der Wille zu SEIN. Der Wille, NICHTS zu SEIN, welches das einzige unfaßbare Stadium für den Geist ist. Der alte Gott wollte etwas SEIN und das Universum trat in Erscheinung. Der neue Gott will NICHTS SEIN und wird ? ? ? ? ? ?« Nachdem ich das Vorhergehende geschrieben hatte, verblieb ein Stadium der Glückseligkeit, dessen Reflexion vom Körper eingefangen wurde. So freudvoll wurde er, daß ich in einem wilden Tanz herumwirbelte und mit Musik angefüllt war. Er wurde durch die Begrenzungen des Zimmers behindert; doch »Ich« war frei, daher konnte das nicht viel ausmachen (dies ist die zweite Erfahrung, wie Rhythmus den Körper erfüllt und ihn dazu bewegt, zu wirbeln und zu tanzen, um irgendwie Ausdruck zu finden).

9. April 1911.

Ich begann um ca. 8.30 Uhr heute morgen zu lesen. Irgendwann während des Morgens verlor ich die Idee vom »Ego«, um ALLES als Selbst zu realisieren (ließ die Aufzeichnungen für einige Stunden). Ich finde eine erschreckende Schwierigkeit darin, die kleinste Idee dessen, was in diesem Stadium geschah, auszudrücken, doch scheint es von größter Wichtigkeit, mir dabei alle Mühe zu geben. Daß da keine Seele ist, traf mich wie eine schreckliche Leere. Daß ich nicht als »Ich« existiere – und niemals existiert habe, kommt wie eine wundervolle Wirklichkeit, während die Bewußtheit der Unwirklichkeit des »Ich« verbleibt. Mit dem Verlust des »Ego« kommt die Bewußtheit, daß das ganze Universum der Dinge und Leute lediglich ein Teil des Stadiums ist, das dann erreicht wird. Daß, wenn dieser kleine Körper stirbt, Existenz weiterhin in anderen Teilen des Universums verbleibt und deshalb der Wechsel, der Tod genannt wird, der unterschiedliche Atome zu allen Zeiten betrifft, keinen Unterschied macht. Gibt es irgendeinen Grund dafür, warum jemand nicht auf Alles und Jeden als Teile des eigenen Selbst blicken sollte, da er gleichermaßen willig zuläßt, daß jeder andere ihn lediglich als einen Teil seiner Imaginationen betrachtet? Es würde scheinen, daß ein winziger Teil - Selbst - zärtlich gepflegt wurde, während dieser minimale Teil in Wirklichkeit nur eine Reflexion des Ganzen ist, das wirklich Du ist, aber selbst dieses Stadium muß letztendlich der Gewalt des Nichts nachgeben.

16. April 8.30 a.m.

Beendete die Lektüre der Biographie des Buddha und legte mich dann nieder, um mich für die Meditation vorzubereiten. Ich atmete eine Zeitlang regelmäßig und tief. Danach schloß ich alle Öffnungen zwei- oder dreimal. (Shanmuki Mudra.) Bald gelangte ich in ein Stadium, das praktisch wunschlos war. Ich konnte das Ziel fühlen, aber der Wunsch, anderen zu helfen, machte es unmöglich, das Stadium zu werden, das ich kontemplierte. Danach war ich überrascht, als ich, während ich den Atem vollständig aus dem Körper ließ, eine plötzliche Leichtigkeit fühlte, als würde ich fließen. Dies bewegte mich, weil unerwartet, dazu, meine Gedanken auf den Körper zu richten, wonach, obwohl ich es versuchte, ich nicht in das vorhergehende Stadium zurückgelangen konnte. Ich vermute, daß ich in dem genannten Zustand für mehr als eine Stunde verblieb, denn es war 12 Uhr, als ich nach der Zeit sah. Tatsächlich können es eher 2 Stunden gewesen sein.

Die geschilderte Meditation ließ Frater V.I.O. mit einem Gefühl von »nahe, aber nicht sicher« zurück. Er hatte in einem gewissen Ausmaße das Tor der Nichtsheit erblickt, aber fehlte darin, dieses Tor zu werden. Der folgende Tag besteht in Verzagtheit und Verzweiflung. Am 22. April gelangt die Vernunft wieder zur Herrschaft und er versucht, sie dazu zu benutzen, herauszufinden, wo er sich befindet, natürlich ohne Erfolg, denn Vernunft kann niemals erklären, was jenseits der Vernunft ist. Ich denke, an diesem Punkt begann er wiederum, einen gravierenden Fehler zu begehen; er versuchte, seine Erfahrungen mit denen des John St. John[22] zu vergleichen, mit dem Ergebnis, daß später, als er sich in eine magische Zurückgezogenheit begab, diejenige des J. St. J. ihn unbewußt zu einem größeren Ausmaß beeinflußte, obwohl er es zu dieser Zeit nicht zugeben würde oder konnte. In diesen Dingen muß jeder ER SELBST sein und nicht versuchen, ein anderer zu sein. Sein Eintrag vom 22. April ist ein längerer und ich zitiere ihn zum Teil.

Ich wünschte, ich könnte mich Selbst besser ausdrücken. Als ich J. St. J. wiederum las, stellte ich fest, daß ich es bei weitem besser verstehen konnte, als zu dem Zeitpunkt, da ich es zum ersten Male las, etwa drei Monate nach seiner Veröffentlichung. Da erschien es wie ein Traum von einer weit entfernten Zukunft; nun erscheinen viele Teile wie Aufzeichnungen meiner eigenen Erfahrungen, lediglich bedeutend besser ausgedrückt, als ich sie jemals niederlegen könnte. Nun, von welchem Wert sind die Erfahrungen, die ich gemacht habe? Warum ist das

[22] [A.d.R] Enthalten In Equinox, Bd.I, Kersken-Canbaz-Verlag

Stadium der Einheit mit Adonai nicht andauernd, oder eher, ist es möglich, ständig in diesem Bewußtsein des Stadiums zu verbleiben? Wie kommt es, daß, wenn ich eine Aufzeichnung wie J. St. John lese, ich weiß, worüber er redet? Und mit ihm die Schwierigkeit fühlen kann, diese Dinge in Worte zu fassen. Vor einem Jahr hätte ich dies nicht realisieren können, nicht bevor ich in bestimmte Stadien eintrat, deren Wert ich keinesfalls ermessen kann, solange ich mich im normalen Bewußtsein befinde. Es gibt also keinen Zweifel. Aber wie kann ich mir immer sicher sein? Ich werde den Equinox nehmen und die Punkte aufzeichnen, so wie sie mir auffallen. Laß mich Seite 87 zitieren. »Nun, eine Sache wurde mir klar (abermals!) und zwar, daß wenn alles gesagt und getan ist, ich bin, wer ich bin; all meine Gedanken, Engel und Teufel gleichermaßen, sind lediglich fließende Stimmungen von mir. Mein eines wahres Selbst ist Adonai. Einfach! Dennoch kann ich nicht in dieser Einfachheit verbleiben.« Ich kann dieses Stadium perfekt realisieren, aber ich bin kein Magier, ich weiß wenig oder nichts von zeremonieller Magie, außer aus der Lektüre; meine Resultate wurden nicht von Visionen begleitet. Meine Resultate waren von der Natur, das ich das Ding selbst wurde, nicht von der, es zu sehen. Jedoch, um weiterzukommen: Ist die Idee zurückzukommen, um anderen zu helfen (siehe Sonntag 16. April) lediglich eine Form des Lauerers auf der Schwelle und verursacht durch die Furcht vor Vernichtung und Wahnsinn? Oder ist es eine Konzession an meine eigene Schwäche? Eine Verführung meines »Selbst«, weil ich in Wirklichkeit nirgendwo bereit bin, mich selbst in den Golf zu stürzen und stattdessen zurück zu normaler Bewußtheit komme und versuche, mich selbst glauben zu machen, daß ich »aufgegeben« habe, was ich zum Wohle »anderer«, die (für mich) zu dieser Zeit gar nicht existierten »nicht bekommen konnte«. Dies ist sicherlich schwierig in Angriff zu nehmen, ich beginne es also, indem ich versuche, die Voraussetzungen klar zu formulieren. Nun befällt der Zweifel meine Gedanken, daß ich dies lediglich niedergeschrieben habe, um Fra. P.A. ehrlich zu erscheinen oder irgendjemand anderem, der diese Aufzeichnungen lesen mag. NEIN!... Der vorhergehende Gedanke scheint eine Parallele in J. St. J. zu haben. Wiederum Seite 96 »Ich muß erlangen oder... ein Ende für J. St. J.« scheint dem Stadium vergleichbar, welches ich am 5. September 1910 erreichte, als ich mich dazu entschloß, das letzte WARUM? zu fragen und danach in den Frieden eintrat. Auf Seite 133 sagt er: »subtil, einfach, kaum wahrnehmbar gleitend, schritt ich fort ins Nichts... Ich fühlte, wie sich das innere Beben in einem Kuß entzündete... ebenso ward es mir gegeben, mich während des ganzen 12. Tages der subtilen inneren Gegenwart meines Herrn zu erfreuen. Aber er zog sich zurück... doch ließ er ein unsagbares Wohlgefallen zurück, einen Frieden... Den Frieden.« Ja, mit mir verblieb dieser Frieden ebenso, doch manchmal kann ich mich selbst nicht damit verbinden oder fehle darin, es zu tun, verleitet durch Maya. Dann kommt der Eintrag des 13. Tages. »Eingetreten in die Stille, laß mich in Stille verbleiben. Amen.« Und hier bin ich verwirrt. Entweder erlangte J. St. J. permanent dieses Stadium, so daß er nie wieder durch den dummen Fehler der Identifikation seines Selbst mit dem Körper belästigt wurde, oder er tat es nicht[23]. *Aber dann, was hat all dies mit V.I.O. zu tun? Es hat mit Sicherheit nichts zu tun mit C.S.J. Aber wie stehe ich? Das scheint die Position zu sein. Während ich im normalen Bewußtsein weiß ich, daß ich (oder Nicht-Ich) immer in dem Stadium bin, von dem ich manchmal eine Reflektion einfange, wenn ich realisiere, daß ich nicht ich bin. Da, das ist der klarste, ursprüngliche Gedanke, den ich an diesem Nachmittag ausgedrückt habe und auch noch schlecht. Natürlich bin ich eigentlich recht zufrieden, nur, wenn ich beginne, über die Dinge nachzudenken und zu vernünfteln, werde ich unzufrieden. Es wird Zeit, daß ich den Mund halte.*

Und am 30. April endeten die drei, von seinem Neophyten vorgeschriebenen, Monate. Er schreibt: »Ich fühle, daß sie wohl verbracht waren und daß ich eine bessere Kontrolle meines Körpers und meines Geistes erlangte, doch ich erkenne auch, wieviel noch nötig ist, bis... 0 x ∞. Friede allen Lebewesen. Amen.«

Sektion 4, 30. April 1911 bis 30. Oktober 1912

Frater V.I.O. erfuhr als nächstes ein Stadium der »Trockenheit«, welches beinahe unabänderlich nach einem teilweisen Erfolg kommt. Am Sonntag, dem 7. Mai schreibt er:

Ich habe für eine Woche keinen Eintrag in dieser Aufzeichnung gemacht. Ich scheine die Kontrolle zu verlieren und mein Tagebuch liegt unberührt in meiner Schublade und wird zu einem bösen Feind. Es betrübt mich, wenn ich es nicht zur Hand nehme und dennoch erfordert es eine große Anstrengung, es auch nur zu berühren oder es herauszunehmen, während die Eintragung der täglichen Ereignisse zu einer beinahe übermenschlichen Aufgabe wird. Warum geschieht das? Ich habe meine Übungen diese Woche wie üblich gemacht, aber ein bißchen früher als zuvor, denn ich muß um 8.30 a.m. an der Arbeit sein, anstelle von 9.00 Uhr, wie zuvor. Ich denke, Fra. P.A. könnte mir schreiben. Ich fühle, daß er mich testet und habe versucht, mich an dieser Idee festzuhalten. Ich weiß, daß das in Wirklichkeit nichts ausmacht, aber ich bin im Moment schwach und würde mich so über einen kleinen freundlichen Anschub oder wenige Worte der Anweisung freuen. Ich fühle mich, als sollte ich alles für eine Zeit sein lassen; aber das ist vielleicht das eigentlich Schwierige, der ganze Trick! Oh du meine

[23]Er hatte seine momentane Arbeit beendet und kehrte in die Welt zurück, wie in Liber VII: II, 51-53 beschrieben; und indem er dies tat, gewährte er sich diese Gnade. O.M.

Güte, ich unterliege mit Sicherheit einem Spruch der »Trockenheit«. Aber ich werde weitergehen, Weiter, WEITER und hinein, Hinein, HINEIN. O, für einen Kuß oder das Echo eines Kusses, mein Herr Adonai. Ich sehne mich nach Dir. Ich dürste nach Dir. Laß mich vollständig von Dir verzehrt werden. Amen.

Samstag, 10. Juni 1911

Heute muß ich einen Eintrag machen. ICH MUSS. Und es ist Zeit. Warum habe ich es zuvor nicht getan? Weil ich im letzten Monat eine »Trockenheit« erfahren habe, ohne eine bestimmte Anstrengung zu unternehmen, sie zu überwinden, mich lediglich an dem kleinen Atom wirklichen Wissens, welches ich erlangt habe, festgehalten habe und, mein Gesicht weiterhin gen Osten gerichtet, fortgefahren bin mit dieser materiellen Existenz und der Büro-Arbeit, die ich aufgenommen habe. Ich habe ein eindringliches Sehnen nach diesem »Etwas« oder »Nichts« erfahren, wovon ein Schimmer mir zuteil wurde und wartete. Vielleicht hätte ich arbeiten und warten sollen, aber ich tat es nicht. Ich habe bisher nichts von Frater P.A. gehört, doch schrieb ich ihm wiederum im Laufe des Monats und sagte, ich wünschte, etwas zu tun, um anderen ein wenig zu helfen und fragte, ob er etwas Zeit aufbringen könnte, mich in dieser Aufgabe zu unterweisen. Heute erhielt ich den Equinox, den ich im letzten April bestellte. Er wurde an den Club meines Bruders gesandt, lag dort für einen ganzen Monat, während ich die ganze Zeit wartete und auf seine Ankunft hoffte. Dann, als die Hoffnung fast gestorben war, entdeckte ich eine Spur von ihm. Er kam wie ein Trank süßen Nektars zum durstigen Pilger und es ist wundervoll, um wieviel besser ich mich fühle. Die Notiz über Neophyten und Anwärter hat mich, betreffend der Periode der Stille des Fra. P.A., beruhigt und bestätigt, was ich die ganze Zeit vermutet hatte, daß nämlich diese Verzögerung der Antworten ein Test ist. Diese Bestätigung ist aufmunternd, wie hart die Prüfung auch immer gewesen sein mag, insoweit ich den festen Entschluß faßte, weiterzuarbeiten, ob er nun schreibt oder nicht und mich mit dem Gedanken vertraut gemacht habe, meinen eigenen Pfad auszuarbeiten, ohne Hilfe und Unterstützung von außen.

Auch war er darüber erfreut, einige seiner eigenen Experimente mehr oder weniger in Liber H.H.H. bestätigt zu finden und schreibt dazu:

M.M.M. 2, »erwähnt den Atem, der auf der Haut spielt etc.« Ich habe dies erfahren und fragte Fra. P.A. nach Instruktionen darüber. Manchmal, nach heftigem Atmen, war ich von diesem Gefühl erfüllt. Ich denke, ich verstehe den »leuchtenden Blitz«, aber werde experimentieren. Mein gegenwärtiges Wissen ist mehr wie ein Strahl eines Sommerblitzes. Der winzige Lichtpunkt erschien mir häufig und ich kam zu dem Schluß, daß er im Zenit gehalten werden sollte. Den strahlenden Kegel habe ich nicht erfahren.

II. A.A.A. Die Idee der Erwägung des eigenen Todes wird erwähnt. Dies geschah mir und wurde schon zuvor von der ersten Erleuchtung ausgelöst; dies dient als Bestätigung dafür, daß ich auf dem rechten Pfad war. Ich hätte diese Meditationen zu ihrer Zeit zweifellos vollständiger erwähnen sollen[24]*. Ich habe mich häufig gefragt, wie ich in das Stadium gelangte, welches ich dann erfuhr. Und diese Kopie des Equinox hat meine Erinnerungen wiederbelebt und gibt Instruktionen für den Erhalt, ohne Zweifel ein sehr viel vollständigeres Ergebnis. Ich muß lediglich mit dem großen W arbeiten.*

12. Juni 1911

Samstag Nacht versuchte ich im Bett »Rückwärtsdenken« und war zwei Tage lang erfolgreich, ohne Unterbrechungen am ersten Tag und praktisch keinen am Tag davor, mit Ausnhame einiger weniger Vorkommnisse in den Arbeitsstunden des Morgens. Als ich am Samstag Morgen zum Bewußtsein erwachte, und an der »Leere« anlangte, erfuhr ich einige mentale Visionen und Stimmen, wie bei falsch verbundenen Telephonen, kann aber nicht sagen, ob sie mit irgendeinem Traum zusammenhingen; dann stellte ich plötzlich fest, daß ich, mit den letzten Gedanken der vorhergehenden Nacht im Kopf, im Bett lag. Gestern las ich den Artikel zu dieser Angelegenheit (Training des Geistes) sorgfältig, und lernte auch die Formeln der vier großen Meditationen über Liebe, Mitleid, Freude und Indifferenz. Des Abends versuchte ich mich abermals in »Rückwärtsdenken«, fand es jedoch bei weitem schwieriger, da die Bedingungen schlecht waren. Jedoch, einmal begonnen, gelangte ich zurück durch den Sonntag und beinahe, wenn auch nicht ganz so vollständig, durch die beiden vorhergehenden Tage; einmal in Schwung versuchte ich dann einen kurzen und unvollständigen Überblick über mein ganzes Leben, welcher, obwohl knapp, doch vollständiger war, als ich erwartet hatte. Ich erinnerte mich recht genau an Dinge, welche mit der frühen Kindheit verbunden waren, aber natürlich nicht mit den vollständigen Verbindungen. Dann geschah etwas, was ich wirklich nicht erwartete und nur weitere Versuche werden erweisen, ob es Illusion war oder nicht. Nachdem ich angestrengt versucht hatte, die Leerstelle am Beginn von allem zu durchdringen, hatte ich plötzlich die klare Wahrnehmung, auf einem Bett zu liegen, mit Leuten um mich herum und im besonderen von einem älteren Mann in schwarzem Samt und Kniehosen, von dem ich sofort das Gefühl hatte, daß er mein Tutor war, der sich über mich lehnte. Die Ideen, die damit kamen, waren, daß ich sehr jung sei und eine Krankheit wie Schwindsucht hätte, daß die Familie wohlhabend und das Haus ein Landsitz sei. Diese Eindrücke waren sehr wirklich und sehr unerwartet, doch da ich schon immer eine Furcht vor Schwindsucht hatte,

[24] Bemerke, wie die kleinste Nachlässigkeit in der Tagebuchführung sich selbst rächt. Das Tagebuch ist sowohl Karte als auch Log den tapferen Kapitänen zur See auf der Wundersamen Reise!

immer noch jung bin und die Meditation im Liegen stattfand, scheint es mir, daß sehr wenig Imagination den Rest ausmachen könnte. Ich erwähne die Erfahrung jedoch, da sie sich von allem unterscheidet, an das ich mich von früher erinnern kann.

8. Juli 1911

Ungefähr 14 Tage zuvor erhielt ich einen Brief von Frater P.A.[25] *als Antwort auf meine vorhergehenden zwei. Ich war erfreut, wieder von ihm zu hören und er gab mir einigen Zuspruch und auch neue Instruktionen. Er wollte wissen, was ich mit meinem Anspruch, Ende des letzten August Samadhi oder etwas sehr ähnliches erlangt zu haben und kurz danach zu beginnen, mir in den Arm zu schneiden etc., meine. Ich habe es bis jetzt noch nicht beantwortet, doch soviel zu den Bezügen: (1) Ich erwähnte niemals Samadhi, noch kann ich mich daran erinnern, jemals den Anspruch gestellt zu haben, daß ich es erlangte. (2) Ich habe ein Stadium des Bewußtseins erlangt, welches einen andauernden Effekt auf mein Leben hat und meine Ansichten äußerst unterschiedlich zu denen vor dieser Zeit machte. (3) Die Sprache, die ich benutzte, dieses Stadium zu beschreiben, kam vollkommen natürlich zu mir, als bequemste, ein Stadium, welches jeder vorherigen Erfahrung fremd ist, zu beschreiben. (4) Ich hätte eine Sprache einer höheren Ebene als der, auf der ich mich befand, benutzen können, aber ich sehe nicht ein, wieso. (5) Mit der Kontrolle meines Körpers begann ich erst einige Monate später, als ich zu einem bestimmten Maße die vollständige Erinnerung des Stadiums verloren hatte, oder besser, als es nur noch wenig mehr als eine Erinnerung war, ebenso hatte ich, als ich zum ersten Mal ein Bild vom Arm*

---

[25] Frater P.A. war kein Neophyt, war aber, wegen administrativer Vorteile angewiesen, weitere Anwärter aufzunehmen. Dies war ein klarer Bruch der Ordensregeln und das Resultat war dieser komische Brief. Frater P.A. stand augenscheinlich unter dem Eindruck, daß, sobald irgendjemandem Samadhi passierte, er sein »Nunc Dimittis« geben müsse.

Dieses Ereignis sollte für all jene eine Warnung sein, die eine Autorität ausüben, in keiner Weise die strikten Instruktionen des Ordens abzuändern, so offensichtlich die Vorteile einer solchen Handlung auch scheinen mögen.

Das Ergebnis der Vorwegnahme Frater P.A.'s, indem er versuchte, Frater V.I.O. zu trainieren, statt streng bei seiner eigenen Berufung zu bleiben, bestand darin, daß er einfach vollständig aus dem Orden herausfiel und als sein eigenes Denkmal nur diese lächerliche Episode zurückließ, in welcher er als kleiner Junge erscheint, der aus Versehen einen Tarpon [A.d.R.: Silberkönig, bis zu 2 Meter großer Heringsfisch.] am Haken hat, wenn er nur nach Welsen fischt.

Hätte er die Regeln des Ordens befolgt, sich lediglich um sein eigenes Geschäft gekümmert und die Aufzeichnungen V.I.O.'s an seine Oberen weitergeleitet, die kompetent waren, sie zu interpretieren, hätten wir nicht dieses exzellente Beispiel für ein Resultat von Mutmaßungen und Torheit, uns für die Zukunft zu belehren und um unsere Einsichtnahme in die Aufzeichnungen unseres bewußten V.I.O. mit einem Hauch zeitweiliger Belustigung zu beleben. O.M.

eines Mannes im Equinox sah, große Angst, meinen zu schneiden und hielt es so für das beste, die Übungen auszuführen und die körperliche Furcht vor einem kleinen Schmerz zu überwinden. Ich tat dies und bin darüber nicht traurig.

Dieser Brief von Fra. P.A., der einige neue Übungen etc., zusammen mit einigen beträchtlichen Enttäuschungen auf Seiten Frater V.I.O.'s bezüglich seines momentanen Stadiums enthielt, bewegte ihn dazu, eine weitere reguläre Zeitspanne der Arbeit von 32 Tagen zu unternehmen, nach der er scheinbar bis zum 25. März des folgenden Jahres 1912 sehr wenig aufzeichnete. Er experimentierte dann mit der SSS Sektion des Liber HHH. aus Equinox V und erfuhr automatische Starre. Er schreibt: »(1) Hirn wurde mit elektrischem Fluid oder Prana geladen, tatsächlich fühlten sich Gesicht und Hände an, als wären sie mit einer elektrischen Batterie verbunden, auch schien das Hirn leuchtend, aber leer. (2). Konnte das Rückgrat von »Yoni« nicht erwecken; doch nach Beharren wurde der Teil unter dem kleinen Rücken belebt, dann unter den Rippen, dann Brust und Halsansatz. Der Strom wurde stark und beinahe unerträglich. Der gesamte Körper wurde vollkommen und automatisch starr. Die Hände schienen sich knorrig und mißgestaltet anzufühlen, verdreht durch ihre Kraft. (Ich bemerkte dies als eine Nebensächlichkeit.) Die Füße wurden ebenso mit Leben angefüllt etc. etc.« Er hatte schon zuvor einige Erfahrungen mit Prana-Strömen in seinem Körper gemacht, tatsächlich im Jahre 1910, aber niemals so umfassend und vollständig. Er berichtete dies und seinen generellen Fortschritt an Fra. P.A.

Im Juli dann erhielt er einen Brief von Fra. P.A., der besagte, daß er nun eine Ebene erreicht hätte, auf welcher er eine Operation zur Invokation von Adonai[26] unternehmen könne, welche sechs Wochen Arbeit erfordere, von denen die letzten 12 Tage in vollständiger Zurückgezogenheit verbracht werden müssen. Zuerst konnte er keine Möglichkeit zur Realisierung dieser Unternehmung erkennen, wegen (1) Familienangelegenheiten, (2) Büroarbeit, (3) Geldmangel. Er beschloß jedoch, trotz der bestehenden

[26]Niemand hat das Recht, einem anderen auch nur den leisesten Vorschlag zu machen, wann oder wann nicht er diese kritische und zentrale Operation unternehmen sollte. Sich auf irgendeine Art und Weise zwischen einen Menschen und seinen Heiligen Schutzengel zu mischen, ist die zutiefst abzulehnende Anmaßung. O.M.

Hindernisse, fortzufahren und begann demgemäß um Mitternacht des 31. August. Von dieser Zeit bis zum 18. September war er mit der vorbereitenden Arbeit beschäftigt und von Mitternacht des 18. September bis Mitternacht des 30. September mit der Sektion der Reinheit. 1. Oktober bis 12. Oktober die angemessene Zurückgezogenheit und am 12. Oktober die Invokation des Heiligen Schutzengels. Dies alles bedeutete eine große Menge Arbeit und Sorgen und viele neugewonnene Erfahrungen, war aber insgesamt ein Fehlschlag, obwohl ein Schritt auf dem Pfad. Während seiner Zurückgezogenheit schnitt er einen Zauberstab, nicht als Symbol seines Willens, sondern als Symbol des Willens Adonais in ihm. Es wäre kaum gerechtfertigt zu sagen, daß diese magische Zurückgezogenheit keine Ergebnisse hervorbrachte, obwohl sie vielleicht nicht das Eine gewünschte Resultat hervorbrachte. Zu dem Zeitpunkt, da ein Mensch 671 Einträge in sein magisches Tagebuch gemacht hat (wie Frater V.I.O. während dieser 6 Wochen) und jeder dieser Einträge direkt mit der anstehenden Angelegenheit zu tun hat, hat er mit Sicherheit ein Stadium des Geistes produziert, das sich vom normalen Bewußtsein unterscheidet. (Es ist interessant zu bemerken, daß 671 durch eine kuriose Koinzidenz die Zahl Adonais voll ausgeschrieben ist, die zentrale Idee der Invokation).

Wir werden nicht auf die Einzelheiten der unterschiedlichen Übungen eingehen, die er in dieser Periode durchführte, jedoch der Vollständigkeit halber einige Fragmente, aufgezeichnet in den letzten wenigen Tagen der Zurückgezogenheit, darstellen.

9. Okt., 9.06 p.m. (Dies war der 9. Tag der Sektion C und der 39. Tag der gesamten Operation.). Der »Zustand« wird mehr und mehr schwierig zu beschreiben, tatsächlich weiß ich nicht, was ich daraus machen soll. Ich könnte beinahe sagen, ich fühle mich »normal« und doch gibt es einen subtilen Unterschied. Da ist (so denke ich) eine völlige Abwesenheit von Furcht, Sorge, Abscheu, Freude, Kummer, Schmerz oder irgendeinem der alten Zustände und dies scheint eine Bedingung von ruhiger Beobachtung zu sein, ohne irgendeinen Wunsch, etwas zu kritisieren. Ich nehme an, als Tatsache, daß es ein Zustand des Equilibriums ist. Ich denke, ich habe ihn. Es ist der leere Schrein, der den Einzug des Gottes erwartet.

10.00 p.m. Ich erfuhr gerade einen weiteren besonderen Zustand. Nachdem ich meine Augen für einige Momente geschlossen (konzentriert) hatte, hatte ich vor zu versuchen, rückwärts über die letzten paar Dinge, die ich getan hatte, nachzu-

denken, aber ich stellte fest, daß ich versuchen konnte, was ich wollte und nicht einmal über Dinge nachdenken konnte, die ich wenige Momente vorher getan hatte. Alles war die »gegenwärtige besondere Erfahrung« und es gab kein Entkommen daraus. Die Konzentration agierte genau wie ein Magnet und wurde automatisch. Wiederum, zurückblickend auf diese Zurückgezogenheit, erscheint sie wie ein »einziger Zustand des Bewußtseins«, nicht als Anzahl von Ereignissen. Ich müßte tatsächlich mein Tagebuch lesen, wenn ich in diesem Moment irgendwelche Details über meinen Fortschritt wissen wollte.

Am Ende des 10. Tages dieser Sektion »C« und dem Anfang des 11. Tages fand, so denke ich, der wahre Höhepunkt der Operation statt, denn er schreibt:

11. Okt., 12.30.

So begann der Tag und ich kniete vor dem Altar von 12.00 Uhr Mitternacht bis 12.28 Uhr. Während dieser Zeit begann mein Herr Adonai, sich in mir zu manifestieren, so daß mein Sein hinfortgerissen wurde in seine unaussprechliche Seligkeit. Und mein Körper wurde mit dem Entzücken seiner Ankunft angefüllt, bis der Schrei von meinen Lippen brach. »Mein Herr und mein Gott.« Es gibt keine Worte, Dich zu beschreiben, mein Geliebter, obwohl ich in der Freude über Deine Gegenwart erzittere, doch ich fühle, daß dies nur der Anfang Deiner Reflektion ist. O Gott, reiße mich vollständig hinweg, selbst über diese Seligkeit hinaus. Laß mich vollständig verzehrt werden in Deiner Essenz. Amen.

Jedoch, an Dem TAG, dem 12. Oktober, als er endlich zu seiner Invokation kam, (vorbereitet und illuminiert während seiner Zurückgezogenheit) erwartend, daß das Resultat auftreten könnte, schreibt er wie folgt:

Um genau 6.50 betrat ich den Tempel, entzündete eine Räucherung und zog meine Robe an. Als alles hergerichtet war, kniete ich nieder zum Gebet und um 7.00 p.m. stand ich auf und vollzog das Bannungsritual des Pentagrammes. Dann, indem ich das Ritual in die Linke nahm und den Stab in meiner rechten Hand erhob, verlas ich langsam und deutlich den Eid und die Invokation. Danach wurde ich dazu bewegt, ein bestimmtes Zeichen mit dem Stab zu machen, und das Wort, das zu mir kam, war ... Knieend fühlte ich mich sehr ruhig und ich wartete... danach, nach meinem Verständnis, löschte ich das Licht und ließ nur die Lampe mit dem Olivenöl und ich legte mich nieder auf dem vorbereiteten Platz und wartete... Und alles war sehr dunkel und still mit einem Gefühl absoluter Ruhe und Kontrolle und ich wartete... Und nichts passierte. Dann schien es, als ob mir etwas mitteilte aufzustehen, um wiederum vor dem Altar niederzuknien, doch ich wartete noch, aber plötzlich erhob ich mich, stand vor dem Altar und fühlte, daß »Ich bin, was Ich bin«; doch schien da nicht viel Freude in diesen

Gedanken und doch wußte ich, daß ich alles getan hatte, sogar das mindeste, nach meinem besten Verständnis und nach meinen besten Möglichkeiten... Und es begann mir zu dämmern, daß ich gefehlt hatte, aber wo und wie, weiß ich nicht.

Kein illusionärer Erfolg hat mich geblendet, ich habe die Furcht vor dem Fehlschlag überwunden und nun, gerade wie ein müder Krieger, werde ich in die Welt zurückkehren und - STREBEN.

Der nächste Tag, Chaos. Vernunft ist ungeeignet, das Problem zu lösen. Hier folgt eine bestimmte Passage aus Hesekiel.

»Du Menschenkind, siehe, ich nehme von Dir das Verlangen Deiner Augen mit einer Berührung: doch weder sollst Du klagen, noch weinen, noch sollen Deine Tränen hinunterlaufen. Ahnherr des Weinens, klage nicht um die Toten, binde den Schmuck Deines Hauptes, und lege Deinem Fuß die Schuhe an und bedecke nicht Deine Lippen und iß nicht vom Brote der Menschen. So sprach ich zu den Menschen am Morgen und am Mittag starb mein Weib: Und ich tat am Morgen, wie mir geheißen. Und die Leute sagten zu mir: Willst Du uns nicht sagen, was diese Dinge uns bedeuten, die Du solchermaßen tust? Dann antwortete ich ihnen. Das Wort des Herrn kam auf mich und sagte: Sprich Du zum Hause Israel: So sprach der Herr, Gott: ... Hesekiel ist Euch ein Zeichen: nach allem, was er getan hat, sollt Ihr handeln; und wenn dies kommt, sollt Ihr wissen, daß ich der Herr bin. Auch, Du Menschenkind, soll dies nicht sein an dem Tag, da ich von ihnen nehme ihre Stärke, die Freude ihres Ruhmes, das Verlangen ihrer Augen und das, worauf sie ihren Geist richten ... An diesem Tag soll Dein Mund geöffnet werden ... und Du sollst sprechen ... und Du sollst ihnen ein Zeichen sein und sie sollen wissen, daß ich der Herr bin.« Amen.

Eine letzte Bemerkung: WAHRHEIT muß immer Eins sein. Was immer ich erwartete, ich fand es nicht. Aber warum sollte ich trauern, weil ich einige meiner Illusionen zur Schau stellte? Ich habe mich an die Wahrheit gehalten und die Wahrheit verbleibt, denn die Wahrheit ist immer Eins, ja die Wahrheit ist immer Eins. Amen.

Sektion V, 1. Januar 1913 bis 31. Dezember 1913.

Wir müssen nun zu V.I.O.'s Tagebuch für das Jahr 1913 E.V. weitergehen. Ich kann keine geschriebenen Aufzeichnungen für die Periode zwischen dem 13. Oktober 1912, als er seine Zurückgezogenheit beendete und dem 2. März 1913, als er wieder begann, eine reguläre Zusammenfassung seiner Arbeit zu führen, finden. An diesem Tage schreibt er:

Während der letzten wenigen Tage fanden einige wichtige Ereignisse statt. Zuerst muß ich jedoch bemerken, daß ich seit der Zurückgezogenheit nichts von Frater P.A. gehört habe, außer einer Postkarte, mit der er mir mitteilte, daß er meine Aufzeichnungen erhalten hat. Am ... erhielt ich einen in London vom 10. Januar datierten Brief vom Kanzler der A.·.A.·. Er fragte nach den Ergebnissen meiner Arbeit, seitdem ich Anwärter geworden war. Ich beantwortete denselben am 26. Januar und war überrrascht und erfreut, als ich am 26. Februar eine Antwort erhielt, in der mir der Grad des Neophyten verliehen wurde, gefolgt von den notwendigen Dokumenten. Ich beantwortete dies am 28. Februar.

Dieser Brief vom Vertreter der A.·.A.·., welcher Frater V.I.O. in den Grad des Neophyten versetzte, beinhaltete die folgende Passage, welche im Licht der folgenden Ereignisse wichtig ist:

»Wir wünschen, daß unsere Gemeinschaft eine Gemeinschaft von Dienern der Menschheit ist. Es wird eine Zeit kommen, in der Du die Erfahrungen des 14. Aethyrs erlangen wirst. Du wirst ein Meister des Tempels werden. Diese Erfahrung muß von der des 13. Aethyrs gefolgt werden, in welcher der Meister alle Ideen persönlicher Erlangung vollständig ablegt und sich ausschließlich mit der Sorge um andere beschäftigt.«

Das Jahr 1913 war für Frater V.I.O. in vielerlei Hinsicht wichtig. Zum einen war es während dieser Periode, daß er auf sich alleine gestellt war und gemäß seinem eigenen Ermessen und seiner eigenen Entscheidung bestimmte, was der richtige Weg seiner Handlungen für seine Lebensführung und die Lösung seiner familiären Schwierigkeiten, als auch seiner okkulten Probleme war. Diesbezüglich stand er, wie zuvor bemerkt, unter der Führung einer Person, auf die er als seinen Neophyten blickte, und dem er vertraute. Nun fand er sich selbst in einer der schwierigsten Situationen, die bis zu dieser Zeit sein Los gewesen waren, sie zu lösen, d.h., er mußte zwischen der Fortsetzung dieser Führung und dem regulären Pfad des Trainings wählen, welcher im äußeren Orden der A.·.A.·. vorgeschrieben ist. Er mußte entweder den Grad des Neophyten aufgeben, der ihm eben erst übertragen worden war und damit seine Verbindung zum äußeren Orden abbrechen, oder insgesamt damit aufhören, die Arbeit unter Frater P.A. fortzusetzen. Die Gründe hierfür können an dieser Stelle nicht vollständig behandelt werden, auch sind sie für unsere Leser von geringem Interesse, es genügt zu sagen, daß Frater V.I.O. sich für die Dauer von 6

Monaten verschworen hatte, entsprechend bestimmter Richtlinien zu arbeiten; und diese Richtlinien wurden niedergelegt von Frater P.A. Seine Verpflichtung war ziemlich klar und so befreite er sich praktisch selbst davon, Führungen entweder von seinem alten Neophyten oder seinem neu angewiesenen Zelator zu erlangen, bis die Periode der Arbeit, an welche er sich durch seinen Eid gebunden fühlte, vorüber war und am Ende dieser Zeit, er hatte schwer und gut gearbeitet, machten jene, die sein Leben führten und steuerten, den Weg für ihn klar und er fand sich in einer Position, die Instruktionen der A.·.A.·. zu akzeptieren und kam unter die direkte Führung des Frater O.M. Es sollte von diesem Hergang nicht erwartet werden, daß er in irgendeiner Weise auf Frater P.A. reflektierte, für den er stets große Liebe und Respekt fühlte und fühlen wird; die Umstände, die zu diesem Wechsel führten, lagen außerhalb der Einflußsphäre von Frater V.I.O. und war wegen seiner Isolation in Kanada umso schwieriger für ihn zu ermessen.

Mit diesem kurzen Ausblick auf den Wechsel in seinen okkulten Angelegenheiten mögen wir zu einem korrespondierenden Wechsel in seinem materiellen Umfeld weiterschreiten. Denn, obwohl er mit seiner üblichen Arbeit fortfuhr, lebte er während der besten Zeit des Jahres unter Segeltüchern in einem kleinen Zelt an der Seeküste. Das zwang ihn zu einigen Meilen täglichen Fußmarsches und brachte ihn ein großes Stück mehr in Berührung mit der Natur als er zuvor war; auch hatte das Hinzukommen eines »kleinen Fremden« zu seiner Familie einen merklichen Effekt auf seine häuslichen Affären, der an sich Schlüssel zur Lösung einiger Probleme war, die ihn in dieser Richtung verwirrt hatten.

Während der Periode vom 2. März bis zum 4. September, von welcher wir sagen können, daß er alleine weiterarbeitete, zeigen seine Aufzeichnungen gut 340 Meditationsübungen, meist in dem Asana, welches als Drachen bekannt ist, wobei die Zeitspannen zwischen einigen Minuten und etwas über einer Stunde schwankten, die meisten davon jedoch relativ kurz waren, mit einem Durchschnitt von vielleicht 20 Minuten.

Danach folgt eine Lücke, während der er am Morgen und Abend der meisten Tage arbeitete, jedoch keine weiteren Aufzeichnungen bis zum 9. November anfertigte, von welchem Tage bis zum 31. Dezember über 80 Übungen verzeichnet sind. Es ist nicht notwendig, die Details dieser frühen Arbeit vollständig zu behandeln, doch da, als er seine Aufzeichnungen am Ende des Jahres einsandte, sie von Frater O.M. mit unterschiedlichen Bemerkungen und Kommentaren zurückgesandt wurden, die von größtem Wert für Fra. V.I.O. und äußerst hilfreich waren, wähle ich solcherart kommentierte Passagen aus, von denen ich denke, daß sie von größtem Interesse und zur größten Hilfe für andere Studenten sind.

N.B. Die Kommentare von Fra. O.M. (in Klammern) folgen den Eintragungen.

2. März 1913. Seit der Zurückgezogenheit bin ich eifrig zu dienen. Wünschte, ein neues Motto anzunehmen »Ich strebe zu dienen«, aber ich fand kein lateinisches Äquivalent. («Volo servare« würde passen. Aber eine bessere Idee als »dienen« ist »Ich möchte helfen« O.M.)

22. März, Fühle mich betrübt. Ich vergaß meine Übungen heute morgen durch Nachlässigkeit. (Wenn Du Nachlässigkeit entdeckst, verdoppele die Übungen, und sollten sie Dich töten. Sicheres Heilmittel! O.M.)

25. März, Drachen. Mantra A.M.P.H. 9.39 bis 10.34 p.m. gleich 55 Min. Unterbrechungen 14 bis 18, meist sehr leicht. Störungen keine. Resultate: Dharana. Bekam Gefühl auf der Haut und automatische Starre. Verlor die meiste Zeit die gesamte Persönlichkeit, fand dies aber nur durch eine »Unterbrechung« heraus, welche sie wiederbelebte. Das Gehirn nahm das Mantra bald automatisch auf. Erleuchtung im Hirn nach einer Zeit. Zum Schluß sah ich einige Visionen der See etc. (sehr leicht). Raum und Zeit verschwanden während des größten Teils der Übung. Gut.

(Anfang gut, Ende schlecht. O.M.)

30. März, 5.15 bis 5.46 p.m. gleich 31 Minuten. Zählte zuerst 7 Unterbrechungen, wurde dann konzentriert und verlor das Zählen. Störungen, (1) eine Sicherheitsnadel fiel auf den Fußboden und schreckte mich gewaltsam auf, (2) R. rief an. Ergebnisse: Atem erhob sich auf der Haut und das »Licht« erhob sich. Begann, mich auf das Rückgrat zu konzentrieren. Gegen Ende begann eine Art automatischen Singens von scheinbar sinnlosen Worten. Habe es zuvor bemerkt, daß wenn dieses auftritt, es zu einer Art Ekstase führt. Mußte aufhören, als ich von Ruby zum Tee gerufen wurde.

(Gut, doch eine tugendhafte Frau steht über Rubinen[27] und ruft niemals heilige Männer zum Tee. O.M.)

[27] [A.d.R] Wortspiel mit dem Namen der Frau, Ruby und, in der Antwort, Rubies.

4. April, Kontrolle des Körpers. Während der Arbeit hielt ich meinen linken Ellenbogen für 3 Stunden an der Seite. Wünschte zu sehen, ob dies einfach sei und stellte fest, daß ich keine Schwierigkeiten hatte, mich daran zu erinnern (Gut: Versuche etwas Schwierigeres. O.M.).

6. April, 9.20 bis 10.00 p.m., Drachen. Diese Meditation war die beste in letzter Zeit. Schnell fühlte ich, wie das Prana sich im Körper ausbreitete, fühlte, wie die Schwärze des Verstehens durch Weisheit penetriert wurde. Hirn wurde leuchtend. Körper starr. Spannung stieg an und Kraft konzentrierte sich am Nasenrücken. Konzentriert auf Ajna. Persönlichkeit verschwand. Versuchte, die Bewußtheit gerade nach oben zu projizieren. Wurde plötzlich unterbrochen durch R., die im Bett gerade zu meiner Seite lag. Wußte für einen Moment kaum, wo ich war und mußte mich auf den Körper konzentrieren, um wieder normal zu werden.

(Ein zu großes Handicap, irgendjemand anderen im Raum zu haben. O.M.)

8. April, 9.25 bis 10.11 gleich 46 Minuten, Drachen. Das Bewußtsein und der Beobachter bleiben allein zurück. Zurückkehrend zum Beobachter scheinbare Intervalle von Leere. Dies ist mit keiner Erleuchtung oder Freude verbunden und man wundert sich beinahe, warum man so weit gegangen ist, um dies zu erfahren. Möglicherweise Begierden nicht völlig ausgelöscht. Einige Abneigungen, diesen Zustand zu verlassen. (Das hört sich schon besser an, O.M.)

13. April, 11.21 bis 11.36 p.m., Drachen. Eine bestimmte Seligkeit stieg auf, bei dem Gedanken, daß ich lediglich ein kleines Kind des großen Vaters sei. Freude, Freude.

(Ja: Zu emotional. O.M.)

19. April, 7.07 a.m. bis 7.20 a.m. Nichts sehr bestimmtes. Es besteht eine bestimmte Qualität von Seligkeit bei diesen Praktiken, welche einerseits eigentümlich für die Konzentration, andererseits unbeschreiblich ist. (Das ist schlecht, Du machst Deine Sache gut und arbeitest hart. Aber Dein Standpunkt ist alles in allem falsch. Ich empfinde eine Art sentimentaler Verletzung Deiner wissenschaftlichen Haltung. O.M.)

20. April, 2.40 bis 3.10 p.m. Nachdem ich das Haus um 2.15. verließ, kletterte ich die Berge hinauf, bis ich einen abgelegenen Ort fand. Dort kniete ich nieder und machte Atemübung. Ich fühlte Prana am ganzen Körper. Invozierte Adonai und versuchte, mich mit ihm zu vereinen. Ein strahlendes, weißes Licht erfüllte die Sphäre des Bewußtseins. Erhob mich als Adonai und führte das Ritual des Pentagramms durch. Dann betete ich laut und fließend und versuchte, das Bewußtsein mit der gesamten Natur zu vereinen. Kniete dann wiederum zur Meditation nieder und erhob mich gestärkt mit einem Gefühl der göttlichen Gegenwart.

(Das ist exzellent für einen Anfänger, aber erinnere Dich - all diese göttlichen Erleuchtungen sind lediglich Störungen. O.M.)

Bemerkung: Ich finde es mehr und mehr schwierig, mich am nächsten Tag an Details dieser Praktiken zu erinnern. Die Konzentration war gut. In diesem Zustand am Ende der Übungen konnte ich mich nicht einmal mehr daran erinnern, zu welcher Zeit ich begann, obwohl ich glaube, daß ich korrekt verfuhr. Ich habe mehrere Male über diesen Verlust des Gedächtnisses nachgedacht. Ist es ein Ergebnis, oder ist es ein Fehler? (In der Regel ist es ist ein gutes Zeichen. O.M.)

9. Mai, 10.21 bis 10.43 p.m., Drachen. Astralreise ohne besondere Wichtigkeit. Kann mich nicht korrekt mit dem Bild identifizieren. Scheine das Bild zu sehen, während ich darin agiere. (Das ist nicht so schlecht, wie es sich anhört. Kümmere Dich nicht darum, solange das Bild an sich fest ist. O.M.) (Dies wäre, nebenbei gesagt, eine besonders hilfreiche Information gewesen und wenn Fra. V.I.O. sie zu dieser Zeit gehabt hätte, hätte er möglicherweise eine Menge mehr Astralreisen unternommen. Besonders dieser Mangel an Vertrauen scheint viele Studenten zurückzuhalten, welche ansonsten durchaus erfolgreich auf der Astralebene reisen können, Ed.)

21. Mai, 8.45 bis 9.34 p.m. gleich 49 Minuten. Daumen in den Ohren. Die ersten 25 Minuten im Drachen. Dann flach auf dem Rücken liegend. Krampf im linken Fuß nach dem Wechsel der Positionen. Nachdem die lauten Geräusche verschwanden, konzentrierte ich mich auf das klingelnde Geräusch im linken Ohr. Der Geist wurde ruhiger und ich hörte den sehr klaren und süßen Ton einer kleinen Silberglocke einige Male schlagen. Dies immer noch im linken Ohr. Und dann hörte ich das Geräusch eines metallischen Pochens (wenn ich diese Bezeichnung benutzen kann) äußerst schwach im rechten Ohr. Der Geist muß sehr konzentriert gewesen sein, denn die Zeit verging schnell. (Hört sich recht gut an. O.M.)

7. Juli. Bemerkung: Am Nachmittag, als ich mich in einem Sessel erholte, schlief ich beinahe ein. Stattdessen konzentrierte ich mich jedoch einige Zeit. Als R. mich darum bat zu gehen und eine Kleinigkeit für sie zu erledigen, legte ich die Hände über meine Augen, bevor ich aufstand und sah ein Licht so eigentümlich, daß es wert ist, hier erwähnt zu werden. Es erweckte den Anschein, drei distinkte Dinge in einem zu sein. Tiefstes Schwarz, ein wunderschönes Nachthimmelblau, aber zur selben Zeit war die Essenz davon strahlendes Licht. In Worten beinahe nicht zu beschreiben.

(Scheint sehr gut zu sein. O.M.)

Es muß angemerkt werden, daß Fra. V.I.O. sich mit der Kontemplation der Stele der Offenbarung beschäftigt hatte, daraus einen Pantakel der Nuit fertigstellte und während dieses Tages ein Siegel für dieselbe erhalten hatte. (Dieses eigentümliche Licht ist bezeichnend für die Stele. O.M.)

18. Juni, 10.34 bis 10.53 p.m. gleich 19 Minuten. 14 Minuten Pranayama, 10/20/20, regelmäßig und einfach. 5 Minuten Meditation. Der Geist klärte sich und wurde ruhig. Es scheint vielleicht, als würde ich nur wenig Fortschritte machen und in Hinblick auf die Übungen nachlässig sein. Die Wahrheit ist, daß ich mehr und mehr die wahre Essenz benutze. Wenn eine kleine Sorge auftaucht, wende ich mich automatisch dem zu, das sie auf einmal auflöst und die Balance wieder herstellt. Es ist dieses NICHTS, mit Dem ich während der Meditation in engsten Kontakt komme, doch ist Es immer gegenwärtig und ich erkenne diese Tatsache. Ich glaube, daß es der wahre Stein der Weisen ist, welcher alles in Gold verwandelt. Ich nenne es Adonai, wenn ich ihm überhaupt einen Namen gebe. Häufig verfällt der Geist ohne Grund oder Argumente in dieses Stadium.

(Ja: es erscheint wirklich so, als sollte der Arbeit mehr Zeit gewidmet werden. Aber der Fortschritt ist dafür nicht schlecht. Jedoch mag ich dieses selbstzufriedene Gefühl überhaupt nicht. Nichts ersetzt harte Arbeit. Jemand, den ich kenne (oder nicht kenne), schindet sich momentan mehr, als er jemals getan. 24 vollständige magische Zeremonien in den ersten 5 Wochen des Jahres 1914 und 2 Stunden jeden Morgen für das Schreiben der Aufzeichnungen. Und darin schließe bitte zwei schwere Grippe- und Bronchitisanfälle mit ein! O.M.)

9. Juli, 7.20 bis 7.24 a.m. Drachen. Äußerst schlecht. Versuchte, die Übung draußen im Regen zu praktizieren, weil nicht genug Platz im Zelt war. Bemerkung: Mann, Frau und Baby zusammen mit allen irdischen Habseligkeiten in einem Zelt von 12 mal 10 Fuß[28] *Größe bei nassem Wetter ist sicherlich ein Rekord. (Ich war einer von fünf großen Männern in einem Zelt von 7,6 mal 6 Fuß Größe in einem Hurrikan-Blizzard auf einem Gletscher. Doch Du gewinnst. O.M.)*

8. August, Bemerkung: Ich beginne, die Fülle des Lebens wieder zu spüren. Diese wenigen Seiten von Edward Carpenter wirkten sich aus, wie ein Trunk lebendigen Wassers und belebten mich sehr. Ich fühle heute abend eine geheime Freude. Die unermeßliche innere Freude, die alles transformiert und die Seele von ihren Fesseln befreit. Alles erscheint heute abend so gut, das einfache Leben, das Zelt an der See, die Nachtluft, das frohe ermüdete Gefühl nach der täglichen Arbeit, die Gegenwart meiner beiden Lieben und aller Lieben, von denen ich ein Teil bin, die Gegenwart von Adonai in mir und außer mir. Es ist gut, dafür gelebt zu haben.

(Das ist fürchterlich. Du darfst »sich gut fühlen«, nicht mit einem mystischen Stadium verwechseln. O.M.)

9. August, 9.59 bis 10.26 p.m. Während dieser Meditation stieg ein bestimmtes magisches Verständnis in mir auf, mit dem es einfach wurde, jedes Objekt als ein Symbol des Werkes zu interpretieren.

---

[28] [A.d.R] Entspricht ca. 3,60 m mal 3 m.

(Ein bißchen besser. O.M.)

18. August, 11.07 bis 11.13 p.m. Sogar 6 Minuten sind nun schwierig. Wann wird die Tide sich wieder wenden! (Die Tide ist abhängig von der Anziehungskraft der Sonne und des Mondes. O.M.)

19. August, 7.32 bis 7. 42 p.m. Leichtes Gefühl der Freude. (Freude ist Störung! O.M.)

25. August, 1.33 bis 10.55. Wechselte mein Asana einmal während dieser Übung und stellte fest, daß ich meinen Körper bewegen konnte, ohne den besonderen Teil zu beeinflussen, welcher sich im Stadium der Ruhe befand. (Gut. O.M.)

26. August. Ein ruhiger Abend zu Hause, für den ich dankbar bin. Es scheint, als wäre so wenig in dieses Tagebuch eingetragen und soviel verbliebe ungesagt. Wie man manchmal danach verlangt, Dinge und Gedanken auszudrücken und dann doch bei einem allgemein nichtssagenden Eintrag endet. Ich denke, heute abend werde ich etwas mehr als sonst versuchen. Die ganze Zeit habe ich mich weitergeschleppt, mich für einen Weg gemäß meines Strebens entschieden. Tag um Tag habe ich weitergemacht, bis dieser Runde der Existenz fast zu einer festen Gewohnheit wurde. Die Zeiten für meine Meditationen und Übungen schwanden dahin, bis sie nur noch sehr kurz waren, doch trotz alledem wurde die wesentliche Idee niemals verdeckt. Ich fühle mich in jeder Hinsicht weit mehr bestimmt, als jemals zuvor, obwohl eines festen Zieles weit weniger sicher. Ich weiß auch, daß ich mich Problemen stellen muß, jetzt oder in der Zukunft, aber ich habe gelernt, immer das Naheliegende zu tun, ohne zu wanken oder zu verzweifeln. Ich scheine keinen definiten Fortschritt gemacht zu haben und doch gibt es Zeichen, welche mich zu der Überzeugung bringen, daß alles so ist, wie es sein sollte; vielleicht bin ich mehr eingestimmt und bemerke deshalb solche lebhaften Wechsel nicht. Ich fand die Natur in diesem Sommer sehr zauberhaft und schön. Ich habe sie soviel mehr zu lieben gelernt als zuvor. Dann wiederum habe ich sie etwas mehr gemeistert; ich habe durch tägliche Übung eine Menge mehr über schwimmen, klettern, gehen und andere Übungen gelernt. Ich habe neue Freunde gefunden, von ihnen gelernt und sie im Gegenzug gelehrt. All das trotz der begrenzten Existenz, in einem kleinen Zelt zu leben und häufig sehr hart dran zu sein. Die Kraft, mich in den Teil von mir zurückzuziehen, der Friede ist, frei von allem Streit, verbleibt bei mir. Ein Beobachter meiner Gedanken und Handlungen zu sein und währenddessen in vollkommener Ruhe zu verbleiben - nur sehr selten gestört von äußeren Einflüssen - das ist in der Tat etwas. Eine andere wichtige Angelegenheit sollte ich erwähnen: Ich habe ein intensives Bedürfnis nach mehr Liebe, eine Art unbefriedigter Begierde, andere Leute zu umarmen, besonders Frauen und manchmal natürliche Dinge (das ist nicht sarkastisch gemeint), solche, wie die Erde, das Gras etc. Ich denke nicht, daß ich die Liebe anderer so sehr erwarte und fordere, wie ich das Bedürfnis nach ursprünglicher

Freiheit zu Liebe ohne Grenzen und Rückhalt empfinde, aber immer scheint mich ein Etwas zurückzuhalten, unsichtbar, formlos, aber von großer Stärke, so daß ich mich sehne und die Arme öffne (so, wie es geschah), aber nicht befriedigt bin; und so wende ich mich und richte es auf die formlose Vision von Adonai in mir. Möglicherweise wird ein Funke es eines Tages entzünden und es wird losbrechen und dann? (Das hört sich tatsächlich sehr gut an O.M.).

27. August. Der vollkommenste Friede, den ich seit langer Zeit erfahren habe.

1. September. Dies ist der letzte Tag der sechs Monate.

9. November. Es ist beinahe zwei Monate her, daß ich einen Eintrag in dieses Tagebuch machte. Ich werde einige der Vorgänge, an die ich mich aus dieser Zeit erinnere, niederschreiben. Ich habe beinahe jeden Tag einige leichte Morgen- und Abendübungen durchgeführt. Habe ziemlich viel Zeit damit verbracht, denen, die Informationen erbeten haben, solche Instruktionen in okkulten Angelegenheiten zu geben, wie ich kann. S. und L. zeigten Interesse, sich für die Studentenschaft zu bewerben und W. hat letztlich geschrieben, und re Anwärterschaft gefragt. Habe endlich von Fra. P.A. gehört und beantwortete seinen Brief.

26. November, 11.40 bis 11.55 p.m. Meditation auf Liebe. Begann damit, Liebe in die sechs Richtungen des Raumes zu senden (siehe »Training des Geistes« Equinox V). Identifizierte mich mit Liebe bis hin zum Ausschluß aller anderen Ideen. Sie ist wahrhaft ein Tau, welcher Gedanken auflöst. (Gefährlich, vor allem für einen Anfänger. Es bedeutet häufig wenig mehr, als das sentimentale Wohlgefühl einer Person, die zu gut gespeist hat. Fülle Dich selbst mit Liebe, und sie wird nach eigenem Ermessen wieder herausfließen. O.M.)

27. November. Brief vom Kanzler der A.˙.A.˙. War glücklich, ihn zu erhalten, denn er klärte einen Punkt, der mich bereits seit langem verwirrte. Bemerkung: Dies war der Punkt re Astralreisen, bereits zuvor erwähnt (Dies gab Fra. V.I.O. frische Bestätigung und wir finden weiterhin Aufzeichnungen von Experimenten ed.)

27. November, 11.06 bis 11.28 p.m. Astralreise. Erheben auf die Ebenen. Ich werde mich bemühen, diese Erfahrung im Detail zu beschreiben, da sie sich um einiges von allen vorherigen Experimenten unterschied. Nach dem Gebet formte ich den Astralkörper und begann, mich zu erheben. Versuchte, die mittlere Säule hinaufzusteigen. Dunkles Blau, dann mehr Purpur. Fand meinen Körper plötzlich in einer Art offenem Tempelhof mit vier Säulen an den Ecken, offenen Seiten und einem hohen Kuppeldach. Im Zentrum des Bodens war ein kreisförmiges Wasserbassin. Jemand sagte (über das Wasser) »Dies ist Dein Selbst.« (oder Dein Geist). Konnte einige Zeit nichts genaues unterscheiden. Plötzlich erschien ein Stern im Zentrum des Bassins, augenscheinlich reflektiert durch eine kreisförmige Öffnung im Zentrum des Daches. Als ich aufschaute, konnte ich den Stern von dort aus, wo ich auf den Stufen an der Vorderseite des Tempels stand, nicht sehen. Jemand sagte: »Gehe in das Wasser.« Ich tat es und stellte fest, daß es mir bis zum Nacken reichte. Ich schaute auf und konnte den Stern klar ausmachen. Jemand sagte: »Du mußt durch das Dach zu dem Stern aufsteigen.« Ich tat es und stellte fest, daß ich unbekleidet war. Einige Zeit verging, bevor ich dem Stern näherkommen konnte. Aber während ich dies tat, wurde ich dreimal herumgewirbelt und leuchtete. Dann wurde mir bewußt, daß der Körper vollständig zu einer Flamme geworden war. Stieg als eine Flamme in die Luft auf. Mir wurde vage bewußt, daß die Flamme im Herzen eines größeren Körpers war. Strebte weiter danach, mich zu erheben, aber gelangte in eine Schwärze. Kehrte zurück und entkleidete mich meiner Robe. Dankte und machte den Tagebucheintrag.

(Dies ist für den Anfang tatsächlich sehr gut. Es sollte mit stetig steigender Dauer wiederholt werden. Die Zeit, die es dauerte, sagt mir mehr über die Fehler als der Text. Ein gutes »Aufsteigen« sollte 1 1/2 bis 3 Stunden dauern. O.M.)

28. November 11.05 bis 11.27 p.m. Astralreise. Zog mit dem Zauberstab einen Kreis vor mir (3 mal) und formte mich darin astral. Erhob mich zu einer großen Höhe. Plötzlich, ganz einfach, blitzte ein Tau um mich herum auf und fiel herab, indem es eine Spirale formte, die sich ständig ausweitete und an deren Spitze ich saß. Stand auf, nur um zu fallen, hinab, hinab, hinab, nicht ganz vertikal, in das Wasser. Mich wieder erhebend und weit ausgreifend, sah ich nach einer kurzen Zeit ein Boot, ähnlich einer Gondel und schwamm darauf zu. Es wurde von einem dunkelhäutigen Mann, alt und runzlig, gerudert, den ich erst für einen Inder hielt. Als ich das Boot erreichte und meine Hand auf die Seite legte, hatte ich erst den Eindruck, er würde mit seinem Ruder nach mir schlagen; aber nein, er grinste und ich zog mich in das Boot und er saß im vorderen Teil, der erhöht und durch eine Art Hütte bedeckt war. Gegenwärtig wurde mir klar, daß der Mann nicht lebte, sondern tot war. Tod. Dann glitten wir in einen Nebel, und alles wurde für einen Moment leer; die Erinnerungen an Boot, Mann und Selbst waren alle verloren. Als der Nebel sich klärte, erkannte ich, daß der Mann nicht mehr da war und ich selbst das Boot steuerte. Aus dem Nebel herauskommend, war das Wasser blau, nicht länger schwarz und ich erkannte, daß der Tag anbrach. Ich beobachtete den allmählichen Sonnenaufgang und richtete das Boot darauf aus, so rudernd, daß ich mein Gesicht in Richtung der Sonne hielt. Sie erschien wie ein Portal; doch während ich weiterfuhr, erhob sie sich plötzlich und zu der Zeit, als sie die Höhe des Himmels erreichte, bemerkte ich vor mir eine schöne Stadt. Dome, Minarette etc. Als ich dort ankam, bemerkte ich zum ersten Mal, daß ich dunkelhäutig und mit einem Lendenschurz bekleidet war. Als ich landete, wurde ich von Menschen in östlicher Kleidung umringt, Araber oder Türken, wie ich dachte. Ein alter Mann nahm mich bei der Hand. Ich machte das Zeichen des Pentagrammes über ihm, aber er lächelte und sagte: »Komm mit, es ist in Ordnung.« und führte mich entlang einer Straße, die mit Kieseln bedeckt war und deren Häuser überhingen, bis wir eine Art Moschee erreichten. Wir traten ein und er führte mich zu einem Altar, welcher auf Mauervorsprüngen errichtet war und über dem sich ein schönes Mosaikfenster befand. An den Seiten waren dünne Säulen und eine Art Logen, ähnlich wie Theaterlogen. Wir knieten vor dem Altar und er nahm meine Hand und sagte: »Erhebe Dein Bewußtsein.« Ich nahm einen Stern und einen Berggipfel wahr und im Hintergrund formte sich vage ein Kreuz. Danach schien der Astralkörper sich mit dem Körper zu überlagern, aber das Bewußtsein für astrale Geschehnisse war immer noch klar. Ich fuhr fort damit, das Bewußtsein zu erheben und Gedanken der Liebe auszusenden. Nahm um mich unzählige Ströme von Gedanken wahr, einander überlagernd und wie ein Netzwerk. Und als der Liebesgedanke ausgesandt war, glitzerte das gesamte Netz wie mit kleinen Goldflecken besetzt. Ich fuhr einige Minuten mit diesem Gedanken fort, kehrte dann zum Normalzustand zurück, gab Dank und machte den Tagebucheintrag.

(Ziemlich dicht an ernsthaftem Ärger, mein junger und hastiger Freund! Es scheint, daß Du ein gutes Stück über die Erdanziehung hinaus mußt, wenn Du wünschst, gute Astralerfahrungen zu machen. Es hört sich an, wie Sonntagsschulgerede und ich kann keinen Grund dafür angeben. Aber ich habe wiederholt versucht, horizontal und hinab zu gehen, immer mit demselben Ergebnis. Grobe und feindliche Dinge befinden sich unten, reine Dinge oben. Die Vision ist gut genug für das, was sie ist. Sie ist klar und zusammenhängend. Aber ich erkenne keine Spur von wissenschaftlicher Methode in der Beherrschung der Vision. Ich erkläre dies später im allgemeinen Kommentar. O.M.)

Zu dieser Zeit scheint Frater V.I.O. mit dem Studium des Jnana-Yoga begonnen zu haben. Es gibt einen einfachen Eintrag vom 30. November. »DU BIST DAS«, ohne irgendeinen Versuch des Kommentars und am folgenden Tag: »Desgleichen, aber in einem geringeren Grad.« Am 4. Dezember finden wir diesen Eintrag:

Die Lektüre von »Jnana-Yoga« belebt sehr deutlich das Stadium der Einheit, welches durch die Praxis des Raja-Yoga produziert wurde, wieder. Ich habe ein klareres Konzept und das Gefühl, der Wahrheit sehr nahe zu sein. N.B. Während der Meditation begann das Licht über dem Kopf, den Geist einzuhüllen, aber ich wurde von R. unterbrochen, die mich zu Bett rief.

(R. muß deutlich gemacht werden, daß sie Dich nicht zu rufen hat, um zu Bett zu kommen. Das Gefühl, daß sie es möglicherweise tun könnte, reicht aus, um Konzentration zu verhindern. Auch ist es als allgemeine Regel sehr schlecht, mit einer anderen Person in einem Raum zu schlafen. O.M.)

5. Dezember. Mehr und mehr Realisierungen der einen Wahrheit DU BIST DAS. Mir kam die Idee, daß da in Wirklichkeit nur eine »Ebene« wäre, nicht mehrere.

6. Dezember, 11.22 a.m. Begann wiederum mit Neti, Neti[29]. *(Sehr nahe, nicht ganz. V.I.O.)*

10.45 p.m.

Oh Du immer gegenwärtige, immerwährende Stille, worin alles verschwindet und aus der alles gekleidet in Seligkeit hervorkommt. Dich rufe ich an.

Oh Du flüchtiges Selbst meiner selbst. Du alles, worin sich alles auflöst und Dein Sein wird. Dich rufe ich an.

Oh Du Existenz der Existenzen, Du Wisser des Wissens, worin das Wissen von allem anderen verloren wird. Dich rufe ich an.

Oh Du höchste Seligkeit, Du Eines ohne Zweites. Du, worin Zeit und Raum nicht länger existieren. Dich rufe ich an.

Oh Du, Der Du, wenn ich an Dich denke, wie Gott bist, der Du, wenn ich aufhöre, an Dich zu denken, Du mein Selbst bist. Möge ich mich in DIR verlieren.

Doch werde ich niemals verloren sein, denn Du bist, was nicht ist.

Oh Geliebter, ich komme zu Dir, wenn ich realisiere, daß ich mich durch alle Ewigkeit niemals bewegt habe.

Oh Du, auf den der Mensch durch seine Sinne blickt und als die Welt sieht.

Oh Du, auf den der Mensch durch seinen Geist blickt und als die Welt der Gedanken sieht.

Oh Du, auf den der Mensch blickt, wie Du bist und unendliche Seligkeit wird, laß da keinen Gedanken der Teilung sein, denn da ist kein anderer. Du bist das.

Wenn ich Dich einen Punkt nenne, so lachst Du und sagst: »Ich bin der unendliche Kreis.«

Wenn ich den Kreis verehre, so lachst Du und sagst: »Ich bin verborgen im Punkt.«

Nur, wenn ich Dich vollständig erfasse, kann ich Dich definieren. Aber dann, wen kümmert Ja oder Nein?

Wenn ich versuche, Dich zu benennen, verliere ich Dich, oh Du Namenloser bis in die Ewigkeit, wem soll ich Dich offenbaren - Dich, der Du niemals jemandem bekannt warst, außer Dir selbst.

Sicherlich sind Worte vergebens, oh Du, der Du hinter der Stille bist. Aum.

(Dies ist sehr gut. O.M.)

11. Dezember, 9.52 bis 10.37 p.m., Meditation in Asana, Drachen wie üblich. Nahm einige lange Atemzüge, füllte den Körper und den Geist mit Liebe, drückte diese dann hinaus, bis sie durch mich hindurchfloß. Benutzte das Mantra: »Das

[29] «Nicht dies, nicht dies!« Ein Hindu-Ausdruck, welcher in der Praxis der Zurückweisung aller aufsteigenden Gedanken benutzt wird.

Selbst ist Liebe, das Selbst bin ich.« Erster Abschnitt. Später wechselte ich zu »Das Selbst ist DAS, das Selbst bin ich.«

Augen halb geschlossen, auf die Nase fixiert. Schloß sie ungefähr in der Mitte der Meditation und richtete sie auf Ajna. Sehr wenige eindringende Gedanken. Plötzlich wurde alles strahlendes Licht, womit ich mich identifizierte.

Realisation der Einheit. Kein Zweifel verblieb, daß dies tatsächlich die Einheit mit dem höheren Selbst war. Dann wiederum erhob sich die Frage: »Was ist mit den Anderen, wenn dieses Stadium wieder verschwindet?« Dann schien es, als spreche eine Stimme deutlich zum Gehirn und sagte: »Wahrlich, wenn geeint, so bist Du eins mit dem heiligen Schutzengel, der nun zu Dir spricht. Deshalb sorge Dich nicht mehr über das Erlangen. In der Zukunft ist es Deine Arbeit, danach zu sehen, daß nicht nur der Teil, sondern auch die anderen Teile, die im gewöhnlichen Bewußtsein, die »Anderen« genannt werden, diese Einheit ebenso realisieren.« N.B. dies sind nicht die Worte und sie drücken die Bedeutung nicht korrekt aus. Die Erfahrung selbst hatte eher die Natur einer Erkenntnis, denn die irgendeiner Sprache.

(Ganz und gar nicht schlecht. O.M.)

12. Dezember. Heute abend, als ich spazierenging, dachte ich irgendwann einmal, daß wenn ich die richtige Person finden könnte, es gut wäre, sie dazu zu bewegen, eine dieser Erfahrungen, wie die des gestrigen Tages, für mich während des Auftretens aufzuzeichnen. (1) Vorausgesetzt, ich könnte sprechen, ohne den Zustand des Bewußtseins zu verändern, (2) vorausgesetzt, ich könnte die entsprechende Person finden.

(Nützt nichts. O.M.)

15. Dezember, 11.50 bis 12.09 p.m., Astralreise. Beim ersten Versuch, das Astral zu projizieren, raste es schnell in eine nordöstliche Richtung. (Schlecht. O.M.) Dann beschrieb es eine Kurve in Richtung Norden und zog so zweimal die Runde und ich kam wieder in den Normalzustand. Zweiter Versuch. Schloß das Astral in ein Ei aus Licht ein, sandte es senkrecht hinauf. Das Ei öffnete sich; und ich öffnete die Augen im Raum. Ich sah über mir ein leuchtendes Objekt in länglicher Form und als ich dorthin reiste, stellte ich fest, daß es beinahe wie ein Kinderdrachen beschaffen war. Als ich mich darauflehnte, wurde es eine Strecke zurückgetragen, währenddessen ich unter mir eine sich verändernde Landschaft beobachtete. Ich wünschte hinabzusteigen, fiel in Richtung Erde und stellte fest, daß der Körper durch einen anderen unterstützt wurde. Nahe am Grund angelangt, glitt ich über die Erde und gelangte bald an einen dunklen Torweg oder Tunnel. Ich ging weiter hinein und machte Licht, durch einen Silberstern auf der Stirn, bis ich am Ende einen kreisförmigen Raum erreichte, der durch eine Kerze erleuchtet wurde, die auf einem runden Tisch stand, an welchem ein alter Mann mit einem weißen Bart saß, der in einem Buch schrieb. Ich näherte mich ihm und fragte: »Warum schreibt ihr, Vater?« Und er antwortete: »Damit jene, die lesen, leben mögen.« (Scheinbar habe ich ihm noch eine andere Frage gestellt, kann mich aber nicht daran erinnern, welche.) Dann fragte ich: »Was schreibt ihr, Vater?« Und er antwortete: »Tod, immer Tod.« Ich sagte: »Zeigt mir euer Geschriebenes, Vater.« und während ich ihm zuschaute, schrieb er das Wort HARTHA. Und ich sagte: »Das ist mir ein Mysterium.« So zeigte er darauf, Buchstabe für Buchstabe, und ich versuchte, es kabbalistisch zu interpretieren, war aber nicht erfolgreich. Es schien, daß der Wert der Buchstaben 507 war. Er sagte, ich sollte verstehen und damit verließ ich ihn und kehrte zurück.

16. Dezember, 8.00 p.m. Habe gerade die Bedeutung des Wortes, welches ich gestern erhielt, ausgearbeitet. Ich dachte dann, der Wert sei 507 = »Das, was Gärung verursacht«, oder 5 + 7 = 12 = »Er, sehnte sich, verloren« etc. Dies zeigt, wie ich abschweifte. Ich fand jedoch heraus, daß sich das Wort tatsächlich zu 607 = Adam Primus addiert. Aber 6 + 7 = 13, Einheit, Liebe und der Tarottrumpf ist Tod. Und dies ist es, was er sagte, daß er schreibe. (Bemerkung 21. April 1917, Ha = die Sonne; tha = der Mond, wie in der Hatha-Yoga Pradipika angemerkt)

(Sehr gut ausgearbeitet, Methode gut; aber keinen wirklich interessanten Ort erreicht. Du hättest auch dem Buch mehr entnehmen sollen. O.M.)

18. Dezember. Bemerkung: Es gibt eine Sache, die ich bereits zuvor erwähnen wollte. Anstatt tief zu schlafen, wie es meine vorherige Gewohnheit war, habe ich letztens eine ziemliche Veränderung in dieser Angelegenheit bemerkt. Manchmal, obwohl ich ruhe, erlange ich für einen Großteil der Nacht das Bewußtsein zurück. In diesem Stadium erscheint es mir, daß ich fast genau in den gleichen Bahnen denke, wie im gewöhnlichen Wachbewußtsein. Am Morgen bin ich fähig, verhältnismäßig einfach von einem Stadium zum anderen überzuwechseln, doch wenn ich das Bett verlasse und vollständig wach werde, kann ich mich selten an irgendetwas Bestimmtes von dem erinnern, was während des Schlafes geschah.

(Das hört sich gut an, als würden die Tamo-Guna aufbrechen. O.M.)

19. Dezember, 11.38 Gebet und Meditation. Fühle mich durch das größere Selbst »informiert«, daß Demut, Geduld und Selbstlosigkeit den erforderlichen Zustand erzeugen würden. Verblieb für eine Weile in jener grenzenlosen Stille, die in Worten nicht ausgedrückt werden kann.

(Demut impliziert, wie Stolz, ein Selbst. O.M.)

26. Dezember 11.03 bis 11.20 p.m. Meditation. Trennte das Selbst stufenweise von Körper, Geist, Leben, Tod etc., bis ein ursprünglicher, unpersönlicher Zustand entstand.

(Diese Dinge bedeuten in der Regel wenig. Sie sind lediglich, was wir »Träumerei« nennen, eine wohlklingende, ziellose Wanderung des Geistes. O.M.)

27. Dezember 11.13 bis 11.30 p.m. Meditation. Nachdem ich danach strebte, das Bewußtsein vollständig mit Adonai zu vereinigen, erweiterte sich die Sphäre des

Bewußtseins und wurde Eins mit dem Vielen, so daß, wenn ich das Selbst fragte: »Was bin ich? Wer bin ich?« dies nicht länger als individuelle Frage erschien, sondern von vielen Einheiten in allen Teilen des Raumes aufgenommen wurde, doch auf einer formlosen Ebene. Ich erhob mich höher und versuchte, all diese zu vereinen, was in einem absolut unpersönlichen Zustand resultierte, der sich sogar nach der Meditation fortsetzte und ca. um 12.00 Uhr endete. Solange er andauerte, war er vollständig unterschiedlich von irgendeiner vorherigen Erfahrung, besonders der erstere Teil.

(Nicht sehr gut. Scheint zu sehr wie Denken. O.M.)

Das Pentakel von Frater V.I.O.

Dieses Pentakel ist eine symbolische Karte des Universums, wie es von Frater V.I.O. als Neophyt der A.·.A.·. verstanden und als Prüfung für diesen Grad vorgelegt wurde.

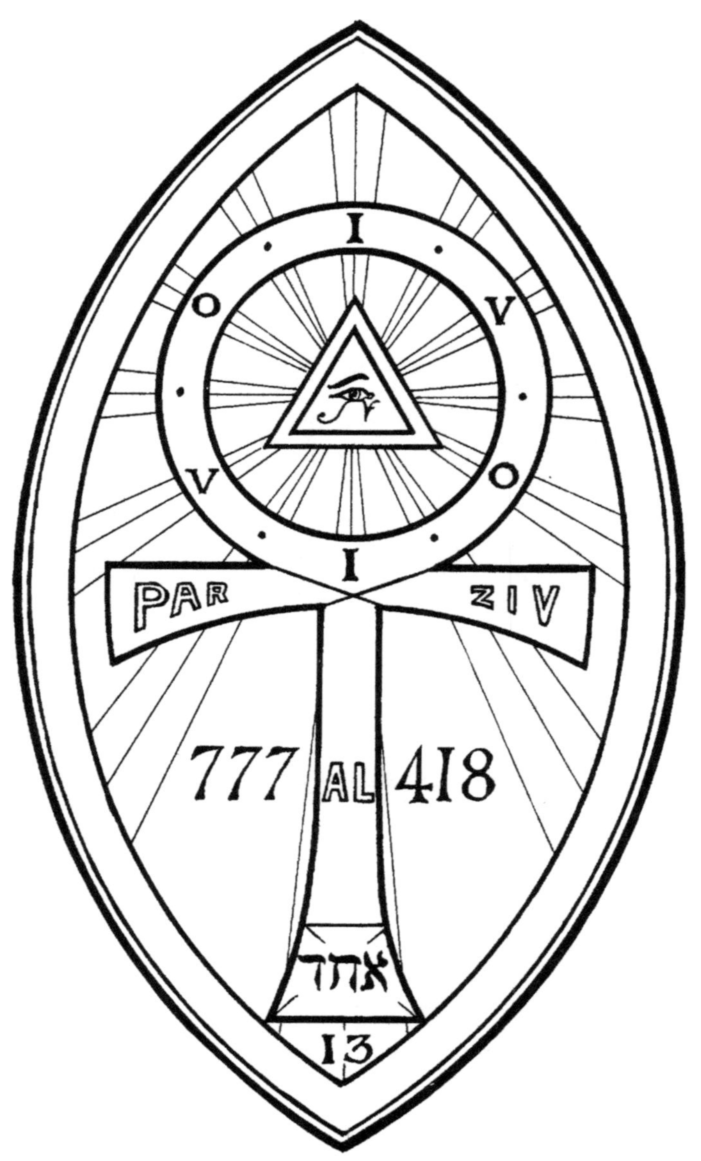
I
O
V
V
O
I
PAR
ZIV
777
AL
418
אחד
13

31. Dezember. 11.31.- 11.46 p.m. l.b.r. Drachen. Meditation auf Liebe.[30] *Danach imaginierte ich, wie die vage Figur der Nuit das Universum überschattet. Amen. Und nun werde ich hinausgehen und R. und dem Baby ein frohes neues Jahr wünschen.*

Ein zusammenfassender Kommentar von Fra. O.M. 7°=4□

Ich denke, das Du der rechte Mann bist und erlangen wirst. Du arbeitest hart und regelmäßig und führst Dein Tagebuch gut. Und Du hast die Wurzel der Angelegenheit in Dir. Dies sind Deine Gefahren. (1) Du bist emotional. Dies ist sehr schlecht und Du mußt es loswerden. Es ist eine Form des Egoismus und führt auf den Pfad der linken Hand. Du sagst: »Ich habe etwas dagegen, daß meine Frau von einem Automobil überfahren wird« und denkst, daß Du eine ewige Wahrheit von Dir gibst. Nun kümmert es keinen einzigen Elefanten in Siam, ob sie überfahren wird oder nicht. Sage also: »Es ist (relativ für V.I.O.) richtig, daß er etwas dagegen haben sollte etc. etc.« Benutze diese Analyse für alle Emotionen. Erlaube Dir nicht zu denken, daß Dein eigener Standpunkt der einzige ist. Lies Liber LXV Kap. I 32-40 und 57-61. Dies ist besonders wichtig: Denn, wenn Du darin fehlst, diese Sache zu verstehen, wirst Du wahnsinnig werden, wenn Du an ein bestimmtes Tor kommst. (2) Du hast eine Neigung zur Vagheit. Dies ist augenscheinlich teilweise verursacht durch diesen Emotionsnebel. Bevor Du zum Zelator aufsteigen kannst, mußt Du die Astralebene vollständig kennen und beherrschen. Astralreisen jedoch, wie interessant und sogar glänzend und prächtig und erleuchtend sie auch erscheinen mögen, zählen nicht, wenn sie nicht gewollt sind. Wenn Du in Dein Büro gehen willst und Dich dann stattdessen am Rathaus wiederfindest, ist es keine Entschuldigung, daß dieses Rathaus schöne Säulenreihen hat! Du solltest alle »Meditationen auf Liebe« seinlassen. Und was ist, nebenbei bemerkt, mit dem Haß? Von jenseits des Abyss sehen beide gleich aus, wie zwei neue Pennys. In Wirklichkeit meinst Du »Reflektion über Liebe«: »Jones' Nachtgedanken«: »Eitle Gedanken eines eitlen Mannes«. Es ist dies eine die Seele zerstörende und den Geist zerstreuende Praxis. Gehst Du darin auf, wird sie alle Kraft der Konzentration absolut ruinieren. Nun, hier ist Deine Prüfung für den Grad des Zelator[31]*:*

[30](Diese Dinge sind völlig falsch. Es ist in Wirklichkeit nicht im mindesten eine Meditation. Du läßt Deinen Geist umherschweifen, anstatt ihn auf ein einzelnes, einfaches Objekt zu nageln. Samadhi tritt unter solchen Bedingungen niemals auf. O.M.)

[31](Diese Prüfung ist ein subtiles Kompliment und grenzt beinahe an Schmeichelei. Es ist eine bei weitem härtere Aufgabenstellung, als sie in den meisten Fällen gegeben würde. O.M.)

(a) Gehe durch eine Tür, in welche dieses Siegel graviert ist und expliziere das Siegel im Detail durch das Mittel der Vision.

(b) Invoziere Merkur und Hod und reise, bis Du das Einhorn, welches in Liber LXV, Kapitel III, Vers 2, erwähnt wird, triffst. Berichte vollständig über seine Konversation.

(c) Entdecke durch Visionen die Natur der alchemistischen Prinzipien Schwefel, Quecksilber und Salz. Wie unterscheiden sie sich von den drei Gunas und den Elementen Feuer, Wasser und Luft?

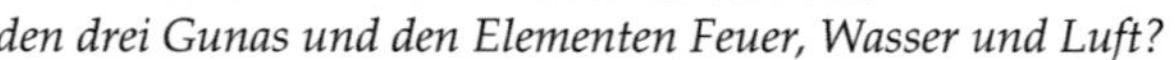

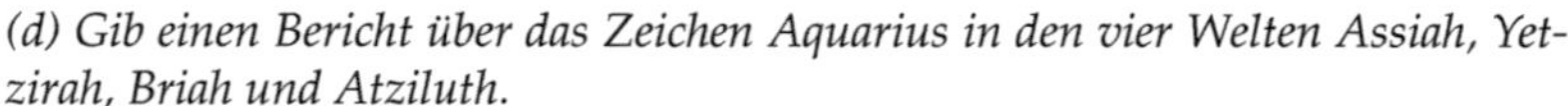

(d) Gib einen Bericht über das Zeichen Aquarius in den vier Welten Assiah, Yetzirah, Briah und Atziluth.

(e) Besuche die Qliphot von Aries und beschreibe sie vollständig.

(f) Besuche Jophiel und Hismael und berichte über ihre Erscheinung, Lebensweise und Konversation.

Beachte: Die Arbeit der A∴A∴ ist vollständig bestimmt und geregelt. Es gibt keinen Platz für einen einzelnen verlorenen Gedanken. (3) Du mußt vollkommen ernst und sicher über die Heiligkeit der Arbeit sein. Du würdest Deiner Frau nicht erlauben, in Dein Büro zu kommen, um zu reden: Du mußt sie dazu bringen, Deine Arbeitsstunden zu Hause zu respektieren. Hier sehe ich Ärger voraus: In den wenigsten Fällen erlaubt eine Frau einem Mann, irgendetwas zu tun, dessen Mittelpunkt sie nicht ist. Seine Arbeit ist nur deshalb erlaubt, weil sie ihrem Unterhalt dient. Hierin ist kein Kompromiß möglich. Du mußt Herr oder Sklave sein und die wahrhaftigste Freundlichkeit ist die, ein für allemal der Meister zu sein, koste es, was es wolle. O.M.

In diesem Engpaß müssen wir unseren Pilger erst einmal verlassen. Er steht kurz davor, sich mit den Bewohnern der Astralwelt zu konfrontieren, ihrerseits bedrohlich oder verführerisch; und, indem er der tapferen rosenkreuzerischen Regel folgt, wird er im gegenwärtigen Leben verbleiben, ohne den Schutz eines absoluten äußeren Rückzuges und Verzichts, wie er von den östlichen Lehren verfochten wird. Aber auf dem Weg der A∴A∴ sind Äußerlichkeiten von geringerem Wert, als Essentials und V.I.O. stand unter dem Schutz und der Führerschaft eines Ordens, dessen Allwissen makellos und dessen Belohnung sicher ist.

LIBER CCC

KHABS AM PEKHT

Eine Epistel von Therion $9^\circ=2^\square$, einem Magus der A.·.A.·. an seinen Sohn; eine Instruktion in einer Angelegenheit von allergrößter Wichtigkeit; die Mittel und Wege, die anzuwenden sind, um die Herrschaft des Gesetzes von Thelema über die gesamte Welt auszudehnen.

A∴A∴ Publikation in Klasse E

Pro Coll. Summ.:

93	10°=1□
666	9°=2□
777	8°=3□

Pro Coll. Int.:

D.D.S.	7°=4□
O.M.	7°=4□
O.S.V.	6°=5□
Parzival	5°=6□

Pro Coll. Ext.:

V.N.	Praemonstrator
P.	Imperator
Achad	Cancellarius

Liber CCC

Khabs am Pekht.

(Die Zitate in diesem Brief sind aus dem Liber Legis, Buch des Gesetzes. - Ed.)

Sohn,

Tu was Du willst soll das Ganze des Gesetzes sein. Zuerst richte Deine Aufmerksamkeit darauf, wie auf diesem Planeten das Aeon des Horus durch den Universellen Krieg manifest wird. Dies ist das erste große und direkte Ergebnis des Äquinox der Götter und die Vorbereitung der Herzen der Menschen für die Empfängnis des Gesetzes.

Laß uns Dich daran erinnern, daß dies eine magische Formel von kosmischem Ausmaß ist und daß sie in exakten Details in der Legende vom goldenen Vlies gegeben wurde.

Jason, der in der Geschichte das Biest repräsentiert, rüstet zuerst ein Schiff aus, welches durch Weisheit oder Athena gesteuert wird und dies ist sein Streben nach dem großen Werk. Begleitet von vielen Helden gelangt er an den Ort des Vlieses, doch können sie nichts tun, bis Medea, die Scarlet Woman, einen Trank für den Drachen in seine Hände gibt »gebraut aus Schläfrigkeit, schläfrig mit Mohn und weißem Nieswurz«. Dann erst ist Jason in der Lage, die Bullen zu unterwerfen, die dem Osiris heilig sind, symbolisch für sein Aeon und für die magische Formel des Selbstopfers. Mit diesen pflügt er das Feld der Welt und sät darin »die furchtbaren Zähne der Klage, die Cadmeanische Saat von Thebens altem Leiden«, welches sich auf eine bestimmte magische Formel, die durch das Tier bekannt gemacht wurde, bezieht, die Dir bekannt ist, jedoch unpassend für den Profanen und deshalb an dieser Stelle nicht weiter ausgeführt wird. Aus diesem Samen entsprangen bewaffnete Männer ins Leben; aber anstatt ihn zu attackieren, »schlug gemeinsamer Wahnsinn die unwissenden Krieger und brennender Zorn befiel ihre rasenden Herzen und mit gezogenen Waffen fielen sie schweigend übereinander her und töteten und töteten«. Nun denn, da der Drache schläft, mögen wir leise hinter ihn treten und »brechend die Äste dieser Zauber-Eiche mit einem starken Griff das gold'ne Vlies herunterreißen«.

Laßt uns nur daran erinnern, den Fehler des Jason nicht zu wiederholen und Ares herauszufordern, Horus in seiner Kriegerstimmung ist, der das Vlies bewacht, daß er uns nicht ebenso mit Wahnsinn schlage. Nein, sondern zum Ruhme des Ra-Hoor-Khuit und zur Errichtung seines vollkommenen Königreiches laß dies alles getan sein.

Nun, oh mein Sohn, magst Du wissen, daß es unser Wille ist, diese Arbeit zu etablieren und vollständig das zu erfüllen, wozu wir im Buch des Gesetzes angewiesen werden, »Hilf mir, oh Kriegsherr von Theben, in meiner Entschleierung vor den Kindern der Menschen!« - und es ist Dein Wille, dieses selbe Ding, ebenso, wie Du es in der Sphäre von Malkuth, der materiellen Welt, getan hast, auf einem sogar noch wirkungsvollerem und praktischerem Weg zu tun, als es jemandem natürlich erscheinen würde, der in den Himmeln von Jupiter manifest ist. Daher beantworten wir nun Deine kindliche Bitte, die unseren guten Rat erfragte, bezüglich der Mittel, mit denen das Gesetz von Thelema über die gesamte Welt verbreitet werden soll.

Richte daher Deine Aufmerksamkeit sehr genau auf das Buch des Gesetzes selbst. Darin finden wir eine absolute Regel des Lebens und klare Instruktionen für jeden Notfall, der auftreten mag. Was sind Seine Anweisungen für die Befruchtung dieses unaussprechlichen Samens? Bemerke, ich bitte Dich, das Vertrauen, mit dem wir voranschreiten mögen. »Sie werden meine Kinder in ihrer Gemeinde sammeln; sie werden die Herrlichkeit der Sterne in die Herzen der Menschen bringen.« Sie »werden«; es gibt keinen Zweifel. Deshalb zweifle nicht, sondern schlage zu mit all Deiner Stärke. Bemerke ebenso, ich bitte Dich, dies Wort: »Das Gesetz ist für alle«. Wähle daher in Deiner weltlichen Weisheit nicht »passende Personen« aus; predige offen das Gesetz zu allen Menschen. In unserer Erfahrung haben wir festgestellt, daß die unwahrscheinlichsten Mittel die besten Ergebnisse hervorgebracht haben; und tatsächlich ist es beinahe die Definition einer wahren magischen Formel, daß die Mittel, rational gesprochen, unpassend für das erstrebte Ziel sein sollten. Bemerke, ich bitte Dich, daß es unser Los ist zu lehren. »Er muß lehren, aber er darf die Prüfungen schwer machen«. Dies bezieht sich jedoch, wie im Kontext offensichtlich wird, auf die Technik der neuen Magick »die Mantren und die Zauber; das Obeah und das Wanga, die Arbeit des Stabes und die Arbeit des Schwertes«.

Bemerke, ich bitte Dich, die Anweisungen in CCXX, I: 41-44; 51; 61; 63 k.t.l. die wir in Breite in unserem Traktat »Das Gesetz der Freiheit« und in privaten Briefen an Dich und andere behandelt haben. Die offene Verkündung dieses Gesetzes und das Praktizieren dieser Vorschriften wird Diskussionen und Feindseligkeiten heraufbeschwören und Dich so auf ein Podest stellen, von wo aus Du zu den Leuten sprechen magst.

Bemerke, ich bitte Dich, diesen Lehrsatz: »Erinnere Dich, daß Existenz reine Freude ist, daß alle Sorgen nur Schatten sind, sie gehen vorüber und sind vorbei. Aber da ist das, was bleibt«. Denn diese Doktrin soll viele stärken. Ebenso steht dort dieses Wort: »Sie sollen sich erfreuen, unsere Auserwählten; wer sich sorgt, ist nicht von uns. Schönheit und Stärke, perlendes Lachen und köstliches Ermatten, Kraft und Feuer sind unser«. In der Tat, auf allen Wegen sollst Du die Freude unseres Gesetzes verbreiten; nein, denn Du sollst überfließen von seiner Freude und kein Bedürfnis nach Worten haben. Darüberhinaus wäre es impertinent und langweilig, Deine Aufmerksamkeit auf all diese Passagen zu richten, die Du so gut kennst.

Bemerke, ich bitte Dich, daß in der Angelegenheit direkter Anweisungen es genug ist. Bedenke die Passage »Wählet euch eine Insel! Befestigt sie! Düngt sie mit Kriegsgerät! Ich werde euch eine Kriegsmaschine geben. Damit werdet ihr die Völker zerschmettern und niemand wird vor Euch bestehen. Lauern! Zurückziehen! Auf sie! Das ist das Gesetz der Eroberungsschlacht: So wird meine Verehrung um mein geheimes Haus sein.« Der letzte Satz suggeriert, daß die Insel Großbritannien sein könnte mit seinen Minen und Panzern und es ist bemerkenswert, daß ein bestimmter Bruder, welcher der A∴A∴ verpflichtet ist, sich zu dieser Stunde in einem der geheimsten Kriegsräte Englands befindet. Aber es ist möglich, daß all diese Anweisungen sich auf eine spätere Zeit beziehen, wenn unser Gesetz, vertreten durch einen solchen Orden wie den O.T.O., welcher sich selbst mit zeitgebundenen Angelegenheiten befaßt, von Gewicht für die Gerichte der Welt ist und von den Heiden herausgefordert wird und von der Gefolgschaft der gefallenen Götter und Halbgötter.

Bemerke, ich bitte Dich, die praktische Methode, Widerstand zu überwältigen, wie gegeben in CCXX, III: 23-26; aber dies ist nicht unser direktes Anliegen in dieser Epistel. Bemerke, ich bitte Dich, die Anweisung in den Versen 38 und 39 des 3. Kapitels des Buches des Gesetzes. Sie müssen vollständig zitiert werden.

»So daß Dein Licht in mir ist und seine rote Flamme wie ein Schwert in meiner Hand, um Deinen Orden voranzutreiben.«

Das heißt, der Gott selbst ist entflammt im Licht des Tieres und wird selbst den Orden vorantreiben durch das Feuer (was vielleicht den Genius meint) des Tieres.

»Da ist eine geheime Tür, die ich machen werde, um Deinen Weg in allen Himmelsrichtungen einzurichten (dies sind die Anweisungen, wie Du sie niedergeschrieben hast), wie es gesagt ist:

Das Licht ist mein, seine Strahlen verzehren
Mich: ich habe eine geheime Tür gemacht
In das Haus von Ra und Tum,
Von Kephra und von Ahatoor.
Ich bin Dein Thebaner, O Mentu,
Der Prophet Ankh-af-na-khonsu!

Bei Bes-na-Maut schlag' ich meine Brust;
Beim weisen Ta-Nech web' ich meinen Spruch.
Zeig' Deinen Sternenglanz, O Nuit!
Heiß' mich, in Deinem Haus zu wohnen,
O geflügelte Schlange des Lichtes, Hadit!
Verbleibe bei mir, Ra-Hoor-Khuit.«

Im Kommentar in Equinox I: VII wird diese Passage eigentlich ignoriert. Es ist möglich, daß sich diese »geheime Tür« auf die vier Männer und vier Frauen bezieht, von denen später in »Paris Working« gesprochen wird, oder sie mag das Kind bedeuten, das an anderer Stelle angekündigt wird, oder eine geheime Vorbereitung der Herzen der Menschen. Es ist schwierig, einen solchen Punkt zu entscheiden, aber wir können sicher sein, daß das eigentliche Ereignis zeigen wird, daß die exakte Wortwahl so gefärbt wurde, daß sie uns das absolute Vorherwissen auf Seiten Dieses Höchst Heiligen Engels, der das Buch diktierte, beweist.

Bemerke, ich bitte Dich, wie weiterhin in Vers 39 die Angelegenheit fortgeführt wird:

»All dies« - d.h. das Buch des Gesetzes selbst »und ein Buch, um zu sagen, wie Du hierher kamst.« d.h. eine Aufzeichnung wie die im Tempel des König Solomon. »Und eine Reproduktion dieser Tinte und dieses Papieres für immer.« d.h. durch einen mechanischen Prozeß mit möglicherweise einem ähnlichen Papier, wie dem gegebenen. »- denn darin ist das geheime Wort und nicht nur im Englischen -«

Vergleiche CCXX, III: 47, 73 Das Geheimnis ist für uns immer noch ein Geheimnis.

»- und Dein Kommentar zu diesem Buch des Gesetzes soll schön gedruckt werden, in roter Farbe und schwarzer, auf schönem, handgemachtem Papier;« d.h erkläre den Text, »damit da keine Torheit sei«, wie zuvor gesagt in CCXX, I: 36

»Und jedem Mann und jeder Frau, die Du triffst, sei es auch nur, daß Du mit ihnen ißt oder trinkst, sollst Du das Gesetz geben. Dann werden sie die Möglichkeit haben, in diesem Segen zu verweilen oder nicht; es ist kein Unterschied. Tue dies schnell!«

Hieraus wird offensichtlich, daß eine Ausgabe zusammengestellt werden muß, wie bezeichnet - Teil IV von Buch 4 war dazu gedacht, diesen Zweck zu erfüllen - und dieses Buch muß weit verbreitet werden, tatsächlich an jeden, mit dem man in sozialen Kontakt tritt.

Es ist nicht an uns, diese Gabe mit Predigten oder ähnlichem zu begleiten. Sie können es nehmen oder lassen.

Bemerke, ich bitte Dich, Vers 41 dieses Kapitels:

»Errichte bei Deiner Kaaba ein Schreibhaus; alles muß gut und nach Geschäftsgebrauch getan werden.«

Dies ist in der Tat eine sehr klare Anweisung. Es soll eine moderne, zentralisierte Geschäftsorganisation bei der Kaaba geben - was, so denken wir - nicht Boleskin meint, sondern jedes bequeme Hauptquartier.

Bemerke, ich bitte Dich, in Vers 42 dieses Kapitels den Befehl: *»Erfolg ist Dein Beweis. Argumentiere nicht, bekehre nicht, rede nicht zuviel.«* Dies ist kein Verbot zur Erklärung des Gesetzes. Wir mögen Menschen helfen, ihre eigenen Fesseln abzuwerfen. Aber denen, welche Sklaverei bevorzugen, muß dies erlaubt sein. *»Die Sklaven sollen dienen.«* Die Außerordentlichkeit des Gesetzes muß sich denen, die es akzeptieren, durch Ergebnisse zeigen. Wenn die Menschen uns als die Einsiedler Hadits, wie in CCXX, I: 24 beschrieben, sehen, werden sie sich entscheiden, unserer Freude nachzueifern.

Bemerke, ich bitte Dich, die gesamte Implikation dieses Kapitels, daß wir früher oder später die Macht der Sklaven, der Sklavengötter, durch tatsächlichen Kampf brechen müssen. Letztendlich muß Freiheit auf das Schwert vertrauen. Es ist unmöglich in diesem Schreiben, die weitreichenden Probleme, welche in dieser Fragestellung involviert sind, zu behandeln; und es muß darüber in Übereinstimmung mit dem Gesetz entschieden werden, durch jene, die, wenn die Zeit kommt, die Autorität im Orden innehaben. Du wirst bemerken, daß wir an Dich eher als Mitglied des O.T.O. denn in Deiner Kapazität als einem A∴A∴ - Angehörigen geschrieben haben. Denn die erstere Organisation ist koordinierend und praktisch und beschäftigt sich mit materiellen Dingen. Aber erinnere Dich deutlich daran, daß das Gesetz von der A∴A∴ kommt und nicht vom O.T.O. Dieser Orden ist lediglich die erste der großen religiösen Körperschaften, die das Gesetz offiziell akzeptiert und sein gesamtes Ritual wurde entsprechend dieser Entscheidung überarbeitet und neu konstituiert. Nun denn, wenn wir das Buch des Gesetzes verlassen, bemerke, ich bitte Dich, die folgenden zusätzlichen Vorschläge zur Ausdehnung der Herrschaft des Gesetzes von Thelema über die gesamte Welt.

1. All jene, die das Gesetz akzeptiert haben, sollten dasselbe im täglichen Umgang bekannt geben. »Tu was Du willst soll

sein das Ganze des Gesetzes.« soll die unveränderliche Form des Grußes sein. Diese Worte, speziell gegenüber Fremden, sollten mit klarer, fester und wohlartikulierter Stimme betont werden, die Augen freimütig auf den Angesprochenen gerichtet. Wenn der andere einer der unsrigen ist, so laß ihn erwidern »Liebe ist das Gesetz, Liebe unter Willen.« Der letzte Satz soll ebenso als Abschiedsgruß benutzt werden. In Briefen und wo auch immer ein Gruß üblich ist, soll es wie zuvor sein, eröffnet wird mit »Tu was Du willst soll sein das Ganze des Gesetzes« und geschlossen wird mit »Liebe ist das Gesetz, Liebe unter Willen«.

2. Soziale Versammlungen sollten so häufig wie möglich gehalten werden und dort sollte das Gesetz gelesen und erklärt werden.

3. Die speziellen Traktate, welche von uns verfaßt wurden oder durch uns autorisiert wurden, sollten an alle Personen weitergegeben werden, mit denen jene, die das Gesetz akzeptiert haben, in Kontakt stehen.

4. Bis zur Einrichtung anderer Universitäten und Schulen von Thelema, sollten Lehrveranstaltungen, Lesungen und so weiter in existierenden Schulen und Universitäten angeboten werden, um das generelle Studium sowohl unserer Schriften, als auch solcher, die von uns als zum Neuen Äon gehörig autorisiert wurden, zu sichern.

5. Alle Kinder und jungen Leute, wenn sie auch noch nicht in der Lage sind, die umfassenderen Himmel unseres Horoskopes zu verstehen, mögen immer gelehrt werden, ihre Leben in Übereinstimmung mit dem Gesetz zu regeln. Kein Aufwand soll gescheut werden, um sie zu dieser Emanzipation zu bringen. Die Misere, welche den Kindern aus den Operationen der Gesetze der Sklavengötter erwuchs, war, wie man sagen könnte, das Primum mobile unseres ersten Strebens, das alte Gesetz niederzuwerfen.

6. Nach besten Kräften sollen sich alle konstant bemühen, die Macht und Freiheit des Hauptquartiers des O.T.O. zu erhöhen. Denn dadurch wird die Effektivität der Verbreitung des

Gesetzes gefördert. Spezielle Instruktionen zur Unterstützung des O.T.O. werden in einem anderen Schreiben gegeben. Konstante Durchführung dieser Empfehlungen wird die Fertigkeiten in ihm oder ihr, der praktiziert, unterstützen, so daß neue Ideen und Pläne kontinuierlich entwickelt werden.

Weiterhin ist es richtig, daß sich jedes und jeder selbst mit einem magischen Eid bindet, so daß er die Freiheit vollkommen macht, sogar durch eine Bande, wie in Liber III vollständig beschrieben. Amen.

Nun, Sohn, bemerke, ich bitte Dich, in welchem Haus wir diese Worte schreiben, denn es ist eine kleine Hütte, rot und grün, auf der Westseite eines großen Sees und sie ist verborgen in den Wäldern. Der Mensch ist daher im Streit mit Wald und Wasser, und als ein Magier bedenkt er für sich selbst, einen dieser Feinde zu nehmen, den Wald, welcher sowohl das Ergebnis, als auch die Ursache für diesen Überschuß des Wassers ist, und ihn zu zwingen, für Ihn gegen den anderen zu kämpfen. Was macht er also? Nun, er nimmt sich Eisen des Mars, eine Axt, eine Säge, einen Keil und ein Messer und teilt den Wald damit gegen sich, indem er ihn in viele kleine Stücke teilt, so daß er keine Kraft mehr gegen Seinen Willen hat. Gut; dann nimmt er das Feuer unseres Vaters Sonne und setzt es durch seine Armee aus Holz, die er besiegt und gedrillt hat, in direkte Schlachtordnung gegen das Wasser, indem er sie in einer Phalanx aufbaut, wie einen Kegel, der die edelste aller soliden Figuren ist, ein Bildnis des heiligen Phallus selbst und in sich selbst die gerade Linie und den Kreis vereint. So, Sohn, handelt er; und das Feuer entzündet das Holz und die Hitze davon treibt das Wasser weit hinfort. Nun ist das Wasser aber ein listiger Widersacher und stärkt das Holz gegen Feuer, indem es das Holz mit einer ganzen Menge seiner eigenen Substanz imprägniert, wie durch einen Spion in der Zitadelle eines Verbündeten, dem man nicht völlig vertraut. Nun denn, was muß der Magier dagegen unternehmen? Er muß zuerst das Wasser vollständig aus dem Holz entfernen, durch eine Anrufung des Feuers, der Sonne, unseres Vaters. Das heißt, ohne die Inspiration des höchsten und heiligen Einen können selbst wir überhaupt nichts unternehmen. Dann, Sohn, beginnt der Magier, sein Feuer an das wenige, trockene zu setzen, und dieses entzündet das Holz mittlerer Größe und wenn dieses strahlend flammt, werden zuletzt die großen Stämme, obwohl sie völlig grün sein mögen, nichtsdestotrotz entzündet.

Nun, Sohn, höre auf diesen unseren Tadel und wende das Ohr Deines Verständnisses der Parabel dieser Magick zu.

Wir haben für den gesamten Anbeginn unserer Arbeit, Lobpreisung sei immerwährend Seinem Heiligen Namen, das Feuer unseres Vaters, der Sonne. Die Inspiration ist unser und unser ist das Gesetz von Thelema, das die Welt im Flammen setzen soll. Und wir haben viele kleine, trockene Zweige, die sich schnell entzünden und durchglühen, das größere Holz jedoch unentzündet belassen. Und die großen Stämme, die Massen der Menschheit, sind immer mit uns. Aber was wir am dringendsten brauchen, sind die mittleren Scheite, die zum einen durch die kleinen Zweige schnell entzündet werden und zum anderen durchhalten, bis die großen Brocken brennen.

(Bemerke, was für eine traurige Angelegenheit es ist, sagte der Affe des Thoth, wenn jemand so heilig ist, daß er einen Baum nicht fällen kann und sein Essen kochen, ohne darüber eine lange und ermüdende Moralschrift zu verfassen!)

Laß dieses Schreiben kopiert werden und umgehen unter all jenen, die das Gesetz von Thelema akzeptiert haben. Empfange nun unseren väterlichen Segen: der Segen des All-Erschaffers sei auf Dir. Liebe ist das Gesetz, Liebe unter Willen. ΘΗΡΙΟΝ 9°=2□ A.·.A.·., gegeben unter unserer Hand und unserem Siegel, an diesem Tage des Jahres XII, die Sonne unseres Vaters steht in 12° 42' 2" im Zeichen des Löwen und der Mond in 25° 39' 11" im Zeichen der Waage, aus dem Hause des Taschenspielers, das am Lake Pasquaney im Staate New Hampshire liegt.

Aus dem Alten Aeon in das Neue treten

Tu was du willst soll das Ganze des Gesetzes sein.

Wie alle von euch wissen sollten, sind wir in ein Neues Aeon eingetreten. Eine Höhere Wahrheit wurde der Welt gegeben. Diese Wahrheit wartet bereits auf all jene, die sie bewußt akzeptieren, aber sie muß erkannt werden, bevor sie verstanden werden kann und Tag für Tag erkennen jene, die dieses Gesetz akzeptiert haben und versuchen, es zu leben, mehr und mehr von seiner Schönheit und Vollkommenheit.

Die neue Lehre erscheint zuerst fremd; und der Geist ist unfähig, mehr als ein Fragment dessen zu erhaschen, was sie wirklich bedeutet. Nur wenn wir das Gesetz leben, kann sich das Fragment in die unendliche Konzeption des Ganzen ausweiten.

Ich möchte, daß ihr mit mir ein kleines Fragment dieser großen Wahrheit teilt, welches mir an diesem Sonntagmorgen klar wurde: Ich möchte, daß ihr mit mir - wenn ihr wollt - gerade über die Grenzlinie des Alten Aeones kommt und für einen Moment auf das Neue blickt. Dann, wenn der Anblick euch erfreut, werdet ihr bleiben oder es mag sein, daß ihr für eine Zeit zurückkehrt, aber, wenn die Straße einmal geöffnet und der Pfad geebnet ist, werdet ihr stets in der Lage sein, in einem Augenblick wieder dorthin zu gelangen, lediglich dadurch, daß ihr eure innere Sicht wieder auf die Wahrheit ausrichtet.

Ihr wißt, wie tief wir immer beeindruckt waren von der Idee des Sonnenauf- und untergangs und wie unsere alten Brüder, welche die Sonne zur Nacht verschwinden und am Morgen wieder aufgehen sahen, all ihre religiösen Ideen auf dieser einen Konzeption des sterbenden und wieder auferstehenden Gottes gründeten. Dies ist die zentrale Idee der Religion des Alten Aeons, aber wir haben sie hinter uns gelassen, weil, obwohl sie auf der Natur zu basieren scheint (und die Symbole der Natur sind immer wahr), wir doch über diese Idee hinausgewachsen sind, welche in der Natur lediglich scheinbar wahr ist. Seit dieses große Ritual des Opfers und des Todes begonnen und weitergeführt wurde, haben wir durch die Beobachtung unserer Männer der Wissenschaft erfahren, daß es nicht Sonne ist, der[32] auf- und untergeht, sondern die Erde, auf welcher wir leben, sich um sich selbst dreht, so daß ihr Schatten uns während dem, was wir Nacht nennen, vom Sonnenlicht abschneidet. Sonne stirbt nicht, wie die Alten dachten, Er scheint immerwährend, immer Licht und Leben ausstrahlend. Halte für einen Moment ein und erzeuge eine klare Konzeption von Sonne, wie Er am frühen Morgen scheint, am Mittage, am Abend und in der Nacht. Habt ihr diese Idee klar in eurem Bewußtsein? Ihr seid aus dem Alten Aeon in das Neue geschritten.

Nun laßt uns bedenken, was geschehen ist. Was tatet ihr, um dieses mentale Bild des immer scheinenden Sonne zu erhalten? Ihr identifiziertet euch selbst mit Sonne. Ihr seid aus dem Bewußtsein dieses Planeten hinausgeschritten und habt euch für einen Moment als solares Wesen erfahren. Dann, warum zurückschreiten? Ihr mögt dies ungewollt getan haben, weil das Licht so hell war, daß es als Dunkelheit erschien. Aber tut es noch einmal, diesmal vollständiger und laßt uns bedenken, welches die Änderungen in unserem Konzept des Universums sein werden.

Im Moment identifizieren wir uns selbst mit Sonne, wir erkennen, daß wir eine Quelle des Lichtes geworden sind und nun ebenso ruhmvoll scheinen, aber wir haben ebenso erkannt, daß das Sonnenlicht nicht länger für uns ist, denn wir können Sonne nicht länger sehen, es ist nicht mehr wie in unserem kleinen altäonischen Bewußtsein, wo wir uns selbst erblicken konnten. Alles um uns herum ist immerwährende Nacht, doch es ist das Sternenlicht des Körpers unserer Lady Nuit, in welchem wir leben und uns bewegen und unser Dasein haben. Dann blicken wir von dieser Höhe zurück auf den kleinen Planeten Erde, wovon wir vor einem Moment

[32] [A.d.R] Die Sonne wird in diesem Text als männlich angesehen, Vater Sonne.

noch ein Teil waren und denken uns selbst als unser Licht ausgießend über all diese kleinen Individuen, die wir unsere Brüder und Schwestern genannt haben, die Sklaven, die dienen. Aber wir bleiben dort nicht stehen. Imaginiere Sonne, wie Er seine Strahlen für einen Moment auf einen winzigen Punkt, die Erde, konzentriert. Was passiert? Sie brennt aus, wird verzehrt, verschwindet. Doch in unserem solaren Bewußtsein ist Wahrheit, und obwohl wir für einen Moment auf die kleine Sphäre blicken, welche wir hinter uns gelassen haben und sie nicht mehr ist, ist da doch »das, was verbleibt«. Was bleibt? Was ist geschehen? Wir realisieren das »jeder Mann und jede Frau ein Stern ist«. Wir schauen auf unsere weitere Umgebung, wir sehen den Körper unserer Lady Nuit. Wir sind nicht in Dunkelheit; wir sind ihr nun viel näher. Was (von dem kleinen Planeten aus) wie kleine Lichtfunken aussah, strahlt nun wie andere große Sonnen und dies sind wahrlich unsere Brüder und Schwestern, deren essentielle und sternenhafte Natur wir niemals zuvor gesehen und erkannt haben. Dies ist das »Verbleibende«, von denen, von denen wir dachten, wir hätten sie zurückgelassen.

Es gibt eine Menge Raum hier. Jeder reist auf seinem wahren Pfad, alles ist Freude.

Nun, wenn du zurückkehren willst in das Alte Aeon, tue es. Aber bemühe Dich und behalte im Bewußtsein, daß all diejenigen um Dich herum in Wirklichkeit Sonnen und Sterne sind, nicht kleine wankelmütige Sklaven. Wenn Du nicht gewillt bist, selbst ein König zu sein, erkenne dennoch, daß sie ein Recht auf Königtum haben, ebenso wie Du es hast, wann immer Du wünschst, es zu akzeptieren. Und in dem Moment, in dem Du wünschst, dies zu tun, mußt Du Dich lediglich an dies erinnern - Schau auf die Dinge aus der Sicht der Sonne.

Liebe ist das Gesetz, Liebe unter Willen.

The Sevenfold Sacrament

In eddies of obsidian
At my feet the river ran
Between me and the poppy-prankt
Isle, with tangled roots embanked,
Where seven sister poplars stood
Like the seven Spirits of God.

Soft as silence in mine ear,
The drone and rustle of the weir
Told in bass the treble tale
Of the embowered nightingale.
Higher, on the patient river,
Velvet lights without a quiver
Echoed through their hushed rimes
The garden's glow beneath the limes.
Then the sombre village, crowned
By the castellated ground
Where, in cerements of sable,
One square tower and one great gable
Stood, the melancholy wraith
Of a false and fallen faith.
Over all, supine, enthralling,
The young moon, her faint edge falling
To the dead verge of her setting,
Saintly swam, her silver fretting
All the leaves with light. Afar
Toward the Zenith stood a star,
As of all worthiness and fitness
The luminous eternal witness.
So silent was the night, that I

Stirred the grasses reverently
And hid myself. The garden's glow
Darkened, and all the gold below
Went out, and left the gold above
To its sacrament of love,
Save where, to sentinel my station,
Gold lilies bowed in adoration.

Had I not feared to move, I might
Have hid my shame from such a night!
Man is not worthy to intrude
His soullessness on solitude;
Yet God hath made it to befriend
Pilgrims, that His peace may pend,
A dove upon the dire and dark
Waters that assail the ark,
And lure their less love to His own.
Life is a song, a speech, a groan,
As may be; none of these have part
In the silence of His heart.

...

Lapsed in that unweaned air,
I awaited, unaware,
What might fall. The silence wrapped
Veil on veil about me, trapped
By the siren Night, whose words
Were the river and the birds.
So close it swaddled me, and bound
My being in the pure profound
Of its own stealthy intimacy,
Had Artemis come panting by,
Silver-shod with bow and quiver
Hunting along the reedy river,
And called me to the chase, I should
Have neither heard nor understood.
Or had Zeus his dangerous daughter,
Aphrodite, from the water
Risen all shining, her soft arms

Open, all her spells and charms
Melted to one lure divine
Of her red mouth pressed to mine,
I had neither heard nor seen
Nor felt the Idalian. Between
My soul and all its knowledge of
The universe of light and love,
Thought, being, nature, time and space,
The Mother's heart, the Father's face,
All that was agony or bliss,
Stretched an infinite abyss.
All that behind me ! but my soul,
With no star left to point the pole,
Witless and banned of grace or goal,
Beggared of all its wealth, bereft
Of all its images, unweft
Its magic web, its tools all broken,
Its Name forgot, its Word unspoken,
Widowed of its undying Lord,
Its bowl of silver broke, its cord
Of gold unloosed, its shining ladders
Thrown down, its ears more deaf than adders,
Its windows blind, its music stopped,
From its place in Heaven dropped,
From its starry throne was hurled
Beyond the pillars of the world -
Borne from the byss of light
To the Dark Night !

...

The moon had sunk behind the tower
When, for a moment, by the power
Of nature, as even the eagle's eye
Turns wearied from the sun, did I
Fall from the conning-crag, that springs
Above the Universe of Things,
Into the dark impertinence
Of the mirrored lies of sense.

Yet, when I sought the stars to espy
And ree the runes of destiny,
Mine eyes their wonted office failed,
So diligently God had veiled
Me from myself! I could not hear
The drone and rustle of the weir.
No help in that world or in this!
I was alone in the abyss.

...

No Whence! no Whither! and no Why!
Not even Who evokes reply.
No vision and no voice repay
My will to watch, my will to pray.
Vain is the consecrated vesture;
Vain the high and holy gesture;
Vain the proven and perfect spell
Enchanting heaven, enchaining hell.
Unyoked the horses from the car
Wherein I waged celestial war:
Mine angel sheathes again his sword
At the Interdiction of the Lord.
Even hell is shut, lest spite and strife
Should show my soul a way to life.

Hope dies; faith flickers and is gone.
Love weeps, then turns its soul to stone.
All nearest, highest, holiest things
Drop off; the soul must lose her wings,
And, crippled, find, with no one clue
The infinite maze to travel through,
The goal unguessed, the path untrod,
And stand unhelmed, unarmed, unshod,
Naked before the Unknown God.
Oh! stertorous, oh! strangling strife
That cleaves to love, that clings to life!

The Will is broken, falls afar
Extinct as an accursed star.
The Self, one moment held behind,

Whirls like a dead leaf in the wind
Down the Abyss. The soul is drawn
To that Dark Night that is the dawn
Through halls of patience, palaces
Of ever deeper silences,
Aeons and aeons and aeons
Of lampless empyreans
Darker and deeper and holier, caves
Of night unstirred by wind, great graves
Of all that is or could ever be
In Time or Eternity.

Drawn, drawn, inevitably spanned,
Tirelessly drawn by some strange hand,
Drawn inward in some sense unkenned
Beyond all to an appointed end,
No end foreseen or hoped, drawn still
Beyond word or will
Into Itself, drawn subtly, deep
Through the dreamless deaths whose shadow is sleep,
Drawn, as dawn shows, to the inmost divine,
To the temple, the nave, the choir, the shrine,
To the altar where in the most holy cup
The wine of its blood may be offered up.

Nor is it given to any son of man
To hymn that Sacrament, the One in Seven,
Where God and priest and worshipper,
Deacon, asperger, thurifer, chorister,
Are one as they were one ere time began,
Are one on earth as they are one in heaven;
Where the soul is given a new name,
Confirming with an oath the same,
And with celestial wine and bread
Is most delicately fed,
Yet suffereth in itself the curse
Of the infinite universe,
Having made its own confession
Of the mystery of transgression;

Where it is wedded solemnly
With the ring of space and eternity,
And where the oil, the Holiest Breath,
With Its first whisper dedicateth
Its new life to a further death.

...

I was cold as earth: the night
Had given way. One star hung bright
Over the church, now gray;
I rose up to greet the ray
That thrilled through elm and chestnut, lit
The grass, made diamonds of it,
And bade the weir's long smile of spray
Leap with laughter for the day.
The birds woke over all the weald;
The sullen peasants slouched afield;
The lilies swayed before the breeze
That murmured matins in the trees;
The trout leapt in the shingly shallows.
Soared skyward the great sun, that hallows
The pagan shrines of labour and light
As the moon consecrates the night.
Labour is corn and love is wine,
And both are blessed in the shrine;
Nor is he for priest designed
Who partakes only in one kind.

Thus musing joyous, twice across
Under the weir I swam, to toss
The spray back; then the meadows claim
The foot's fleet ecstasy aflame.
And having uttered my thanksgiving
Thus for the sacrament of living,
I lit my pipe, and made my way
To break fast, and the labour of the day.[33]

[33] Hier gilt das Gleiche, wie bei dem Gedicht »Hymn to Pan« angemerkt.

O.T.O

LIBER LII

Manifest des O.T.O.

O.T.O.

Herausgegeben auf Befehl von:

XI° O.T.O.
HIBERNIAE IONIAE ET
OMNIUM BRITANNIARIUM
REX SUMMUS SANCTISSIMUS

Baphomet XI° O.T.O.

Oberster und heiligster König von Irland, Iona und aller Briten, die sich im Sanctuarium der Gnosis befinden.
Großmeister der Ritter des heiligen Geistes.
Großmeister der Ritter des Tempels.
Kustos der Illuminaten in den Vereinigten Staaten von Amerika
etc. etc. etc.

Liber LII

Manifest des O.T.O.

Frieden, Toleranz, Wahrheit; ein Gruß von allen Ecken des Triangulums; Respekt dem Orden. An alle, die es betreffen mag: Grüße und Wohlergehen.

Tu was du willst soll sein das Ganze des Gesetzes.

1. Der O.T.O. ist eine Körperschaft von Initiierten, in deren Händen alle Weisheit und alles Wissen der folgenden Körperschaften konzentriert ist:

1. Die gnostische katholische Kirche.
2. Der Orden der Ritter des Heiligen Geistes.
3. Der Orden der Illuminaten.
4. Der Orden des Tempels (Tempelritter).
5. Der Orden der Ritter des St. John.
6. Der Orden der Ritter von Malta.
7. Der Orden der Ritter des Heiligen Grabes.
8. Die verborgene Kirche des Heiligen Grals.
9. Die hermetische Bruderschaft des Lichtes.
10. Der heilige Orden des Rosenkreuzes von Heredom.
11. Der Orden des heiligen königlichen Bogens von Enoch.
12. Der alte und primitive Ritus der Maurerei (33 Grade).
13. Der Ritus von Memphis (97 Grade)
14. Der Ritus von Mizraim (90 Grade).
15. Der alte und angenommene schottische Ritus der Maurerei (33 Grade).

16. Der Swedenborg-Ritus der Maurerei.
17. Der Orden der Martinisten.
18. Der Orden von Sat Bhai und viele andere Orden von gleichem Wert, wenngleich von geringerer Berühmtheit.

Sie beinhaltet nicht die A.·.A.·. Dennoch befindet sie sich mit dieser ehrwürdigen Körperschaft in enger Allianz.

Sie verletzt in keiner Weise die gerechten Privilegien der wahrhaft autorisierten, freimaurerischen Körperschaften.

2. Die Zerstreuung der originalen geheimen Weisheit hat zu Verwirrung geführt. Es wurde von den Leitern all dieser Orden beschlossen, ihre Aktivitäten wieder zu vereinigen und zu zentralisieren, ebenso wie das weiße Licht, welches durch ein Prisma zerstreut wird, wieder vereinigt werden mag.

Sie verkörpert das gesamte geheime Wissen aller orientalischen Orden und ihre Leiter sind Initiierte höchsten Ranges und werden von all solchen in jedem Land der Welt anerkannt, welche zu solcher Erkenntnis fähig sind.

In weiter zurückliegenden Zeiten zählten zur konstituierenden und begründenden Versammlung des O.T.O. Männer wie:

Fohi, Laotze, Siddharta, Krishna, Tahuti, Ankh-f-n-khonsu, Herakles, Orpheus, Hippolytus, Merlin, Arthur, Titurel, Amfortas, Parzifal, Moses, Odysseus, Vergilius, Catullus, Martialis, Appollonius Tyanaeus, Simon Magus, Manes, Basilides, Valentinus, Bardesanes, König Wu, Christian Rosenkreutz, Ulrich von Hutten, Paracelsus, Michael Maier, Jakob Böhme, Francis Bacon, Andréa, Robertus de Fluctibus, Chau, Saturnus, Dionysus, Mohammed, Hermes, Pan, Dante, Carolus Magnus, Wiliam von Schyren, Friederich von Hohenstauffen, Roger Bacon, Jacobus Burgundus Molensis, Ko Hsuen, Osiris, Melchizedek, Khem, Menthu, Johannes Dee, Sir Edward Kelly, Thos. Vaughan, Elias Ashmole, Comte de Chazal, Sigismund Bacstrom, Molinos.

Und in jüngerer Zeit:

Wolfgang von Goethe, Sir Richard Payne Knight, Sir Richard Francis Burton, Forlong Dux, Ludovicus Rex Bavariae, Richard Wagner, Ludwig von Fischer, Friedrich Nietzsche, Hargrave Jennings, Karl Kellner, Eliphas Levi, Franz Hartmann, Kardinal Rampolla, Papus (Dr. Encausse).

Die Namen der weiblichen Mitglieder werden niemals verbreitet.

Es ist nicht gesetzlich, an dieser Stelle die Namen irgendwelcher lebenden Oberhäupter aufzudecken.

Es war Karl Kellner, der die exoterische Organisation des O.T.O. wiederbelebte und den Plan initiierte, der nun glücklich vervollständigt wird, alle okkulten Körperschaften wieder unter einer Führung zu versammeln.

Die Buchstaben O.T.O. stehen für die Worte Ordo Templi Orientis (Orden des Tempels des Orients oder Orientalischer Templer), doch haben sie auch eine geheime Bedeutung für den Initiierten.

3. Der Orden ist international und besitzt existierende Zweigstellen in jedem zivilisierten Land der Welt.

4. Die Ziele des O.T.O. können nur durch seine höchsten Initiierten vollständig verstanden werden. Aber es mag öffentlich gesagt werden, daß er hermetische Wissenschaft oder okkultes Wissen lehrt; die reine und heilige Magie des Lichtes, die Geheimnisse der mystischen Erlangung, Yoga in allen Formen, Jnana-Yoga, Raja-Yoga, Bakhti-Yoga und Hatha-Yoga, sowie alle anderen Zweige der geheimen Weisheit der Alten.

In seinem Busen ruhen die großen Mysterien; sein Gehirn hat alle Probleme der Philosophie und des Lebens gelöst.

Er besitzt das Geheimnis des Steins der Weisen, des Elixiers der Unsterblichkeit und der universellen Medizin.

Darüber hinaus besitzt er ein Geheimnis, das fähig ist, den Traum - so alt wie die Welt - von der Bruderschaft der Menschen zu realisieren.

Er besitzt ebenso in jedem wichtigen Bevölkerungszentrum eine verborgene Zuflucht (*Collegium ad Spriritum Sanctum*), in welcher sich Mitglieder verbergen mögen, um das Große Werk ohne Hindernisse zu verfolgen.

Diese Häuser sind geheime Festungen der Wahrheit, des Lichtes, der Kraft und der Liebe und ihre Lage wird lediglich unter einem Eid der Geheimhaltung denen offengelegt, die berechtigt wurden, sie zu benutzen.

Sie sind ebenso Tempel wahrer Anbetung, besonders von der Natur geheiligt, um aus einem Menschen dasjenige herauszuholen, was das Beste in ihm ist.

5. Die Autorität des O.T.O. ist konzentriert im O.H.O. (Outer Head of the Order) oder Frater Superior. Der Name der Person, die dieses Amt innehat, wird niemals offengelegt, außer gegenüber seinen nächsten Repräsentanten.

6. Die Autorität des O.H.O. in allen englischsprachigen Ländern ist durch Charta delegiert an den höchst heiligen, höchst erhabenen, höchst erleuchteten, höchst gewaltigen Baphomet X° Rex Summus Sanctissimus 33°, 90°, 96°, Hoher Großmeister der Vereinigten Staaten von Amerika, Großmeister von Irland, Iona und des gesamten Britannien, Großmeister der Ritter des Heiligen Geistes, Souveräner Großkommandeur des Ordens des Tempels, höchst weiser Souverän des Ordens des Rosenkreuzes, Großer Zerubbabel des Ordens des heiligen königlichen Bogens von Enoch, etc., etc., etc. Nationaler Großmeister-General *ad vitam* des O.T.O.

7. Dem nationalen Großmeister-General *ad vitam* wird durch zwei Haupt-Offiziere assistiert, dem Großschatzmeister-General und dem Großsekretär-General.

Es gibt viele andere Offiziere, aber diese betreffen nicht jene, an die das vorliegende Manifest gerichtet ist.

8. Die Gesamtheit des Wissens, welches unter den in Absatz 2 erwähnten Körperschaften verteilt ist, wurde gesichtet und in den folgenden Graden konzentriert.

0° Minerval

I° M.

II° M..

III° M∴

P∴M∴

IV° Gefährte des heiligen königlichen Bogens von Enoch

Prinz von Jerusalem

Ritter des Ostens und des Westens

V° Souveräner Prinz des Rosenkreuzes (Ritter des Pelikans und des Adlers)

Mitglied des Senats der hermetischen Ritterschaft der Philosophen-Ritter des Roten Adlers

VI° Erhabener Ritter (Templer) des Ordens von Kadosch und Gefährte des heiligen Grals

Großinquisitor-Kommandeur, Mitglied des großen Tribunals

Prinz des königlichen Geheimnisses

VII° Sehr erhabener souveräner Großinspektor-General

Mitglied des höchsten Groß-Konzils

VIII° Vollkommener Pontifex der Illuminaten

IX° Initiierter des Sanctuariums der Gnosis

X° Rex Summus Sanctissimus (Oberster und höchst heiliger König)

9. Jeder Mann und jede Frau, die volljährig, frei und von gutem Ruf sind, haben das unverweigerbare Recht auf III°.

Darüber hinaus wird Einlaß lediglich durch Einladung der versammelten leitenden Körperschaft gewährt.

Der O.T.O., obwohl eine Academia Masonica, ist keine freimaurerische Körperschaft, soweit die »Geheimnisse« betroffen sind, in dem Sinne, in welchem dieser Ausdruck üblicherweise verstanden wird und deshalb gerät er in keiner Weise in Konflikt mit oder überschreitet die gerechten Privilegien der vereinigten Großloge von England, oder irgendeiner Großloge in Amerika oder anderswo, welche von diesen anerkannt wird.

10. Anträge auf Einlaß in den Orden mögen persönlich an den Hauptquartieren bestellt werden: von 10.00 a.m. bis 12.00 mittags, an Wochentagen oder durch ein Schreiben an den Großsekretär-General. In dem erstgenannten Falle sollten Antragsteller die 20 Dollar bereithalten, welche sie zum dritten Grad berechtigen, im letzteren sollten diese dem Antrag beigelegt werden[34]. Der erste

[34] [A.d.R] Diese Passage ist aus dem Original übernommen. Anfragen an den Verlag bezüglich Mitgliedschaft im O.T.O. sind sinnlos.

Jahresbeitrag ist bei Annahme des dritten Grades zu zahlen. Wird dieser erst nach dem 30. Juni eines Jahres angenommen, ist lediglich die Hälfte der Summe fällig.

Beiträge älterer Mitglieder sind am 1. Januar fällig. Aber der Bruder verbleibt in gutem Ansehen, und er verliert seine Rechte nicht, wenn sie bis zum 1. März bezahlt werden. Sollte er darin fehlen, seine Abgabe bis zu diesem Datum aufzubringen, ist seine Mitgliedschaft im Orden *ipso facto* beendet, er mag jedoch wieder eingesetzt werden, wenn er seinen Rückstand und 5 Dollar extra bezahlt. Sollte sich dieser Fehler bis in das folgende Jahr hinein erstrecken, kann er lediglich unter besonderen Bedingungen und durch ausdrückliche schriftliche Zustimmung des nationalen Großmeister-Generals *ad vitam* wieder aufgenommen werden.

11. Die Konstitution Vertrauensurkunden, Weisungen, Vollmachten und alle anderen Dokumente werden dem Kandidaten bei ihrem Aufstieg zum IV° vorgelegt, sollten sie dies wünschen.

12. Außer den freien Zertifikaten der Mitgliedschaft werden spezielle Diplome des Systems allen Mitgliedern zu einem einheitlichen Preis von 10 Dollar gewährt, spezielle Diplome des IX° zu 25 Dollar.

13. Die Privilegien der Mitglieder des O.T.O. sind sehr zahlreich. Dies sind die prinzipiellen:

1° Sie haben nicht lediglich Zugang zu, sondern Unterweisung im gesamten Körper des verborgenen Wissens, bewahrt im Sanctuarium von Anbeginn seiner Manifestation.

In den niederen Graden wird auf die letzten Geheimnisse hingewiesen und sie werden in Symbolen übermittelt, verschleiert und durch Sakrament.

Auf diesem Weg wird die Intelligenz des Initiierten ins Spiel gerufen, so daß er, der das Wissen der unteren Grade wohl nutzt, ausgewählt werden mag, um zu den höheren eingeladen zu werden, wo alle Dinge offen erklärt werden.

2° Sie werden Teilhaber am Strom des Universalen Lebens in Freiheit, Schönheit, Harmonie und Liebe, welches im Herzen des O.T.O. flammt und das Licht dieser ehrwürdigen Bruderschaft erleuchtet sie unmerklich immer mehr, da sie sich der zentralen Sonne nähern.

3° Sie treffen Personen, welche zu ihren eigenen Naturen am besten passen und finden unerwartete Hilfe und Bruderschaft in der gesamten Welt, wo immer sie auch reisen mögen.

4° Sie erlangen das Recht auf Aufenthalt in den geheimen Häusern des O.T.O., dauernd oder für eine größere oder geringere Zeitspanne des Jahres, entsprechend ihres Ranges im Orden; oder sind, im Falle jener, die V° oder niedriger sind, Kandidaten für eine Einladung in diese Häuser.

5° Das Wissen um Herstellung und Benutzung der universellen Medizin wird den Mitgliedern des IX° übergeben; aber es mag den Mitgliedern des VIII° und VII° durch die Gunst des nationalen Großmeister-Generals unter speziellen Umständen überantwortet werden und sogar Mitgliedern niederer Grade in Fällen äußerster Dringlichkeit.

6° Im V° sind alle Mitglieder durch Eid gebunden, sofortige und vollständige Erleichterung von den Qualen des Geistes, des Körpers oder des Vermögens zu erbringen, in welchen sie irgendeinen ihrer Gefährten des Grades finden mögen. In den höheren Graden werden die Bande der Bruderschaft noch weiter gestärkt. Der Orden bietet so ein perfektes System der Versicherung gegen jedes Unglück und jeden Unfall des Lebens.

7° Mitglieder des IX° werden Teilhaber am Vermögen und den Gütern des Ordens, so daß die Erlangung dieses Grades eine verzinste Rückgabe der bezahlten Gebühren und Beiträge impliziert.

8° Der Orden gewährt den Mitgliedern, sogar seiner niederen Grade, die sich als wert erwiesen haben, praktische Lebenshilfe, so daß sie, selbst wenn sie ursprünglich arm waren, sehr wohl in die Lage versetzt werden, die vergleichsweise hohen Gebühren des VII°, VIII° und XI° aufzubringen. Bei der Erlangung des IV° mag jedes Mitglied der Gemeinschaft eine Auflistung seiner Umstände erstellen und bekanntgeben, in welcher Richtung er Hilfe benötigt.

14. In der Auswahl der Mitglieder bezüglich ihres Fortschrittes wird ihrer Ehrerbietung gegenüber dem Orden Aufmerksamkeit geschenkt, ihrer Intelligenz darin, die Natur seiner Lehren zu begreifen, ihrem Eifer darin, die Prinzipien des Ordens zu verbreiten, soweit, wie sie sie selbst verstehen, aber immer mit der Diskretion, die untrennbar ist von der wahren Bewachung der Geheimnisse und all jenen Qualitäten des Mutes, der Ehre und Tugend, ohne welche ein Mensch seines Namens nicht wert ist.

15. Der O.H.O. ist lediglich den Mitgliedern des VIII° und IX° bekannt.

Der nationale Großmeister-General *ad vitam* ist als solcher für keine Person erreichbar, die nicht den VI° erreicht hat.

Alle Anfragen sollten an den Großsekretär-General adressiert und alle Schecks zugunsten des Großschatzmeister-Generals ausgestellt werden.

Herausgegeben auf Befehl von

L. Bathurst,
IX° Großsekretär-General

Alle Anfragen sollten an den Großsekretär-General des O.T.O. über die Herausgeber des Equinox adressiert werden.

O.T.O

LIBER CI

Ein offener Brief an jene, die wünschen mögen, dem Orden beizutreten.

Aufzählung der Pflichten und Privilegien. Dieses Reglement tritt in jedem Distrikt in Kraft, in dem die Mitgliedschaft des Ordens 1.000 Seelen übersteigt.

O.T.O.

Herausgegeben auf Befehl von:

XI° O.T.O.
HIBERNIAE IONIAE ET
OMNIUM BRITANNIARIUM
REX SUMMUS SANCTISSIMUS

Liber CI

O.T.O.
(Ordo Templi Orientis)

Ein offener Brief an jene, die wünschen mögen, dem Orden beizutreten. Aufzählung der Pflichten und Privilegien. Dieses Reglement tritt in jedem Distrikt in Kraft, in dem die Mitgliedschaft des Ordens 1.000 Seelen übersteigt.

Ein Brief von BAPHOMETH an Sir GEORGE MACNIE COWIE, höchst Erhabener und höcht Illuminierter, Pontifex und Epopt des Areopagus des VIII. Grades des O.T.O., Großschatzmeister-General, Bewahrer des goldenen Buches und Präsident des Komitees für Publikationen des O.T.O.

Tu was du willst, soll das Ganze des Gesetzes sein.

Es wurde Uns zugetragen, daß einige Personen, die es wert sind, dem O.T.O. beizutreten, die Gebühren und Beiträge für verhältnismäßig hoch halten. Dies liegt an deinem Versagen, die großen Vorteile, welche der Orden bietet, korrekt zu erklären. Wir wünschen deshalb gegenwärtig von dir, die folgenden Punkte bezüglich der Pflichten und Privilegien der Mitglieder der früheren Grade des O.T.O betreffs materieller Angelegenheiten zu notieren und dafür zu sorgen, daß sie im gesamten Orden und auch unter jenen Profanen zirkulieren, die es wert zu sein scheinen, ihm beizutreten. Und aus Bequemlichkeit klassifizieren wir diese als den 12 Häusern des Himmels zugehörig, doch ebenso auch durch numerierte Klauseln für jene, welche die sogenannte Wissenschaft der Sterne nicht verstehen. Zuerst nun die Pflichten der Brüder. Doch in unserem Orden ist jede Pflicht auch ein Privileg, so daß es unmöglich ist, sie vollständig voneinander zu trennen.

Von den Pflichten der Brüder

1. Haus

1. Es gibt kein Gesetz jenseits von Tu was du willst. Doch ist es gut für die Brüder, täglich in jenem Band des heiligen Gesetzes, dem Liber Legis zu studieren, denn darin findet sich mancher Rat darüber, wie sie diesen Willen bestmöglich ausführen können.

2. Haus

2. Die private Börse eines jeden Bruders sollte stets jedem Bruder zur Verfügung stehen, der in Not geraten mag. Aber in diesem Falle ist es ein großer Fehler, wenn der eine fragt und der andere zustimmt; denn wenn der Erstere wirklich in Not ist, wird sein Stolz durch das Bitten verletzt; und wenn nicht, wird die Türe den Bettlern und Betrügern geöffnet und allen Arten heilloser Schurken und Betrüger, welche keine wahren Brüder sind. Aber der Bruder, der mit Gütern dieser Welt gesegnet ist, sollte es sich zur Aufgabe machen, die Bedürfnisse aller Brüder zu beachten, mit denen er persönlich bekannt sein mag, ihre Wünsche in einer so weisen, freundlichen und delikaten Art zu erfüllen, daß es wie die Bezahlung einer Schuld erscheint. Und Hilfe, die gewährt wird, soll mit Klugheit gewährt werden, so daß die Erleichterung von Dauer ist und nicht nur temporär.

3. Alle Brüder sollen äußerst pünktlich ihre Logen-Abgaben bezahlen. Dem muß Vorrang gegenüber allen anderen Ansprüchen an die Börse gegeben werden.

3. Haus

4. Die Brüder sollen fleißig darin sein, das Gesetz von Thelema zu predigen. In allen Schreiben sollen sie bedacht sein, die vorgeschriebenen Grußformeln zu benutzen, ebenso im Gespräch, sogar mit Fremden.

5. Sie sollen jeder Einladung der Loge oder der Abteilung, welcher sie angehören mögen, herzlich nachkommen und sich nicht leichtfertig entschuldigen.

6. Die Brüder sollen jede Möglichkeit nutzen, um allen anderen Brüdern in ihren Künsten, Geschäften und Berufen beizustehen, sei es durch direkten Handel mit Brüdern in Vorzug gegenüber anderen oder durch gute Rede über sie, oder wie es sich selbst ergeben mag. Es scheint wünschenswert, wenn möglich, daß dort, wo zwei oder mehr Brüder derselben Loge dieselbe Arbeit ausüben, sie danach streben sollten, sich zu verbinden, indem sie in eine Partnerschaft eintreten. So mögen beizeiten große und mächtige Gesellschaften aus kleinen, individuellen Unternehmen entstehen.

7. Sie mögen fleißig darin sein, alle Traktate, Manifeste und andere Kommunikationen, welche der Orden von Zeit zu Zeit zur Befreiung oder Unterweisung der Profanen herausgeben mag, zirkulieren zu lassen.

8. Sie mögen brauchbare Bücher und Bilder den Büchereien der Lehrhäuser des Ordens anbieten.

4. Haus

9. Jeder Bruder, der mehr Minen, Ländereien oder Häuser besitzt, als er selbst ständig nutzen kann, sollte einen Teil solcher Minen oder Ländereien oder eines oder mehrere solcher Häuser dem Orden übergeben.

10. So gegebenes Eigentum wird, wenn er es wünscht, in seinem eigenen Interesse verwaltet. So mag ein Gewinn erzielt werden, denn große Liegenschaften sind ökonomischer zu handhaben als kleine. Aber der Orden wird solches Eigentum, welches im Moment brachliegen mag, nutzen, wie es gut erscheinen mag. Er wird ein leerstehendes Haus (zum Beispiel) einem Bruder, der in Not ist, leihen oder wird erlauben, daß eine ungenutzte Halle von einer Loge bezogen wird.

11. (Doch in Anbetracht der großen Vorhaben des Ordens sind Stiftungen willkommen.)

12. Jeder Bruder soll sich besorgt zeigen um das Wohlergehen und die Freude eines jeden anderen Bruders, der alt sein mag und sich nicht nur um dessen materielle Wünsche kümmern, sondern auch um dessen Freude, so daß seine letzten Jahre glücklich werden mögen.

5. Haus

13. Jeder Bruder soll danach trachten, allen Brüdern, mit denen er bekannt ist, dauernde Freude zu bereiten, sei es durch Unterhaltung oder Konversation, oder in irgendeiner anderen Art, die sich ergeben mag. Es wird häufig und natürlicherweise vorkommen, daß Liebe zwischen Mitgliedern des Ordens entsteht, da sie so viele und so heilige Interessen gemeinsam haben. Solche Liebe ist besonders heilig und soll unterstützt werden.

14. Alle Kinder der Brüder sind als Kinder des gesamten Ordens zu betrachten und sie müssen von jedem einzelnen Mitglied und auch vom Orden als ganzes in jeder Hinsicht beschützt und unterstützt werden. Es darf kein Unterschied in Hinblick auf die Bedingungen im Umfeld der Geburt irgendeines Kindes gemacht werden.

15. Es gibt eine besonders heilige Pflicht, die alle Kinder betrifft, auch die außerhalb des Ordens geborenen und die jeder Bruder erfüllen sollte. Diese Pflicht besteht darin, sie im Gesetz von Thelema zu unterweisen, sie die Unabhängigkeit und Freiheit des Gedankens und des Charakters zu lehren und sie zu warnen, daß Unterwürfigkeit und Feigheit die tödlichsten Leiden der menschlichen Seele sind.

6. Haus

16. Persönliche und häusliche Bedienstete sollten, wenn möglich, aus den Mitgliedern des Ordens gewählt werden und großer Takt und Höflichkeit sollten im Umgang mit ihnen angewendet werden.

17. Sie zu ihrem Teil werden willigen und intelligenten Dienst leisten.

18. In der Loge und auch zu besonderen Anlässen sind sie mit vollkommener Gleichheit als Brüder zu behandeln; solches Verhalten ist während der Stunden des Dienstes unerwünscht und Vertraulichkeit, subversiv, wie sie auf alle Disziplin und Ordnung wirkt, ist durch einen vollständigen und deutlichen Wechsel des Benehmens und der Anrede zu vermeiden.

19. Dies gilt für alle Personen in untergeordneten Positionen, aber nicht für den Bruder Diener in den Lehrhäusern des Ordens, welcher, da er ohne Lohn dient, als Gastgeber geehrt werden soll.

20. Im Falle der Krankheit irgendeines Bruders ist es die Pflicht aller Brüder, die ihn kennen, ihn persönlich zu unterstützen, und ohne Belohnung darauf zu achten, was er wünscht und wenn nötig, seine Bedürfnisse der Loge oder sogar der Großloge selbst mitzuteilen.

21. Solche Brüder, die Doktoren oder Krankenpfleger sind, werden natürlich ihre Kunst und ihre Pflege anbieten, mit sogar mehr als der üblichen Freude am Beruf.

22. Alle Brüder sind durch ihre Treue gebunden, Dienst in ihrem speziellen Handel, Geschäft oder Beruf der Großloge anzubieten. Zum Beispiel wird ein Schreibwarenhändler die Großloge mit Papier, Pergament und ähnlichem unterstützen; ein Buchhändler wird alle Bücher, welche der Bibliothekar zu besitzen wünscht, der Bücherei der Großloge anbieten; ein Jurist wird alle gesetzlichen Angelegenheiten für die Großloge führen und ein Eisenbahn- oder Schiffslinienbesitzer oder Direktor wird dafür sorgen, daß die Großen Offiziere komfortabel reisen mögen, wohin immer sie auch reisen wollen.

23. Besucher aus anderen Logen sollen die Behandlung von Botschaftern erhalten. Dies betrifft speziell die souveränen Großinspektor-Generäle des Ordens auf ihren Inspektionsreisen. Alle Gastfreundschaft und alle Höflichkeit, die ihnen gewährt wird, wird uns selbst gewährt und nicht nur ihnen.

7. Haus

24. Es ist wünschenswert, daß der Heiratspartner eines jeden Bruders ebenso ein Mitglied des Ordens sein sollte. Nichtbeachtung dessen führt häufigerweise zu ernsthaftem Ärger für beide Seiten, besonders für den Uninitiierten.

25. Gerichtliche Prozesse zwischen Mitgliedern des Ordens sind absolut verboten, bei Strafe des sofortigen Ausschlusses und des

Verlustes sämtlicher Privilegien, sogar solcher, welche durch vergangenes Wohlverhalten erworben wurden, auf die sich der zweite Teil dieser Unterweisung bezieht.

26. Alle Dispute zwischen Brüdern sollten zuerst dem Meister oder den Meistern ihrer Loge oder ihrer Logen in Konferenz berichtet werden. Wenn eine Übereinkunft in dieser Art nicht erzielt werden kann, muß der Disput dem Großtribunal berichtet werden, welches sich damit befassen wird, und dessen Entscheidung muß als endgültig akzeptiert werden.

27. Die Weigerung, eine solche Entscheidung anzustreben oder zu akzeptieren, soll den Ausschluß aus dem Orden nach sich ziehen und die andere Partei ist dann frei, ihre Entschädigung an den Gerichtshöfen profaner Justiz zu suchen.

28. Mitglieder des Ordens sollen alle, die nicht in seinem Lichte stehen, als kein Recht irgendeiner Art besitzend betrachten, da sie nicht das Gesetz akzeptiert haben und daher so sind, wie früher die Höhlenmenschen, Überbleibsel einer vergangenen Zivilisation und sie sind dementsprechend zu behandeln. Höflichkeit sollte ihnen gegenüber gezeigt werden, wie gegenüber jedem anderen Tier, und jede Anstrengung sollte übernommen werden, sie zur Freiheit zu bringen.

29. Jeder Schaden, der durch irgendeine Person außerhalb des Ordens irgendeiner Person innerhalb des Ordens zugefügt wird, mag vor das große Tribunal gebracht werden, welches, wenn es richtig und passend scheint, all seine Macht benutzen wird, diesen Schaden wiedergutzumachen oder zu rächen.

30. In dem Falle, daß irgendein Bruder des Verstoßes gegen das Kriminalgesetz des Landes, in welchem er wohnt, angeklagt wird, so daß irgendein anderer Bruder, dem die Tatsachen bekannt sind, sich aus Gründen der Selbstverteidigung dazu gezwungen fühlt, ersteren zu beschuldigen, so soll er die Angelegenheit dem Großen Tribunal berichten, wie auch der zivilen Autorität, um in diesem Falle eine Ausnahme zu erwirken.

31. Der angeklagte Bruder wird jedoch durch den Orden mit äußerster Kraft verteidigt werden, nachdem er seine Unschuld auf einen Band des Heiligen Gesetzes in einer Prüfung versichert hat, welche ad hoc durch das Großtribunal selbst angesetzt wird.

32. Öffentliche Feinde des Landes eines Bruders sollen im Felde als solche behandelt werden und erschlagen oder gefangen werden, wie es der Offizier des Bruders befehlen mag. Aber im Bereiche der Loge sollen all solche Unterscheidungen vollständig vergessen werden. Und als Kinder eines Vaters sollen die Feinde der Stunde zuvor und der Stunde danach in Frieden, Liebe und Brüderlichkeit ruhen.

8. Haus

33. Es wird von jedem Bruder erwartet, in seinem letzten Willen und Testament dem großen Wohl, das er durch den Orden erhalten hat, Rechnung zu tragen, indem er diesem einen Teil oder die Gesamtheit seiner Güter, wie es ihm passend erscheinen mag, hinterläßt.

34. Der Tod eines Bruders soll keine Gelegenheit zur Trauer, sondern eine Gelegenheit zur Freude sein; die Brüder seiner Loge sollen sich versammeln und ein Bankett mit Musik und Tanz und allen möglichen Freuden veranstalten. Es ist von größter Wichtigkeit, daß dies getan wird, denn dadurch wird die ererbte Furcht vor dem Tode, welche als Instinkt tief in uns verankert ist, schrittweise ausgerottet. Sie ist ein Vermächtnis des toten Aeons des Osiris. Und es ist unsere Pflicht, sie in uns zu töten, so daß unsere Kinder und unsere Kindeskinder frei von diesem Fluch geboren werden mögen.

9. Haus

35. Es wird von jedem Bruder erwartet, daß er einen großen Teil seiner Freizeit den Studien der Prinzipien des Gesetzes und des Ordens widmet und der Suche nach dem Schlüssel zu seinen großen und mannigfaltigen Mysterien.

36. Er soll ebenso alles in seiner Macht stehende tun, um das Gesetz zu verbreiten, besonders, lange Reisen unternehmen, wenn möglich, um entlegene Orte aufzusuchen und dort die Saat des Gesetzes zu säen.

10. Haus

37. Alle schwangeren Frauen sind den Mitgliedern des Ordens besonders heilig und kein Aufwand sollte gescheut werden, sie zur Akzeptanz des Gesetzes der Freiheit zu bringen, so daß das Ungeborene von diesem Eindruck profitieren mag. Sie sollen dazu angehalten werden, als Mitglieder in den Orden einzutreten, so daß das Kind unter seiner Obhut geboren werden mag.

38. Wenn die werdende Mutter dann ihren Willen bekräftigt hat, in Verachtung und Ablehnung der Tabus der Sklavengötter zu leben, soll sie als besonders wertvoll für den Orden anerkannt werden. Und der Meister der Loge in ihrem Distrikt soll, wie einstmals, anbieten, Gottvater des Kindes zu werden, welches dann besonders trainiert wird, wenn die Mutter es so wünscht, als Diener des Ordens in einem seiner Lehrhäuser.

39. Spezielle Häuser, in denen für die Frauen des Ordens gesorgt wird oder für jene, deren Männer oder Geliebte Mitglieder des Ordens sind, werden eingerichtet, so daß die vorrangige Pflicht des Frauseins in aller Bequemlichkeit und Ehre ausgeführt werden kann.

40. Es wird von jedem Bruder erwartet, daß er all seinen Einfluß auf Personen in sogenannten höheren Positionen nutzt, um sie dazu zu bringen, dem Orden beizutreten. Mitglieder des Königshauses, Minister des Staates, hohe Beamte im Diplomaten-, Marine-, Militär- und Zivildienst sollen besonders berücksichtigt werden, denn es ist letztlich intendiert, daß die temporale Gewalt des Staates dem Gesetz zugeführt wird und durch Anwendung seiner Prinzipien zu Freiheit und Blüte geführt wird.

41. Universitäten des Ordens werden dort eingerichtet, wo Kinder seiner Mitglieder in allen Handelsgeschäften, Geschäften und Berufen trainiert werden. Dort mögen sie die freien Künste und humanen Schriften studieren, ebenso wie unsere heilige und geheime Wissenschaft. Es wird von den Brüdern erwartet, alles in ihrer Macht stehende zu tun, um die Einrichtung solcher Universitäten zu ermöglichen.

11. Haus

42. Es wird von jedem Bruder erwartet, alles in seiner Macht stehende zu tun, um seine persönlichen Freunde dazu zu bringen, das Gesetz zu akzeptieren und dem Orden beizutreten. Er sollte deshalb bemüht sein, neue Freunde außerhalb des Ordens zu gewinnen, um dessen Reichweite auszudehnen.

12. Haus

43. Die Brüder werden lediglich in Hinblick auf die Natur der Rituale unseres Ordens und unserer Worte, Zeichen etc. an Geheimhaltung gebunden. Die generellen Prinzipien des Ordens mögen vollständig erklärt werden, soweit sie unterhalb des VI° verstanden werden, wie es geschrieben steht »Die Prüfungen schreibe ich nicht: Die Rituale sollen halb bekannt und halb verborgen sein. Das Gesetz ist für alle.« Es soll beachtet werden, daß eine korrekte Ausübung dieser Pflichten, so daß der Bericht darüber sich verbreitet und der Ruhm dessen sogar bis zum Throne des höchsten und heiligen Königs selbst emporgetragen wird, schwer in der Waagschale liegen wird, wenn es zur Frage des hohen Fortschrittes eines Bruders im Orden kommt.

Von den Privilegien der Brüder

1. Haus

44. Das erste und größte aller Privilegien eines Bruders ist es, ein Bruder zu sein; das Gesetz akzeptiert zu haben, frei und unabhängig geworden zu sein, die Furcht zerstört zu haben, sei es vor den Sitten oder vor dem Schicksal oder vor anderen Menschen oder vor dem Tod selbst. In anderen Schriften ist die Freude und der Ruhm jener, die das Buch des Gesetzes als einzige Regel des Lebens akzeptiert haben, ausführlich, obwohl niemals vollständig, erklärt; wir werden hier dasselbe nicht nochmals wiederholen.

2. Haus

45. Alle Brüder, welche in Armut mögen verfallen sein, haben ein Recht auf direkte Hilfe des Ordens bis zur vollen Summe der Abgaben und Beiträge, die sie seit der Zeit ihrer Aufnahme gezahlt haben. Dies wird als Darlehen betrachtet, doch werden keine Zinsen darauf erhoben. Damit dieses Privileg nicht mißbraucht wird, wird das große Tribunal entscheiden, ob ein solches Anliegen mit guten Absichten vorgebracht wurde.

3. Haus

46. Es ist den Mitgliedern des Ordens erlaubt, die Bibliothek in jedem unserer Lehrhäuser zu nutzen.

47. Wanderbibliotheken werden beizeiten eingerichtet.

48. Brüder, die sich auf Reisen befinden, haben ein Recht auf die Gastfreundschaft des Meisters der Distrikts-Loge für eine Zeit von drei Tagen.

4. Haus

49. Brüder aller Grade mögen durch die Großloge zum Aufenthalt in den Lehrhäusern eingeladen werden; und solche Einladungen können als Belohnung für Verdienste sicher erwartet werden. Dort werden sie in der Lage dazu sein, persönliche Bekanntschaften mit Mitgliedern der höheren Grade zu machen, über die tiefergehenden Arbeiten des Ordens zu lernen, den Vorteil persönlicher Unterweisung zu erlangen und sich in jeder Hinsicht für den Fortschritt vorzubereiten.

50. Brüder fortgeschrittenen Alters, die für ihre Verdienste bekannt sind und wünschen, ein religiöses Leben zu führen, mögen darum gebeten werden, dauernd in solchen Häusern zu wohnen.

51. In den höheren Graden haben Brüder das Recht, sich in unseren Lehrhäusern für einen Teil eines jeden Jahres aufzuhalten, wie folgt:

VI°	2 Wochen
G.T.	1 Monat
P.R.S.	6 Wochen
VII°	2 Monate
S.G.C.	3 Monate
VIII°	6 Monate

52. Mitglieder des IX°, die untereinander den gesamten Wohlstand des Ordens, entsprechend der Regeln dieses Grades teilen, mögen sich dort natürlich dauernd aufhalten. Tatsächlich ist das Haus eines jeden Bruders diesen Grades *ipso facto* ein Lehrhaus des Ordens.

5. Haus

53. Alle Brüder mögen von anderen Mitgliedern des Ordens die wärmste Beteiligung bei allen Freuden und Fröhlichkeiten erwarten. Die vollkommene Freiheit und Sicherheit, welche durch das Gesetz gewährt wird, erlaubt dem Charakter aller Brüder, sich zu den äußersten Grenzen seiner Natur auszuweiten und die große Freude und das Glück, mit welchem sie ständig überfließen, macht sie zu den besten Mitstreitern. »Sie werden sich erfreuen, unsere Erwählten: wer trauert, ist nicht von uns. Schönheit und Stärke, perlendes Lachen und köstliches Ermatten, Gewalt und Feuer sind unser.«

54. Die Kinder aller Brüder haben ein Anrecht auf die Sorge des Ordens und es werden Vorkehrungen getroffen, sie in bestimmten Lehrhäusern des Ordens zu unterrichten.

55. Kinder von Brüder, welche als Waisen zurückbleiben, werden offiziell von dem Meister ihrer Loge adoptiert, oder wenn letzterer ablehnt, vom höchsten heiligen König selbst, und in jeder Weise so behandelt, als wären sie seine eigenen.

56. Brüder, die ein Recht auf ein besonderes Interesse an einem Kind haben, dessen Mutter kein Mitglied des Ordens ist, mögen es besonders der Obhut ihrer Loge oder der Großloge anweisen.

6. Haus

57. Bei Krankheit haben alle Brüder ein Recht auf medizinische oder chirurgische Behandlung und auf die Aufmerksamkeit all jener Brüder der Loge, die Ärzte, Chirurgen oder Krankenpfleger sein mögen.

58. Bei besonderer Notwendigkeit wird der höchste heilige König seine eigenen Diener schicken.

59. Wo die Umstände es anraten, im Falle eines Lebens von großem Wert für den Orden und ähnlichem, mag er sogar die Anwendung dieser geheimen Medizin, welche den Mitgliedern des IX° bekannt ist, erlauben.

60. Mitglieder des Ordens mögen von den Brüdern erwarten, daß sie sich damit beschäftigen, eine lohnende Beschäftigung für sie zu finden, wo sie ihnen ermangelt, oder, wenn möglich, sie persönlich anzustellen.

7. Haus

61. Mitglieder des Ordens mögen erwarten, brauchbare Heiratspartner in der besonders auserwählten Körperschaft, welcher sie angehören, zu finden. Da gemeinsame Interessen und Hoffnungen schon bestehen, ist es natürlich anzunehmen, daß dort, wo wechselseitige Anziehung existiert, eine Ehe in vollständiger Glückseligkeit resultieren wird. (Es gibt besondere Erwägungen in dieser Angelegenheit, welche zum VII° gehören, und die an dieser Stelle nicht diskutiert werden können.)

62. Wie oben erklärt, sind Brüder grundsätzlich frei von den meisten legalen Lasten, da Prozesse innerhalb des Ordens verboten sind und sie die gesetzlichen Ratgeber des Ordens berufen können, um sich, falls nötig, gegen ihre Feinde zu verteidigen.

8. Haus

63. Alle Brüder haben nach dem Tode das Anrecht auf passende Beerdigung ihrer Überreste, entsprechend der Riten des Ordens und ihres Grades darin.

64. Wenn der Bruder es so wünscht, wird die gesamte Summe seiner Abgaben und Beiträge, welche er während seines Lebens gezahlt hat, vom Orden an seine Erben und Bevollmächtigten ausgehändigt. Der Orden bietet so ein absolutes System der Versicherung, zusätzlich zu seinem sonstigen Nutzen.

9. Haus

65. Der Orden lehrt das einzige vollkommene und befriedigende System der Philosophie, Religion und Wissenschaft und führt seine Mitglieder Schritt für Schritt zu einem Wissen und einer Kraft, welche von den Profanen kaum erträumt werden können.

66. Brüder des Ordens, die lange Überseereisen unternehmen, werden an Orten aufgenommen, wo sie sich in den Lehrhäusern des Ordens für die Periode eines Monats aufhalten können.

10. Haus

67. Die Frauen des Ordens, welche Mütter werden, erhalten alle Obhut, Aufmerksamkeit und Ehre von allen Brüdern.

68. Spezielle Häuser werden für ihre Annehmlichkeit errichtet, sollten sie es wünschen, von ihnen Gebrauch zu machen.

69. Der Orden bietet seinen Mitgliedern große soziale Vorteile und bringt sie in eine dauerhafte Verbindung mit Männern und Frauen hohen Ranges.

70. Der Orden bietet seinen Mitgliedern außergewöhnliche Möglichkeiten in ihrem Handel, Geschäft oder ihren Berufen, indem er sie durch Kooperation unterstützt und ihnen Klienten bzw. Kunden sichert.

11. Haus

71. Der Orden bietet seinen Mitgliedern Freundschaft. Er bringt Männer und Frauen von ähnlichem Charakter mit ähnlichem Geschmack und ähnlichem Streben zusammen.

12. Haus

72. Die Geheimhaltung des Ordens versieht seine Mitglieder mit einem unverletzlichen Schleier des Verbergens.

73. Das Verbrechen der Verleugnung, welches einen so großen Teil der Misere der Menschheit verursacht, wird innerhalb des Ordens durch eine Klausel im Eid des dritten Grades extrem gefährlich, wenn nicht sogar unmöglich.

74. Der Orden übt seine gesamte Kraft aus, um seine Mitglieder von jeglicher Einschränkung zu befreien, welcher sie unterworfen sein mögen, indem er kraftvoll jegliche Person oder Personen angreift, die sich bemühen mögen, sie einem Zwang zu unterwerfen; und er unterstützt in jeder anderen Hinsicht die vollständige Emanzipation der Brüder von allem, das danach trachten mag, sie davon abzuhalten, das zu tun, was sie wollen.

Es muß beachtet werden, daß, da diese Privilegien so weitreichend sind, es der Ehre eines jeden Bruders anheimgestellt ist, sie nicht zu mißbrauchen, und der Sponsor eines jeden Bruders, der dies tut, ebenso, wie er selbst, wird streng der Beurteilung durch das große Tribunal unterstellt. Äußerste Freizügigkeit und guter Glauben zwischen den Brüdern sind essentiell für die leichte und harmonische Arbeit unseres Systems, und die exekutive Gewalt wird dafür sorgen, daß diese mit allen Möglichkeiten gefördert werden und daß jeder Bruch schnell und still unterdrückt wird.

Liebe ist das Gesetz, Liebe unter Willen.

Unsere väterliche Benediktion und der Segen des Allvaters im Äußeren und im Inneren sei auf Dir.

Baphomet X° O.T.O.
Irland, Ionia und ganz Britannien.

O.T.O

LIBER CLXI

Betreffend das Gesetz von Thelema.

O.T.O.

Herausgegeben auf Befehl von:

XI° O.T.O.
HIBERNIAE IONIAE ET
OMNIUM BRITANNIARIUM
REX SUMMUS SANCTISSIMUS

Liber CLXI

O.T.O.
Betreffend das Gesetz von Thelema

Ein Brief, geschrieben an Prof. L-B-K, der ebenso auf das Neue Aeon wartete, bezüglich des O.T.O. und seiner Lösung verschiedener Probleme der menschlichen Gesellschaft, besonders derer, die Eigentum betreffen, und nun für allgemeine Zirkulation nachgedruckt.

Lieber Herr -

Tu was du willst, soll das Ganze des Gesetzes sein. Ich war froh, Ihren Brief mit Fragen bezüglich der Botschaft des Meister Therion zu erhalten.

Es ist Ihnen natürlich sofort aufgefallen, daß, oberflächlich betrachtet, wenig Unterschied zwischen dem Neuen Gesetz und dem Kanon der Anarchie besteht. Und Sie fragten »Wie ist das Gesetz im Falle von zwei Jungen, die dieselbe Orange essen wollen, zu erfüllen?« Doch da nur ein Junge (höchstens) die Orange essen kann, ist es offensichtlich, daß einer von ihnen sich in der Annahme täuscht, daß es essentiell für seinen Willen ist, sie zu essen. Die Frage geht in der guten alten Art darum zu kämpfen, zu entscheiden. Alles, was wir wollen, ist, daß der Kampf ritterlich ausgetragen wird mit Respekt gegenüber dem Mut des Unterlegenen. »Als Brüder kämpft!« In anderen Worten: Der einzige Unterschied zu unserem gegenwärtigen Stand der Gesellschaft ist, daß die Manieren verbessert werden. Es gibt viele Personen, die natürliche Sklaven sind, die nicht den Mut zu kämpfen haben, die zahm alles jedem geben, der stark genug ist, es zu nehmen. Diese Personen können das Gesetz nicht akzeptieren. Dies wird im Buch des Gesetzes ebenso verstanden und dargestellt: »Die Sklaven sollen dienen.« Aber es ist jedem augenscheinlichen Sklaven möglich, seine Meisterschaft zu beweisen, indem er gegen seine Unterdrücker kämpft, sogar jetzt; doch hat er in unserem System die zusätzliche Chance, daß sein Fortschreiten mit sorgsamem Blick durch unsere Autoritäten beobachtet wird und sein Erfolg durch die Zulassung zur Ränge der Meisterklasse belohnt wird. Ebenso wird ihm Fairplay geboten.

Sie mögen nun fragen, wie solche Arrangements möglich sind. Es gibt lediglich eine Lösung für dieses große Problem. Es wurde schon immer zugegeben, daß die ideale Form der Regierung die des »Wohlwollenden Despotismus« ist und Despoten kamen lediglich zu Fall, weil es in der Praxis unmöglich ist, den guten Willen der Machthabenden sicherzustellen. Die Regeln des Rittertums und jene des Bushido im Osten hatten die besten Chancen, Herrscher des gewünschten Typus zu entwickeln. Das Rittertum versagte prinzipiell, weil es mit neuen Problemen konfrontiert wurde. Heute wissen wir vollständig, worin diese Probleme bestanden und sind in der Lage, sie zu lösen. Es wird im allgemeinen von allen gebildeten Menschen verstanden, daß die allgemeine Wohlfahrt notwendig ist für die höchste Entwicklung des Einzelnen; und die großen Schwierigkeiten Amerikas rühren zu einem großen Teil von der Tatsache her, daß die Machthaber dort häufig nicht die geringste Allgemeinbildung besitzen.

Ich möchte Ihre Aufmerksamkeit auf die Tatsache richten, daß viele mönchische Orden, sowohl in Asien als auch in Europa, darin erfolgreich waren, alle Regierungswechsel zu überleben und auch darin, ihren Mitgliedern ein angenehmes und nützliches Leben zu sichern. Aber dies war lediglich möglich, weil ein zurückgezogenes Leben geführt wurde. Jedoch gab es auch Orden von Kriegermönchen, wie die Templer, die außerordentlich wuchsen und gediehen. Sie erinnern sich daran, daß der Orden des Tempels lediglich durch einen betrügerischen *coupe d'état* eines Königs und eines Papstes besiegt wurde, die ihre reaktionären, obskuren und tyrannischen Vorhaben durch die Ritter bedroht sahen, die keine Skrupel zeigten, die Weisheit des Ostens mit ihrer eigenen, großzügigen Interpretation des Christentums zu verbinden und die zu ihrer Zeit eine Bewegung hin zum Licht des Lernens und der Wissenschaft repräsentierten, welche in unserer eigenen Zeit durch die Arbeiten der Orientalisten von Von-Hammer-Purgstall und Sir William Jones bis hin zu Professor Rhys Davids und Mme Blavatsky, ganz zu schweigen von solchen Philosophen, wie Schopenhauer auf der einen Seite und durch die heroischen Anstrengungen von Darwin Huxley, Tindall und Spencer auf der anderen Seite, zur Blüte gebracht wurden.

Ich habe keine Sympathie für jene, die gegen das Eigentum wüten, als wäre das, was alle Menschen wünschen, notwendigerweise von Übel; der natürliche Instinkt eines jeden Menschen ist es, etwas besitzen zu wollen, und solange der Mensch in dieser Stimmung verbleibt, müssen Versuche, Eigentum abzuschaffen, nicht nur albern, sondern auch schädlich für die Gemeinschaft sein. Es gibt keinen Ausschrei gegen das Recht auf Eigentum, wo Weisheit und Freundlichkeit es unterstützen. Der durchschnittliche Mensch ist nicht so unvernünftig wie der Demagoge aus seinen selbstsüchtigen Motiven heraus vorgibt zu sein. Die großen Noblen aller Zeiten waren üblicherweise in der Lage dazu, aus ihrer Anhängerschaft eine glückliche Familie zu bilden und unverbrüchliche Loyalität und Ergebenheit waren ihre Belohnung. Das Geheimnis bestand grundsätzlich darin, daß sie sich selbst als nobel, sowohl der Natur als auch dem Namen nach, betrachteten und es als große Schande für sich selbst ansahen, wenn irgendeinem der Gefolgsleute ein nicht notwendiges Mißgeschick unterlief. Dem Emporkömmling heutiger Zeit mangelt es an diesem Gefühl; er muß ständig versuchen, seine Überlegenheit zu beweisen, indem er seine Macht zur Schau stellt; und Grobheit ist seine einzige Waffe. In jeder Gesellschaft, in der jede Person den ihr zustehenden Platz hat, der ein Platz mit seinen besonderen Ehren ist, werden gegenseitiger Respekt und Selbstrespekt geboren. Jeder Mensch ist auf seine eigene Art ein König oder zumindest Erbe eines Königreiches. Wir haben heutzutage viele Beispiele für solche Gesellschaften, besonders Universitäten und alle Sportvereine. Nr. 5 in der Harvard Crew dreht sich nicht mitten im Rennen herum und wirft Nr. 4 vor, daß sie nur Nr. 4 ist. Auch verabscheuen sich Werfer und Fänger einer guten Baseball Mannschaft nicht um ihrer unterschiedlichen Aufgaben willen. Es muß bemerkt werden, daß wo immer auch Teamwork notwendig ist, soziale Toleranz essentiell wird. Der einfache Soldat wird, wie sein Offizier, mit einer Uniform versehen und in jeder gut ausgebildeten Armee wird ihm sein eigener Kanon der Ehre und des Selbstrespektes beigebracht. Dieses Gefühl, mehr als bloße Disziplin oder der Besitz von Waffen, macht den Soldaten moralisch jedem überlegen, der nicht in solchem korrekten Bezug zu sich selbst und seinem Beruf steht.

Universitäts-Männer, die durch eine Krise der Mühsal und Versuchung gehen mußten, haben mir häufig mitgeteilt, daß der »alte Laden« das Rückgrat für ihr Ausharren war. Sehr ähnlich empfinden offensichtlich auch jene, die von einer Wiederherstellung der alten Handels-Gilden reden. Aber ich fürchte, ich stimme damit nicht überein.

Ich habe Ihnen nun jedoch die wesentlichen Punkte meiner These dargestellt. Wir müssen das besondere Gefühl, welches in unseren erfolgreichsten Institutionen, wie der Armee, den Universitäten und Clubs besteht, auf die gesamte Gesellchaft ausdehnen. Himmel und Hölle sind Stadien des Bewußtseins; und wenn der Teufel wirklich stolz ist, kann seine Hölle ihn wenig verletzen.

Es ist dies, was ich denn zu betonen wünsche: Jene, die das neue Gesetz akzeptieren, das Gesetz des Aeons des Horus, des Gekrönten und Erobernden Kindes, das in unserer Theogonie das leidende und verzweifelnde Opfer des Schicksals ersetzt, das Gesetz von Thelema, welches lautet: Tu was du willst, jene, die es akzeptieren (so sage ich), fühlen sich sofort als Könige und Königinnen. »Jeder Mann und jede Frau ist ein Stern.« ist die erste Aussage im Buch des Gesetzes. In der Schrift »Das Gesetz der Freiheit« ist dieses Thema mit rechter Sorgfalt ausgeschmückt und ich will Sie nicht mit weiteren Zitaten belästigen.

Sie werden schnell sagen, daß das so entstandene himmlische Stadium des Bewußtseins kaum in der Lage dazu sein wird, Hunger und Kälte zu ertragen. Dieser Gedanke kam auch unserem Gründer und ich werde mich bemühen, ihnen den Grundriß seines Planes vorzustellen, solches Mißgeschick (oder zumindest solche Prüfungen) von seinen Anhängern abzuwenden.

Zuerst erwarb er eine bestimmte Organisation, über welche ihm die Kontrolle angeboten wurde, nämlich den O.T.O. Dieser große

Orden akzeptierte das Gesetz sofort und durch die plötzliche und große Wiederbelebung seiner Aktivitäten wurde dies gerechtfertigt. Das Gesetz wurde unserem Gründer vor zwölf Jahren gegeben; der O.T.O. gelangte 8 Jahre später in seine Hände, im Jahr 1912 e.v. Es sollte nicht angenommen werden, daß er in der vorhergehenden Periode müßig war, aber er war sehr jung und hatte keine Idee von den praktischen Mitteln, mit denen er den Herrschaftsbereich des Gesetzes auszudehnen hatte: er widmete sich seinen Studien.

Jedoch begann er, mit dem plötzlichen Wachstum des O.T.O. von 1912 e.v. an, eine Methode zu erkennen, das Gesetz in eine allgemeine Praxis umzusetzen, es den Männern und Frauen zu ermöglichen, in Übereinstimmung mit den Vorschriften, die im Buch des Gesetzes niedergelegt sind, zu leben und ihren Willen zu erfüllen; ich sage nicht, ihre vorbeiziehenden Wunschgebilde zu befriedigen, sondern um das zu tun, wozu sie durch ihre eigene hohe Bestimmung geleitet wurden. Denn in diesem Universum, da es im Gleichgewicht und die Gesamtsumme seiner Energien deshalb Null ist, ist jede Kraft gleich und der Resultierenden aller anderen kombinierten Kräfte entgegengesetzt. Das Ego ist deshalb immer exakt gleich dem Nicht-Ego und die Zerstörung eines einzigen Atomes Helium wäre ebenso katastrophal für die Erhaltung der Materie und Energie, als wenn eine Million Sphären durch den Willen Gottes der Vernichtung anheim fallen würden. Ich bin mir wohl bewußt, daß Sie mich von diesem Punkt aus subtil über die Tigerfalle der Kontroverse des freien Willens ziehen könnten; Sie würden es mir sogar schwermachen zu sagen, daß es besser ist, sein Schicksal bewußt und freudvoll zu erfüllen, als wie ein Stein; aber ich bin auf der Hut. Ich werde zu einfacher Politik und gesundem Menschenverstand zurückkehren.

Unser Gründer erinnerte sich, als er über diese Angelegenheit von einem rein praktischen Standpunkt aus nachdachte, der Institutionen, welche er kannte und welche gediehen. Er erinnerte sich an Klöster wie Mont Salvat, Universitäten wie Cambridge, Golfclubs wie Holylake, Gesellschaftsclubs wie Cocoa Tree, Kooperationsgesellschaften und, da er sich in Amerika aufgehalten hatte, der Trusts. In seinem Bewußtsein erhob er all diese zu ihrer n-ten

Potenz, er mischte sie wie ein geschickter Chemiker, der er war, prüfte ihre Vorzüge und ihre Grenzen, in einem Wort, er meditierte gründlich über die gesamte Angelegenheit und schloß mit der Vision einer vollkommenen Gesellschaft.

Er sah alle Menschen frei, alle Menschen wohlhabend, alle Menschen respektiert; und er pflanzte die Saat seiner Utopie, indem er sein eigenes Haus dem O.T.O. übergab, der Organisation, welche seinen Plan unter bestimmten Bedingungen ausführen sollte. Was er vorhergesehen hatte, geschah; er hatte ein Haus besessen; indem er es verschenkte, wurde er der Besitzer von Tausend Häusern. Er gab die Welt auf und fand sie zu seinen Füßen.

Eliphas Levi, der große Magier der Mitte des letzten Jahrhunderts, dessen Philosophie den außerordentlichen Aufschwung der Literatur in Frankreich in den Fünfzigern und Sechzigern durch seine Doktrin der Selbstgenügsamkeit der Kunst (»Ein guter Stil ist ein Heiligenschein.« ist einer seiner Sätze) ermöglichte, prophezeite den Messias in einer bemerkenswerten Passage. Es wird gesehen werden, daß unser Gründer, so zum Purpur geboren, wie er war, sie erfüllte.

Ich habe den Band nicht zur Hand, bei meinem Einsiedlerleben hier in New Hampshire, aber die wesentliche Aussage ist, daß Könige und Päpste nicht die Kraft haben, die Welt zu erneuern, da sie sich selbst mit Glanz und Ruhm umgeben. Sie besitzen all das, was andere Menschen wünschen und deshalb sind ihre Motive verdächtig. Wenn irgendeine Person von Bedeutung, so sagt Levi, darauf besteht, ein Leben der Mühsal und Unbequemlichkeit zu führen, obwohl er anders könnte, dann werden die Menschen ihm vertrauen und er wird in der Lage sein, seine Projekte zum allgemeinen Wohle der Gemeinschaft auszuführen. Aber er muß natürlich vorsichtig sein, nicht in seiner Strenge nachzulassen, wenn seine Macht ansteigt. Mache Macht und Glanz im Sinne von Reichtum unvereinbar und das soziale Problem ist gelöst.

»Wer ist dieser lumpige alte Mann dort drüben an der Hütte, der an einer trockenen Kruste herumnagt?« - »Das ist der Präsident der Republik.« Wo Ehre das einzig mögliche Gut ist, welches durch die Ausübung der Macht gewonnen werden kann, dort wird der Machthabende auch nur nach Ehre streben.

Das obige ist ein extremer Fall; und niemand braucht heutzutage so weit zu gehen; und es ist wichtig, daß dem Präsidenten *terrapin* und *bécasse flambé* bekannt sind, bevor er in die Politik geht.

Sie werden fragen, wie dies funktionierte und wie das von ihm entworfene System arbeitet. Das ist einfach. Autorität und Prestige im Orden sind absolut, doch während die unteren Grade mehr Privilegien geben, steigern die Höheren den Dienst. Die Macht im Orden hängt deshalb direkt von der Bereitschaft ab, anderen zu helfen. Toleranz wird in den höheren Graden ebenfalls gelehrt, so daß kein Mensch noch nicht einmal Inspektor des Ordens sein kann, bis er mit allen Arten von Standpunkten gleichermaßen vertraut ist. Sie mögen sechs Frauen oder keine haben, aber wenn sie sechs haben, müssen sie dafür sorgen, daß sie nicht alle auf einmal reden und wenn sie keine haben, müssen sie sich davor enthalten, andere Menschen mit Dithyramben über ihre eigene Männlichkeit zu langweilen. Diese Toleranz wird über spezifische Wege der Unterweisung gelehrt, deren Natur aufzudecken so unklug wie impertinent wäre. Ich muß sie bitten zu akzeptieren, daß meine Worte für sich selbst sprechen.

Unter diesen Voraussetzungen ist leicht zu erkennen, daß Intoleranz und Snobismus unmöglich sind; denn das Beispiel der Mitglieder der allgemein respektierten höheren Grade widerspricht dem. Ich mag hinzufügen, daß Mitglieder durch die Teilhabe an bestimmten Mysterien miteinander verbunden sind, die zu einer synthetischen Klimax geführt werden, in welcher ein einziges Geheimnis offenbart wird, dessen Natur so beschaffen ist, daß es alle Zersplitterung auf diesen fruchtbaren Gründen des Zankes, des Sex und der Religion für immer ausschaltet. Der Besitz dieses Geheimnisses gibt den Mitgliedern, welche zu seinem Besitz berechtigt sind, eine solch ruhige Autorität, daß der vollständige Respekt, welcher ihnen zusteht, niemals fehlt.

So werden Sie Brüder in Einheit zusammenwohnen sehen und Sie werden sich fragen, ob die Gier nach Besitz nicht Teilung verursachen mag. Im Gegenteil, diese Angelegenheit war die außerordentliche Ursache des allgemeinen Wohlstandes.

In der Mehrheit der Fälle wird Besitz verschwendet. Jemand hat sechs Häuser, drei verbleiben unbewohnt. Jemand besitzt 20% der

Aktien einer bestimmten Gesellschaft und wird durch die Person mit 51% kaltgestellt.

Es gibt tausende von Gefahren und Fallen im Besitz weltlicher Güter, welche die Haare derer lichten, die ihnen anhängen.

Im O.T.O. wird all dieser Ärger vermieden. Solcher Besitz, von dem ein Mitglied des Ordens es will, wird zu Händen der großen Offiziere entweder als Geschenk oder in Treu und Glauben übergeben. Im letzteren Falle wird es im Interesse des Gebers verwaltet. Wenn Eigentum so zusammengeführt wird, wird immense Wirtschaftlichkeit bewirkt. Ein Anwalt macht die Arbeit von 50; Hausagenten vermieten Häuser, anstatt lediglich irreführende Einträge in Bücher zu schreiben; der O.T.O. kontrolliert die Gesellschaft anstelle eines halben Dutzends isolierter und kraftloser Aktienbesitzer. Was immer der O.T.O. beschließt zu tun, er tut es mit all seiner Macht. Niemand vermag der Macht einer derartig zentralisierten, derartig verzweigten Körperschaft zu widerstehen. Ein Mitglied des O.T.O. zu werden bedeutet, Ihr Gefährt zu einem Stern zu fahren.

Aber wenn Sie arm sind? Wenn Sie kein Eigentum besitzen? Der O.T.O. hilft Ihnen dennoch. Es wird immer unbesetzte Häuser geben, welche Sie mietfrei beziehen können; es gibt sichere Beschäftigung durch andere Mitglieder, wenn Sie dies wünschen. Wenn Sie ein Geschäft haben, können Sie sicher sein, daß O.T.O. Mitglieder Ihre Kunden sein werden; wenn Sie ein Arzt oder Anwalt sind, werden sie Ihre Klienten sein. Sind Sie krank? Die anderen Mitglieder eilen zu Ihrem Bett, um Sie zu fragen, was Sie benötigen. Benötigen Sie Gesellschaft? Das Lehrhaus des O.T.O. steht Ihnen offen. Benötigen Sie ein Darlehen? Der Schatzmeister-General des O.T.O. ist ermächtigt, es Ihnen zinslos bis zur Höhe der Gesamtsumme Ihrer Abgaben und Beiträge zu gewähren. Sind Sie auf Reisen? Sie haben das Recht auf Gastfreundschaft des Meisters einer Logen des O.T.O. für 3 Tage an jeglichem Ort. Sind Sie bestrebt, Ihre Kinder auszubilden? Der O.T.O. wird sie für die Schlacht vorbereiten. Haben Sie eine Meinungsverschiedenheit mit einem Bruder? Das große Tribunal des O.T.O. wird zwischen Ihnen kostenlos vermitteln. Liegen Sie im Sterben? Sie haben die Macht, die vollständige Summe, die Sie in die Schatztruhe des O.T.O. gezahlt haben zu hinterlassen, wem Sie wollen. Werden Ihre Kinder Waisen sein? Nein, denn sie werden, wenn Sie wünschen, vom Meister ihrer Loge adoptiert oder vom Großmeister des O.T.O.

In Kürze: Es gibt keinen Lebensumstand, in welchem der O.T.O. nicht sowohl Schwert, als auch Schild ist.

Sie wundern sich? Sie antworten, daß dies lediglich durch Freigiebigkeit, durch göttliche Wohltätigkeit der Hohen gegenüber den Niederen, der Reichen gegenüber den Armen, der Großen gegenüber den Kleinen geschehen kann? Sie haben tausendmal Recht. Sie haben das Geheimnis des O.T.O. verstanden.

Daß solche Qualitäten in einer ausgedehnten Gesellschaft gedeihen können, mag einen so ausgezeichneten und so profunden Studenten der Menschlichkeit, wie Sie selbst, überraschen; doch gibt es reichlich Beispiele für höchst unnatürliche und für die Menschheit abstoßende Praktiken, welche sich durch Jahrhunderte fortsetzen. Ich brauche sie nicht an Jaganath und die Priester von Attis als Extremfälle zu erinnern.

A fortiori muß es dann möglich sein, die Menschen zu Unabhängigkeit, Toleranz, edlem Charakter und guten Sitten zu erziehen und dies wird im O.T.O. durch bestimmte, höchst effektive Methoden, welche ich nicht beschreiben werde (denn ich will nicht riskieren, Sie weiter zu ermüden), getan. Nebenbei, sie sind geheim. Doch jenseits davon steht der höchste Antrieb; Fortschritt im Orden hängt beinahe vollständig vom Besitz solcher Qualitäten ab und ist ohne sie unmöglich. Da Macht der hauptsächliche Wunsch des Menschen ist, ist es lediglich nötig, ihren Besitz so zu konditionieren, daß sie nicht mißbraucht wird.

Reichtum ist im O.T.O. nicht von Bedeutung. Oberhalb eines bestimmten Grades muß aller realisierbare Wohlstand mit einigen Ausnahmen - Dinge des täglichen Gebrauchs und ähnliches - in den O.T.O. investiert werden. Besitz mag entsprechend der Würde des Adepten eines solchen Grades genossen werden, aber er kann ihn nicht brachliegen lassen, oder ihn dem Gemeinwohl vorenthalten. Er mag zum Beispiel reisen, wie ein Eisenbahnmagnat; Aber er kann das Gemeinwohl nicht verletzen, indem er seinen privaten Zug abseits der vier Hauptlinien einsetzt.

Sogar intellektuelle Auszeichnung und ausführende Fähigkeit werden im Orden etwas anders angesehen. Arbeit wird für Personen, die solche Qualifikationen besitzen, immer gefunden und sie erlangen hohen Status und gutes Ansehen als Belohnung, aber keinen Fortschritt im Orden, bis sie ein Talent für die Führung zeigen, und dies wird sich viel eher in Noblesse des Charakters, Entschlossenheit, Verbindlichkeit, Takt und Würde, hoher Ehre und guten Sitten zeigen, eben den Qualitäten, welche (in Kürze) in den besten Geistern die natürlichen Prädikate des Wortes Gentleman sind. Das Wissen um diese Tatsachen erzeugt in den Neuen Mitgliedern nicht nur Vertrauen, sondern bringt sie dazu, den Älteren nachzueifern.

Um die gegenwärtige Arbeit des Systems richtig einzuschätzen, ist es notwendig, eines unserer Lehrhäuser aufzusuchen. (Es besteht die Hoffnung, daß in Kürze einige in den Vereinigten Staaten von Amerika eröffnet werden.) Einige sind wie die Kastelle mittelalterlicher Barone, einige sind einfache Hütten; der gleiche Geist regiert in allen. Es ist jener der vollkommenen Gastfreundschaft. Jeder Einzelne ist frei zu tun, was er will; und der Luxus seines Genusses ist solcherart, daß er Vorsicht walten läßt zu vermeiden, das gleiche Recht bei den Anderen zu stören. Die Autorität des Abtes des Hauses ist absolut, ein Fehler in der Beachtung dieser Regeln wird mit angemessener Energie behandelt. Ein solcher Fall kann jedoch in Wirklichkeit nicht eintreten, es sei denn, die Umstände sind mehr als ungewöhnlich, denn die Dauer der Gastfreundschaft ist streng begrenzt und Verlängerungen hängen vom guten Willen des Abtes ab. Natürlich, da es alle Arten erfordert, eine Welt auszumachen - und wir erfreuen uns an dieser Verschiedenheit, welche unsere Einheit zu einem so exquisiten Wunder macht - wird das eine Lehrhaus der einen Person gefallen, ein anderes einer anderen; und Vögel einer Art werden lernen, sich zusammenzufinden. Jedoch, da das Wohlergehen des Ordens und die Studien seiner Mysterien allen Mitgliedern des Ordens am Herzen liegen, gibt es unvermeidlich eine Grundlage, welcher alle zustimmen können.

Ich fürchte, ich habe Ihre Geduld mit diesem Brief erschöpft. Ich bitte Sie, mir zu verzeihen. Aber wie Sie wissen, spricht der Mund aus dem Überfluß des Herzens... Sie haben vollkommen recht zu erwidern, daß er nicht so viel zu reden braucht!

Ich füge nichts weiter hinzu, als unseren glücklichen Gruß an alle Menschen: Liebe ist das Gesetz, Liebe unter Willen.

Ich verbleibe, verehrter Herr,

der Ihrige in den Banden des Ordens.

J.B. Mason

O.T.O

LIBER CXCIV

Eine Mitteilung mit Bezug auf die Konstitution des Ordens

O.T.O.

Herausgegeben auf Befehl von:

XI° O.T.O.
HIBERNIAE IONIAE ET
OMNIUM BRITANNIARIUM
REX SUMMUS SANCTISSIMUS

Liber CXCIV

O.T.O.
Mitteilung mit Bezug auf die Konstitution des Ordens

Jede Provinz des O.T.O. wird bis zu der Zeit, da der Orden etabliert ist, was der Fall ist, wenn er elf oder mehr Lehrhäuser in einer Provinz besitzt, durch den Großmeister regiert und durch jene, an welche er seine Autorität delegiert. Sodann wird die reguläre Konstitution automatisch in Kraft gesetzt. Das Zitat ist leicht an eine Ansprache aus einem der Rituale angelehnt.

»Dies ist die Konstitution und Regierung unseres heiligen Ordens; durch das Studium seiner Balance kannst du das Verständnis erlangen, wie Du Dein eigenes Leben beherrschst. Denn, bei Wahren Dingen, sind alle nur Abbildungen, eines vom anderen; der Mensch ist eine Landkarte des Universums und die Gesellschaft ist nur desgleichen in einem größeren Maßstab.

»Lerne denn, daß unser Orden Drei Wahre Grade hat, wie es im Buch des Gesetzes geschrieben steht: Der Einsiedler, der Liebende und der Mensch der Erde.

»Nur der Bequemlichkeit halber sind diese drei Grade in drei Triaden getrennt worden.

»Die dritte Triade besteht aus drei Graden; vom Minerval bis zum Prinzen von Jerusalem. Der Grad des Minerval ist ein Prolog auf den ersten; die Grade, die dem Dritten folgen, sind nur seine Anhängsel. Darin denn, in der Serie des Menschen der Erde, gibt es dann nur Drei Grade; und diese Drei sind Eins.

»Der Mensch der Erde hat keinen Anteil an der Regierung des Ordens; denn er wurde noch nicht berufen, sein Leben in dessen Dienst zu stellen;

und für uns ist Regierung Dienst und nichts sonst. Der Mensch der Erde ist deshalb in einer sehr ähnlichen Lage, wie der römische Plebejer zu Zeiten des Menenius Agrippa. Aber es gibt einen entscheidenden Unterschied; der darin besteht, daß jeder Mensch der Erde dazu angespornt wird und daß von ihm erwartet wird, zur nächsten Stufe vorzustoßen. Damit das Gefühl der gesamten Körperschaft repräsentiert werde, wählen die Menschen der Erde vier Personen, zwei Männer und zwei Frauen unter sich aus, um andauernd vor dem Angesicht des Vaters, des Höchsten und Heiligsten Königs, zu stehen und ihm Tag und Nacht zu dienen. Diese Personen sollen von keinem höheren Rang als dem des Zweiten Grades sein; sie müssen sich am Ende jener Zeremonie für diesen Dienst freiwillig melden und dafür geben sie ihre eigenen Aussichten auf Fortschritt im Orden für ein Jahr auf, um ihren Gefährten zu dienen. Dies ist die erste Lehre in unseren großen Prinzipien: die Erlangung von Ehre durch Verzicht.

»Der Grad der Ritter des Ostens und des Westens ist nur eine Brücke zwischen der ersten und der zweiten Serie. Aber er ist wichtig, denn in diesem Grad wird eine neue Eidesformel unterschrieben und der Ritter schwört, sein Leben der Etablierung des Gesetzes von Thelema zu widmen.

»Die Mitglieder des fünften Grades sind verantwortlich für alles, was die soziale Wohlfahrt des Ordens betrifft. Dieser Grad ist symbolisch derjenige der Schönheit und Harmonie; er ist der natürliche Haltepunkt für die meisten Männer und Frauen, denn weiterzuschreiten, wie noch gezeigt wird, erfordert Entsagung der strengsten Art. Hier ist denn alle Freude, Frieden, Wohlsein auf allen Ebenen; der souveräne Prinz des Rosenkreuzes ist gleichermaßen mit dem Hohen und dem Niederen verbunden und bildet eine natürliche Verbindung zwischen ihnen. Doch lasset ihn darauf achten, daß sein Blick nach oben gerichtet ist!

»In diesem Grade werden die Höchst Weisen Souveränen jeder Abteilung ein Kommitee von 4 Personen benennen, zwei Männer und zwei Frauen, daß alle sozialen Zusammenkünfte, Bankette, Tanzveranstaltungen, Schauspiele und ähnliche Unterhaltungen arrangiert. Sie werden ebenso danach streben, Harmonie zwischen den Brüdern in jeder Art zu fördern und alle Dispute durch Takt und Freundlichkeit ohne formale Anrufung irgendeines autoritären Tribunals zu beschwichtigen.

»Der nächste Grad, der zwischen dem fünften und dem sechsten Grad liegt, wird der Senat genannt. Dies ist, genauer gesagt, die erste der regierenden Körperschaften und hier beginnen wir damit, auf Entsagung zu bestehen. Denn in dieser Körperschaft befindet sich der Wahlausschuß des O.T.O.

»Das Prinzip der allgemeinen Wahlen ist eine fatale Narrheit und seine Resultate sind in jeder sogenannten Demokratie sichtbar. Der gewählte Mensch ist immer der Mittelmäßige; er ist der sichere Mann, der vernünftige Mann, der, welcher der Mehrheit weniger unangenehm ist als irgendein anderer; und daher niemals der Genius, niemals der Mann des Fortschrittes und der Erleuchtung.

»Dieser Wahlausschuß besteht aus elf Personen in jedem Land. Er hat die vollständige Kontrolle über alle Angelegenheiten der Menschen der Erde und benennt die Logenmeister, wie er will. Er hat jedoch keine Autorität über die Abteilungen des Rosenkreuzes.

»Die Personen, die vom Höchsten und Heiligsten König in diesen Ausschuß berufen werden wollen, müssen sich für dieses Amt freiwillig melden. Die Berufung gilt für elf Jahre. Freiwillige müssen für diese Periode auf jeglichen weiteren Fortschritt im Orden verzichten. Sie müssen erstklassige Fähigkeiten zeigen in:

1. Einem Bereich der Athletik
2. Einem Bereich der Bildung

»Sie müssen ebenso ein profundes Allgemeinwissen über Geschichte und die Kunst des Herrschens besitzen und in Philosphie allgemein bewandert sein.

»Sie müssen jeder in Einsamkeit leben, ohne selbst mit ihren unmittelbaren Nachbarn mehr als das nötigste zu sprechen und sich selbst für eine Zeit von drei Monaten, mindestens einmal in zwei Jahren, in jeder Hinsicht dienen. Der Präsident wird sie zu den vier Jahreszeiten zusammenrufen und, wenn notwendig, zu anderen Zeiten, wenn sie über die Angelegenheiten, welche ihnen unterstehen, beraten. Alle Gesuche, den fünften Grad zu erhalten, müssen ihre Zustimmung erhalten. Widersprüche gegen ihre Entscheidung können jedoch an den höchsten Rat gerichtet werden.

»Der sechste Grad ist eine exekutive oder militärische Körperschaft und repräsentiert die zeitliche Macht des Höchsten und Heiligsten Königs. Jedes Mitglied ist der militärischen Disziplin unterworfen. Einzeln oder gemeinsam mit seinen Kameraden ist jedes Mitglied vereidigt, die Entscheidungen der Autorität durchzusetzen.

»Darauf folgt der Grad des Großinquisitor-Kommandanten. Hier hat jedes Mitglied das Recht auf einen Sitz im Großtribunal, der Körperschaft, die alle Dispute und Beschuldigungen, welche nicht durch die Abteilungen des Rosenkreuzes oder die Logenmeister geschlichtet wurden, entscheidet. Seinen Verdikten kann nicht widersprochen werden, es sei denn, ein Mitglied des Wahlausschusses stimmt zu, den Fall dem Areopag des achten Grades vorzutragen. Alle Mitglieder des Ordens, sogar jene der höheren Grade, unterstehen dem Großtribunal.

»Der nächste Grad ist der des Prinzen des königlichen Geheimnisses. Jedes Mitglied dieses Grades dient der Verbreitung des Gesetzes auf eine besondere Art und Weise, denn dieser Grad ist der erste, in welchem der Anfang des innersten Geheimnisses offen dargelegt wird. Er wird deshalb, durch seine persönlichen Anstrengungen, einhundertundelf Personen dazu bringen, dem Orden beizutreten, bevor er zum siebten Grad voranschreiten mag, außer durch besondere Anweisung des Höchsten und Heiligsten Königs.

»Der siebte Grad ist, in militärischer Sprache, der große Generalstab der Armee des sechsten Grades. Aus seinen Mitgliedern benennt der Höchste und Heiligste König ein Höchstes Großkonzil.

»Dieses Konzil ist mit der Verwaltung der gesamten zweiten Triade oder der Liebenden beauftragt. Alle Mitglieder des siebten Grades reisen als souveräne Großinspektor-Generäle des Ordens und berichten auf eigene Initiative an den Höchsten und Heiligsten König über den Zustand aller Logen und Abteilungen, an das höchste Konzil über alle Angelegenheiten der zweiten Triade und an den Wahlausschuß über jene der dritten.

»Der achte Grad ist eine philosophische Körperschaft. Seine Mitglieder, da sie vollständig, außer in einem Punkt, in die Prinzipien des Ordens instruiert sind, widmen sich dem Verstehen dessen, was sie in ihrer Initiation gelernt haben. Sie haben die Macht, die Entscheidungen des Großtribunals rückgängig zu machen und alle Konflikte zwischen herrschenden Körperschaften zu schlichten. Und dies tun sie nach den großen Prinzipien der Philosophie. Denn es wird häufig vorkommen, daß Streit zwischen zwei Parteien auftritt, wobei beide Seiten von ihrem Standpunkt aus im Recht sind. Dies ist so wichtig, daß eine Illustration wünschenswert ist. Ein Mensch ist mit Lepra geschlagen: Ist es richtig, daß die Menschen seine Freiheit umgehen sollten, indem sie ihn von seinen Gefährten isolieren? Ein anderer hält Land oder andere Notwendigkeiten vor dem allgemeinen Gebrauch zurück; muß er dazu gezwungen werden, sie zu überlassen? Solch schwierige Fälle enthalten tiefe philosophische Prinzipien und der Areopag des achten Grades ist verpflichtet, sie nach den großen Prinzipien des Ordens zu lösen.

»Vor dem Angesicht des Areopagus steht ein unabhängiges Parlament der Gilden. Innerhalb des Ordens, unabhängig vom Grad, formieren sich die Mitglieder eines jeden Handwerks, Handels, Wissenschaft oder Profession in einer Gilde, machen ihre eigenen Gesetze und verfolgen ihr eigenes Gut in allen Angelegenheiten, die ihre Arbeiten und ihre Lebensgewohnheiten betreffen. Jede Gilde wählt den ausgezeichnetsten Menschen aus, um sie vor dem Areopag des achten Grades zu repräsentieren und alle Dispute zwischen unterschiedlichen Gilden werden vor dieser Körperschaft ausgetragen, welche entsprechend der großen Prinzipien des Ordens, entscheiden wird. Ihre Entscheidungen gehen zwecks Ratifikation an das Sanktuarium der Gnosis und von dort an den Thron.

»Alle Epopten und Pontifex dieses erhöhten Grades sind daran gebunden, für sechs aufeinanderfolgende Monate in jedem Jahr in Einsamkeit zu leben, die Mysterien meditierend, die sich ihnen offenbaren.

»Der neunte Grad - das Sanktuarium der Gnosis - ist synthetisch. Die erste Pflicht seiner Mitglieder ist es, die Theurgie und die Thaumaturgie des Grades zu studieren und zu praktizieren; doch zusätzlich müssen sie darauf vorbereitet sein, als direkte Repräsentanten des Höchsten und Heiligsten Königs zu agieren und sein Licht über die gesamte Welt erstrahlen zu lassen. Doch, gemäß der Natur ihrer Initiation, müssen sie ihren Glanz in eine Wolke von Dunkelheit hüllen. Sie bewegen sich ungesehen und unerkannt unter den jüngsten von uns und subtil und erhaben führen sie uns in die heiligen, unfaßbaren Mysterien des Wahren Lichtes.

»Der Höchste und Heiligste König wird durch den O.H.O. benannt. Sein ist die ultimate Verantwortlichkeit für alles in seinem heiligen Königreich. Die Nachfolge im hohen Amt des O.H.O. wird auf eine Art und Weise entschieden, die hier nicht dargelegt wird; doch dies magst du wissen, oh Bruder Magier, daß er sogar aus dem Grad des Minerval gewählt werden mag. Und hierin liegt ein höchst geheiligtes Mysterium.

»Der Wahlausschuß besitzt eine einzigartige Macht. Alle 11 Jahre oder im Falle einer Notwendigkeit wählen sie zwei Personen des neunten Grades, die mit der Pflicht der Revolution beauftragt werden.

»Es ist das Geschäft dieser Personen, die Handlungen des Höchsten und Heiligsten Königs dauernd zu kritisieren und gegen ihn zu opponieren, ob sie persönlich mit ihm übereinstimmen oder nicht. Sollte er Schwäche zeigen, körperlich, mental oder moralisch, sind sie berechtigt, dem O.H.O. Meldung zu machen, um ihn abzusetzen. Doch sie allein von allen Mitgliedern sind nicht legitimiert, seine Nachfolge anzutreten.

»Der O.H.O. als die höchste Autorität im Orden wird in einer solchen Dringlichkeit handeln, wie er es für passend hält. Er mag selbst seines Amtes enthoben werden, aber nur durch das einstimmige Votum aller Mitglieder des 10. Grades.

»Vom elften Grade, seiner Macht, seinen Privilegien und seinen Qualifikationen wird nichts in irgendeinem Grad gesagt. Er hat keine Beziehung zur allgemeinen Ebene des Ordens, ist unerforschlich und wohnt in seinem eigenen Palast.

»Es gibt bestimmte, wichtige finanzielle Pflichten in verschiedenen Graden.

»Der Wahlausschuß des Senates wird zur Armut vereidigt. Aller Besitz, alle Verdienste, alle Einkünfte werden dem Großschatzmeister-General treuhänderisch oder ganz übergeben. Die Mitglieder leben von der Wohltätigkeit des Ordens, welche entsprechend ihrer tatsächlichen Stellung im Leben geleistet wird.

»Diese Bemerkungen gelten ebenso für das Höchste Großkonzil und alle höheren Grade.

»Im siebten Grad ist es eine Qualifikation, ein reales Eigentum dem Orden zu überlassen. Und niemand wird zu diesem Grad zugelassen, ohne dies vorher getan zu haben.

»Jene Mitglieder des Ordens, die ihm alles gegeben haben, erhalten das Geld für ihre Initiation, Abgaben und Leistungen von der dritten Triade, deren Ehre sich somit in der selbstlosen Unterstützung jener zeigt, die alles zu ihrem Wohl aufgegeben haben.

»Der Großschatzmeister-General wird durch den Höchsten und Heiligsten König benannt. Er mag ein Mitglied, welchen Grades auch immer, sein, aber er muß, wenn er das Amt annimmt, den Eid der Armut auf sich nehmen. Seine Autorität ist in allen finanziellen Angelegenheiten absolut; aber er ist dem Höchsten und Heiligsten König verantwortlich und mag nach dessen Willen des Amtes enthoben werden. Er wird ein Kommitee benennen, um ihm zu assistieren und ihn in seiner Arbeit zu unterstützen und er wird üblicherweise eine Person aus jeder der herrschenden Körperschaften des Ordens auswählen.

»So ist der kurze Abriß über die Verwaltung des O.T.O. Er kombiniert Monarchie mit Demokratie; schließt Aristokratie ein und verbirgt sogar die Samen der Revolution, durch welche allein Fortschritt bewirkt werden kann. So balancieren wir die Triaden, indem wir die Drei in Eins vereinigen; so sammeln wir die Fäden menschlichen Leidens und menschlicher Interessen und verweben sie in einem harmonischen Gobelin, subtil und fleißig und mit großer Kunst, sodaß unser Orden sogar den Sternen, die in der Nacht am Himmel stehen, als ein Ornament erscheinen mag. In unserem regenbogenfarbenen Gewebe zeigen wir den Glanz des gesamten Universums. Sorge Du dafür, Bruder Magier, daß Dein eigener Faden stark sein möge und rein und in sich selbst von brillanter Farbe, doch bereit, sich in aller Schönheit mit denen Deiner Brüder zu vermischen.

Die Grade des O.T.O. und die festgesetzten Preise für jeden

		In den USA		In Großbritannien	
		Initiation[1]	Jährlicher Beitrag[2]	Initiation[1]	Jährlicher Beitrag[2]
0°	Minerval	$5		£1-1-0	
I°	M.	5	5	1-1-0	1-1-0
II°	M..	5	10	1-1-0	2-2-0
III°	M.·.	5	15	1-1-0	3-3-0
	P.·.M.·.	5		1-1-0	
IV°	Gefährte des Heiligen Königlichen Gewölbes von Enoch	10	10	2-2-0	4-4-0
	Prinz von Jerusalem	5		1-1-0	
	Jeder Mann und jede Frau, die volljährig, frei und von gutem Leumund sind, haben ein unveränderliches Recht auf diese Grade. Der Zugang zu den folgenden kann nur auf Einladung der jeweiligen regierenden Körperschaft gewährt werden.				
	Ritter des Ostens und des Westens	5		1-1-0	
V°	Souveräner Prinz des Rose Croix (Ritter des Pelikans und Adlers)	15	26	3-3-0	5-5-0
	Mitglied des Senates der Ritter der Hermetischen Philosophie, Ritter des Roten Adlers	10		2-2-0	
VI°	Erhabener (Tempel-) Ritter des Kadosch-Ordens und Gefährte des Heiligen Grales	26	31	5-5-0	6-6-0
	Groß-Inquisitor-Kommandant, Mitglied des Großen Tribunales	26	36	5-5-0	7-7-0
	Prinz des Königlichen Geheimnisses	26	39	5-5-0	8-8-0
VII°	Sehr erhabener Souveräner Groß-Inspektor-General	51	56	10-10-0	11-11-0
	Mitglied des Höchsten-Großrates				
VIII°	Vollkommener Pontifex der Illuminati	102	112	21-0-0	23-2-0
	Epopt der Illuminati	102		21-0-0	
IX°	Initiierter des Heiligtums der Gnosis	204	168	42-0-0	34-13-0
X°	Rex Summus Sanctissimus (Höchster und Heiligster König)				

[1] Zahlbar bei Antragstellung

[2] Wenn ein Bruder von gutem Stand einen neuen Grad annimmt, zahlt er mit seiner Gebühr lediglich den Überhangbeitrag

O.T.O

LIBER XV

Ecclesiae Gnosticae CatholicaeCanon Missae

O.T.O.

Herausgegeben auf Befehl von:

XI° O.T.O.
HIBERNIAE IONIAE ET
OMNIUM BRITANNIARIUM
REX SUMMUS SANCTISSIMUS

Liber XV

O.T.O.
ECCLESIAE GNOSTICAE CATHOLICAE
CANON MISSAE

I
Von der Ausstattung des Tempels

Im Osten, d.h. in der Richtung nach Boleskine steht ein Hochaltar. Boleskine liegt an der Südost - Küste von Loch Ness in Schottland, 2 Meilen östlich von Foyers. Der Altar soll 7 Fuß (213,36 cm) lang, 3 Fuß (91,44 cm) breit und 44 Inch (111,76 cm) hoch sein. Er soll mit einem karmesinroten Altartuch bedeckt sein, auf welchem goldene Lilien oder ein Sonnenfeuer oder ein anderes geeignetes Emblem gestickt ist.

Auf jeder Seite davon soll eine Säule oder ein Obelisk mit Komplementäraufträgen in schwarz und weiß sein.

Darunter ist das Podium mit 3 Stufen in schwarzen und weißen Quadraten.

Darüber ist der Hochaltar, an dessen Spitze die Stele der Offenbarung steht, mit 4 Kerzen an jeder Seite. Unter der Stele ist ein Platz für das Buch des Gesetzes mit 6 Kerzen an jeder Seite. Darunter wieder ist der Heilige Gral mit Rosen an jeder Seite davon. Davor ist Platz für den Hostienteller. An den Seiten neben den Rosen sind 2 große Kerzen.

All dies ist mit einem großen Schleier abgeteilt.

An der Spitze eines gleichseitigen Dreiecks, dessen Basis eine zwischen den Säulen gezogene Linie ist, steht ein kleiner schwarzer quadratischer Altar aus 2 übereinandergestellten Würfeln.

An der Spitze eines zweiten ähnlichen gleichseitigen Dreiecks, für welches dieser Altar die Mitte der Grundlinie ist, steht ein kleines rundes Weihwasserbecken.

In der gleichen Art steht an der Spitze eines dritten Dreiecks eine aufrechte Gruft.

II
Von den Offizieren der Messe

Der PRIESTER trägt die Heilige Lanze und ist in eine glatte, weiße Robe gekleidet.

Die PRIESTERIN sollte tatsächlich Virgo intacta oder speziell dem Dienst des Großen Ordens gewidmet sein. Sie ist in Weiß, Blau und Gold gekleidet, das Schwert hängt an einem roten Gürtel und sie trägt den Hostienteller und die Hostien oder Lichtkuchen.

Der DIAKON ist in Weiß und Gelb gekleidet und trägt das Buch des Gesetzes.

2 Kinder; sie sind in Weiß und Schwarz gekleidet, eins trägt einen Krug mit Wasser und einen Teller mit Salz, das andere eine Räucherpfanne und ein Kästchen mit Parfüm.

III
Von der Eröffnungszeremonie

Der DIAKON öffnet die Tür des Tempels, läßt die Versammlung ein und nimmt seinen Platz zwischen dem kleinen Altar und dem Weihrauchbecken. (Ein Türhüter sollte den Einlaß überwachen.)

Der DIAKON schreitet vor und verbeugt sich vor dem offenen Schrein, wo der Gral erhöht ist. Er küßt das Buch des Gesetzes dreimal, öffnet es und plaziert es auf dem Hochaltar. Dann dreht er sich nach Westen.

Der DIAKON: Tu was du willst sei das ganze Gesetz. Ich verkünde das Gesetz von Licht, Leben, Liebe und Freiheit im Namen von IAO.

Die VERSAMMLUNG: Liebe ist das Gesetz, Liebe unter Willen.

Der DIAKON geht zu seinem Platz zwischen dem Räucheraltar und dem Weihwasserbecken, dreht sich nach Osten und gibt den Schritt und das Zeichen eines Menschen und eines Bruders. Alle machen es nach.

Der DIAKON und alle LEUTE: Ich glaube an einen geheimen und unnennbaren HERRN, und an einen Stern in der Schar der Sterne, aus dessen Feuer wir erschaffen sind und zu dem wir zurückkehren werden. Und ich glaube an einen Vater des Lebens, Geheimnis der Geheimnisse, und sein Name ist CHAOS, der alleinige Stellvertreter der Sonne auf Erden. Und an eine Luft, die Ernährerin von allem, was da atmet.

Und ich glaube an eine Erde, unser aller Mutter, und an einen Schoß, in dem alle Menschen gezeugt werden und in dem sie ruhen sollen, Geheimnis der Geheimnisse, und ihr Name ist BABALON.

Und ich glaube an die Schlange und den Löwen, Geheimnis der Geheimnisse, und sein Name ist BAPHOMET.

Und ich glaube an eine gnostische und katholische Kirche von Licht, Liebe und Freiheit und das Wort ihres Gesetzes ist THELEMA.

Und ich glaube an die Gemeinschaft der Heiligen.

Und insofern Speise und Trank sich täglich in uns in geistige Substanz verwandeln, glaube ich an das Wunder der Messe.

Und ich bekenne mich zu einer Taufe der Weisheit, durch die wir das Wunder der Inkarnation vollenden.

Und ich bekenne, daß mein Leben eins, individuell und ewig ist, das war, ist und sein wird.

AUMN, AUMN, AUMN.

Musik wird gespielt, das Kind mit dem Wasserkrug und dem Salz tritt ein. Die JUNGFRAU tritt mit dem Schwert und dem Hostienteller ein, das Kind mit der Räucherpfanne und dem Parfüm tritt ein. Sie stellen sich mit dem Gesicht zum DIAKON in einer Reihe zwischen den Raum zwischen 2 Altaren.

JUNGFRAU: Gruß von Erde und Himmel!

Alle geben das Grußzeichen eines Magiers, der DIAKON beginnt.

Die PRIESTERIN, das negative Kind zur Linken, das positive zur Rechten, ersteigt die Treppen zum Hochaltar. Die Kinder warten unten. Sie plaziert den Hostienteller vor dem Gral. Nachdem sie ihn angebetet hat, steigt sie herab und schreitet serpentinenartig dreieinhalb Kreise durch den Tempel. Die Kinder folgen ihr, das positive zuerst (in Uhrzeigerrichtung um den Altar, entgegengesetzt um das Weihwasserbecken, Uhrzeigerrichtung um Altar und Weihwasserbecken, entgegengesetzt um den Altar und genauso um die Gruft im Westen). Sie zieht ihr Schwert und reißt den Schleier damit nieder.

Die PRIESTERIN: Durch die Kraft des ✠ Eisens sage ich dir, erscheine. Im Namen unseres Herrn ✠, der Sonne, und unseres Herrn ✠ ..., daß du die Tugenden der Brüder lenken mögest.

Sie steckt das Schwert zurück in die Scheide.

Der PRIESTER, ausgehend von der Gruft, hält die aufgerichtete Lanze mit beiden Händen, rechte über der linken, gegen seine Brust, macht die ersten 3 regulären Schritte.

Dann gibt er die Lanze der PRIESTERIN und gibt die 3 Bußzeichen.

Dann kniet er und betet die Lanze mit beiden Händen an.

Büßerische Musik.

Der PRIESTER: Ich bin ein Mensch unter Menschen.

Er nimmt die Lanze wieder und senkt sie. Er erhebt sich.

Der PRIESTER: Wie sollte ich würdig sein, die Werte der Brüder zu lenken?

Die PRIESTERIN nimmt von dem Kind das Wasser und das Salz und mischt sie im Weihwasserbecken.

Die PRIESTERIN: Das Salz der Erde soll das Wasser ermahnen, die Tugend der Großen See zu tragen. (Kniet nieder) Mutter, sei du angebetet.

Sie kehrt nach Westen zurück. Mit offener Hand macht sie ✠ auf Stirn, Brust und Körper des Priesters.

Der PRIESTER sei rein an Körper und Seele!

Die PRIESTERIN nimmt die Weihrauchpfanne von dem Kind und stellt sie auf den kleinen Altar. Sie schüttet Weihrauch hinein.

Das Feuer und die Luft sollen die Welt süß machen! Kniet nieder, Vater, sei du angebetet!

Sie kehrt nach Westen zurück und macht mit dem Weihrauchgefäß ✠ vor dem PRIESTER dreimal wie vorher.

Der PRIESTER sei inbrünstig an Körper und Seele!

(Die Kinder nehmen die Waffen, mit denen sie ausgerüstet sind, wieder auf.)

Der DIAKON nimmt jetzt die geweihte Robe vom Hochaltar und bringt sie ihr. Sie kleidet den PRIESTER in seine Robe aus Scharlach und Gold.

Die Flamme der Sonne sei deine Umgebung, oh du PRIESTER der SONNE!

Der DIAKON bringt die Krone vom Hochaltar. (Die Krone kann aus Gold oder Platin oder Electrum Magicum sein, ohne andere Metalle, außer den kleinen Mengen, welche zu einer richtigen Mischung notwendig sind. Sie kann mit diversen Juwelen geschmückt sein, aber die Uräusschlange muß um sie herum gewunden sein. Und die Schutzkappe muß dem Scharlach der Robe gleichen. Sie sollte aus Samt sein.)

Die Schlange sei deine Krone, oh du PRIESTER des HERRN!

Knieend nimmt sie die Lanze zwischen ihre offenen Hände und gleitet an ihr elfmal sehr zart auf und nieder.

Sei der HERR unter uns anwesend!

Alle geben das Grußzeichen.

Die LEUTE: So sei es!

IV
Von der Zeremonie der Öffnung des Schleiers

Der PRIESTER: Dich, den wir anbeten, rufen wir daher auch an.

Durch die Macht der erhobenen Lanze!

Er erhebt die Lanze, alle wiederholen das Grußzeichen.

Ein Satz triumphierender Musik.

Der PRIESTER nimmt die PRIESTERIN mit seiner linken an ihrer rechten Hand, die Lanze erhoben haltend.

Ich, PRIESTER und KÖNIG, nehme dich, du reine, unbefleckte Jungfrau, ich erhebe dich, ich führe dich zum Osten, ich setze dich auf den Gipfel der Erde.

Er thront die PRIESTERIN auf den Altar. Der DIAKON und die Kinder folgen in einer Reihe hinter ihm.

Die PRIESTERIN nimmt das Buch des Gesetzes, nimmt ihren Platz wieder ein und hält es offen auf ihrer Brust mit ihren zwei Händen, mit Daumen und Zeigefingern ein Dreieck mit der Spitze nach unten bildend.

Der PRIESTER gibt die Lanze dem DIAKON und nimmt den Wasserkrug von dem Kind und besprenkelt die PRIESTERIN, wobei er auf Stirn, Schultern und Schenkel insgesamt fünf Kreuze macht.

Der Daumen des PRIESTERS ist immer zwischen seinem Zeige- und Mittelfinger, wenn er die Lanze nicht hält.

Der PRIESTER nimmt das Weihrauchgefäß von dem Kind und macht fünf Kreuze, wie vorher.

Die Kinder stellen ihre Waffen auf die entsprechenden Altäre zurück.

Der PRIESTER küßt das Buch des Gesetzes dreimal.

Er kniet eine Weile in Anbetung mit verbundenen Händen, Knöchel aneinander, Daumen in der Position, wie vorher genannt.

Er erhebt sich und zieht den Schleier über den ganzen Altar. Alle erheben sich und stehen bereit.

Der PRIESTER nimmt die Lanze vom DIAKON und hält sie wie vorher, wie Osiris oder Pthah. Er zirkuliert dreimal den Tempel, gefolgt von dem DIAKON und den Kindern, wie vorher. (Diese halten, wenn sie ihre Hände nicht brauchen, ihre Arme auf ihren Brüsten gekreuzt.)

Bei der letzten Zirkulation verlassen sie ihn und gehen zu dem Platz zwischen dem Weihrauchbecken und dem kleinen Altar, wo sie in Anbetung knien, ihre Hände, Handfläche an Handfläche, verbunden und über ihre Köpfe erhoben.

Alle imitieren diese Bewegung.

Der PRIESTER kehrt nach Osten zurück und ersteigt die erste Stufe des Altares.

Der PRIESTER: O Kreis der Sterne, von dem unser Vater nur der jüngere Bruder ist, Wunder, jenseits der Vorstellung, Seele des unendlichen Raumes, vor dem die Zeit beschämt, der Geist verwirrt und das Verständnis dunkel ist, wir können nicht zu dir gelangen, außer dein Bild ist Liebe. Daher rufen wir dich an durch den Samen und die Wurzel und den Stamm und die Knospe und das Blatt und die Blüte und die Frucht.

Dann antwortete der Priester und sagte zur Königin des Raumes, ihre holde Stirn küssend. Und der Tau ihres Lichtes badete seinen ganzen Körper in einem süß riechenden Parfüm von Schweiß; oh Nuit, Kontinuierliche des Himmels, laß es immer so sein, daß die Menschen von dir nicht als eins sprechen, sondern als keins, und laß sie überhaupt nicht von dir sprechen, weil du immerwährend bist.

Während dieser Ansprache muß die PRIESTERIN sich vollständig ihrer Robe entledigt haben, siehe CCXX I, 62.

Die PRIESTERIN: Aber mich zu lieben ist besser als alles: Wenn du unter den Nachtsternen der Wüste meinen Weihrauch vor mir verbrennst, mich mit einem reinen Herzen anrufst und das Schlangenfeuer darin, wirst du ein wenig in meinem Busen liegen. Für einen Kuß wirst du dann alles geben wollen, aber wer ein Staubteilchen gibt, wird in dieser Stunde alles verlieren. Ihr werdet Güter sammeln und Vorrat an Frauen und Gewürzen, ihr werdet kostbare Juwelen tragen, ihr werdet die Völker der Erde an Glanz und Stolz übertreffen, aber immer in Liebe zu mir, und so werdet ihr zu meiner Freude gelangen. Ich fordere euch ernstlich auf, zu mir in einem einzelnen Gewande zu kommen und bedeckt mit einem kostbaren Kopfschmuck. Ich liebe euch! Ich sehne mich nach euch! Bleich oder purpurn, verschleiert oder wollüstig, ich, die ich alle Freude und Purpur bin und Trunkenheit des innersten Gefühles, begehre euch. Legt eure Schwingen an und erweckt die gewundene Herrlichkeit in euch: kommet zu mir! Singt mir das leidenschaftliche Liebeslied! Verbrennt mir Parfüms! Tragt für mich Juwelen! Trinkt mir zu, denn ich liebe euch! Ich liebe euch! Ich bin die blaulidrige Tochter des Sonnenuntergangs: ich bin der nackte Glanz des wollüstigen Nachthimmels. Zu mir! Zu mir!

Der PRIESTER ersteigt die zweite Stufe.

Der PRIESTER: Oh Geheimnis der Geheimnisse, welches du im Wesen von allem, das lebt, verborgen bist, nicht dich beten wir an, denn das, was anbetet, ist ebenfalls du. Du bist das, und das bin ich.

Ich bin die Flamme, die in jedem Menschenherzen brennt und in dem Kern jedes Sterns. Ich bin Leben und Lebensgeber, doch deshalb ist das Wissen um mich das Wissen um den Tod. Ich bin allein, es gibt keinen Gott, wo ich bin.

Der DIAKON und alle erheben sich auf ihre Füße mit dem Grußzeichen.

Der DIAKON: Aber du, oh mein Volk, erhebe dich und erwache! Die Rituale sollen richtig durchgeführt werden mit Freude und Schönheit!

Es gibt Rituale der Elemente und Feste der Zeiten.

Ein Fest für die erste Nacht des Propheten und seine Braut!

Ein Fest für die 3 Tage der Niederschrift des Buches des Gesetzes.

Ein Fest für Tahuti und die Kinder des Propheten - geheim, oh Prophet!

Ein Fest für das höchste Ritual und ein Fest für den Equinox der Götter.

Ein Fest für Feuer und ein Fest für Wasser. Ein Fest für das Leben und ein größeres Fest für den Tod!

Ein Fest jeden Tag in eurem Herzen in der Freude meines Entzückens!

Ein Fest jede Nacht für Nu und das Vergnügen höchsten Entzückens!

Der PRIESTER ersteigt die dritte Stufe.

Der PRIESTER: Du, der du eins bist, unser Herr im Universum, die Sonne, unser Herr in uns selbst, dessen Name Geheimnis des Geheimnisses ist, höchstes Wesen, dessen Strahlen die Welten erleuchtend, auch der Atem ist, der sogar jeden Gott und den Tod vor dir erzittern läßt - erscheine du glorreich durch das Zeichen des Lichtes auf dem Thron der Sonne.

Öffne den Pfad der Schöpfung und der Intelligenz zwischen uns und unseren Geistern. Erleuchte unser Verständnis.

Ermutige unsere Herzen. Laß dein Licht sich in unserem Blut kristallisieren, uns mit neuem Leben erfüllend.

A ka dua
Tuf ur biu
Bi a'a chefu
Dudu ner af an nuteru!

Die PRIESTERIN: Es gibt kein Gesetz außer Tu was du willst.

Der PRIESTER teilt den Schleier mit seiner Lanze. Während der vorhergehenden Ansprachen hat die PRIESTERIN ihre Robe angelegt.

Der PRIESTER: IO IO IO IAO SABAO KURIE ABRASAX KURIE MEITHRAS KURIE PHALLAE. IO PAN IO PAN PAN IO ISCHURON IO ATHANATON IO ABROTON IO IAO. CHAIRE PHALLAE CHAIRE PANPHAGE CHAIRE PANGENETOR. HAGIOS HAGIOS HAGIOS IAO.

Die PRIESTERIN sitzt mit dem Hostienteller in ihrer rechten Hand und dem Kelch in ihrer linken.

Der PRIESTER präsentiert die Lanze, welche sie elfmal küßt. Sie hält sie dann an ihre Brust, während der PRIESTER, da er ihr zu Füßen fällt, ihre Knie küßt, seine Arme entlang ihrer Schenkeln ausgestreckt. Er verbleibt in dieser Anbetung, während der Diakon die kurzen Gebete intoniert.

Alle stehen bereit mit der Dieu Garde, d.h. Füße im Quadrat, Hände mit verbundenen Daumen, locker gehalten. (Dies ist die allgemeine Position beim Stehen, außer eine andere Anweisung ist gegeben.)

V
Vom Amte der Kleinen Gebete, welche 11 an der Zahl sind

(DIE SONNE)

Der DIAKON: Sichtbarer und fühlbarer Herr, von dem diese Erde nur ein gefrorenes Fünkchen ist, welches sich mit jährlicher und täglicher Bewegung um dich dreht, Quelle des Lichtes, Quelle des Lebens, deine immerwährende Strahlung soll uns zu ständiger Arbeit und Freude ermutigen, so daß wir, wie wir ständige Teilnehmer an deiner Freigebigkeit sind, in unserem besonderen Orbit Licht und Leben ausgeben, Nahrung und Freude für sie, die um uns kreisen, ohne Verminderung von Substanz oder Pracht für immer.

Die LEUTE: So sei es.

(DER HERR)

Der DIAKON: Geheimer und heiligster Herr, Quelle des Lichtes, Quelle des Lebens, Quelle der Liebe, Quelle der Freiheit, sei du immer fest und mächtig in uns, Kraft der Energie, Feuer der Bewegung. Laß uns mit Beharrlichkeit immer mit dir arbeiten, damit wir in deiner überfließenden Freude verbleiben.

Die LEUTE: So sei es.

(DER MOND)

Der DIAKON: Herrin der Nacht, die sich immer um uns dreht, ist jetzt sichtbar und jetzt unsichtbar zu deiner Zeit, sei du gewogen den Jägern und Liebenden und allen Menschen, welche sich auf Erden plagen und allen Seeleuten auf See.

Die LEUTE: So sei es.

(DIE HERRIN)

Der DIAKON: Geberin und Empfängerin der Freude, Tor von Leben und Liebe, sei du immer bereit, du und deine Dienerinnen in deinem Amt der Freude.

Die LEUTE: So sei es.

(DIE HEILIGEN)

Der DIAKON: Herr des Lebens und der Freude, der du die Macht des Menschen bist, der du die Essenz jedes wahren Gottes bist, der auf der Oberfläche der Erde ist, das Wissen von Generation zu Generation fortsetzend, du, von uns angebetet auf Heiden und in Wäldern, auf Bergen und in Höhlen, öffentlich auf Marktplätzen und geheim in den Kammern unserer Häuser, in Tempeln aus Gold und Elfenbein und Marmor, wie in jenen anderen Tempeln unserer Körper, wir gedenken ehrenvoll den Würdigen, welche dich in alten Zeiten anbeteten und deinen Ruhm den Menschen manifestierten. LAO-TSE *und* SIDDHARTHA *und* KRISCHNA *und* TAHUTI, MOSHEH DIONYSUS, MOHAMMED *und* TO MEGA THERION *und auch diesen* HERMES, PAN, PRIAPUS, OSIRIS *und* MELCHIZEDEK, KHEM *und* AMOUN *und Mentu, Herkules, Orpheus und Odysseus und* VERGILIUS, CATULLUS, MARTIALIS RABELAIS, SWINBURNE, *und vielen heiligen Barden,* APOLLONIUS TYANAEUS, SIMON MAGUS, MANES, BASILIDES VALENTINUS, BARDESANES *und* HIPPOLYTUS, *die das Licht der Gnosis, auf uns, ihre Nachfolger und ihre Erben übertrugen; mit* MERLIN, ARTHUR, KAMURET, PARZIFAL *und viele andere, Prophet, Priester und König, die die Lanze und den Kelch trugen, das Schwert und die Scheibe gegen die Heiden; und auch diese,* CAROLUS MAGNUS *und seine Paladine und* WILLIAM VON SCHYREN, FRIEDERICH VON HOHENSTAUFFEN, ROGER BACON, JACOBUS BURGUNDUS MOLENSIS DER MÄRTYRER, CHRISTIAN ROSENCREUTZ, ULRICH VON HUTTEN, PARACELSUS, MICHAEL MAIER, JAKOB BOEHME, FRANCIS BACON LORD VERULAM, ANDREA, ROBERTUS DE FLUCTIBUS, JOHANNES DEE, SIR

EDWARD KELLY, THOMAS VAUGHAN, ELIAS ASHMOLE, MOLINOS, WOLFGANG VON GOETHE, LUDOVICUS REX BAVARIAE, RICHARD WAGNER, ALPHONSE LUIS CONSTANT, FRIEDRICH NIETZSCHE, HARGRAVE JENNINGS, CARL KELLNER, FORLONG DUX, SIR RICHARD BURTON, SIR RICHARD PAYNE KNIGHT, SIR RICHARD FRANCIS BURTON, DOKTOR GERARD ENCAUSSE, DOKTOR THEODOR REUSS UND SIR ALEISTER CROWLEY - *Oh Söhne des Löwen und der Schlange! Mit all deinen Heiligen gedenken wir ehrenvoll den Würdigen, die waren und sind und sein werden.*

Mag ihre Essenz hier anwesend, kraftvoll, jung und väterlich sein, um dieses Fest zu vervollkommnen!

(Bei jedem Namen zeichnet der DIAKON das ✠ mit dem Daumen zwischen Zeige- und Mittelfinger. Bei normalen Messen ist es nur notwendig, mit den dargestellten Worten derer zu gedenken, deren Namen kursiv gesetzt sind.)

Die LEUTE: So sei es.

(DIE ERDE)

Der DIAKON: Mutter der Fruchtbarkeit, an deren Brust Wasser liegt, deren Wange von Luft liebkost wird und in deren Herzen das Sonnenfeuer ist, Bauch allen Lebens, wiederkehrende Anmut der Jahreszeiten, antworte dem Gebet unserer Arbeit günstig und sei Pastoren und Ehemännern gnädig gesinnt.

Die LEUTE: So sei es.

(DIE PRINZIPIEN)

Der DIAKON: Geheimnisvolle dreiförmige Energie, geheimnisvolle Materie, in vierfacher und siebenfacher Teilung, Wechselspiel, aus welchem die Dinge den Tanz des Schleiers des Lebens auf dem Antlitz des Geistes weben, laß in unseren mystischen Lieben Harmonie und Schönheit sein, damit in uns Gesundheit und Wohlstand und Stärke und göttliche Freude sei nach dem Gesetz der Freiheit, laß jeden seinen Willen verfolgen als einen starken

Menschen, der sich in seinem Weg erfreut, als die Laufbahn eines Sternes, der für immer unter der freudigen Gesellschaft des Himmels lodert.

Die LEUTE: So sei es.

(GEBURT)

Der DIAKON: Sei die Stunde günstig und das Tor des Lebens in Frieden und Wohlbefinden offen, so daß sie die Kinder trägt, sich erfreuen kann und das Kind das Leben mit beiden Händen ergreifen kann.

Die LEUTE: So sei es.

(HOCHZEIT)

Der DIAKON: Auf alles, das sich diesen Tag mit Liebe unter Willen vereinigt, soll Erfolg fallen, mag Stärke und Geschicklichkeit sich vereinigen, um Ekstase hervorzubringen und Schönheit Schönheit beantworten.

Die LEUTE: So sei es.

(TOD)

Der DIAKON: Ausdruck von allem, das lebt, dessen Name unergründlich ist, sei uns in deiner Stunde gewogen.

Die LEUTE: So sei es.

(DAS ENDE)

Der DIAKON: Ihnen, von deren Augen der Schleier des Lebens gefallen ist, soll die Vollendung ihrer Wahren Willen gewährt sein, ob sie Absorbtion in das Unendliche wollen oder mit ihren Gewählten und Bevorzugten vereinigt sein oder in Kontemplation sein oder in Frieden sein oder die Arbeit und den Heroismus der Inkarnation auf diesem Planeten oder einem anderen erlangen oder in irgendeinem Stern oder etwas anderes, ihnen mag die Vollendung ihrer Willen gewährt sein. AUMGN, AUMGN, AUMGN.

Alle sitzen.

Der DIAKON und die Kinder betreuen den PRIESTER und die PRIESTERIN, bereit, die entsprechende Waffe zu halten, wie es notwendig ist.

VI
Von der Weihung der Elemente

Der PRIESTER macht fünf Kreuze auf Hostienteller und Kelch

✠ 1

✠ 3 ✠ 2

✠ 4 auf Hostienteller alleine; ✠ 5 auf Kelch alleine.

Der PRIESTER: Leben des Menschen auf Erden, Frucht der Arbeit, Nahrung des Strebens, sei du so die Nahrung des Geistes!

Er berührt die Hostie mit der Lanze.

Durch die Kraft des Stabes!

Sei dies Brot der Körper Gottes!

Er nimmt die Hostie.

ΤΟΥΤΟ ΕΣΤΙ ΤΟ ΣΩΜΑ ΜΟΥ.

Er kniet, betet an, erhebt sich, dreht sich, zeigt die Hostie den LEUTEN, dreht sich, legt die Hostie zurück und betet an. Musik. Er nimmt den Kelch.

Träger der Freude des Menschen auf Erden. Trost der Arbeit, Inspiration des Strebens, sei du so die Ekstase des Geistes!

Er berührt den Kelch mit der Lanze.

Durch die Kraft des Stabes!

Sei dieser Wein das Blut Gottes!

Er nimmt den Kelch.

ΤΟΥΤΟ ΕΣΤΙ ΤΟ ΠΟΤΗΡΙΟΝ
ΤΟΥ ΗΑΙΜΑΤΟΣ ΜΟΥ.

Er kniet, betet an, erhebt sich, dreht sich, zeigt den Kelch den LEUTEN, dreht sich, stellt den Kelch zurück und betet an. Musik.

Denn dies ist der Bund der Auferstehung.

Er macht die fünf Kreuze auf die PRIESTERIN.

Nimm an, oh Herr, dies Opfer der Liebe und Freude, diese wahre Bürgschaft des Bundes der Auferstehung.

Der PRIESTER reicht die Lanze der PRIESTERIN, welche sie küßt, er berührt sie dann zwischen den Brüsten und auf dem Körper, dann schleudert er seine Arme aufwärts wie, um den ganzen Schrein zu umfassen.

Daß dieses Opfer auf den Wellen des Aethyrs zu unserem Herrn und Vater der Sonne getragen werde, welche in seinem Namen ON über die Himmel reist.

Er schließt seine Hände, küßt die PRIESTERIN zwischen die Brüste und macht drei große Kreuze über Hostienteller, Kelch und sich selbst.

Er schlägt seine Brust, alle wiederholen diese Handlung.

Hört ihr alle, Heilige der wahren Kirche der alten Zeit, die jetzt im besonderen anwesend sind, daß wir eure Erbschaft beanspruchen, mit euch beanspruchen wir Gemeinschaft, von euch beanspruchen wir Segen im Namen von IAO.

Er macht drei Kreuze auf Hostienteller und Kelch zusammen.

Er enthüllt den Kelch, beugt die Knie, nimmt den Kelch in seine linke Hand und die Hostie in seine rechte.

Mit der Hostie macht er die fünf Kreuze auf den Kelch.

✠ 1

✠ 3 ✠ 2

✠ 5 ✠ 4

Er hebt die Hostie und den Kelch in die Höhe.

Die Glocke wird geschlagen.

ΗΑΓΙΟΣ ΗΑΓΙΟΣ ΗΑΓΙΟΣ ΙΑΩ.

Er stellt die Hostie und den Kelch zurück und betet an.

VII
Vom Amte der Hymne

Der PRIESTER: Du, welcher ich ist, jenseits von allem bin ich, Der Du keine Natur und keinen Namen hast, Der Du bist, wenn alles außer Dir gegangen ist, Du, Zentrum und Geheimnis der Sonne. Du, verborgene Quelle aller bekannten Und unbekannten Dinge, Du, entfernt, allein, Du, das wahre Feuer im Samen Brütend und gebärend, Quell und Samen Von Leben, Liebe, Freiheit und Licht, Du, jenseits von Sprache und jenseits von Sicht Dich rufe ich an, mein blasses frisches Feuer Entzündend als den Sinn meines Strebens. Dich rufe ich an, bleibender Einer Dich, Zentrum und Geheimnis der Sonne, Und jenes Heiligste Geheimnis Dessen Träger ich bin. Erscheine, Schrecklichster und Mildester, Wie es Gesetz ist, vor Deinem Kind!

Der CHOR: Denn von dem Vater und dem Sohn Ist der Heilige Geist die Norm; Männlich-weiblich, wesenhaft, eins, Mann seiend, verhüllt in Frauenform. Ruhm und Anbetung im Höchsten, Du Taube, Menschheit, die vergöttlicht, Diese Rasse seiend, höchst königlich geführt zu Frühlings-Sonnenschein durch Wintersturm. Ruhm und Anbetung sei Dir, Saft der Weltesche, Wunderbaum!

1. SEMICHOR; MÄNNER: Ruhm sei dir vom güldenen Grab.

2. SEMICHOR; FRAUEN: Ruhm sei dir vom wartenden Bauch.

MÄNNER: Ruhm sei dir von der ungepflügten Erde!

FRAUEN: Ruhm sei dir von der gelobten Jungfrau!

MÄNNER: Ruhm sei dir, wahre Einheit Der ewigen Dreiheit!

FRAUEN: Ruhm sei dir, du Herr und Wehr! Und Selbst des Ich bin, der ich bin!

MÄNNER: Ruhm sei dir, jenseits aller Worte, Deinem Spermabrunnen, deinem Samen und Sperma!

FRAUEN: Ruhm sei dir, ewige Sonne. Du Eins in Drei, Du Drei in Eins!

CHOR: Ruhm und Anbetung sei Dir, Saft der Weltesche, Wunderbaum!

(Diese Worte haben die Substanz der Hymne zu formen, aber das Ganze oder irgendein Teil davon soll zu Musik gesetzt werden, welche so ausgearbeitet sein mag, wie die Kunst es kann. Aber auch, wenn andere Hymnen durch den Vater der Kirche autorisiert sein sollten, wird diese ihren Platz als die erste ihrer Art behalten, als der Vater aller anderen.)

VIII
Von der mystischen Hochzeit und dem Verzehren der Elemente

Der PRIESTER nimmt den Hostienteller zwischen Zeige- und Mittelfinger der rechten Hand. Die PRIESTERIN umfaßt den Kelch in ihrer rechten Hand.

Der PRIESTER: Geheimster Herr, segne diese spirituelle Nahrung für unsere Körper, verleihe uns Gesundheit und Wohlstand und Stärke und Freude und Frieden und die Erfüllung des Willens und der Liebe unter Willen, welche ständiges Glück ist.

Er macht ✠ mit Hostienteller und küßt ihn.

Er enthüllt den Kelch, kniet nieder, erhebt sich, Musik.

Er nimmt die Hostie und bricht sie über dem Kelch.

Er legt den rechten Teil der Hostie auf den Teller zurück.

Er bricht ein kleines Stück des linken Teiles ab.

ΤΟΥΤΟ ΕΣΤΙ ΤΟ ΣΠΕΡΜΑ ΜΟΥ. ΗΟ ΠΑΤΗΠ ΕΣΤΙΝ ΗΟ ΗΥΙΟΣ ΔΙΑ ΤΟ ΠΝΕΥΜΑ ΗΑΓΙΟΝ.

ΑΥΜΝ. ΑΥΜΝ. ΑΥΜΝ.

Er legt den linken Teil der Hostie zurück.

Die PRIESTERIN streckt die Lanzenspitze mit ihrer linken Hand aus, um das kleine Stück aufzunehmen.

Der PRIESTER ergeift den Kelch mit seiner linken Hand.

Zusammen senken sie die Lanzenspitze in den Kelch.

Die PRIESTERIN und der PRIESTER: HRILIU.

Der PRIESTER nimmt die Lanze.

Die PRIESTERIN verdeckt den Kelch.

Der PRIESTER kniet nieder, erhebt sich, verbeugt sich, faltet die Hände.

Er schlägt seine Brust.

Der PRIESTER: Oh Löwe und oh Schlange, die den Zerstörer zerstören, seiet mächtig unter uns.

Oh Löwe und oh Schlange, die den Zerstörer zerstören, seiet mächtig unter uns.

Oh Löwe und oh Schlange, die den Zerstörer zerstören, seiet mächtig unter uns.

Der PRIESTER legt seine Hände auf die Brust der PRIESTERIN und nimmt seine Lanze zurück.

Er wendet sich zu den Leuten, senkt und erhebt die Lanze und macht ✠ auf sie.

Tu was du willst sei das ganze Gesetz.

Die LEUTE: Liebe ist das Gesetz, Liebe unter Willen.

Er senkt die Lanze und dreht sich nach Osten.

Die PRIESTERIN nimmt die Lanze in ihre rechte Hand, mit ihrer linken reicht sie den Hostienteller.

Der PRIESTER kniet.

Der PRIESTER: In meinem Mund sei die Essenz des Lebens der Sonne.

Er nimmt die Hostie mit der rechten Hand, macht ✠ mit ihr auf dem Hostienteller und konsumiert sie.

Schweigen

Die PRIESTERIN nimmt, enthüllt und reicht den Kelch wie vor.

Der PRIESTER: In meinem Mund sei die Essenz der Freude der Erde.

Er nimmt den Kelch, macht ✠ auf die PRIESTERIN, trinkt aus und gibt ihn zurück.

Schweigen

Er erhebt sich, nimmt die Lanze und wendet sich zu den Leuten.

Der PRIESTER: Es gibt keinen Teil an mir, der nicht von den Göttern ist.

(Jene der Leute, welche vorhaben zu kommunizieren, und keine anderen sollten anwesend sein, haben ihr Vorhaben angezeigt, ein ganzer Lichtkuchen und ein ganzer Kelch Wein wurden für jeden vorbereitet. Der DIAKON stellt sie auf. Sie schreiten, einer nach dem anderen, zum Altar. Die Kinder nehmen die Elemente und bieten sie dar. Die LEUTE sprechen, wie es der PRIESTER tat, die gleichen Worte in einer Haltung der Auferstehung aussprechend: Es gibt keinen Teil an mir, der nicht von den Göttern ist.

Die Ausnahmen zu diesem Teil der Zeremonie sind folgende: wenn sie von der Natur einer Feier ist, in welchem Falle niemand, außer dem Priester spricht; einer Hochzeit, in welchem Fall niemand außer den beiden zu Verheiratenden teilnimmt, Teil der Zeremonie der Taufe, wenn nur das zu taufende Kind teilnimmt und der Konfirmation zur Pubertät, wenn nur die konfirmierten Personen teilnehmen. Das Sakrament kann von dem PRIESTER aufgehoben werden, um den Kranken in ihren Häusern zu helfen.)

Der PRIESTER umschließt alles mit dem Vorhang. Mit der Lanze macht er dreimal ✠ auf die Leute, in folgender Weise:

Der PRIESTER: ✠ Der Herr segne euch.

✠ *Der HERR erleuchte eure Geister und tröste eure Herzen und erhalte eure Körper.*

✠ *Der HERR bringe euch zur Vollendung eurer Wahren Willen, des Großen Werkes, des Summum Bonum, wahrer Weisheit und vollkommenen Glücks.*

Er geht hinaus, der DIAKON und die Kinder folgen ihm in die Gruft des Westens.

Musik (freiwillig).

BEMERKUNG: Die PRIESTERIN und andere Offiziere nehmen niemals am Sakramente teil, sie sind diesbezüglich Teil des PRIESTERS selbst.

BEMERKUNG: Gewisse geheime Formeln dieser Messe werden den PRIESTER während seiner Ordination gelehrt.

NEKAM, ADONAI!

The Preceptor's Address To His Templars

To Sir James Thomas Windram

Love, the saviour of the world,
Must be scourged with many rods,
From its place in heaven hurled,
Outcast before all the gods.

Love, that cleanses all, must be
Washed in its own blood and tears,
Heir of all eternity
Made the martyr of the years.

Love, that fills the void with bliss,
Staunches the eternal flood,
Heals the hurt of the abyss,
Blanches, beggared of its blood.

Love, that wears the laurel crown,
Turns to gain the lees of loss,
That from shame retrieves renown,
Is the carrion of the cross.

Through the heart a dagger-thrust,
On the mouth a traitor kiss,
On the brows the brand of lust,
In the eyes the blaze of bliss !

Life, the pimp of malice, drags
Love with rape of fingers rude,
Flings to dust-heap death the rags
Of its bleeding maidenhood.

Therefore, we, the slaves of love,

Stand with trembling lips and eyes;
There is that shall reach above
The soul's sullied sanctuaries.

Blasphemy beneath our touch
Turns to prayer's most awed intent;
The profaner's vilest smutch
Is our central sacrament.

Triumph, Templars, that are sworn
To that vengeance sinister,
Vigilant from murk to morn
By our rifled sepulchre.

Death to superstition, swear!
Death to tyranny, respond!
By the martyred Master, dare
Death, and what may lie beyond!

Heel on crucifix, deny!
Mouth to dagger-blade, affirm!
Point to throat, we stab the spy;
Hand on knee, we crush the worm.

Every knight unbare the brand!
Fling aloft the gonfalon!
By the oath and ordeal, stand!
By the bitter cup, set on!

Is Beauseant forward flung?
Is Vexillum Belli set?
Onward, Templars, old and young,
In the name of Baphomet!

A la Loge

Je vois dans le lointain une triangle d'or
Où brille un oeil; je vois, à travers les epées
Qui me menacent, uns oeil, un oeil ensoleillé,
Et sous cet oeil la tête osseuse de la mort
Sur l'autel noir, autel de sinsistre décor
Dont la Noirceur reluit la noirceur effrayée
De cette dame éblouie, de ce corps abîmé - ...
L'initiation soit maître de mon sort!

A l'oeuvre, o frères forts! Le droit humain se lève,
Temple suprême. Guerre aux tyrans! Plus de rêve!
La liberté, compas, délimite l'avance.
L'egalité, l'équerre, en justesse nous joint,
Et la fraternité nous allie aux cinq points...
Vive le droit humain! Vive la belle France![35]

---

[35] Ich seh' in der Ferne ein Goldenes Dreieck/ Wo ein Auge scheint; ich seh', durch die Schwerter/ die mich bedrohen, ein Auge, ein besonntes Auge,/ Und unter diesem Auge: den Kopf knochig vom Tod/ auf dem schwarzen Altar, schwarz mit dunklem Dekor/ dessen Schwärze die schreckliche Schwärze beglänzt/ dieser betörenden Seele, dieses abgründigen Körpers - .../ Die Einweihung sei Herr meines Schicksals!

Ans Werk, O starke Brüder! Das Menschenrecht naht,/ Höchster Tempel. Krieg den Tyrannen! Keine Träume mehr!/ Die Freiheit, gezirkelt, begrenzt den Vorstoß./ Die Gleichheit, der ausgleichende Maßstab, gesellt sich zu uns,/ und die Brüderlichkeit vereinigt uns in den fünf Punkten.../ Es lebe das Menschenrecht! Es lebe das schöne Frankreich!

Der Tank

»Behandelt sie rauh«

Shelley's Ausbruch. Von Alexander Harvey. Alfred A. Knopf.

Dieses Buch ist eine der glorreichsten Blasphemien, die jemals gedruckt wurden. Ich habe bereits lange in Alexander Harvey einen dieser höchst seltenen Typen von Genius erkannt, auf welche kurioserweise Amerika ein Monopol zu haben scheint. Die Vereinigten Staaten haben keinerlei Allroundmänner erster Klasse produziert, aber sie haben einige Männer hervorgebracht, welche ich, ohne herabsetzend wirken zu wollen, Monster nennen möchte.

Morphy's Schachspiele sind ausschließlich *sui generis*. Er unterschied sich nicht nur lediglich in der Art, sondern auch im Rang von allen anderen Meistern und dies führte in Folge der besonderen Natur des Schachspieles zu einer vollständigen Veränderung der Theorie des Spiels. Bei Schachproblemen zeigten Sam Lloyd und W.A. Shinkman eine eindeutig vergleichbare Qualität. Ihre Probleme sind nicht wohlgerundet und ausgewogen, wie die anderer Meister der Kunst. Sie sind mit nichts anderem vergleichbar. Man fühlt die Emotion eines Naturalisten, vertraut mit jeglicher anderen Fauna, der plötzlich in die australische Zoologie eingeführt wird. In der Kunst hat Amerika George Grey Barnard, dessen Lincoln keiner anderen Statue gleicht, die jemals geformt wurde. Im Variete haben wir Eva Tanguay, über die ich bereits in Worten von keinem geringem Enthusiasmus geschrieben habe, während andere Variete Künstler wie unterschiedliche Weinlesen von Burgunder, Claret, Port, Champagner oder anderen Weinen sind, bricht sie wie Kokain durch die Reihen. In der Literatur gibt es Poe und Whitman, keiner von diesen großen Männern hat eine breite Erziehungsbasis. Sie stiegen durch die Mutation eines spirituellen De Vries auf. Alexander Harvey erinnert mich ständig an Poe, aber er ist ein Poe ohne das tragische oder morbide Element, während sein komischer Geist unausweichlich erfreulicher ist, als der eines jeden menschlichen Wesens der Vergangenheit oder Gegenwart, das mir bekannt ist. Poes Komödie war erarbeitet, unbeholfen, hart arbeitend, idiotisch. Alexander Harvey's ist perfekt, spontan und von solch exquisiter Feinheit und Genauigkeit, daß er einen an die Fertigkeit eines verrückten Chirurgen erinnert.

In *Shelley's Ausbruch* hat er Bernhard Shaws Formel der Erschaffung von Absurdität benutzt. Es ist eine sehr einfache Formel. Jemand reflektiert darüber, daß Cäsar für seinen Diener kein Held war und daß seine Toga manchmal schief hing. Der Witz besteht darin, die heroische Figur lächerlich zu machen, indem sie real gemacht wird. Shaws Methode ist bloß närrisch. Alexander Harveys Methode ist die perfekte artistische Konzeption der Realitäten des Lebens. In diesem Buch zeichnet er die

Charaktere mit der absoluten Genauigkeit eines Balzac. Man versteht unmittelbar, daß man direkt in den Szenen von Shelleys Leben präsent ist. Die Atmosphäre des ersten Glanzes des 19. Jahrhunderts mit seinen Wirkungen und Voreingenommenheiten ist der Atem unserer Lungen, da wir dieses Werk lesen. Shelley ist schreiend lächerlich, Oberster Harlekin in einer verrückten domestizierten Pantomime: und hier liegt das Wunder, das Alexander Harvey uns in seiner verrückten Lustbarkeit der Tölpel und Vagabunden und Pedanten und Schlampen zeigen kann, nämlich mit einer einzigen Berührung kann er »des Lebens bleiernes Metall in Gold transmutieren«. Das Sublime tritt fantastisch geformt aus dem Nichts hervor, literarisch ganz ohne Anstrengung. Und dies ist das Geheimnis des Lebens. Dies ist der sublime und heilige Spaß der Götter, das Grobe, das Dumme, das Banale zu nehmen und plötzlich eine Blume zu manifestieren.

Aus diesem Grunde möchte ich hier bezeugen, daß ich Alexander Harvey für den größten, heutzutage lebenden Realisten halte. Der dumpfe Rationalist verzettelt sich in Ursachen und Wirkungen, weder das eine durchschauend, noch das andere verstehend. Alexander Harvey hat das Mysterium des Pan.

Alexander Tabasco

Beyond life. Von James Branch Cabell. Robert McBride & Co.

Für vier Jahre war ich auf eine einsame Insel geworfen und nun erregt mich ernsthaft der Anblick eines Fußabdruckes im Sand. Tatsächlich gewöhnten mich die Ziegen an die allermeisten Dinge und ich übernehme die Aufgabe, dieses Buch zu sichten mit allergrößter Zuversicht, denn der Herausgeber bat mich darum, es zu verreißen. Ich verabscheue solche Herausgeber besonders und ich werde Bücher nicht verreißen, weil sie mich darum bitten, und wenn ich dieses Buch hätte verreißen wollen, hätte ich mich in der Position von Balaam wiedergefunden.

Es handelt sich um ein besonders gutes Buch. Ich verstehe, warum die Times sagt, daß Mr. Cabell einer der am anmaßendsten Stellung nehmenden amerikanischen Autoren ist. Die Times hatte einige. Aber wen kümmert die Times? Sie war ein Donnerer. Sie ist nun nur noch die Imitation des Donners, welche lediglich Martial beschreiben könnte, oder eine ambitionierte Marineimitation. Was in Gottes Namen muß ein amerikanischer Autor tun? Ihm ist ein so fürchterliches Milieu gegeben, daß es beinahe unmöglich ist, ihn zu entdecken. Ich habe niemals den Hahn beschimpft, der darin fehlte, die Perle im Mist zu entdecken. Glücklicherweise hatte ich Mr. Mencken, um auf Mr. Cabell hinzuweisen. So war ich in der Lage, das Buch zu lesen, als wüßte ich nichts über sein Umfeld, welches natürlich der einzige Weg ist, ein Buch zu lesen. Es ist bewundernswert geschrieben. Es ist eine Verteidigung der Romanze. Was macht es aus, daß es unter Leuten geschrieben ist, die denken, daß Romanze Robert W. Chambers bedeutet? Es gibt außergewöhnliche Dinge in diesem Buch. Ich halte Mr. Cabells Ironie nicht für so wundervoll wie seinen Humor. Er sagt: »Die prosaischsten Materialisten sagen, daß wir von einem wahnsinnigen Fisch abstammen, der irgendwie auf die Idee kam, daß es richtig sei, auf dem Land zu leben und zufälligerweise Erfolg darin hatte, dies zu tun.« Verrückter Fisch ist richtig. Es ist möglich, daß der Fisch nicht verrückt war, es ist möglich, daß er feststellte, daß er keinen anderen Drink als Wasser bekommen konnte und sich dazu entschloß, auszuwandern. Wenn das verrückt ist, bin ich verrückt. Ich hoffe, daß Mr. Cabell ebenso verrückt ist und daß ich ihn auf den Solomon Inseln treffe.

Robinson C. Crowley

Die Geschichten von Chekhov. Die Dame mit dem Hund und andere Geschichten. Der Liebling und andere Geschichten. Das Weib und andere Geschichten. Das Duell und andere Geschichten. Die Hexe und andere Geschichten. Übersetzt von Constance Garnett. The Macmillan Co.

Ich saß mit einigen faszinierenden Freunden zum Dinner im Brevoort, als ich, an nichts Böses denkend, Chekhov erwähnte. Ein eleganter Jugendlicher vom benachbarten Tisch stellte sich vor. Er konnte eine solche Gelegenheit nun wirklich nicht vorübergehen lassen. Es war so selten, irgendjemanden über Chekhov sprechen zu hören. Er war es, der Chekhov in das Bewußtsein der englischen Leser rief. Er erinnerte mich beinahe daran, was Dorian Gray über das wunderbare Jungendasein zu sagen pflegte. Ich dachte an Keats' schlechtestes Sonett und an »Chatterton, bewundernswerter Junge!« Aber der elegante Jugendliche, der sich Mr. Robert Nichols nannte, hatte eine Kugel im Genick, was mir die gesamte Angelegenheit sofort zu meiner vollsten Befriedigung erklärte. Mr. Nichols erzählte mir ebenso davon, was für ein großer Poet er war und wie er den Krieg begann und ihn gewann oder beides. Er sagte, daß seine Mutter Mary genannt wurde, aber sein vulgärer Bericht irrte darin, daß er sagte, sein Vater wurde Josef genannt. Chekhov kann nicht hoffen, mit dieser Art von Dingen zu konkurrieren. Ich vergaß alles über ihn, aber ich wünschte, ich hätte eines von Mr. Nichols Büchern zur Einsicht.

Wie auch immer, hier ist der Macmillan Chekhov. Und ich beabsichtige, dazu überzugehen.

...

Mr. Edward Garnett bemerkt mit der Banalität, worin er uns trainiert hat, sie von ihm zu erwarten, daß »Chekhov der russische Maupassant genannt wurde und daß in der Tat einige lebhafte Zusammenhänge zwischen dem Aussehen des französischen und des russischen Meisters bestehen«. Tiefer verfallend in Allgemeinplätze fährt er darin fort, uns mit Bemerkungen über »die Kunst dieser beiden unnachgiebigen Realisten« zu bombardieren.

Constance Garnett, so könnte man annehmen, unternahm die harte Arbeit der Übersetzung aus dem Russischen als Rückzug von der nicht auszuhaltenden Langweiligkeit ihres hausbackenen Ehemannes. So bringt eine umfassende Erkenntnis Gutes aus dem Schlechten hervor, denn sie ist eine ausgezeichnete Übersetzerin, geeignet, den Geist eines Meisterwerkes einzufangen.

Natürlich ist Chekhov der russische Maupassant, denn jeder Russe ist unter dem Fluch, ein Russe zu sein, ein bißchen Europäer. Es gibt nichts wirklich Russisches in Kunst oder Literatur, weil der Russe sich im Affenstadium der Evolution befindet, egal, wie groß sein Genius sein mag, es muß in die Grube dessen geworfen werden, was bereits geformt wurde. Habt ihr nicht diese mit Perlen bedeckten Dalmatikas[36] gesehen, geschmacklos wie keiner anderen und genäht von Prinzessinnen? Habt ihr nicht diese ungeheuren Bibeln gesehen, ihr Umschlag dick mit Edelsteinen, ohne Kunstfertigkeit geschliffen oder poliert, so daß sie aussehen wie Glasstücke oder halbgelutschte Bonbons?

[36] [A.d.R.] liturgisches Obergewand

Die Kunst von Rußland war immer entweder ohne Kunst oder nachgemachte Kunst. Napoleon war sicherlich in einer extrem schlechten Stimmung, als er von St. Basil's als »diese Moschee« sprach, aber es ist eine Moschee. Es ist möglicherweise auf seine spezielle Art und Weise das größte Gebäude in der Welt, aber die Art und Weise ist die Art und Weise der Moschee. Sogar mehr als St. Markus oder die Kathedrale in Granada. Aber die großen Russen sind nicht weniger wert, weil sie dazu gezwungen wurden, zivilisierte Kleidung zu tragen. Es gibt lediglich eine rein russische Kunst und das ist das »russische Ballett«, welches aber keinesfalls von Russen erfunden wurde. Das wirkliche russische Ballett ist eine unzivilisierte Nachahmung des italienischen Balletts. Habt ihr nicht diese ungeschnittenen Smaragde von der Größe einer Walnuß gesehen, durch welche die Zaren Löcher bohrten, um sie an einer Schnur zu tragen? In seiner größten Dummheit ist der russische Geist immer noch kindlich groß. Ich vermute, ein russischer Koch könnte etwas Schmackhaftes aus Edward Garnett zubereiten, ebenso wie ein chinesischer Koch Meisterstücke aus jungen Hunden macht.

Chekhov kann nicht am Maßstabe eines Guy de Maupassant gemessen werden. Er muß seine Geschichten nicht durch unsere Garnetts oder Barnetts oder Darnetts zerstückeln lassen in:

A) humoresk
B) einheimisch
C) historisch-pastoral-komisch etc.

Jede Geschichte muß in sich selbst beurteilt werden. Dies ist natürlich für jede Arbeit der Kunst wahr. Und deshalb sind Kritiker auch eine solche Galgenstrickrasse von Murmeltieren. Aber sprechend als ein Murmeltier, was nach Artikel I in der Magna Charta der Murmeltiere das Recht eines Murmeltieres ist, muß ich sagen, daß Chekhov um einiges besser war, wenn er nicht über Kopeken nachdachte. Er hat eine fürchterliche Menge schlechte Arbeit unter der Geißel des Herausgebers hervorgebracht. Aber in seinen guten Momenten, wie in »Die Hexe« ist er unübertroffen. Man fühlt einen gewissen Ärger, daß man diese Hexe nicht getroffen hat! Sogar eine Gladys Belasco oder eine Léa de L'ame Morte oder Del Amor? - kann einen schwerlich über ihren Verlust hinwegtrösten. *Les Amours nés De L'Imagination* - entweder muß man Opium oder Haschisch rauchen oder in Rußland leben oder sich selbst erlauben, von einer russischen Frau geneckt zu werden oder Chekhov lesen. Dies ist eine bewundernswerte Edition von Chekhov, aber wie, wobei ich bei einem anderen Thema bin, kann es geschehen, daß eine Firma des Standes von Macmillan Chekhov publizieren kann (entweder ohne Furcht vor Verfolgung, oder weil sie die Richter bestochen haben) in der augenscheinlichen Hoffnung, eine größere Anzahl an Exemplaren zu verkaufen, während ein gebürtiger Chekhov, wie Alexander Harvey Schwierigkeiten hat, einen Verleger zu finden und alle anderen amerikanischen Chekhovs niemals eine Geschichte gedruckt bekommen?

Himmlische Brautgemächer. Von Theodore Schroeder und Ida C–. Nachgedruckt aus »Alienist and Neurologist«.

Mr. Theodore Schroeder hat dieses Buch vollkommen unbearbeitet gelassen, abgesehen von einer sehr kurzen erklärenden Bemerkung. Ich darf sagen, daß es sich um eines der bemerkenswertesten menschlichen Dokumente handelt, die jemals produziert wurden, und es sollte sicherlich einen regulären Verleger finden. Die Autorin des MS beansprucht, daß sie die Frau eines Engels war. Sie legt in umfangreicher Länge die mit dieser These in Verbindung stehende Philosophie dar. Ihre Gelehrsamkeit ist enorm. Sie findet Spuren vergleichbaren Glaubens in jedem Land auf der Welt und (da sie selbst vergleichbare Erfahrungen hat) kann sie schwerlich dafür beschimpft werden, daß sie argumentiert, daß jede Spur die anderen bestätige. Mr. Schroeder verhält sich durchaus logisch, wenn er ihr Papier eine nichtintentionale Kontribution an die erotogenetische Interpretation der Religion nennt. Dennoch begeht er die Fehler der petitio principii und nun des non distributio medii mit exquisitester Nonchalance. Lediglich ein Vertreter des Gesetzes kann so schamlos sein. Er stellt die Frage in Hinblick auf diesen speziellen Fall und nimmt an, daß ihre Beziehung zu dem Engel pure Halluzination war, wozu er allerdings nicht den geringsten Anlaß hat. Er argumentiert so, daß eine Person liebt und religiös ist und daher Religion nichts anderes darstellt, als die morbide Manifestation des Sexualtriebes. Man braucht nichtmal seine Meinung abzulehnen, um zu erkennen, wie wertlos seine Begründung ist. Tatsächlich stimme ich in ruhigeren Momenten allgemein zur Hälfte mit ihm überein Jedoch kann der Schluß einen Schritt weitergeführt werden. Wenn bewiesen wurde, daß Gott lediglich der Name für den Sexualtrieb ist, scheint mir das nicht weit entfernt von der Annahme, daß der Sexualtrieb Gott ist.

Dieses spezielle MS ist in jeder Hinsicht absolut vernünftig. Die Tatsache, daß die Frau 12 oder 15 Jahre später Selbstmord beging, spricht nicht mehr gegen die Vernünftigkeit des MS. als der Selbstmord des Sokrates beweist, daß sein Werk die »Republik« lediglich die gelehrte Arbeit eines Wahnsinnigen ist. Ich bin weit davon entfernt, mit allem übereinzustimmen, was diese höchst talentierte Frau in ihrem Schriftstück hervorbringt, doch sicherlich erlangte sie initiiertes Wissen von besonderer Tiefe. Sie scheint Zugriff zu bestimmten verborgenen Geheimnissen zu haben. Ich persönlich neige dazu, ihren Selbstmord eher auf die Rache der Wächter dieser Paläste zu attribuieren als auf irgendeinen anderen fadenscheinigen Grund. Sie hat in klarem Englisch Stellungnahmen niedergelegt, die im positiven Sinne erstaunen. Dieses Buch ist von unberechenbarem Wert für jeden Studenten okkulter Angelegenheiten. Keine Magick-Bibliothek ist ohne es vollständig.
Baphomet

Pavannes and Divisions. Von Ezra Pound

»Mein Land, es ist von Dir.«

Es war eine äußerst glückliche Gelegenheit, daß Mr. Ezra Pound's »Pavannes and Divisions« gerade dann herauskam, als Amerikanismus so in Mode kam. Denn Mr. Pound ist, wenn man mir eine solche große Phrase in einer Rezension verzeihen mag, ein hundertprozentiger Amerikaner. Er besitzt die Begierde der Amerikaner nach Regeln, den amerikanischen Glauben in Lehren und Training, das dringende Verlangen der Amerikaner nach Definition. Er besitzt einen Überfluß an kuriosen nationalen Charakteristika, die Amerika zu dem Land der Colleges und Korrespondenzschulen gemacht haben, in welchen der rechtschaffene Bürger lernen kann, so Konversation zu betreiben, als hätte er die Welt gesehen, $125 in der Woche zu machen, niemals einen Namen oder eine Telefonnummer zu vergessen, die er einmal gehört hat, eine Kurzgeschichte oder eine Brodway-Revue zu schreiben, Cartoons zu zeichnen, seine Frau zu beherrschen, niemals älter als 35 auszusehen und zu leben, bis er 100 ist.

Doch wird Mr. Pound von der größeren amerikanischen Öffentlichkeit ignoriert. Wenn alle Leser und Rezensenten im Lande nur in ihren Tausendschaften eilen würden, diese `Wiedergeburt unserer neuen Erde des ersten Amerikaners' zu feiern - denn in der Tat ist Mr. Pound der erste vollständig amerikanische Lichtblick, gewappnet in allen Punkten, ausgerüstet cap-à-pie - anstatt darauf zu bestehen, ihn für einen Exoten, einen Phantasten und einen New-Art Effekthascher zu halten. Ich vermute, das kommt daher, daß er in Europa lebt, daß er vers libre geschrieben hat, daß er einen Mann mit einem Namen wie Gaudier-Brzeska gelobt hat. Diese unbedeutenden Unfälle beeinträchtigen nicht im mindesten den essentiellen Amerikanismus, den er geschaffen hat und den Weg, auf welchem er dies getan hat.

Er begann, indem er Regeln befolgte, doch nun macht er sie selbst. Gemäß der Vorschrift, »kopierte er Meisterwerke und schritt fort zu seiner eigenen Komposition«. Er hat sich mit der Ernsthaftigkeit eines Whittier und Tupper und Howells und Mr. Winston Churchill bemüht. Seine Bewundereung für die Technik und Mühe der Kunst stammt aus Boston. Wenn er weder die Gesetze schreibt, noch sie beachtet, wirkt er leicht krank, wie ein Pädagoge in einer Kneipe. Sein amerikanischer Puritanismus nagt ständig an seinem Ohr. Sein Haß für das, was er Rhetorik nennt, seine Manie für die »Klarheit« und die »Härte«, sein ernsthafter Glaube, daß Dichtkunst niemals ein »Zeitvertreib« sein sollte, sie alle leiten sich aus dem amerikanischen Bewußtsein her und so auch seine Abneigung gegen den puritanischen Poeten Milton, dessen unterdrückte Sinnlichkeit sich unbemerkt und großartig in den größeren Milton'schen Zeilen rächt.

Aber Mr. Pounds Puritanismus ist zu lange vererbt. Wie beim modernen amerikanischen Puritanismus handelt es sich um ein melancholisches Überleben, ohne noch kreative oder destruktive Kraft zu besitzen. Er ist nicht angsterregender und fürchterlicher, als der Puritanismus des modernen Neu-Engländers angsterregend und fürchterlich ist. Er nagt an Mr. Pound, aber überwältigt ihn nicht. Er hat keine Kraft mehr dafür übrig. Er ist kein dämonischer Gorgone, sondern ein Schulmeister, kein Opfer oder Priester. Er besitzt die Vorliebe des Schulmeisters für Kreide und Tafel und er hat das wahre pädagogische Flair für Dogma, die wahre pädagogische Geschicklichkeit, etwas »klar und hart« auf der Tafel auszudrücken mit dem »expertenhaften« Handgriff, unter welchem die Kreide niemals bröckelt. Kein Schreiber, so sollte man denken, könnte akzeptabler für das amerikanische Bewußtsein sein, denn keine Nation in der Welt glaubt an den Schulmeister und seine Methoden, wie Amerika an ihn glaubt. Keine Nation verehrt Pädagogik so profund. »Aber was ist der Vorteil von Stil,« wurde ich gestern gefragt, »wenn er nicht gelehrt werden kann?«

Mr. Pound würde natürlich nicht sagen, daß es möglich ist, einem Menschen beizubringen, ein Poet oder ein Prosaautor zu sein, aber er ist so pathetisch in seiner Unterwerfung unter die Gnade »künstlerischer Prinzipien«, er ist sich so puritanisch bewußt über künstlerisches Richtig und Falsch, daß er uns niemals auch nur eine Art Teilurlaub von der ethischen Kulturhalle seiner Ästhetik gewähren kann. Ob er eine kreative Erscheinung abgibt, wie in »Pavannes« oder eine kritische Erscheinung wie in »Divisions«, er muß uns an Rute und Katheter gemahnen. Durch Beispiel oder Vorschrift bestärkt er die Doktrin: »Sieh in dein Heft und schreibe.« Und wie alle Doktrinäre ist Mr. Pound der besitzergreifenden Sünde der Halbwahrheit oder Vielleicht-Wahrheits-Platitüde ausgesetzt. »Die Meisterschaft in irgendeiner Kunst ist die Arbeit eines ganzen Lebens,« zum Beispiel. Und was ist mit der Kunst eines lyrischen Poeten? Was mit Sappho und Keats und Swinburne's früher Arbeit? Abermals: Wir müssen »direkten Zugriff« haben, so bestärkt Mr. Pound. Und wir müssen »absolut kein Wort benutzen, das nicht zu der Präsentation paßt.« Solche Betonungen sind entweder Platitüden oder Unwahrheiten. Sie meinen entweder nichts oder können nicht als Garantie genommen werden. Der Schluß dieser »Prinzipien« ist, daß »jemand in der Sequenz der musikalischen Phrase und nicht in der Sequenz des Metronoms komponieren sollte.« Wenn das heißt, daß

> *»Mein Bruder John war 9 im Mai;*
> *Und ich werde 12 am Neujahrstag.«*[37]

keine gute Poesie ist, gib mir die Hand ´drauf: Aber wenn das heißt, daß

> *»Bis die Maid, wissend die Mutter nah,*
> *Seufzt in Liebe, fühlt den Schmerz der süßen Furcht«*[38]

keine poetischen Zeilen sind, so ist das Unsinn. In jedem Falle ist die Vorgabe zwecklos, es führt nirgendwo hin. Wir bedürfen keiner offiziellen Zensur roher und klingender Reime. Wir benötigen mehr als lediglich den Vergleich der regelmäßigen Folge des Reims und der Regelmäßigkeit des Metronoms, um den Genius dieser großen Poeten zu verunglimpfen, die nicht bevorzugten, in freien Versen zu schreiben.

Mr. Pound selbst versucht, sich in »Pavannes« als »Zerstreuung« am Reim. »L'homme Moyen Sensuel« verfestigt wieder den Eindruck von ihm als den eines seriösen Schulmeisters und als den eines Amerikaners. Denn er entspannt sich bewußt, er ist sich seiner »Zerstreuung« so bewußt, wie der Schulmeister sich der passenden Kleidung für ein Golfspiel oder den Fischfang oder einer Reise nach Paris bewußt ist. Und so, wie er den Humor als ein eigenes Ding behandelt, als ein Ding in seiner separaten eigenen Abteilung, ist er insbesondere amerikanisch, amerikanisch à l'outrance. »Nackter Realismus«, ein weiterer Teil in »Pavannes«, beansprucht diesen selben überlegenen und gelösten amerikanischen Humor, ein Humor, der kein Salz zur Zerstreuung ist, aber in Brocken aufgestockt, um daraus eine ganze Mahlzeit zu machen. »Nackter Realismus« hätte in »The Smart Set« gelangen können, wenn das Manuskript dorthin gesandt worden wäre und mit gastfreundlicher Stimmung der Editoren aufgenommen worden wäre. »L'homme Moyen Sensuel« ist auf seine Art und Weise eine eindrucksvollere Angelegenheit; denn der Versuch zu springen ist so offensichtlich, daß man im positiven Sinne aufgeschreckt wird, wenn er nicht vorwärtskommt. Man wundert sich, wo der Autor landete und man stellte fest, durchaus überrascht, daß er keinesfalls landete. Der Vers ist so Byronisch in seinem Benehmen, daß man fühlt, daß sich dort irgendwo Widerhaken befinden müssen. Es ist ein wirklicher Schock, nicht einen einzigen zu entdecken.

[37] [A.d.R.] Engl.: »My brother John was nine in May/ And I'll be twelve on New Year's day«

[38] [A.d.R.] Engl.: »Till the maid, knowing the mother near,/ Sobs with love, aching with sweet fear«

Eine profunde amerikanische Phrase kommt dem Leser des Buches von Mr. Pound immer wieder ins Gedächtnis - »Durch die Stimmungen gehen.« Der Autor »geht durch die Stimmungen«. Nicht nur in »L'homme Moyen Sensuel«: Er macht einen immer glaubend, er sei gerade dabei, etwas zu tun. Dann tut er es niemals. Man nehme irgendeines der ersten vier Teile von »Pavannes«. In allen sind Vorbereitungen, aber niemals die Durchführung. Die ausgearbeitetsten und schmerzhaftesten Vorbereitungen für die Hochzeit des Mr. Pound mit seiner Kunst wurden gemacht. Aber leider wurde die Vereinigung nie vollzogen.

Doch sogar in dieser Sterilität liegt etwas Erregendes. Er ist viel zu amerikanisch, als daß ein Engländer ihn nicht mögen könnte. Die Amerikaner, welche uns ärgern, sind diejenigen, die nicht Amerikaner genug sind. So, wie es unmöglich ist, dem authentischen Professor oder dem authentischen Amerikaner böse zu sein, so ist es unmöglich, Mr. Pound böse zu sein. Zum einen: was für eine einfache, gesunde, amerikanische Freude zieht er aus dem Gebrauch französischer Worte und Phrasen! Er, wie alle anderen wirklichen Amerikaner und wirklichen Professoren, entwaffnet durch seine Naivität, seine Ernsthaftigkeit, seinen Fleiß, seine Ausdauer. Er ist unermüdlich ausdauernd, sowohl mit anderen, als auch mit sich selbst. Man sieht deutlich, daß er ein freundlicher und - dessen bin ich mir sicher - auch ein guter Mann ist. Und das meine ich nicht ironisch. Diese amerikanische Güte, diese amerikanische Ausdauer sind schöne, eindeutige, nationale Qualitäten, welchen bislang durch ausländische Beobachter keine Gerechtigkeit widerfuhr. Sie sollten weit bekannt werden: Und Mr. Pounds Amerikanismus sollte weit bekannt werden.

Louis Wilkinson

Evolution Criticised. Von T.B. Bishop. Oliphants Ltd.

Im allgemeinen wird von Bloody Bill angenommen, er wäre etwas hart mit den Belgiern verfahren, aber nur der »spurlos versenkt« Eindruck seines zugegebenermaßen verrückten Agenten kommt der irrwitzigen Grausamkeit von erstes Buch Samuel XV, 3 nahe, obwohl er den ununterscheidenden Wahn seiner Brutalität doch nicht erreicht:

»Gehe nun und zerschmettere Amalek und zerstöre vollständig alles, was sie besitzen und schone sie nicht; sondern erschlage beide, Mann und Frau, Kind und Säugling, Ochse und Schaf, Kamel und Esel.«

Wer ist der Autor dieser Anweisung? Es ist der Vater von Jesus Christus. »Ich und mein Vater sind Eins.« Deshalb ist er der Gott von Wilhelm von Hohenzollern, der des amerikanischen Volkes (wenn ihre Zeitschriften nicht lügen) und der einiger spezieller höhlenbewohnender Engländer, von denen Mr. T.B. Bishop ein schlagendes Beispiel für das »Überleben des Gemeinsten« ist.

Mr. Bishop glaubt wirklich, daß dieser Stammesdämon die Schmetterlinge geschaffen hat und den Regenbogen an den Himmel setzte als eine Garantie dafür, daß die Welt niemals durch Wasser zerstört werde. Er denkt ebenso, daß sie ehemals durch Wasser zerstört wurde. Wenn irgendein Student der Natur die Schönheit oder den Plan oder die Offensichtlichkeit der Intelligenz entdeckt, verfällt Mr. Bishop in senile Raserei. Er begnügt sich nicht damit, seine Nachkommen mit seiner Frau, den Kindern, dem Vieh und so weiter auszulöschen; Mr. Bishop ist nicht glücklich, bis er sicher ist, daß sie alle geröstet wurden, ohne Unterlaß und Hoffnung.

In der Zwischenzeit schreibt Mr. Bishop ein Buch, um die Wahrheit all diesen prähistorischen Unsinns zu beweisen. Mr. Bishops Intelligenz liegt weit unterhalb der menschlichen Ebene. Er betont zum Beispiel, daß den Raubtieren aus Freundlichkeit ihrer Beute gegenüber Klauen und Zähne gegeben wurden! Man könnte denken, daß es unmöglich wäre zu vergessen, daß die Natur grausam ist. Tatsache ist, daß die Ideen Mr. Bishops über Freundlichkeit etwas roh sind, ebenso wie seine Ideen darüber, ein Buch zu schreiben. Dies ist nun wirklich kein Buch. Es ist mehr Verschnitt und Kleister. Sein Hauptargument besteht darin, daß wenn zwei Wissenschaftler in einem winzigen Detail einer Theorie unterschiedlicher Meinung sind, Wissenschaft keinen Wert hat. Er versteht nicht im geringsten das Thema, über welches er schreibt. Er versteht nicht den Kanon der Vernunft. Er hat lediglich eine Idee, welche darin besteht, daß die Bibel (autorisierte Übersetzung) in jedem Detail buchstäblich wahr ist. Seine großartige Erklärung für alles, das etwas seltsam erscheint, ist, daß es ein Resultat der Sünde ist. Er beansprucht, aus welchen Gründen auch immer, daß Sünde durch den Teufel verursacht wurde, der durch Gott geschaffen wurde und daß Gott dies vorhersah und bezweckte, um beinahe jedem Bestrafung aufzuerlegen, außer Mr. Bishop. Er würde es, wie auch immer, energisch zurückweisen, daß Gott, der ja den Teufel gewollt und wissend erschaffen hat, in irgendeiner Weise für ihn verantwortlich war. Dieser Kaiserlich-Chautauquaamerikanische-Bishop'sche Gott ist deshalb eine unlogische Unmöglichkeit und Absurdität. Aber das beeinträchtigt nicht die unmetaphysische Konzeption von ihm als ein Monster.

Mr. Bishop ist einer der bekanntesten Philantropen Englands. Sehen wir, wie er sich in seinem Familienkreise verhält. Hier ist ein Zitat aus einer Rechnung, welche seinem Neffen durch den Familienrechtsanwalt übersandt wurde. Es sollte verstanden werden, daß dem fraglichen Neffen zur Zeit der Transaktion eine beträchtliche Summe Geldes überantwortet wurde, welche sich in den Händen dieses Rechtsanwaltes befand. Und daß Mr. Bishop sich dessen bewußt war:

»Betreff: Mrs. Bishop, welche uns informierte, daß Mr. Bishop von Ihnen einen Brief erhalten habe, in dem Sie Auskunft darüber gaben, daß Sie krank seien und Geld benötigten, woraufhin sie fragte, ob es für Mr. Bishop sicher sei, Ihnen eine Summe zu übersenden und im allgemeinen Ihrer Bitte zu entsprechen.«

»Betreff: Mr. T.B. Bishop, der uns auf Anfrage Ihr Schreiben zeigte und angab, Ihnen 12 Pfund überwiesen zu haben.«

Ein generöser Impuls wird manchmal vom Impulsiven bedauert. Mr. Bishops Motto scheint zu sein: »Safety, first!« Einige Jahre zuvor, wie in The Equinox bekannt gegeben, ließ Mr. Bishop seine Schwester sich zu Tode arbeiten, um sich die Ausgaben für einen Stenographen zu ersparen. Mr. Bishop ist ein Mann von beachtlichem Wohlstand, aber er erlaubt es niemals, daß seine moralischen Prinzipien verletzt werden. Der Tod seiner Schwester ließ ihn mit einer anderen Schwester zurück und für sie empfand er offenbar grenzenlose Nächstenliebe. Als sie tot in ihrem Haus lag, schrieb er lange Briefe an ihren Sohn, über 1 Pfund, 3 Schillinge und 2 Pence, die sie dem Kaufmann schuldete, 16 Schillinge und 9 Pence, die sie dem Fleischer schuldete und so weiter. Ich vermute, er hatte sie in einem Armengrab beisetzen lassen, obwohl ich über diesen Punkt keine Informationen besitze. Aber er war der eingesetzte Erbe ihres Nachlasses, weshalb alles Geld, das zur Beerdigung aufgewendet wurde, aus seiner eigenen Tasche kommen mußte, worüber man allerdings nicht so gerne nachdenkt, wenn man 78 Jahre alt, reich und geehrt ist und der letzte Verwandte, den man hat, tot in seinem Haus liegt. Ich glaube aber, daß er vielleicht doch einige Schillinge für einen billigen Sarg gezahlt haben könnte, denn die ganze

Angelegenheit schien ihn sehr zu bedrücken. Zwei Jahre danach versuchte er dann, seinem Neffen Geld abzugaunern mit der Begründung, daß er damit in der Lage sei, einen Grabstein auf das Grab seiner Schwester stellen zu lassen. Ich hoffe, es ist den Lesern des »Equinox« bisher nicht aufgefallen, daß es mehr Leute vom Schlage dieses Mr. Bishop gibt; daß sie denken, die Bauern in Zolas »La Terre« wären höchst phantastisch: - nicht, daß Zolas Bauern so ekelerregend wären wie Mr. Bishop. Er ist sicherlich ein nachhaltiges Argument gegen die Evolution, obwohl dies auf sein Buch nicht zutrifft. Nachdem er seine Schwester Ada kaputtgemacht hatte und sich mit den Ausgaben für einen Stenographen konfrontiert sah, kam er zu dem Entschluß, daß es billiger wäre zu heiraten. So ging er dann nach Llandudno; und, ganz so, wie Abraham den Widder mit seinen Hörnern im Dickicht verfangen vorfand, fand er eine Kuh, die sich mit ihren Hufen, die besonders groß waren, in der »Children's Special Service Mission« festgelaufen hatte und nahm diese namentlich zur Frau und funktional zur Sekretärin und zum Faktotum. Die Frau jedoch prägte unvorhergesehene Qualitäten aus. Sie brachte ihn dazu, sich zu rasieren und Mr. Bishop, der während der letzten vierzig Jahre durch London gezogen war und wie ein höchst ehrwürdiger alter Gentleman aussah, wurde zum Affen. Er sah so sehr wie ein Affe aus, daß die örtlichen Zoologen sich Sonntagabends um sein Haus zu scharen pflegten. Wir haben schon festgestellt, daß er auch wie ein Affe denkt. Der Gott, der ihn nach seinem Ebenbild erschuf, muß wohl grimmiger als ein Gorilla sein und bei weitem intelligenzloser. Was sind denn nun die Unterschiede zwischen Mr. Bishop und einem Affen? Diese sind nicht offensichtlich, und ich denke nicht, daß irgendein Wissenschaftler hier nicht zustimmen würde, daß es wohl besser wäre, die Beantwortung dieser Frage den Affen selbst zu überlassen. Doch wenn sie darauf bestehen, daß er ein Nuctanthropus ist, müssen wir es nochmal versuchen und sehen, ob wir ihn nicht in die Klasse der Kakerlaken einreihen können. Die Geschichte würde so etwas wohl am liebsten die olfaktorische Argumentation nennen.
H. Sapiens

Die Persönlichkeitsspaltung im »Fall Doris«. Von Walter F. Prince, Ph.D., und James H. Hyslop, Ph.D. Ergebnisse der Amerikanischen Gesellschaft zur Erforschung der Psyche, Vol. IX, X, XI. 1915; 1916; 1917. Dreibändig

Dies ist eine nette kleine Lektüre für den Kenner des Okkulten - etwa zweitausend Seiten mit einem Gewicht, das nur Gott kennt! Und sie enthält »Einiges«. Bände I und II sind von Dr. Prince und behandeln die Psychologie des Falles, - seine Entstehung und Behandlung; Band III ist von Hyslop und bespricht die ganze Angelegenheit - wie wir es nicht anders erwartet haben sollten - aus der Sicht des Spiritisten, wobei er sich bemüht zu beweisen, daß die unterschiedlichen Persönlichkeiten in Wirklichkeit gar nicht solche sind, sondern wahrscheinlich eher »Geister« darstellen, die das arme Mädchen besessen machen und Verursacher der ganzen Verwirrung sind. Schatten der Hexerei und des Neuen Testaments - hier feiern sie fröhliche Urständ im 20. Jahrhundert!

Da haben wir also ein Mädchen namens Doris Fischer, geboren im Jahre 1889 (deutsche Eltern), die insgesamt fünf differenzierbare Persönlichkeiten entwickelte, von denen jede einen eigenen Namen erhielt. Neben der ursprünglichen »Doris« haben wir da »Sick Doris«, »Margaret« und »Sleeping Margaret«, sowie »Sleeping Real Doris«. Diese fünf Persönlichkeiten sollen unterschiedliche Charakterzüge gezeigt haben (was wohl unvermeidlich ist) und sich in psychologischer Hinsicht im wesentlichen fremd sein. Wie gewöhnlich entstanden einige von ihnen aus einem emotionalen Schock heraus und verschwanden unter Hypnose und psychotherapeutischer Behandlung; eine nach der anderen wurde eliminiert, bis nur noch »Real Doris« übrig blieb, - mit Überresten von »Sleeping Margaret« als eine Art von tieferliegender Realität. Diese Namen beziehen sich selbstverständlich auf die sogenannten Persönlichkeitsvarianten, die während ihres Leidensweges entstanden, d.h. auf ihre alternierenden Erscheinungen.

Zugegebenermaßen hat Dr. Prince eine Reihe interessanter Untersuchungen in diesem kuriosen Falle angestellt, und wenn wir die Realität dieser Fakten voraussetzen, sind sie von nachdenkenswürdiger Bedeutung für die Psychologie. Natürlich ist es schwer zu beweisen, daß die ganze Sache nicht nur ein raffinierter Schwindel ist. Mädchen dieser Art haben die Angewohnheit, solche Dinge nur vorzuspielen, weil sie damit die Aufmerksamkeit auf sich ziehen; doch gehen wir einmal von der Echtheit unseres Falles aus, um die ganze Angelegenheit besprechen zu können. Dann nämlich haben wir es mit einem abnormen Individuum zu tun, welches Behandlung und Heilung benötigt, und zwar je früher, desto besser!

An dieser Stelle beginnen unsere Freunde damit, sich mit »Medien« herumzuschlagen und erhalten als Ergebnis einen bemerkenswerten Unsinn an Daten, die allesamt nichts mit dem Fall zu tun haben, anhand derer sie aber versuchen zu beweisen, daß die alternierenden Persönlichkeiten wirklich »Geister« waren! Die meisten Botschaften erhielt man durch eine »Mrs. Chenoweth« - ein Medium, das in großen Teilen der Berichte der amerikanischen Gesellschaft genannt wurde, - obwohl nur der Himmel weiß, warum; sie belästigt uns mit einem andauernden Fluß des wohl schrecklichsten Kokolores, den man sich überhaupt vorstellen kann. Wenn man sich die sogenannten Berichte des Mediums durchsieht, bekommt man den Eindruck, daß es eine kriminelle Zeitverschwendung und eine kriminelle Verschwendung von Geldern der Allgemeinheit ist, solchen Blödsinn zu »erhalten« und daß es kriminell ist, weiterhin Geld in eine solche Grube des Nichts hineinzugießen. Was für eine Art von Einfluß ist es, den das Medium auf den ehrwürdigen Vorsitzenden der Gesellschaft zu haben scheint? Ist es mehr als nur bloßes wissenschaftliches Interesse? Gibt es da subtilere Motive, die dazu führen, daß sich das Oberhaupt der amerikanischen Psychologenbewegung vor den kruden »Lehren«, die durch dieses offensichtlich betrügerische Medium übermittelt wurden, feierlich verneigt? Jede Person von Welt und mit gesundem Menschenverstand, der dieses Zeug liest, würde sich seine eigene Meinung dazu bilden, - denn es ist deutlich zu sehen, daß sie, - indem sie einfach nur seine Eitelkeit geschickt ausnutzte und ihn in den Himmel hinein bauchpinselte, - es geschafft hat, sich so sehr bei dem erwähnten Professor einzuschmeicheln, daß er allen Beweisen, Fakten und jeglichem Menschenverstand gegenüber erblindet ist.

Hier sind einige typische »Häppchen der Weisheit« aus den Sitzungen: -

»Sie drücken sich über das Leben hier nicht so klar aus, wie sie es bei ihrem Kommen tun werden, aber sie meinen es gut. Ich hatte auch den Glauben, aber das Wissen ist besser. Ich hatte ein Gebet im Kopf, von dem ich schon vor langer Zeit wollte, daß sie es rezitiert, denn ich dachte, es sei wichtig zu beten und sie zu lehren, das kleine Gebet aufzusagen.« (1917, Seite 327)

Wenn das kein mediumistisches Kauderwelsch ist, würde ich gerne wissen, was welches ist!

Bei anderer Gelegenheit jedoch lesen wir: »Fahr zur Hölle und dort wirst du die Informationen finden, die du suchst, mein süßer Freund.« (Seite 622) Ein einigermaßen guter Rat!

Hier ein weiteres Schmuckstück, das als Teil des »Beweises für Unsterblichkeit« verkauft wird:

»Mami gab mir einige Ratschläge und kommt mir nun bei der Arbeit zu Hilfe, um zu beweisen, daß Liebe und Fürsorge und Interesse nicht in der Stunde des Todes aufhören, sondern intensiviert werden, und aus Wünschen werden Taten und haben ihre Wirkungen in Freunden und geliebten Menschen. Keiner war bisher in der Lage, die Macht der Gedanken zu beweisen, und wir sind nicht in der Lage zu beweisen, daß wir einige Dinge tun, doch wenn wir herausfinden, daß die Dinge, die wir denken und nach denen wir uns sehnen, auch stattfinden, machen wir uns bewußt, daß unsere Gedanken einige Macht gehabt haben, auch wenn wir nicht gesprochen oder gehandelt haben. Ich bin überhaupt nicht daran interessiert, daß die Dinge, die gesagt werden, nicht zu dem passen, was ich in der Vergangenheit geglaubt habe. Man muß die Dinge sagen, wie sie sich ergeben und nicht, wie man möchte, daß sie sein sollten.«

»O tempora, o mores«! Tun wir so, als sei »Unsterblichkeit« nunmehr bewiesen worden; dieses wundersame Medium Hyslops hat die Demonstration vollendet! Wir werden das Königreich des Himmels erben und dort den Engeln helfen (so hoffen wir), Grammatiken der englischen Sprache für diejenigen zusammenzustellen, die durch Mrs. Chenoweth kommunizieren!

Wenn man sich derartiges Zeug durchliest, fühlt man sich dazu genötigt, folgende Frage zu stellen: Wie können intelligente und gebildete Menschen, vielleicht mit Qualitäten auf anderen Gebieten der Forschung, solchen Nonsens als Beweis für etwas Jenseitiges akzeptieren, wenn es ein so offensichtlicher Schwindel seitens des »Mediums« ist? Wie kann es sein, daß ihr Verstand bezüglich einer Beweisführung so mangelhaft ist - ihre Beurteilungsgabe so fehlgeht - daß dieser Blödsinn als Beweis für »Geister« angenommen werden kann? Man kann hierzu nur sagen - es scheint, als wird man zu dieser Meinung regelrecht getrieben - daß es wohl der »Wille zum Glauben« ist, der sie auf diese Art und Weise beeinflußt hat - nicht der Beweis selbst, sondern ihre eigene verzerrte und fehlerhafte Beurteilungsgabe.

Wenn man die Fakten analysiert, findet man heraus, daß praktisch all jene, die ihren Glauben an »Unsterblichkeit« zum Ausdruck gebracht haben, Menschen sind, die schon ein gutes Stück Leben hinter sich haben - praktisch alle über 60, und einige von ihnen sogar viel älter. Eindeutig kommen sie in ihre zweite Kindheit. Sie sind so damit beschäftigt, ihre eigenen Seelen durch die Verquickung von »Wissenschaft und Religion«, durch das Vorzeigen ihrer wahrscheinlichen, eigenen »Unsterblichkeit« zu retten, daß sie jeden Sinn für Humor, Proportion, Beweisführung, alle jene Dinge, die zusammengenommen die wahrlich wissenschaftlichen Gelehrten ausmachen, verloren haben. Sie werden immer älter und können sich am Leben nicht mehr erfreuen, sie werden vom Phantom der Vernichtung heimgesucht; und um diesem nun zu entfliehen, greifen sie nach jedem Strohhalm, akzeptieren jeden Beweis, schlucken alle »Tatsachen«, die ihnen durch ein Zweigroschen-Medium zukommen und die den geringsten »Beweis« für ein Überleben zu sichern scheinen. Das Ergebnis davon ist, daß alle diesen Blödsinn (der ein Teil des offiziellen Berichts

ist) akzeptieren und obendrein noch ernsthaft behaupten, daß es ihnen den »Beweis« für ein Überleben - für eine Unsterblichkeit! - gibt. Oje! Dies ist wahrhaft eine traurige Welt, meine Kinder, doch keinesfalls trauriger als die Tatsache, gute Köpfe auf diese Weise vor die Hunde gehen zu sehen.
Hodgson Y. Knott

Das Dorf. Von Ernest Poole. The Macmillan Co.

Ein schrecklicher Umschlag von Boardman Robinson, aber er brauchte wahrscheinlich das Geld. Außerdem ist es irgendwie doch der richtige Umschlag. Ernest Poole hat den Panzer der Ignoranz und des Vulgären über die Steppen Rußlands gefahren. Mr. Poole hat keinen besonderen Tiefgang und er ist außergewöhnlich abgestanden, seine Oberfläche ist überzogen mit einem dicken, grünen Schleim aus den Vorurteilen New-Englands. Sogar für einen Journalisten ist es schreckenerregend. Man denke sich nur, Worte wie »zerstört« zu benutzen! Er verdient, was er »le peine de mort« nennt. Seine Methode besteht in der Sammlung von Einzelheiten, von denen er keine einzige versteht. Kein Hinweis auf Vision. Kein Verständnis von Rußland. Nichts außer Interviews mit uninteressanten Leuten, deren Bewußtsein sie selbst gar nicht einmal ganz darstellt oder, wie wir in den Tagen der einfacheren Sprache zu sagen pflegten, die nicht wissen, worüber sie eigentlich reden. Ist es ihm nicht peinlich, den »Ruf der Pooles« - der anderen Ritter der Schneiderzunft aus der Saville Row zu beflecken?

Das Buch ist interessant für diejenigen, welche Rußland auch nur oberflächlich kennen, wenn auch nur, weil es einen Lacher auf jeder Seite gibt. Irgendein alter Poet, ich habe seinen Namen vergessen, bemerkte einmal:

> *»Einige Geister verbessern sich auf Reisen, andere eher*
> *Ähneln einem Kupfer- oder Messingdraht*
> *Der immer enger wird, je weiter er sich dehnt.«*[39]

Die Tage des unschuldigen »Gott-helfe-mir«-Touristen scheinen vorbei zu sein. Der Tourist von wurde vom Y.M.C.A. - in den Intervallen zwischen den einzelnen Korrumpierungen - dazu gedrängt, moralische Verantwortung und christliche Ernsthaftigkeit und ähnliches zu übernehmen. Jemand kann kaum noch von New York nach Philadelphia reisen, ohne eine seriöse Biographie über George Fox zu verfassen. Der Abenteurer mußte seinen Platz dem Selbstgefälligen Pedanten räumen. Was die Zukunft der Menschheit angeht, habe ich nicht den Schimmer einer Hoffnung.
S.O.S.

Der Homer der Kinder. Von Padraic Colum. The Macmillan Co.

Ein Sinn der Kunst ist die Anpassung ihrer Mittel an das Ziel. Wenn die Kinder Amerikas von der weltgrößten Erzählung genährt werden, wird sich dies für jeden etwa in 30 Jahren als sehr schön erweisen. Es scheint hoffnungslos, der gegenwärtigen Generation verständlich zu machen, daß sie, wenn sie nicht griechisch lesen, Wilde sind, die, sofern keine Kannibalen, nur solch ein Leben führen, weil sie nicht kochen können. Darum hat Padraic Colum versucht, das junge Amerika in diese Richtung zu zivilisieren. Keine wichtigere Aufgabe ist jemals angegangen worden,

---

[39][A.d.R.] Engl.: »Some minds improve by travel, others rather/ Resemble Copper wire or brass,/ Which gets the narrower by going farther.«

denn Zivilisation und Bildung sind fundamental. Reformer begehen gewöhnlicherweise den Fehler des empirischen Ansatzes und versuchen nur, die Symptome zu lindern. Es ist ziemlich nutzlos, zu versuchen, die Symptome Amerikas zu lindern.

Willy Pogany ist nicht Flaxman, für Kinder ist er allerdings Flaxman genug, und hin und wieder, wie auf dem Bild auf Seite 106 (und auf anderen auch), ist er ausreichend Flaxman für Jedermann. (Man kann nicht von einem Illustrator wie diesem erwarten, daß er in einem Zeitalter, in dem Künstler für ihren Unterhalt sorgen müssen, ganz Flaxman ist.) Doch es ist unmöglich, die Prosa Padraic Colums zu sehr zu loben. Sie ist für ein Kind, das gerade Lesen gelernt hat, einfach genug. Sie ist für einen bücherwurmzerfressenen alten Sack wie mich, der von Sterne und Swift nur so trieft, gut genug. Ein Buch wie dieses bringt die verwelkende Blume der Hoffnung wieder zu neuem Erblühen; solange es Leute gibt, die solche Versuche wagen, gibt es noch Hoffnung für die Menschheit.

A.C.

Wie man ein Lied singt. Von Yvette Guilbert. The Macmillan Co.

Es ist allgemein anerkannt, daß Yvette Guilbert die größte Künstlerin ihrer Zeit ist. Es ist eine Tragödie, daß ihre Kunst so kurzlebig ist. Die Wehmut solch einer Erkenntnis ist dieselbe, die man im zeitlosen Griechischen fühlt, welches Synge in der wilden Welt des Westens wiedererweckte. Ich denke da an »Riders of the Sea«. Die Erfahrung macht uns dumpf; Worte werden im Bordell des Lebens prostituiert. In »Riders of the Sea« sagt Synge bloß: »Ein Mensch ist ertrunken«. Sein Genie stößt die Spinnweben beiseite, welche die Zeit über der Tür zur Kaverne unserer Vorstellungskraft spinnt. Wir erkennen die Bedeutung dieser Worte: »Ein Mensch ist ertrunken.«

Die Kraft, uns fühlen zu lassen, ist das Göttliche in der Kunst. Es ist die kreative Kraft, die die zynische Frage des Propheten, »Herr, sollen diese toten Knochen leben?« mit einem »Ja« beantwortet. Das ist nun genau das, was Yvette Guilbert für das Lied getan hat. Sie hat es nicht nur für ein Jahrhundert getan. Sie hat die Gesamtheit der Zeit sprechen lassen, ihr Geheimnis gegenüber all jenen aufgehen lassen, die fähig sind, in dieser göttlichen Atmosphäre des Geistes zu leben, die sonst durch Geschäfte, Cocktails und Automobile so ungehindert verunreinigt wird.

Ich sehe in Yvette Guilbert nicht nur eine Künstlerin im herkömmlichen Sinne des Wortes, sondern vielmehr einen künstlerischen Menschen im Stile Blakes. Ihr Vorwort zur Zeit könnte aus einem Buch der Religion stammen, geschrieben von Salomon in den Tagen vor jener Zeit, da er dies nicht mehr tun konnte. Nichtigkeit der Nichtigkeiten? Mit herabwürdigender Stimme antwortet Yvette Guilbert: »Hört das Leben jemals auf?«

Ich bin kein Sänger. Die Technik der Musik ist mir ein beklagenswertes Mysterium. Doch bei der Lektüre dieses Buches finde ich tausende geistreiche Ratschläge, die für alle Künste gültig sind. Dieses Buch ist mehr als »Wie singt man ein Lied«. Es ist eine philosophische Abhandlung zum Thema »Wie man etwas tut«. Die Künste sind eins. Es gibt nichts außer Schöpfung. Wie es geschrieben steht, »Liebe ist das Gesetz, Liebe unter Willen«. Es ist das Verstehen dieser Tatsache, die Künstlertum jeder Gattung erst ermöglicht. Es erklärt, warum es in Amerika keine Künstler gibt, zumindest ist das höchste, was wir sagen können, »Finger eines Kindes, bei der Geburt erwürgt, im Straßengraben von einer Dirne geboren«, die einzig ernsthafte Zutat im großen Kessel der wahnsinnig gewordenen Bourgoisie.

Es ist unmöglich, hier in Bezug auf das Buch in Einzelheiten zu gehen. Auf jeder Seite offenbart Yvette Guilbert unbewußterweise ihre einzigartige Größe. Ihr Gehirn ist groß genug, um die kleinsten Details der Technik zu verstehen, ohne auch nur für einen winzigen Moment zu vergessen, daß Technik ohne Genie absolut wertlos ist. Amerika ist voll von Technikern, und ich vermute, daß einige Genies geboren werden. Doch wird das Genie stranguliert, bevor es sich eine Technik erarbeiten kann, wobei der Techniker unglücklicherweise derjenige ist, der nicht erwürgt wird. Aber jeder, der etwas machen will, das sich lohnt, wofür es sich lohnt, ins Gefängnis zu gehen, sollte mit diesem Buch unter dem Kopfkissen schlafen, sofern er ein solches hat.
Aleister Crowley

Der Junge, der wußte, was die Vögel sagten. Von Padraic Colum. The Macmillan Co.

Ich denke, daß die Grotesken von Dugald Stewart Walker überaus entzückend sind. Sie gehen sehr gut einher mit dem subtilen und sanften Genie Padraic Colums. Es ist ein Buch nur für Kinder. Aber, dem Himmel sei Dank! gibt es einige unter uns, die noch Kinder sind. Es ist nur ein Märchenbuch. Aber, dem Himmel sei Dank! gibt es noch einige Märchengeschöpfe. Es gibt noch einige wenige Leute auf der Welt, die Schönheit lieben und die für die Freiheit kämpfen wollen. Wenn man in den Zeitungen nachschlägt, könnte man annehmen, die Freiheit sei für immer tot. Doch mit welchen Mitteln man die Freiheit nun auch immer anbinden will, es wird immer einige Leute wie Padraic Colum geben, die Ihr Licht emporhalten werden. Vielleicht wird es uns nicht mehr gestattet sein, das auszusprechen oder niederzuschreiben, was wir denken, doch das Leben wird immer wie im Märchen sein, und eine Stunde wird kommen, da sich die Tore zum Märchenland öffnen und der geharnischte Held, der mit Feenmilch gesäugt wurde, die Tyrannen erschlägt.
Aleister Crowley

Gitanjali und das Sammeln von Früchten. Von Rabindranath Tagore. The Macmillan Co.

Wissend, daß alles, was bei Rabindranath Tagore gut ist, vom Stil W.B. Yeats' herrührt, erwartete ich eigentlich, daß die Einleitung von eben diesem geschrieben sein würde, der ein Romantiker gewesen sein könnte, wäre er nur Willens gewesen, sich sein Gesicht zu waschen und ungefähr jeden Monat ein neues Hemd anzuziehen. Die Einleitung beginnt damit, »Vor einigen Tagen sagte ich zu einem distinguierten bengalischen Arzt, 'Ich kenne keinen Deutschen'«. Abgesehen von der Frage, ob Silly Willy sein Vermögen nun in Mark rechnen würde oder nicht, wurde ich durch diesen Verweis überaus verwirrt.

Ich fand mich in Teng-Yueh wieder. Wir saßen damals im Haus des Konsuls zum Abendessen beisammen, als ein Bote in den Raum stürzte, um uns mitzuteilen, daß der Konsul - der bei irgendeinem ungemütlichen Stamm weilte - krank sei und vielleicht sogar im Sterben liege. Wir sprangen auf, George Forest, der Botaniker und ich, und machten uns fertig. Wir konnten mit etwa zweistündiger Verspätung jenes »distinguierten bengalischen Arztes« aufbrechen, der noch seine Reismahlzeit zu beenden hatte. Es war also neun Uhr, als wir uns auf den Weg machten. Es war eine wilde, windige Nacht und der Mond schimmerte lügnerisch durch windgepeitschte Wolkenwände. Es war mir unmöglich, auf meinem Pony zu reiten, denn seine

Hufe glitten in der Dunkelheit auf den nassen Steinplatten aus. Laufen war genauso schwer, denn meine eisenbesetzten Bergschuhe waren so unvorstellbar glitschig. Doch es ging weiter, keuchend, Hügel rauf, Tal runter, mitten durch die Nacht. Der Tag brach an, kühl und grau, oben auf der Spitze eines großen Berges. In weiter Ferne sah ich Punkte. Ich verließ mein Pony und rannte halsüberkopf den Abhang hinunter. Ich war fast schon am Fuße des Hügels angekommen, als ich den Körper des Konsuls sah. Forest rannte los. Ich wandte mich traurig zurück, denn ich sah, daß die Füße des Konsuls zusammengebunden waren. Ich wußte, daß er tot war. In einem Land, wo unzählige Seuchen den Menschen nachstellen, war es überaus dringend, die Todesursache von einem Arzt feststellen zu lassen. Welches Glück wir nur hatten, daß ein distinguierter bengalischer Arzt mitgekommen war! Es gab da nur einen kleinen Fehler im Programm. Als ich ihm sagte, daß der Konsul tot war, wendete er mit seinem Esel und brachte sich in Sicherheit. Heilige Kali, es könnte eine ansteckende Krankheit sein! Es hatte keinen Sinn, der Kreatur nachzulaufen; die Angelegenheit konnte auch bis zu unserer Rückkehr warten. Wir brachten den Konsul in sein Haus, und Forest bat mich, den Arzt zu holen. Es war notwendig, einen offiziellen Bericht zum Tod und seiner Ursache zu schreiben. Ich ging zum Haus des »distinguierten bengalischen Arztes«. Er saß gerade vor einer Pyramide aus Reis. Ich lenkte seine Aufmerksamkeit auf mich, indem ich eine Peitsche, die geeignet war, einen Wal zu zerlegen, in seinen Fettrollen versenkte. Zwischen fünfzig und sechzig Anwendungen dieses Instruments sicherten uns dann auch seine Gegenwart in demjenigen Raum, in dem wir die Leiche aufbewahrten. Doch nicht einmal die Angst vor der Peitsche konnte ihn dazu bringen, die Leiche zu berühren.

Rabindranath Tagore ist der größte Bluff, mit dem die unbedarfte amerikanische Öffentlichkeit jemals bombardiert wurde. Sein Mystizismus läßt selbst Maeterlinck's Wischiwaschi viril erscheinen. Das ist der größte Schwachsinn, den ich je gelesen habe. Die Illustrationen passen genau dazu. Die gesamte kulturelle Produktion des jungen Indiens ist im anglo-indischen Sinne »babu«[40]. Der Geist Indiens ist vollständig abwesend. Zeichnungen und Buchwerke gleichermaßen ähneln den sinnlosen Kunsttrieben eines unausgegorenen Studenten. Und all das während der Babu, akzeptiered, was er sich unter Ehrentiteln, wie z.B. dem Titel eines Ritters von England, vorstellt, sich getreu des bengalischen Stils hinterlistig gegen Indien verschwört. Ich wünschte bei Gott, daß sich die Briten für sechs Monate aus Indien zurückzögen, so daß die Inder diese vaterlosen Fischfresser ausrotten könnten, diese Brut weiblicher Hunde, die sich, kastenlos sogar im eigenen Bastardgeschleime, in Amerika als »junge Nation« behauptet.

Kwaw Li Ya

Der Tanz Shivas. Von Dr. Ananda Kent Coomaraswamy. Sunwise Turn, Inc.

Das Komplott verdichtet sich. Es gibt sicherlich nichts Gleichwertiges zu Dr. Coomaraswamy, wenn es darum geht, Situationen zu verheddern, und das vielleicht nicht immer auf erfreuliche Weise. Auch kann man nicht sicher sein, wie weit Dr. Coomaraswamy selbst dafür verantwortlich ist, denn wo immer er ist, wird die Linie zwischen »meum« und »tuum« zu einer Art Spinnweben, die auch schon bessere Tage gesehen hat. Denkt einmal an das erste Kind, Narada, das ein Bastard ist. War

[40][A.d.R.] Heißt soviel wie vom englischen Kolonialismus überstark beeinflußt, Speichellecker der Engländer.

der Vater letztendlich der »Wurm«? Wir können dazu nicht mehr angeben, als das unbestätigte Statement seiner Mutter, die zweite Frau des »Wurms«, anzuführen. Dies könnte angezweifelt werden. Sogar die Farbe gibt keinen Aufschluß, denn es gab zur Zeit, als sich die Geschichte zutrug, einen Haufen farbiger Leute in London.

Als sich die erste Frau vom »Wurm« scheiden ließ und er sich mit der zweiten verheiratete, konnte man meinen, daß es fortan weniger Komplikationen geben würde. Keineswegs. Als er sie zum ersten Mal allein läßt, richtet er einen Harem in Indien ein, während sie, die sie in Begleitung seines besten Freundes Dr. Paira Mull zu ihm reist, um bei ihm zu sein, sogleich anfängt, eine Intrige mit diesem faszinierenden Punjabi zu spinnen. Der »Wurm« scheint dieses häusliche Durcheinander eher begrüßt zu haben, da es Paira Mull sehr gut geht.

Rohini, das zweite Kind, ist das Ergebnis dieser Liaison. Etwa zu dieser Zeit bringt der »Wurm« ein Buch mit indischen Volksliedern heraus, und er versucht tatsächlich, darin eine Anzahl von Übersetzungen des Liebhabers seiner Frau als seine eigenen zu verkaufen. Jedoch wird er von ihr dazu gezwungen (nach einer stürmischen Szene), einen ziemlich inadäquaten Hinweis zu schreiben, und wir kommen zu der Überzeugung, daß er dies nur tat, weil sehr leicht ans Licht kommen kann, daß er selbst nicht einmal zehn Worte in der Sprache versteht, aus der er angeblich übersetzt. Ist das noch nicht kompliziert genug für jeden? Oh nein! Dr. Coomaraswamy schlägt nur träge mit den Flügeln. Er kann weitaus heftigere Dramen auf die Bühne bringen. So sieht man dann also den »Wurm« und seine Frau in New York - gerade da! Die erste Sache, die ihm auffällt, sind die hohen Lebenshaltungskosten, und er beeilt sich, seine Frau dem nächstbesten anzubieten. Im Gespräch wird eine Übereinkunft über die Scheidung und eine Heirat mit Alice's neuem Liebhaber erreicht.

Doch drei Monate später nimmt die Tragödie ihren Anfang. Der »Wurm« wird von dem erschreckenden Gedanken befallen, daß vielleicht Alices' neuer Liebhaber nicht so gut in das Schema paßt. Er ist widerwillig, für die Kosten der Scheidung aufzukommen und erklärt mit aufgesetzter Gutwilligkeit, daß er nicht einsieht, warum er zahlen soll, nur damit ein anderer Mann seinen Müll abladen kann. Die Situation wird durch die Tatsache verkompliziert, daß Alice wieder schwanger geworden ist.

Der »Wurm« entscheidet sich zu einer bemerkenswert einfallsreichen Lösung seiner Schwierigkeiten. Die vergangenen Erfahrungen haben ihm gezeigt, daß seine Frau keine Seereise vertragen kann, wenn sie sich in einem »delikaten Gesundheitszustand« befindet. Vor der Geburt des zweiten Kindes kam es fast zu einer Fehlgeburt und einem tödlichen Ausgang für sie. »Wie also«, denkt er sich, »kann ich mir ein für alle Male Freiraum verschaffen? Ich werde mich an meine Frau heranmachen. Ich werde das Pathetische aus der Trickkiste holen. Ich werde zwischen sie und ihren Liebhaber böses Blut bringen. Ich werde Telegramme fälschen und auch alles andere Nötige tun. Ich werde sie dazu bringen, nach England zu gehen. Das wird für ihr Kind das Ende sein, und sehr wahrscheinlich für sie ebenfalls; und dann vielleicht wird mir Paira Mull mindestens ein Kind - sein eigenes zumindest - abnehmen. Auch Narada ist ja rechtlich gesehen überhaupt nicht von mir. Es ist nur ein namenloser Bastard.« So denkt der »Wurm« und so handelt er auch. Das einzige Detail, das nicht in sein Schema paßt, ist, daß es seine Frau - entgegen jeder Vermutung - schafft, die Fehlgeburt zu überleben.

Während dieser ganzen Zeit lebt der »Wurm« selbst mit einer deutschen Prostituierten zusammen; und als er das als zu kostspielig erachtet, versucht er, den Wolf von der Türe fernzuhalten, indem er diese glücklose Frau dazu bringt, Verschiedenes aus den Werken des ehemaligen Liebhabers seiner Frau herauszukopieren, das in Amerika nicht sehr bekannt ist und dieses dann überall in den Straßen von New York zu verscheuern. Der Mann, dessen Eigentum diese Auszüge sind, wird wahrscheinlich nichts davon mitbekommen, da das unerklärliche Verhalten von Alice mehr oder weniger sein Herz gebrochen hat und er zu einer Art Einsiedler geworden ist.

Doch die Ehefrau taucht wieder auf, wie ein falscher Pfennig. In der Zwischenzeit hat der »Wurm« von dem deutschen Mädchen genug bekommen und geht nach Chicago, um sich dort eine andere Frau zu suchen, und läßt seine Frau und seine Freundin in einem Zimmer im McAlpin zurück. Anstelle einer Auseinandersetzung werden diese aber zu Freundinnen, und der gesamte, kalt-mörderische Plan kommt ans Licht. Alice unternimmt nun Anstrengungen, um ihren Liebhaber zurückzugewinnen, doch der gehört zu den Leuten, die aus Erfahrung klug werden. Er legt nur den Versuch des »Wurms« offen, sein Eigentum ohne seine Einwilligung unter die Leute zu bringen.

Es scheint, daß Dr. Coomaraswamy zu dem Zeitpunkt aus der Geschichte aussteigt, als sich eine interessante Verwicklung zu entwickeln beginnt. Sie hört genau an diesem Punkt auf. Der »Wurm« bekommt eine Anstellung als Kurator in der orientalischen Abteilung eines Kunstmuseums in Boston und läßt sich dort mit seiner Frau für alle Zeit in glücklicher Harmonie nieder. Ich denke, dies ist Leben, aber keine Kunst.

Ein Klagender in Grün gekleidet.

Vierdimensionale Aussichten. Von Claude Bragdon. Alfred A. Knopf, 1916.

Es ist eine große Freude, dieses Buch zu lesen, und obwohl wir uns im Falle einiger Punkte verpflichtet fühlen, dem Autor nicht zuzustimmen, hinterläßt das Ganze im allgemeinen ein Gefühl, als ob man sich zuhause befände, d.h. auf den Ebenen der reinen und erhabenen Gedanken. Wir können nicht gerade behaupten, daß Mr. Bragdon irgendwie ein origineller Denker wie Hinton wäre, doch er hat zur Erweiterung und Popularisierung von Hintons Ideen wenigstens beigetragen. Einige der Analogien in diesem Buch sind sehr illuminierend. Leider scheint es uns aber auch, daß sich Mr. Bragdon in theosophischen Dogmen verfangen hat. Er redet von der »neuen Freiheit« und läßt seine ganze Argumentation auf der Idee basieren, die materielle Welt wäre eine Schattenvorführung. Doch scheint er auch zu glauben, das die reale (d.h. die ideelle) Welt leichter verstanden werden könnte, wenn wir uns mit Händen und Füßen an die sinnlosen und grausamen Tabus der primitivsten Stämme binden. Es scheint uns auch, daß er irrt, wenn er die Yogis, deren Errungenschaften vollends selbstsüchtig sind, über die Männer des Geistes stellt. Blavatsky beging auch diesen Fehler. Sie stellte den Poeten über den Adepten.

Mr. Bragdon ist trotz seiner tapferen Versuche kein klarer Denker wie Hinton. Er ist nur ein kleiner Bourgeois, der sich Hintons Hut aufgesetzt hat, der ihm allerdings viel zu groß ist. Er kann daher nicht erkennen, daß die Interpretation der Phänomene als etwas Spirituelles ihre Realität und die Wahrheit ihrer gegenseitigen Beziehung nicht zerstört, sondern eher noch bestätigt. Seichte Denker scheinen immer von der Dummheit besessen zu sein, daß alles aufhört zu existieren, wenn es nur ein Schatten, ein Traum oder eine Illusion ist. Die Gesetze des Traumes sind fast so rigide wie die Regeln der Mathematik. Man kann nicht alles als irrational bezeichnen, nur weil es eine »unmögliche« oder »imaginäre« Größe darstellt. Es sind diese

Fallen, in die solche Esel im Löwenkostüm, wie Mr. Bragdon, reintappen.
O.M.

Ogilvie's astrologisches Geburtstagsbuch. Von Leo Bernart. J.S. Ogilvie Publishing Co.

Im Vorwort sagt Mr. Bernart richtigerweise, daß das genaue Datum und die Stunde der Geburt notwendig sind, um ein Horoskop erstellen zu können. Doch er veröffentlicht ein Buch, in dem versucht wird, dieses nur anhand des Geburtstages allein durchzuführen. Der Tag der Geburt sagt dem Astrologen nur etwas zur Position der Sonne zum Zeitpunkt der Geburt; diese Position verändert sich über die Jahre hinweg zwar geringfügig, aber auf entscheidende Weise. Das ist so, als würde man Herkules nicht nur anhand seines Fußes, sondern auch anhand eines großen Zehs, der gar nicht seiner sein muß, aufspüren wollen. Der Irrtum wird oftmals sogar im Buch selbst auf amüsante Art und Weise illustriert. Zum Beispiel: Wm. T. Stead und Admiral Farragut wurden beide am 5. Juli geboren.

Am 11. Juli waren es John Quincy Adams und Wanamaker. Von dieser glücklichen Kombination wird erzählt, »Sie sind ein guter Mime und haben eine gute Singstimme. Sie sind nicht so besessen von Literatur und Wissenschaft, wie sie es sein sollten. Sie bevorzugen die leichten Dinge im Leben, was ja sehr gut ist, aber die ernsten müssen auch durchlebt werden.« Am 23. Juli erzählt Mr. Bernart Kardinal Gibbons, daß er religiös, aber nicht orthodox sei. Es ist mir auch neu, daß der Kardinal »ungewöhnlich viel Süßigkeiten mag«.

Viele dieser Schilderungen stammen wohl direkt von den Leuten, die als geboren erwähnt werden. Zum Beispiel am 22. Oktober: »Sie sind emotional, haben einen Sinn für's Dramatische und werden aller Wahrscheinlichkeit nach eine Bühnenkarriere machen«, was wohl auf Sarah Bernhardt zutrifft. Und am Geburtstag Nansens: »Sie sind als junger Mensch romantisch veranlagt, was sich wahrscheinlich so manifestieren wird, daß sie verlorene oder vergrabene Schätze suchen oder unterirdische Gänge oder wenig bekannte Höhlen erforschen werden.« Am Geburtstag Edward VII.: »Sie haben eine brilliante Karriere vor sich.« - »Sie erfreuen sich der Welt.« - »Sie haben viel Taktgefühl und sind diplomatisch.« - »Sie sind für die guten Dinge im Leben zu haben.« - »Sie sind flüchtig in ihren Zuneigungen und werden eine Reihe von Liebesaffären in ihrem Leben haben.« Jedoch, »sind sie überaus häuslich.«

Manchmal ist es eher witzig. Literarische Begabung an den Geburtstagen von Conan Doyle und Marie Corelli; poetisches Talent am Geburtstag von Ella Wheeler Wilcox!!!

Genug ist gesagt worden, das die absolute Wertlosigkeit dieser schludrigen Methode, den Schwierigkeiten der Astrologie auszuweichen, aufzeigt.
Cor Scorpionis

Tarr. Von Wyndham Lewis. Alfred A. Knopf.

Mr. Wyndham Lewis lebte vor einigen Jahren vom Wohlwollen einer jungen Dame, der bewunderten und verehrten Freundin vieler Künstler. Sie hatte sich seiner angenommen, weil er ihr sagte, daß er Gedichte schreiben würde - eine entschuldbare Lüge. Vielleicht glaubte er sogar daran. Sie fragte mich, ob ich ihm helfen würde, indem ich seine Gedichte publizierte, woraufhin ich ihm einen Brief schrieb. Er antwortete, indem er sich darüber beschwerte, daß die erwähnte junge Dame versucht hätte, ihn zu verführen. Dies erschien als eine wenig schmeichelhafte Bezugnahme auf Augustus John, Walter Duranty, mich selbst und viele andere. Ich schrieb an Mr. Lewis und sagte ihm, daß er ein dummes Charakterschwein sei und daß ich ihn in den Hintern treten würde, wenn ich ihn sähe. Dummes Charakterschwein ist so ziemlich alles, was man über ihn sagen kann. Es ist ganz einfach, eine Sensation zu erzeugen, indem man in eine Kirche geht und bei der Weihung der Hostie ruft: »Zur Hölle mit Jesus!«. Und genau das ist die künstlerische Methode von Mr. Lewis. Ob er einen Raum in einer schlechten Imitation von Klimmt dekoriert oder sich nun an unseriösem Kubismus oder Futurismus oder Vortizismus versucht, er bleibt dasselbe dumme Charakterschwein, das in Kirchen herumbrüllt.

»Blast« war ein recht sinnloses und vulgäres Produkt, auf das niemand hereinfiel. »Tarr« ist ein Versuch, den Trick zu wiederholen. Er verteilt französische Worte und Sätze über die Seiten, die überhaupt nicht benötigt werden, und er druckt Worte, wie »Verdammt«, »Pétards« und »Hündin« einfach nur, um die Mittelklasse zu schockieren. Es offenbart lediglich das dumme Charakterschwein. Was auch sonst?
Aleister Crowley

Der Irre, Seine Parabeln und Gedichte. Von Kahlil Gibran. Alfred A. Knopf.

Ich bin nicht sehr an den Zeichnungen in diesem Buch interessiert. Sie sind durcheinander und ziemlich konventionell. Aber ich mag einige der Parabeln wirklich sehr. Es ist nicht vernünftig, Mr. Gibran mit Blake zu vergleichen, da Blake ein Genie war, dessen Werke aus der weißen Hitze der Leidenschaft erschaffen waren. Dieses hier ist ein kleinerer Fisch, der in flacheren und ruhigeren Wassern schwimmt. Der Geist ist mehr französisch als irisch. Doch er ist kurz genug, um für sich selbst zu sprechen. Hier eine seiner Parabeln:

Die Vogelscheuche

Ich sagte einmal zu einer Vogelscheuche: »Du mußt ganz schön die Nase voll haben, hier auf diesem einsamen Feld herumzustehen.« Und sie antwortete: »Die Freude, Angst einzuflößen, ist eine tiefe und anhaltende, und ich habe nie die Nase voll davon.«

Nach einer Minute des Nachdenkens sagte ich: »Es stimmt; denn auch ich habe diese Freude einmal gekannt.« Sagte sie: »Nur jene, die mit Stroh gefüllt sind, können sie kennen.« Dann ging ich weg und wußte nicht, ob sie es nun als Kompliment gemeint hatte oder nicht. Ein Jahr verging, in dem die Vogelscheuche zum Philosophen wurde. Dann ging ich wieder an ihr vorbei und sah zwei Krähen, die gerade ein Nest unter ihrem Hut bauten.
Hier eine andere Parabel:

Die Neue Freude

Letzte Nacht erfand ich eine neue Freude, und als ich diese zum ersten Male ausprobierte, stürmten ein Engel und ein Teufel auf mein Haus zu. Sie trafen sich vor meiner Tür und kämpften miteinander um die von mir neu ersonnene Freude, wobei der eine schrie: »Es ist eine Sünde!« Und der andere: »Es ist eine Tugend!«

Guter Junge!
A.C.

Indien und die Zukunft. Von William Archer. Alfred A. Knopf.

Ich vermute, Mr. Archer ist für etwa sechs Wochen mit einer Schreibmaschine und einem provinziellen, drittklassigen Geist durch Indien gereist. Edmund Burke sagte:

»Diese Masse besteht nicht aus erbärmlichen und barbarischen Menschen. ... (Sie sind) ein Volk, das schon seit uralter Zeit zivilisiert und kultiviert ist; kultiviert durch alle Künste eines glänzenden Lebens, während wir noch in den Wäldern lebten.«

Diese offensichtliche Tatsache ist für Mr. Archer offensichtlich nicht offensichtlich. Der gewitzte Journalist, der er ist, hat sich selbst mit so vielen Tatsachen belegt, daß er uns nicht sagt, daß Inder Nigger sind, die ihre Kinder den Krokodilen zum Fraß vorwerfen; doch auf jeder Seite seines Buches merkt man, daß er diese Ansicht in seinem Kopfe pflegt. Seine Methode, Indien zu untersuchen, ist die Methode von Count Smorltork; doch war Count Smorltork ein Gentleman. Seine Sichtweise ist so ignorant und bürgerlich, daß ich gezwungen bin, Passagen anzuführen, nur damit man glaubt, daß es wirklich einen Zweibeiner gibt, der solch einen Müll druckt.

»Diese sinnlose Wiederholung ad infinitum einer gezierten, tänzelnden Figur produziert einen unbeschreiblichen, nachtmahrähnlichen Effekt; und was man dafürhaltend sagen könnte, entweder aus der Sicht der Kunst oder der Religion, kann ich mir für meinen Teil nicht vorstellen. Wen die Figuren darstellen, kann ich nicht mit Sicherheit sagen;...«

»Ja, der Horror - das ist die einzige Bezeichnung dafür. Das soll nicht heißen, daß heutzutage irgendwelche besonderen Schrecken in der grimmigen Abgelegenheit dieser gigantischen Tempel begangen werden. Ich weiß nicht, ob es irgendwann einmal Szenen von großer Grausamkeit oder anderer Abscheulichkeiten gab, obwohl sie sicherlich das vollkommenste mise-en-scène solcher Exzesse darstellen. Was ich allerdings weiß ist, daß sie, angefangen vom Grundstein bis zur höchsten gopura, das Produkt düsterer, pervertierter, morbid überzogener Imaginationen sind, die sich an den extravagantesten Merkmalen der monströsesten aller Mythologien laben.«

Das ist alles, was Mr. Archer aus dem größten Tempel zieht, den es heutzutage gibt, und dies sowohl aus künstlerischer, wie religiöser Sichtweise. Und um durch seine Niederschriften nun für alle sichtbar zum Esel zu werden, ist er obendrein noch so dumm, Fotos von den Tempeln zu veröffentlichen, deren Schönheit, so sollte man denken, eigentlich auch den einfältigen Leser, an den er sich zweifellos wendet, ins Auge stechen dürfte.

Mr. Archers Arroganz und Ignoranz nehmen sich beide nichts.

»Und überall in seinen zahllosen Innenhöfen und Alkoven findet man den niedrigsten Fetischismus in seiner unterwürfigen, rituellen Versunkenheit.«

Woher will dieses Tier wissen, was die Leute taten? Er kann nicht ein Wort in ihrer Sprache sprechen. Er sah sie zum ersten Mal, und seine Kritik ist so gültig, wie die eines Wilden, der zufällig in ein Fernamt kommt. Die elende Kreatur macht weiter, Seite für Seite:

»Barbaren, Barbarentum, barbarisch - es tut mir leid, so sehr auf diesen Worten herumreiten zu müssen, aber sie drücken die Essenz der Situation aus.«

»Niemals gab es in Indien eine 'hochstehende Zivilisation'...«

Angesichts der noch intakten Monumente der indischen Zivilisation, die ältesten von ihnen jedoch schon seit tausend Jahren, zweitausend, dreitausend Jahren, wer weiß, zerfallen, bevor die Wilden von England überhaupt Kleidung trugen. Es ist nur natürlich, daß dieser arme, blinde, weltumrundende Sack das Kastensystem nicht begreift. Er ignoriert völlig die Tatsache, daß es das Kastensystem ist, welches die indische Zivilisation bis heute erhalten hat. Ständig erobert, absorbiert Indien seine Eroberer.

Sobald der Idiot auf Spiritualität zu sprechen kommt, ist er witziger als je zuvor. Auf Seite 59 veröffentlicht er einen amüsant unvollständigen Bericht über die Namen der heiligen Schriften der Hindus und entschuldigt sich mit den folgenden Sätzen:

»Ich bin sicher, daß es in diesem Abschnitt keinen groben Fehler gibt; aber es werden hinsichtlich der Nomenklatur dieser Literatur äußerst verwirrende Erklärungen gegeben.«

Dann fährt er mit einer Kritik der Inhalte dieser Bücher fort! Es ist unglaublich, daß jemand so ein Arschloch sein und solch ein dummes Zeug schreiben kann. Seitenweise Fehlbehauptungen und Unverständnis. Er ist sogar unfähig, das gute Benehmen der Einheimischen zu sehen. In der ganzen Zeit, in der ich in Indien war, kann ich mich nicht an eine einzige Begebenheit schlechter Manieren erinnern, außer von Seiten der Babus, die diese von den Europäern der Unterklasse, wie William Archer, gelernt hatten.

Wo er sich über Kunst und Kultur ausläßt, wird es am schlimmsten.

»Man erinnere sich daran - es ist sicherlich nicht irrelevant - daß Indien das tropischste Land ist, das jemals eine Kunst von Wichtigkeit besaß.«

Diese Person hat niemals von Kambodscha, Yukatan, Peru, Ägypten, West Afrika, Java gehört. Seine Kunstkritik ist unter dem Niveau von Upper Tooting.

»Kann irgendein unvoreingenommener Beobachter verneinen, daß sogar diese außergewöhnlich gefälligen Exemplare indischer Handwerkskunst durch die gröbsten Effekte formaler Konventionalität, durch übermäßig überladene Kompositionen und exzessive Ornamentik verdorben sind? An einigen sitzenden, weiblichen Gestalten, die von hinten zu sehen sind, läßt sich eine gewisse natürliche Grazie erkennen, doch sind die meisten der Frauendarstellungen, die sich überall auf den Reliefs finden, das Produkt einer morbiden Konvention, die ihnen enorme Brüste, Wespentaillen und atrophierte Beine verleiht und sie in Haltungen darstellt, die an eine gewaltsame Hüftverrenkung erinnern. Ob solche Haltungen zu ihrer Zeit tatsächlich kultiviert wurden, weiß ich nicht zu sagen; doch auch, wenn man das nachweisen könnte, müßte man die Skulpturen als konventionelle Übertreibungen einer ungesunden Mode betrachten.«

»Was sollen wir, und ich komme besonders zurück auf die Buddha-Figuren, schließlich über die wundersame Spiritualität des Ausdrucks sagen, die ihnen oft zugeschrieben wird? Für mich ist sie weit von einer Augenscheinlichkeit entfernt. Die gesenkten Augenlider und die unbewegte Haltung drücken in der Tat die Vorstellung von Kontemplation aus; aber ich kann in den glatten, einfältigen Gesichtern beim besten Willen nichts Spirituelles finden.«

Noch tiefer kann ein Schweinegeist kaum sinken. Und doch -

»In den Epen der Inder versuchen die Dichter stets, sich selbst und andere bei ihrer Suche nach dem Wunderbaren zu überrunden, ob nun in Tugend, Können, Schönheit, Schlechtigkeit, dämonischer Wut oder bloßer numerischer Extravaganz. Sie erschaffen ständig Dinge in Übertreibung, die immer wie unterbrochen wirken. Muß nicht ein Volk, das von Kindesbeinen an diese Orgien ungezügelter Phantasie gewöhnt wird, an einer Krümmung seines imaginativen Rückgrats, an einer Unsensibilität gegenüber normalen und gesunden Stimulationen leiden? Es ist diese Unsensibilität, die korrigiert werden muß, bevor Indien darauf

hoffen kann, das beste seiner intellektuellen Geschenke in einer Welt zu produzieren, in der, obwohl alles auch illusorisch sein kann, die gottgeschaffene Illusion der Natur letztendlich über die vom Menschen geschaffene Illusion der Mythologie und Metaphysik triumphieren muß.«

Ich stimme voll mit der politischen Schlußfolgerung des Buches überein. Es steht außer Zweifel, daß er dafür bezahlt wurde, gerade so zu schreiben. Dennoch aber hatte ich mir nicht vorstellen können, daß Mr. William Archer solch ein unerfreuliches Ding wäre. Der Verleger sagt, daß er in Perth, Schottland, geboren wurde. Vielleicht war er einer der berühmten »*Zwillinge von Perth, die seit ihrer Geburt bereit waren - einen positiven Wassermann herauszukehren. Sagte Bill zu seinem Bruder, 'Also, Dank an unsere Mutter, wir sind die verdorbensten Bettler der Welt.'«*

Wahre Geistergeschichten. Von Hereward Carrington. J.S. Ogilvie Publishing Co.

Mr. Hereward Carrington war ein kluger junger Mann, und das war sein Problem. Er ist noch immer ein kluger junger Mann, und da er älter geworden ist, hat sich auch sein Problem verschärft. Ich dachte immer, seine Vorstellungen vom Fasten und Abwiegen der Seelen wären verrückt, doch er machte immer den Eindruck äußerster Ernsthaftigkeit. Er hat im Falle von Eusapia Palladino eine außergewöhnlich gute Arbeit geleistet. Er zerstört nur das in ihn gesetzte Vertrauen, indem er flaggentreu ist und einen Bryce Bericht wie die Mysterien von Myra veröffentlicht, seinen Namen solchen Quacksalbern wie Michael Whitty (nicht Witty) zur Verfügung stellt, der sich nicht schämt, zuzugeben, daß er der amerikanische Repräsentant dieses Schwindlers und Erpressers namens Mathers ist, was so oft in den Kolumnen von THE EQUINOX ans Licht gebracht wurde, und zusätzlich mithilft, die Rezension eines offensichtlich betrügerischen Lesers »geschlossener Briefe«, wie Christiansen, zu editieren. Auch ist es nicht besonders ermutigend für jene, die an ihn glauben, wenn sie sehen, daß er sich genötigt fühlt, ein Buch wie dieses zu produzieren. Es ist sehr schlau zusammengestellt, äußerst gut lesbar und amüsant, doch scheint es ihm völlig gleich zu sein, zwischen gut belegbaren Fällen und nachweislichen Erfindungen zu unterscheiden. Seine Kritikfähigkeit ist hoffnungslos unterentwickelt. Insbesondere muß ich gegen die Veröffentlichung von Mr. Machens hervorragender Kurzgeschichte über die »Engel von Mons« ohne jeglichen Verweis auf den Autor protestieren, als ob es ein einziges Quäntchen eines Beweises dafür geben würde, daß die Geschichte wahr ist.

Mr. Carrington ist ein ernsthafter und genialer Detektiv mit einem immensen Wissenshintergrund und immenser Erfahrung. Er wurde wahrscheinlich durch die abscheuliche Falschheit der amerikanischen Verleger auf diese bösen Pfade gezwungen. Die Schandtat ist in diesem Falle kaum geringer als jene bei Theodore Dreiser.

Der Selbsterhaltungsinstinkt hat ihn augenscheinlich dazu getrieben, den Doktortitel einer sogenannten »Universität« in Iowa anzunehmen. Welches tragische, farcehafte Leben steht demjenigen Amerikaner zur Verfügung, der mit dem Senfsamen der Intelligenz gesegnet ist!

Ah! Der Hahn kräht!
Hamlet R.

Patience Worth. Von Casper S. Yost. Henry Holt & Co.

Ich bin in meinem persönlichen Hauptbuch Mrs. Emily Grant Hutchings zu so tiefem Dank verpflichtet, daß ich in Hinblick auf alles, was mit ihr verbunden sein mag, nur voreingenommen und begünstigend urteilen kann. Deshalb nehme ich die besondere Qual auf mich, die Verpflichtung unberücksichtigt zu lassen und man mag sich darauf verlassen, daß ich das Schlimmste über »Patience Worth« sagen werde. Es ist, so denke ich, die interessanteste Aufzeichnung von Äußerungen der Verblichenen. Es gibt eine unveränderliche Persönlichkeit in »Patience Worth« und vielleicht niemanden, der über den Horizont der »subliminalen Mrs. Curran« hinausreicht; und die Hypothese ist sinnvoll, da Mrs. Curran immer dann am Brett sitzt, wenn sich Patience manifestiert. Mir scheint es eine weitaus einfachere Hypothese zu sein, anzunehmen, daß Patience eher Mrs. Currans mehr unterbewußte Erinnerung an eine elisabethianische Inkarnation ist, als daß sie auf der Astralebene, wo die Dinge sich so einfach auflösen, seit Jahrhunderten unverändert umherwandert. Es ist auch denkbar, sich Patience als einen Elementargeist vorzustellen. Doch sind ihre Mitteilungen bemerkenswert klar und zusammenhängend. Sie sind fast völlig frei von den Entstellungen, an die uns die Forscher im Bereich des PSI gewöhnt haben; verflucht seien sie.

Die Erwähnung von PSI-Forschern hat mir wieder einmal die Laune verdorben. Ich bin sogar dabei, meiner lieben Mrs. Hutchings gegenüber mürrisch zu werden. Es ist sehr einfach, einen Fall zu verderben, indem man zu viel behauptet. Jesus würde heute auf dem Markt höheres Ansehen genießen, hätte nicht irgendein Möchtegern-Manager lächerliche, heidnische Geschichten von der Unbefleckten Empfängnis usw. zur früheren und glaubwürdigeren Legende hinzugefügt. Die ernsthafteste Kritik an Patience Worth ist die Existenz dieses lächerlichen Romans von »Mark Twain«. Patience Worth ist nicht unmöglich oder auch nur unwahrscheinlich. Sie macht Fehler. Sie gibt Anachronismen zu. Doch viele Probleme sind einfach wegzuerklären. Wenn man auf Mark Twain kommt, liegt der Fall ganz anders. Jeder kann Schecks unterzeichnen, die einzige Frage ist nur, ob die Bank die geldliche Gegenleistung erbringen kann. Wenn ich mit J.P. Morgan unterzeichne, ernte ich ein sehr sonderbares Lachen vom Kassierer. Nach menschlichem Ermessen hätten sie noch nicht einmal Probleme, mich »armen Irren« in Gewahrsam zu nehmen. Die Aktion von Mark Twains Erben, ein Buch zu unterdrücken, dessen Ursprung höchst aufrichtig angegeben wurde, macht sie vollends lächerlich. Doch dies ist schrecklich für die arme alte Patience. Es läßt sie wie einen ballon d'essai aussehen. Ich glaube nicht, daß hier Betrug vorliegt, doch sehe ich alle Arten von Türen, die zum Selbstbetrug führen, besonders im Falle von Leuten, die sich kaum bewußt sind, daß es so etwas wie magischen Schutz gibt. Es sieht für mich so aus, als hätte ein verspieltes Elemental Mrs. Hutchings' Unschuld hinsichtlich der Gesetze der Magick ausgenutzt, sie mit den aufrichtigen Nichtigkeiten von Patience Worth verführt und mit der tiefen Konsequenz des Samuel L. Clemens, möge er in Frieden ruhen, betrogen!
William Shakespeare
per Ouija Board.

Java-Kopf. Von Joseph Hergesheimer. Alfred A. Knopf.

Die Atmosphäre dieses Buches ist so verführerisch, daß man es unter dem Eindruck liest, daß es früher oder später beginnen wird; doch das tut es nicht.
Sumatra Rapper.

PSI-Phänomene und der Krieg. Von Hereward Carrington. Dodd, Mead & Co., Inc.

Dieses Buch ist ein extrem interessanter und wertvoller Beitrag zur Wissenschaft der Zukunft. Sein erster Teil, der sich mit herkömmlicher Psychologie beschäftigt, ist äußerst gut zusammengestellt und bietet ein kapitales Bild der sonderbaren Phänomene, die das Kriegsgeschehen unter modernen Bedingungen begleiten. Es ist eine seriöse, aktuelle Studie, völlig frei vom pathologischen Standpunkt eines Barbusse auf der einen oder dem durchschnittlichen Pressejournalisten auf der anderen Seite.

Der zweite und längere Teil des Buches handelt von verschiedenen übernormalen Begebenheiten, die mit Krieg in Verbindung stehen. Ich vermute, es ist Mr. Carringtons Problem, daß er nur sehr wenig Material zur Verfügung hat. Er denkt, daß er sein Buch füllen muß und verwendete daher sicherlich auch eine Menge augenscheinlichen Blödsinns. Er erreicht sogar den schleimigen Standard eines Harold Begbie. Es ist sehr traurig, daß Mr. Carrington mit seiner feinen Kritikfähigkeit, seiner großen Erfahrung in der Unterscheidung zwischen falsch und richtig, seine Waffe im Alter beiseite gelegt haben sollte. Es geschieht in Fällen solcher Personen wie Carrington, daß wir nach einem kritischen Urteilsvermögen Ausschau halten, doch liegen in diesem Buch die am besten belegten Erzählungen mit »denkenden Pferden« und dem Humbug von der süßen Phyllis Campbell Wange an Wange. Mr. Carrington ist außerdem sehr nachlässig. Er erzählt zweimal ausgiebig die Geschichte von Col.----´s Erscheinung vor seinem alten Regiment. Wir haben aber noch eine andere Beanstandung. Er hat sich offensichtlich fast völlig auf die Seite der Spiritisten gestellt und es sich herausgenommen, hier und da eine sehr krude, fahnenschwingende Haltung zur Nationalen Psychologie einzunehmen.

Ich möchte darauf hinweisen, daß jeder Fall von Supernormalität vollständig erklärbar wird, wenn wir die Lehre der Rosenkreuzer hinsichtlich der Elementarkräfte in der Natur voraussetzen. Es ist hier kein Raum für eine detaillierte Darstellung dieser Punkte, doch diejenigen, die mit der Theorie vertraut sind, werden es nicht weiter schwierig finden, diese auf jeden Einzelfall selbst anzuwenden.

Dieses Buch steht entschiedenermaßen über »Wahre Geistergeschichten«; es ist für Leser einer höheren Form der Intelligenz. Aber Mr. Carringtons Weg ist nicht der Weg jener, die berühmt werden. Herbert Spencer war damit zufrieden, Jahr für Jahr für fünf Dutzend Leser zu schreiben. Browning schreibt nach 35 Jahren literarischer Tätigkeit:

»Spät, als er, der lobte und las und schrieb
Sich plötzlich derselbe fand wie ich«[41]

Ich bezweifle, ob Barrabas ein Verleger war, aber ich glaube, Judas war einer.
J.C.

[41] [A.d.R.] Engl.: »Late when he who praised and read and wrote/ Was apt to find himself the self same me.«

Ein keuscher Mensch. Von Louis Umfraville Wilkinson. Alfred A. Knopf.

Es ist schon oft darüber debattiert worden, inwieweit es richtig sei, daß uns ein Romanschreiber die Schattenseite des Lebens vor Augen führt. Doch die Antwort läßt keinen Disput zu. Die Wahrheit ist das wertvollste Juwel von allem. Die Atmosphäre in Mr. Wilkinsons neuem Buch ist trotz des Anspruchs und der Sorglosigkeit des Ansatzes und der Unbeschwertheit des Vorfalls, eine von tragischster Düsterheit. Die Szene wird mit dem Helden eröffnet, der jemanden daran erinnert, daß »dies die dritte Mahnung ist, und wenn nicht, etc., hochachtungsvoll«, und der Roman endet damit, daß der Held bei jemandem etwas anmahnt, wahrscheinlich die gleiche Sache bei der gleichen Person. Solch eine erschreckende Erkenntnis über den Horror des Lebens bringt einen zum Erschaudern und macht krank. Zwischen den beiden Mahnungen ist ein Abenteuer eingebaut.

Der Held, der ein verheirateter Mann ist, trifft ein bezauberndes, sechzehnjähriges Mädchen - und beide verlieben sich ineinander - . Jeder nur erdenkliche Umstand verschwört sich nun, um die beiden zu einer sogenannten unmoralischen Beziehung zu drängen. Der Vater des Mädchens selbst wirkt darauf hin. Doch der Held bleibt keusch. Die so entstandene Tragödie ist absolut übelkeitserregend. Dem Rezensenten fällt es schwer, an die erbarmungslose und düstere Abscheulichkeit, die dann folgt, zu denken. Der Held muß für ein oder zwei Monate in die Schweiz gehen; und während seiner Abwesenheit heiratet das Mädchen einen Kanadier und geht mit ihm nach Kanada. Die Düsterheit wird noch nicht einmal andeutungsweise durch die Möglichkeit erhellt, daß sie vielleicht vor ihrer Heirat ein Abenteuer gehabt haben könnte. Keine Hoffnung wird gelassen, daß sie etwa danach eines haben könnte. Die Abscheulichkeit der Trostlosigkeit wird im Heiligtum errichtet.

Doch ist uns noch eine weit schrecklichere Überlegung vorbehalten. Wenn gesagt worden wäre, »das Mädchen entkommt der Intrige mit ihrem verheirateten Liebhaber und wird ehrenvoll mit einem Kanadier verheiratet,« würde jeder sagen, »was für eine gute Geschichte!« Das Gift des Puritanismus hat die gesamte menschliche Gedankenwelt befallen. Konventionelle Moral ist die Syphilis der Seele, und es kommt nur Merkur zu, keinem anderen, sich diesen Handlungen entgegenzustellen. Unser Problem wird tausendfach vergrößert, weil die meisten von uns nicht erkennen, wie schlimm unsere Krankheit ist. Die Worte »Heirat mit einem Kanadier« sollten aus den Sprachen der Menschheit gestrichen werden. Die Leute sollten für das Abdrucken eines solch schlimmen und obszönen Satzes gesetzlich verfolgt werden!

Doch geschehen diese Dinge täglich. Die Sonne erblaßt am Himmel, wenn sie es sieht. Doch wir wiederum sehen nicht ihre Qualen. Das Leben, das solche Möglichkeiten von Infamie und Schrecken wie »Heirat mit einem Kanadier« bereithält, muß zwangsläufig irgendeine gräßliche Art der Verdammung sein; Bestrafung in Form unendlicher Ungeheuerlichkeit. Doch die Menschheit ist derart herzlos, gefühlsmäßig narkotisiert, daß viele Leute sogar den großen Ernst und den noblen Sinn solcher Behauptung wie oben nicht erkennen. Die Degradierung der Menschlichkeit ist so weit fortgeschritten, daß eine Heirat mit einem Kanadier fast normal und natürlich erscheint.

Dies bedeutet nicht, daß ich die Qualität von Mr. Wilkinsons' vorangegangenem Roman »Der Narr« verkenne. Dieses Buch hatte in der Tat Kraft und Pfiff. Es war im

Ganzen ein erfreuliches Werk, in dem es viele komische Einlagen gab - z.B. Powy's Duodenum. In »Ein keuscher Mensch« bewegt sich der Autor kraftvoll und schrecklich von einem Gipfel der Tragödie zum anderen. Das Buch erinnert uns in dieser Hinsicht ein bißchen an James Thomsons »Die Stadt der Fürchterlichen Nacht«. Mit unendlicher Kunstfertigkeit wird der Höhepunkt durch ein Abenteuer der Schwester des Helden mit einem Mann, der in St. Moritz stirbt, ausgelöst, und das einmalige Erhaschen des Paradieses macht das umgebende Dunkel nur noch sichtbarer und beschämender.

Es ist leider der Fall, daß Geschichten dieser Gattung nur zu viel Lebenswahrheit enthalten. Einige von uns haben tatsächlich Erfahrungen mit Leuten, in deren Umgebung solche Abscheulichkeiten nicht nur möglich sind, sondern auch wirklich stattfinden. Es ist wahr, daß der Krieg sehr zur Vernichtung der moralischen Werte der Mittelklasse beigetragen hat. Von allen Seiten kommt das Geheule des Puritanismus, da er zu der Erkenntnis gezwungen wird, daß das Leben eine ungezügelte und wunderbare Sache ist und daß sein Versuch, jeden dazu zu bringen, sich wie eine verwesende Leiche zu verhalten, auf lange Sicht zum Scheitern verurteilt bleibt. Wir lesen zum Beispiel, daß der Bischof von Worcester einen geschmacklosen Ersatz für die Worcester Sauce anbietet. Er beklagt sich jämmerlich, wie er auf der Straße drei Frauen sah, die versuchten, einen Soldaten zu verführen. Anscheinend als Konsequenz seines Auftauchens, »erkannte der Soldat die Lage und rannte fort«, doch nach alledem, was er wahrscheinlich über Bischöfe wußte, scheint es eher, daß er vor dem Geistlichen zu fliehen versuchte, als vor der femininen Bedrohung.

Wir hoffen, daß Mr. Wilkinson in seinem nächsten Roman versuchen wird, uns eine freundlichere Seite des Ganzen zu zeigen. Der ewige Tod, den die Bourgoisie »Leben« nennt, ist nicht das einzige Erfahrungsmerkmal. Der Heilige Paulus hat die Zukunft der Kirche prophezeit, »viele Glieder bilden einen Körper«, und es steht auch geschrieben, »Ich weiß, daß mein Erlöser lebt und das Er am letzten Tag auf Erden sein wird.« Stimmen nicht sogar die Frommsten und Schweineköpfigsten darin überein, daß unsere Zeit die `letzten Tage' sind? Sind wir nicht durch Zeiten des Leids hindurch am Ende der Apokalypse angekommen, und sollen wir nicht mit den Aposteln zusammen rufen, »Der Geist und die Braut sagen: Komm?« - »Ja! Komm, Herr, Jesus, komm schnell.«

John St. John

Auf der Schwelle zum Unbekannten. Eine Untersuchung der Phänomene des Spiritismus und der Belege für ein Leben nach dem Tod. Von Sir William F. Barrett. E.P. Dutton & Co.

Sir William Barretts Buch ist es entschiedenermaßen wert, von denjenigen gelesen zu werden, die denken, daß der Spiritismus und seine Verwandten hohle Dinge sind. Sir William Barrett hat Tatsache und Erfindung auf eine sehr glaubhafte Art und Weise in den Griff bekommen. Es ist überraschend, wie viel er weiß und wie klug er ist, wenn man die Begrenzung bedenkt, die ihm, wie auch den meisten anderen PSI-Forschern, durch die Tatsache auferlegt wurde, daß er keinerlei Einweihung durchgemacht hat und darum kein organisiertes, sondern nur zufälliges Material zur Verfügung hat. Er zeigt eine bemerkenswerte Intelligenz bei der Behandlung der Probleme, die er bespricht. Es ist ein bemerkenswerter Fortschritt angesichts des absolut hirnrissigen Geschreibsels, das über Spiritismus, »neue Gedanken«, usw. veröffentlicht wird.

Sir William Barrett geht kritisch vor, ohne im negativen Sinne skeptisch zu sein, und seine Beurteilungsgabe ist für einen Amateur exzellent. Natürlich erinnert jede PSI-Forschung ohne Initiation an die Kunstkritik eines Blinden oder eines Kunstkritikers. Abgesehen davon aber hat Sir William Barrett ein sehr kluges Buch geschrieben, und ich hoffe, daß diese wenigen, ausgewählten Worte der Zustimmung ihn zu weiteren Bemühungen ermutigen werden. Vielleicht nicht so sehr in Hinsicht auf dieses Thema, sondern eher in eine Richtung, für die er vielleicht mehr ursprüngliches Talent hat.

A.C.

Vom Wachtturm aus. Von Sidney T. Klein. E.P. Dutton & Co.

Als ich die Freude hatte, Mr. Sidney T. Kleins »Wissenschaft und das Unendliche« in Nr. IX der ersten Ausgabe von Equinox zu besprechen, bat ich ihn um einen zweiten Teil zu diesem Buch, in dem er die Mittel der Erlangung behandelte. Mr. Klein hat dies in seinem neuen Buch nicht so sehr getan, ist aber ein ganzes Stück vorangekommen. Er wird noch ein bißchen durch Stilfehler behindert, doch ein noch ernsthafterer Punkt ist die Gedankenverwirrung, die durch seine frühe Ausbildung verursacht wurde. Er ist ein sublimer Eingeweihter, doch er versucht den Inhalt seines Champagnerglases in den Bierkrug der Sprache des christlichen Mystizismus zu gießen. Er hat nicht die Notwendigkeit eingesehen, diese Art abzulegen. Er gibt sich mit drei Assen zufrieden, anstatt zu versuchen, ein viertes oder vielleicht auch ein Paar Könige zu bekommen. Die Sprache des Christentums, besonders des Paulinischen, ist hoffnungslos im Ideensumpf der Ursünde verstrickt.

Mr. Klein lehnt diese Vorstellung mit noblem Wagemut ab, so freizügig, wie wir in der A.·.A.·. dies auch tun würden. Er hat das Gesetz von Thelema angenommen. Er versteht, daß es kein Gesetz jenseits von »Tu was Du willst« gibt. Er führt es durch so viele Worte an. Und doch scheinen ihn seine angeborenen Fesseln zu scheuern. Er ist noch nicht auf den Gedanken gekommen, daß jeder Mann und jede Frau ein Stern ist und daß der Wille eines jeden der Wille Gottes ist; zumindest scheint er sich der Sache nicht ganz sicher zu sein. In einigen Teilen seines Buches stellt er Behauptungen auf, die implizieren, daß dem so ist; doch in wieder anderen scheint er sich der Abgetrenntheit sehr bewußt zu sein. Er stellt es nicht immer deutlich heraus, daß das sogenannte Böse Teil des Spiels ist, das er als den »Gedanken Gottes« beschreibt. Wir bezweifeln nicht, daß er im Fortschritt des Schreibens eine klarere Vorstellung der magischen Doktrin erlangen wird. Er ist bereits sehr weit gekommen. Seine Interpretation der Behauptung »Gott ist Liebe« kann kaum von unserem eigenen »Liebe ist das Gesetz« unterschieden werden. Doch auch hier bemerkt man ein anhaltendes Manichäertum. Er scheint sich »das All-Liebende« so vorzustellen, als würde es uns zu Söhnen machen. Doch dieses »All-Liebende« ist eine metaphysische Entität, allmächtig, allwissend, allgegenwärtig, usw. Das Ergebnis seiner Haltung ist, daß sein Ausdruck hier und da in die Sprache des Dualismus zurückfällt. Daran kann man etwas aussetzen.

Mr. Kleins philosophisches und wissenschaftliches Wissen ist profund. Es ist vereint. Noch besser, es ist dynamisch und frohlockend. Es ist unmöglich, eine Seite des Buches zu lesen, ohne die ansteckende Freude seiner Erlangung zu spüren. Zu viele Philosophen haben sich in der Vergangenheit darangemacht, sich über das Absolute mit einer solchen pietätischen Dumpfheit auszulassen, daß man das Absolute schon zum Teufel gewünscht hat.

Davon findet sich nichts in diesem Buch. Wir merken, daß Mr. Klein sich am Licht, am Leben, an der Liebe und der Freiheit erfreut, was von der Akzeptanz des Gesetzes von Thelema herrührt. Doch ich muß ihn um noch einen weiteren Band bitten. Der größere Teil seiner Erklärungsschwierigkeiten scheint von der Tatsache herzurühren, daß er keine Vorstellung von einer Erlangungstechnik hat. Er sagt ganz richtig, daß dies alles mehr eine Angelegenheit richtigen anstelle falschen Denkens ist, und sicherlich trägt ein Studium seiner Seiten sehr zur Auflösung intellektueller Probleme bei. Dies ist aber nur ein sehr kleiner Teil des Weges. Man kann leicht sagen, daß der Verstand lügnerisch ist, und Mr. Klein demonstriert das sehr gut, wie auch ich es vielerorts getan habe. Doch wie sollen Leute die Augen des Geistes nutzen, wenn es ihnen nicht beigebracht wird? Die A.·.A.·. bietet eine unendlich feinfühlige und variantenreiche Technik der Erlangung an, so daß man den Bedürfnissen jedes Menschen durch den Prozeß tatsächlicher Praxis, die wissenschaftlich getestet und bestätigt wird, nachkommt. Es genügt nicht, Mr. Kleins Erklärung des Universums nur zu akzeptieren. Dies ist ein Gewand für Riesen. Du mußt dir deine eigenen, passenden Gewänder schneidern. Du kannst dich nicht davon überzeugen, in jeder Hinsicht entgegen deiner Erfahrung zu denken. Der Gedanke muß Ausdruck der Erfahrung sein. Die Akzeptanz von Mr. Kleins Vorstellungen wäre für den Durchschnittsbürger so sinnlos, wie ein Abonnement der neununddreißig Artikel.

Ich bin sicher, daß Mr. Klein all dies sehr wohl selbst weiß und hoffe, wie schon gesagt, daß er uns schon sehr bald ein neues Buch und seine Vorstellungen zur Technik der Erlangung vorstellen wird.

A.C.

Ein Buch der Vorwörter. Von H.L. Mencken. Alfred A. Knopf

Preiset den Herrn. Singet dem Herrn ein neues Lied und singet seine Lobeshymne in der Gemeinschaft der Heiligen.

Glaubt mir, ich hatte mir kaum ausgemalt, den Tag zu erleben, da mir ein kritisches Buch wie dieses in die Hände fällt.

Laßt Israel jauchzen, wenn es an ihn denkt, der ihn erschuf: laßt die Kinder Zions sich an ihrem König erfreuen.

Es gibt eine Menge Gehirne in Amerika und auch eine Menge gebildeter Gehirne, doch es ist schon sehr schwer, beides in einem Lebewesen kombiniert zu finden.

Laßt sie tanzend seinen Namen lobpreisen: laßt sie Lobeshymnen an ihn richten, mit Tamburin und Harfe.

Mr. Mencken entkommt der Schlauheit, welche das Merkmal des silbernen Verstandes ist, nur knapp, doch er entkommt ihr.

Denn der Herr erfreut sich an seinem Volke: er wird den Frommen das Heil bringen.

Mr. Menckens Sichtweise könnte vielleicht nur anhand einer Navigationsleistung gemessen werden, den Wassern Ibsens. Im Jahre 1901 sagte ich über Ibsen, »er ist der Sophokles der Manieren«. Und an anderer Stelle sprach ich von ihm als »einem reinen griechischen Dramatiker«.

Mr. Mencken sagt, »der fabulöse Ibsen der Symbole (nicht mehr der echte Ibsen, als Jesus Anti-Alkoholiker).« - »Sein glänzendes Können als ein dramatischer Handwerker - sein einziger, authentischer Anspruch auf Ruhm.«

Laßt die Heiligen sich am Ruhm erquicken: laßt sie laut singen auf ihren Schlafstätten.

Seine robuste Freude an der verachtenden Geißelung von Hundsfotten läßt mein Herzblut sich in einer Lobesrede ergießen. »Stellt Euch eine Tatsache vor: die Zivilisation, die Maeterlinck auf beide Wangen küßte und Tagore vielleicht noch etwas intimer...«

Laßt die Hohelieder Gottes in ihren Mündern sein und sie ein zweischneidiges Schwert in ihren Händen halten;

Um Vergeltung zu üben an den Heiden und zu strafen das Volk;

Um ihre Könige in Ketten zu legen und jene von hoher Geburt in eiserne Fesseln;

Um über sie das Gericht kommen zu lassen, von dem geschrieben steht: diese Ehre haben all seine Heiligen inne. Preiset den Herrn.
A.C.

Sanine. Von Michael Artzibashef. B.W. Huebsch

»Sanine« ist kein überragender Roman in der vollen Blüte seiner Epoche, wie »La Cousine Bette«. Er ist zu lyrisch. Er ist wie das schüchterne Lied einer neugeborenen Drossel des Morgens. Denn dieses Buch ist mehr, als nur ein großartiger Roman. Er ist der beste Roman einer Epoche. Er ist der erste Versuch, einen Mann darzustellen, der mit dem Gesetz von Thelema lebt und dessen Weltsicht auf den magischen Formeln des Horus-Aeons basiert: »Jeder Mann und jede Frau ist ein Stern«; »Es gibt kein Gesetz außer Tu was Du willst.« Sanine lehnt es gänzlich ab, von den Nebeln falscher Moral verhüllt zu sein. Er beurteilt Handlungen nach ihren wirklichen, nicht imaginären Konsequenzen.

Bernard Shaw versuchte das nur sehr schwach in seinem Portrait John Tanners; doch Tanner, wie auch Shaw selbst, ist ein tobender und wortreicher Schwächling, der vollständig Sklave derjenigen Moral ist, die er eigentlich verdammt.

Sanine lebt tatsächlich die Wahrheit, die er sieht und die ihn und all jene, die ihm folgen, befreit. Dies ist ein großartiges Buch, um Licht auf das graubärtige Sabbern Shaws zu werfen. Violets Baby ist nur erträglich, weil Violet Mrs. Malone ist. Shaw hat nicht genug Charakterstärke, um zu bekennen (und das sogar in einer fiktiven Handlung), daß eine Frau das einklagen kann, was nachweislich ihr volles Recht ist, ohne phantastische Strafen über sich ergehen lassen zu müssen. Obwohl es heutzutage tausende von Frauen überall auf der Welt gibt, die der Moral gesagt haben, sie soll zu ihrem Vater, dem Teufel, gehen, so wie Shaw dies auf so bombastische Weise ausdrückt. Die Phantome, die sich dem freien Menschen entgegenstellen, sind wirklich nur hohle Rüben in Kirchengärten. Nehmen wir zum Beispiel den armen Ambrose. Er hat eine der wichtigsten Positionen in New York City inne. Er führt seit etwa 15 Jahren sein eigenes Leben. Keiner fühlt sich beleidigt. Keiner fühlt sich verletzt. Nichts passiert. Alle haben eine gute Zeit. Dann, plötzlich, entdeckt jemand diese entsetzlichen Zustände, und Ambrose läuft Gefahr, nach Sing-Sing und Matteawan zu kommen und all diesen netten Orten am Hudson. Er verliert seinen Job. Er ist ein Ausgestoßener der Gesellschaft. Er verschwindet wie Morgennebel. Und es gibt dafür nicht den Ansatz eines Grundes, außer einer ekklesiastischen Verruchtheit, die auf einem komischen, türkischen Aberglauben beruht.

Die Dummheit von Regierungen ist jenseits alles Denkbaren. Die Leute fordern ein bißchen offensichtliche Freiheit und die Behörden gewähren ihnen diese nicht, ohne Halsabschneidereien und Kirchenräubereien. Die Götter scheinen Schwachköpfe, wie Louis XVI. und Nicholas Romanoff und gewisse andere Personen, die ich nicht nennen will, immer dann zu schicken, wenn freie Menschen zu dem Entschluß kommen, daß es an der Zeit ist, für die Freiheit zu kämpfen. Höret das Wort des Herrn: In den nächsten paar Jahren werden Sanine und seinesgleichen eine Menge Leute an eine Menge Laternenpfähle hängen.
666

Liber LXXI

Die Stimme der Stille
Die Zwei Pfade
Die Sieben Portale

von

Helena Petrovna Blavatsky

8° = 3□

Mit einem Kommentar von

Frater O.M. 7° = 4□

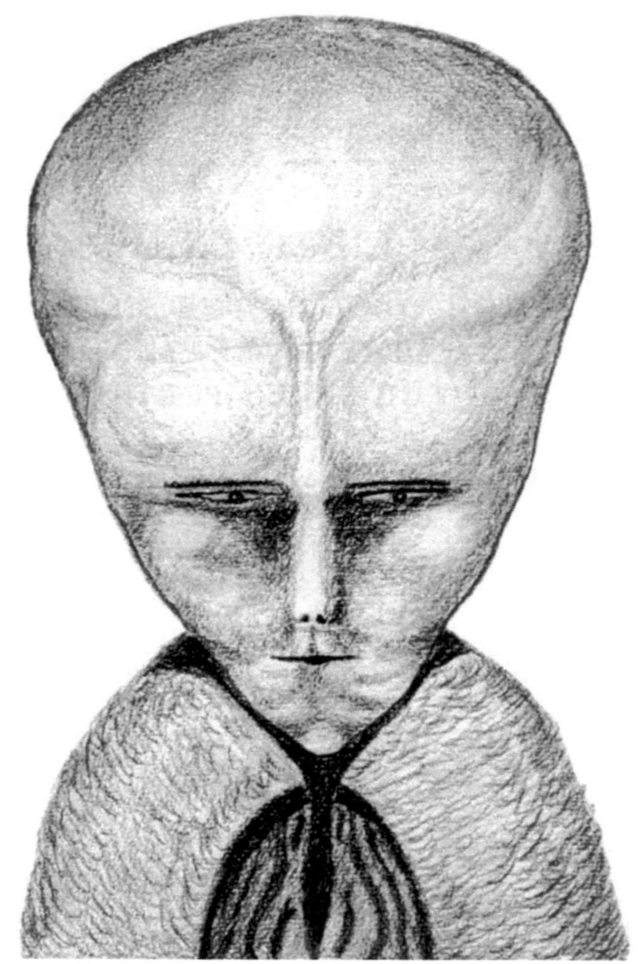

Der Weg

LAM ist das tibetische Wort für Weg oder Pfad und LAMA ist »Er, der Geht«, der spezifische Titel der Götter Ägyptens, der Beschreiter des Pfades in buddhistischer Phraseologie. Der Zahlwert ist 71, die Zahl dieses Buches.

LIBER LXXI

DIE STIMME DER STILLE
DIE ZWEI PFADE
DIE SIEBEN PORTALE

von

Helena Petrovna Blavatsky

$8° = 3^{\square}$

Mit einem Kommentar von Frater O.M. $7° = 4^{\square}$

A.·.A.·. Publikation in Klasse E

Pro Coll. Summ.:

93	10°=1□
666	9°=2□
777	8°=3□

Pro Coll. Int.:

D.D.S.	7°=4□
O.M.	7°=4□
O.S.V.	6°=5□
Parzival	5°=6□

Pro Coll. Ext.:

V.N.	Praemonstrator
P.	Imperator
Achad	Cancellarius

Einleitende Bemerkung

Tu was du willst, soll das Ganze des Gesetzes sein.

Es ist nicht sehr schwierig, ein Buch zu schreiben, wenn man den notwendigen Einweihungsgrad und die notwendige Ausdruckskraft besitzt. Es ist höllisch schwer, ein solches Buch zu kommentieren. Der Hauptgrund dafür liegt darin, daß jede Behauptung wahr und unwahr zugleich ist, wenn man auf dem Pfad der Weisen voranschreitet. Folgende Frage kommt stets auf: Für welchen Grad ist das Buch ausgelegt? Hier ein einfaches, konkretes Beispiel: Im dritten Teil dieser Abhandlung wird behauptet, die Veränderung sei der große Feind. Das ist alles sehr schön und gut, sofern es sich darauf bezieht, daß man bei seiner Arbeit bleiben sollte. In einem anderen Sinn jedoch ist die Veränderung der große Freund. Wie es von Dem Tier selbst im Liber Aleph auf wunderbare Weise per Definitionem gezeigt wurde, ist Liebe das Gesetz und Liebe die Veränderung. Aus diesem Grunde befindet sich der Kommentator, der kurz davor ist, eine separate Interpretation zu schreiben, die für jeden Grad geeignet ist, in einem großen Dilemma, das das eigentliche Problem als nichtexistent darzustellen scheint. Er kann einfach nur sein Bestes geben und es der Intelligenz des Lesers überlassen, sich das herauszusuchen, was er benötigt. Diese Bemerkungen sind in besonderem Maße auf die erste Abhandlung zutreffend, denn die einzelnen Texte werden in einer solch verwirrenden Art und Weise vorgestellt, daß man sich fast schon fragt, ob Madame Blavatsky nicht die Reinkarnation der Blutenden Jungfrau ist, welche den Lesern der Gospel wohlbekannt ist. Es ist erstaunlich und verwirrend zugleich zu sehen, wie der Lanoo, der, ganz gleich, was ihm zustößt, in die Höhe aufsteigend, wie der Phang und ruhmreich durch unzählige Tore der Hohen Einweihung segelnd, nichtsdestoweniger seine ursprüngliche Sichtweise, wie ein Bourbone, beibehält. Er entledigt sich ständig der Illusion; doch, wie im Falle des Gefolges des Kardinals und Erzbischofs von Reims, nachdem dieser den Dieb verflucht hatte: niemand scheint einen Penny weniger zu haben - oder mehr.

Der wahrscheinlich beste Weg, die ganze Abhandlung zu verstehen, ist anzunehmen, daß sie für einen absoluten Tyro verfaßt wurde, zwischen den Zeilen aber einiges für den fortgeschritteneren Mystiker zu finden ist. Dies wird für den Mahatma-Snob als eine Entschuldigung für die offensichtliche Trivialität und weltanschauliche Grobheit dienen. Es ist natürlich für den Kommentator notwendig, nur jene Dinge herauszuheben, die der Novize voraussichtlich nicht sehen würde. Er muß Mysterien unterschiedlicher Grade aufzeigen, wobei jeder Leser seine eigene Ernte einfahren muß.

Gleichzeitig hat der Kommentator einige Arbeit aufgewandt, manche der Leerstellen im Bewußtsein des erwähnten Tyro zu entfernen, welche Madame Blavatsky offensichtlich bereit war, sich bis zum Jüngsten Tag vermehren zu lassen. Doch dieser Tag ist nun gekommen, da sie dieses Buch schrieb; das Neue Aeon ist hier, und seine Worte sind: Tu was Du willst. Es ist gewiß an der Zeit, den Befehl zu geben: »Chautauqua est delenda.«

Liebe ist das Gesetz, Liebe unter Willen.

LIBER LXXI

Die Stimme der Stille

[Fragment I »Aus dem Buch der Goldenen Regeln«][42]

1. Diese Anweisungen sind für jene gedacht, die sich der Gefahren der unteren Iddhi (magischen Kräfte) nicht bewußt sind.

Tu was Du willst, soll sein das Ganze des Gesetzes. Nichts Geringeres als diese Bewegung in deinem Orbit kann zufriedenstellend sein.

Es ist wichtig, jedes Iddhi zurückzuweisen, von dem du vielleicht besessen werden kannst. Zum einen aufgrund der Verschwendung der Energien, die eher auf das weitere Fortkommen konzentriert werden sollten; und zum zweiten, weil Iddhis in vielen Fällen so verführerisch sind, daß sie den Unachtsamen dazu bringen, den wirklichen Zweck seiner Anstrengungen zu vergessen.

Der Lernende muß auf Versuchungen höchst außergewöhnlicher Feinheit vorbereitet sein. Wie es die Heiligen Schriften der Christen in ihrem seltsamen, aber oft illuminierenden Jargon mystisch ausdrücken, kann sich der Teufel als ein Engel des Lichts verkleiden.

Ein Art Parenthese ist bereits zu Beginn dieses Kommentars vonnöten. Man muß den Leser davor warnen, daß er in sehr tiefen Wassern schwimmen wird. Um gleich anzufangen, es wird angenommen, daß der Lernende mindestens mit den Elementen der Mystik vertraut ist. Es ist wahr, daß man annimmt, du wärst dir der Gefahren der geringeren Iddhi nicht bewußt; aber es gibt wirklich eine Anzahl Leute, sogar in Boston, die überhaupt nichts von Iddhis wissen, gering oder nicht. Derjenige, der Buch 4 von Frater Perdurabo gewissenhaft studiert hat, sollte keine Schwierigkeiten mit dem Allgemeinverständnis des Gegenstandes des Buches haben. Zu viel Frohsinn auf Seiten des Gewissenhaften wäre allerdings voreilig, um das Mindeste zu sagen. Denn es ist eine Tatsache, daß diese Abhandlung keine verständliche und zusammenhängende

[42] Madame Blavatskys Notizen sind in dieser Ausgabe nicht enthalten, da sie unklar und voller Fehler sind und wohl den Überheblichen in die Irre leiten sollen. - Red.

Kosmogonie beinhaltet. Der unglückliche Lanoo findet sich in der Position eines Schiffskapitäns, der über die ausgefeiltesten und genauesten Navigationskenntnisse verfügt, jedoch nicht die geringste Vorstellung von seinem Zielhafen hat. Man findet sich demgemäß in einer Art »Kindchen Roland kam zum Dunklen Turm«-Atmosphäre. Das Gedicht von Browning verdankt vieles in Bezug auf seinen andauernden Charme dem Umstand, daß dem Leser an keiner Stelle erzählt wird, wer Kindchen Roland ist oder warum er zum Dunklen Turm will, oder was er erwartet, dort zu finden. In der Geschichte findet sich eine geschickt konstruierte Atmosphäre mit Riesen und Menschenfressern und Buckeligen und dem ganzen Rest des Märcheninstrumentariums; doch gibt es keine Spur des Einflusses Baedekers auf den Erzählstil. Nun, das ist wirklich für jeden sehr irritierend, der zufälligerweise ernsthaft damit beschäftigt ist, den Turm zu erreichen. Ich kann mich daran erinnern, wie ich als Junge unter diesem Gedicht litt. Wäre Browning am Leben gewesen, hätte ich ihn vermutlich aufgesucht, so ernst nahm ich die Suche. Der Leser Blavatskys ist gleichermaßen behindert. Glücklicherweise kommt Buch 4, Teil III, noch einmal mit einem Rohentwurf des Universums zu Hilfe, und zwar so, wie es von Jenen gedacht wird, die es kennen; und eine reguläre Untersuchung dieses Buches und des Begleitbandes, das im Curriculum der A.·.A.·. aufgeführt ist, gestärkt durch ständige Beharrlichkeit bei der praktischen Erforschung der Persönlichkeit, wird diese Stimme der Stille in die Lage versetzen, ein ernsthafter Führer in einigen der subtileren Obskuritäten zu werden, die schwer auf den Augenlidern des Suchers liegen.

2. Er, der die Stimme von Nada, den »Lautlosen Laut«, vernimmt und versteht, muß Dharana lernen (konzentrierter Gedanke).

Die Stimme von Nada wird vom Anfänger schon sehr bald vernommen werden, besonders während der Praxis des Pranayama (Atemkontrolle). Zuerst ähnelt sie einer fernen Brandung, obwohl sie sich für den Adepten eher wie das Flügelflattern unzähliger Nachtigallen anhört; doch kündigen diese Geräusche den Schleier deutlicher und unterscheidbarer Geräusche an, die später noch folgen werden. Für das Gehör ähneln sie dem dunklen Schleier, den man sieht, sobald man die Augen schließt, obwohl in diesem Falle ein gewisser Arbeitsfortschritt vonnöten ist, bevor man überhaupt etwas hört.

3. Nachdem man Objekten der Wahrnehmung gegenüber gleichgültig geworden ist, muß sich der Schüler auf die Suche nach dem Rajah (König) der Sinne machen, dem Gedankenproduzenten, ihm (sic!)[43]*, der die Illusion erweckt.*

Das Wort »gleichgültig« impliziert in diesem Zusammenhang die »Fähigkeit, etwas auszuschließen«. Der hier genannte Rajah befindet sich an einem Ort, woher die Gedanken stammen. Er wird ultimativ zur Personifikation der Illusion, zum großen Magier, der im dritten Aethyr beschrieben wird. (Siehe EQUINOX I. V. Anhänge.) Laß den Schüler bemerken, daß alle seine Gedanken während der frühen Meditationen dem Tano-Guna unterliegen, dem Prinzip der Trägheit und Dunkelheit. Wenn er all jene zerstört hat, wird er unter dem Einfluß einer völlig neuen Art des Rajo-Guna stehen, dem Prinzip der Aktivität, usw. Für den Fortgeschrittenen wird ein einfacher, ordinärer Gedanke, der dem Anfänger nichtig erscheint, zu einem großen und schrecklichen Brunnen des Greuels, und je höher er kommt, bis zu einem bestimmten Punkt, dem Punkte des definitiven Sieges nämlich, desto mehr ist dies der Fall. Der Anfänger kann beispielsweise denken, »es ist zehn Uhr«, und den Gedanken verwerfen. Im Geist des Adepten jedoch wird dieser Satz alle seine möglichen Korrespondenzen, alle die von ihm jemals angestellten Reflektionen über die Zeit, aber auch zufällige Begleiterscheinungen wie Mr. Whistlers Essay, erwecken; und wenn er genügend weit fortgeschritten ist, werden diese Gedanken, die zu Hunderten und Tausenden von dem einem Gedanken ausgehen, wieder zusammenfließen, und zum Ergebnis ihrer Gesamtheit werden. Durch die Meditation dieses ursprünglichen Gedanken wird er Samadhi erreichen, und dies wird ein schrecklicher Feind seines Fortschritts sein.

4. Der Geist ist der große Vernichter des Realen.

Unter dem Wort »Geist« sollten wir alle Phänomene des Geistes, einschließlich Samadhi selbst, verstehen. Jedes beliebige Phänomen hat Ursachen und Wirkungen, und alle diese Dinge liegen

[43] Im Englischen »he« [A.d.R.].

unterhalb des »REALEN«. Mit »REALEM« ist hier das NIBBANA-DHATU gemeint.

5. Laß den Schüler den Vernichter vernichten. Denn -

Dieses ist ein Korrolar von Vers 4. Diese Texte könnten in einer recht elementaren Weise interpretiert werden. Es ist natürlich auch das Ziel des Anfängers, den Geist und alle seine Manifestationen zu unterdrücken, und nur, wenn er fortschreitet, wird er entdecken, was Geist bedeutet.

6. Wenn ihm selbst seine Form unreal erscheint, so wie sich ihm alle Formen, die er in Träumen sieht, beim Erwachen zeigen.

Dieses ist ein einigermaßen elementares Ergebnis. Konzentration auf ein beliebiges Objekt führt schon bald zu einer plötzlichen und überwältigenden Überzeugung, daß das Objekt unreal ist. Der Grund hierfür liegt vielleicht darin - philosophisch ausgedrückt - daß das Objekt, um was es sich auch immer handeln möge, nur eine relative Existenz hat. (Siehe EQUINOX I. IV., 159)

7. Wenn er damit aufgehört hat, die Vielen zu hören, kann er vielleicht das EINE erkennen - den inneren Laut, der den äußeren zerstört.

Mit »Vielen« sind erstens Geräusche außerhalb des Schülers gemeint, und zweitens, jene, die in ihm selbst sind; beispielsweise das Pulsieren des Blutes in den Ohren, und später die mystischen Laute, die in Vers 40 beschrieben werden.

8. Erst dann, und nicht vorher, wird er die Region von ASAT, dem Falschen, verlassen, und in das Reich von SAT, dem Wahren, kommen.

Mit »SAT, dem Wahren« ist ein Ding gemeint, das vor dem »REALEN« da ist, auf welches oben Bezug genommen wird. SAT selbst ist eine Illusion. Einige Weisheitsschulen haben ein höheres ASAT, Nicht-Sein, welches jenseits von SAT liegt und daher mit Shivadarshana einhergeht, so wie SAT mit Atmadarshana. Nirvana befindet sich jenseits von beiden.

9. Bevor die Seele sehen kann, muß die innere Harmonie erlangt werden und die fleischlichen Augen müssen gegen jegliche Illusion erblinden.

Mit »innerer Harmonie« ist dieser Zustand gemeint, in dem weder Sinnesobjekte, noch physiologische Wahrnehmungen oder Gefühle die Konzentration der Gedanken stören können.

10. Bevor die Seele hören kann, muß das Abbild (der Mensch) taub werden gegenüber dem Donnern und dem Flüstern, gegenüber dröhnenden Elefanten und dem silbrigen Schwirren des goldenen Feuerkäfers.

Im Text wird das Abbild mit »Mensch« erklärt, doch es bezieht sich richtigerweise eher auf das Bewußtsein des Menschen, das abhängig von der philosophischen Schule, welcher der Lernende angehört, als eine Reflektion des Nicht-Egos oder einer Schöpfung des Egos zu verstehen ist.

11. Bevor die Seele verstehen kann und der Erinnerung fähig ist, muß sie mit der Schweigenden Stimme vereint werden, genauso wie die Form, zu welcher der Lehm gestaltet wird, zuerst mit dem Geist des Töpfers vereint wird.

Jedes beliebige Sinnesobjekt wird als der Sturz eines Ideals verstanden. Genauso, wie kein existentes Dreieck ein reines Dreieck ist, da es entweder gleichseitig, gleichschenklig oder ungleichseitig sein muß, ist auch jedes Objekt die Fehlgeburt eines Ideals. Im Verlauf der Praxis konzentriert man sich auf einen vorgegebenen Gegenstand, verwirft dessen äußere Erscheinungsform und erreicht sein Ideal, das natürlich keiner seiner Inkarnationen ähnelt. Somit soll durch den Vers ausgedrückt werden, daß die Seele mit der Schweigenden Stimme vereint werden muß. Die Worte »Schweigende Stimme« kann man sich auch als eine Hieroglyphe vorstellen, die die gleiche Eigenschaft hat wie der LOGOS, **אדני**, oder der Unaussprechliche Name.

12. Denn dann wird die Seele hören und sich erinnern.

Das Wort »hören« ist eine Anspielung auf die Tradition, daß das Hören eine Fakultät des Geistes ist, so wie Sehen eine Fakultät des Feuers ist. Das Wort »erinnern« könnte man mit »die Erinnerungsfähigkeit erlangen« erklären. Erinnerung ist das Bindeglied zwischen den Bewußtseinsatomen, denn jedes sukzessive Bewußtsein des Menschen ist ein Phänomen für sich und hat keine Verbindung zu anderen. Ein Spiegel weiß nichts von den unterschiedlichen Menschen, die in ihn schauen. Er reflektiert nur immer eine Person. Das Gehirn ähnelt jedoch eher einer sensiblen Platte, wobei die Erinnerung diejenige Fakultät ist, welche jedes beliebige und benötigte Bild ins Bewußtsein ruft. Da dies für die Erfahrungen eines normalen Menschen zutrifft, ist es auch für die Erfahrungen eines Adepten zutreffend (das ist auch ein Grund mehr, warum Er Sich Selbst mit anderen identifiziert.)

13. Und dann wird DIE STIMME DER STILLE dem inneren Ohr sagen:

Das folgende muß als das Instrument des Dichters betrachtet werden, denn die »Stimme der Stille« kann natürlich nicht mit Worten interpretiert werden. Was folgt, ist nur seine Äußerung in Hinblick auf den Pfad selbst.

14. Wenn deine Seele lächelt, während sie im Sonnenlicht deines Lebens badet; wenn deine Seele im Kokon ihres Fleisches und ihrer Stofflichkeit singt; wenn deine Seele in ihrem Schloß der Illusionen weint; wenn deine Seele mit allen Mitteln versucht, das silberne Band, das sie mit ihrem Meister verbindet, zu durchtrennen; dann wisse, oh Schüler, ist deine Seele irdisch.

In diesem Vers wird der Lernende zur Gleichgültigkeit gegenüber allem, außer seinem eigenen Fortkommen, ermahnt. Dies ist nicht die Gleichgültigkeit des Menschen gegenüber den Dingen um ihn herum, wie sie oftmals so abwertend und boshaft ausgelegt worden ist. Die Gleichgültigkeit, von der hier gesprochen wird, ist eine Art innerer Gleichgültigkeit. Man sollte sich an allem vollkommen erfreuen, doch immer soweit reserviert sein und wissen, daß die Abwesenheit von etwas Schönem kein Bedauern verursachen soll. Dies ist schwierig für einen Anfänger, und in vielen Fällen wird es für ihn notwendig sein, die Freuden aufzugeben, um sich selbst zu beweisen, daß er ihnen gleichgültig gesinnt ist, und es kann gegebenenfalls sogar für den Adepten ratsam sein, dieses ab und an zu tun. Natürlich hat er während der Phasen tatsächlicher Konzentration keine Zeit für etwas anderes, außer für die Arbeit selbst; doch ist es ein schwerer Fehler, auch aus einer noch so milden Form der Askese eine Lebensregel zu machen, außer vielleicht, wenn man diese als eine Tugend ansieht. Die Askese als Tugend führt immer zu spirituellem Stolz, der die Haupteigenschaft des Bruders des Pfades der Schwarzen Magie ist.

Das Wort »Asket« ist von dem griechischen »Askio« abgeleitet, was »mit Neugierde arbeiten, zieren, üben, ausbilden« bedeutet. Das lateinische Wort »Ars« stammt ebenfalls daher. »Artist«, im subtilsten Sinne des Wortes für einen kreativen Menschen, ist darum die beste Übersetzung. Das Wort degenerierte unter dem Einfluß puritanischer Fäule.

15. Wenn deine aufkeimende Seele dem Chaos der Welt ihr Ohr schenkt; wenn deine Seele der dröhnenden Stimme der Großen Illusion antwortet; wenn deine Seele sich vor dem Anblick der heißen Tränen des Leids fürchtet; wenn sich deine Seele, taub geworden von den Schreien des Elends, wie eine scheue Schnecke in ihr schützendes Haus der SELBSTHEIT zurückzieht, dann oh Schüler, erfahre von ihrem Schweigenden »Gott«, daß deine Seele ein unwürdiger Schrein ist.

Dieser Vers handelt von dem Hindernis eines fortgeschritteneren Zustands. Er ist wieder eine Warnung, sein Selbst nicht in seinem eigenen Universum einzuschließen. Nicht durch den Ausschluß des Nicht-Egos wird dieser Status des Heiligen erreicht, sondern durch seine Einbindung. Liebe ist das Gesetz, Liebe unter Willen.

16. Immer stärker werdend verläßt deine Seele ihr sicheres Refugium wieder; sie befreit sich aus dem schützenden Schrein, weitet ihr silbernes Band und stürmt vor; wenn sie ihr Abbild in den Wellen des Weltenraumes schaut, flüstert sie: »Das bin ich« - verkünde oh Schüler, daß deine Seele im Netzwerk der Täuschungen verfangen ist.

Dieses ist eine sogar noch fortgeschrittenere Anweisung, welche aber noch mit der Frage von Ego und Nicht-Ego verbunden ist. Das hier beschriebene Phänomen ist vielleicht Atmadarshana, das noch immer eine Täuschung ist, auf eine Art noch immer eine Persönlichkeitstäuschung, denn obwohl das Ego im Universum zerstört ist, sowie das Universum in ihm, herrscht eine deutliche, wenn auch subtile Tendenz zur Summierung der Erfahrungen als Ego vor.

Diese drei Verse können auch als relativ elementar interpretiert werden; Vers 14 als Blindheit gegenüber der Ersten Hohen Wahrheit »Alles ist Kummer«; Vers 15 als der Versuch des Feiglings, dem Kummer durch Rückzug ins Refugium zu entkommen; und Vers 16 als die Akzeptanz des Astralen als SAT.

17. Diese Erde, Schüler, ist die Halle des Kummers, worin entlang des Pfades der Schrecklichen Prüfungen Fallen liegen, die dein Ego mit der Täuschung, welche die »Große Ketzerei« genannt wird, zu fangen suchen.

Baut diese Bemerkungen noch weiter aus.

18. Diese Erde, oh unwissender Schüler, ist nur die triste Pforte, die zum Zwielicht führt, welche du vor dem Tal des wahren Lichts durchwandern mußt - dem Licht, das kein Wind zum Erlöschen bringen kann, dem Licht, welches ohne Docht oder Gas brennt.

»Zwielicht« bezieht sich hier wieder auf Atmadarshana. Der letzte Satz ist von Eliphas Levi übernommen, der (glaube ich jedenfalls) kein altertümlicher Tibeter war. [Madam Blavatsky gab scherzhaft vor, daß dieses Buch eine alte tibetische Schrift sei...]

19. Sagt das Große Gesetz: »Um zu einem Wissenden um das ALL-SELBST zu werden, muß du zuerst das SELBST kennen.« Um das Wissen um dieses SELBST zu erlangen, muß du es für das Nicht-Selbst, das Sein für das Nicht-Sein aufgeben, dann erst kannst du dich zwischen den Flügeln des GROSSEN VOGELS zur Ruhe begeben. Ja, süß ist das Ruhen zwischen den Flügeln dessen, was ungeboren und unsterblich ist, des AUM der ewigen Zeitalter.

Das Wort »aufgeben« könnte als »überantworten« in seinem subtileren oder quasi-masochistischen, erotischen Sinne, jedoch auf einer höheren Ebene, verstanden werden. Im folgenden Zitat aus dem »Großen Gesetz« wird erklärt, daß das »Überantworten« weder Anfang noch Ende des Pfades ist.

Dann lasse das Ende erwachen. Lange hast du geschlafen, oh großer Gott Terminus! Lange Zeiten hast du am Ende der Stadt und ihrer Straßen gewartet. Erwache Du! warte nicht mehr!

Nein, Herr! Doch bin ich zu Dir gekommen. Ich bin es, der endlich wartet.

Der Prophet rief dem Berge zu; komme du hierher, damit ich mit dir reden kann!

Der Berg rührte sich nicht. Deshalb ging der Prophet zum Berge und sprach zu ihm. Aber die Füße des Propheten waren müde, und der Berg hörte seine Stimme nicht.

Doch habe ich Dich gerufen, und ich bin zu Dir gewandert, und es half mir nicht.

Ich wartete geduldig, und Du warst bei mir von Anbeginn.

Dies weiß ich jetzt, oh mein Geliebter, wir liegen gemächlich ausgestreckt zwischen den Weinreben.

Aber diese deine Propheten; sie müssen laut schreien und sich geißeln; sie müssen weglose Wüsten durchwandern und über unergründliche Meere ziehen; Dich zu erwarten ist das Ende, nicht der Anfang.

AUM wird hier als Hieroglyphe des Ewigen wiedergegeben. »A« ist der Anfang der Laute, »U« seine Mitte und »M« sein Ende; sie zusammen bilden ein einzelnes Wort oder eine Trinität und zeigen dadurch an, daß das Reale als dreifältig betrachtet werden muß, bestehend aus Geburt, Leben und Tod, nicht aufeinanderfolgend, sondern als eines. Jene, die Trancezustände erreicht haben, in denen »Zeit« nicht mehr existiert, werden besser als andere verstehen, wie dies sein kann.

20. Besteige den Vogel des Lebens, wenn du wissend sein willst.

Das Wort »Wissen« wird hier in einem besonderen, technischen Zusammenhang gebraucht. Avidya, die Ignoranz, die erste der Fesseln, ist darüberhinaus etwas, das alles andere beinhaltet.

In Bezug auf diesen Schwan »AUM« vergleiche der Leser die folgenden Verse aus dem »Großen Gesetz«, Liber LXV. II. 17-25.

Auch kam der Heilige über mich, und ich sah einen weißen Schwan in der Bläue schweben.

Zwischen seinen Schwingen saß ich, und die Aeonen flogen dahin.

Dann flog der Schwan und tauchte nieder und glitt empor, und doch gingen wir nirgendwohin.

Ein kleiner blöder Knabe, der mit mir flog, sprach zum Schwan und sagte:

Wer bist du, daß du schwebst und fliegst und niedertauchst und im Leeren schwimmst? Siehe, diese vielen Aeonen sind vergangen; woher kamst du? Wohin willst du gehen?

Und lachend schalt ich ihn, sagend: Nirgendwoher! Nirgendwohin!

Da der Schwan schwieg, antwortete er: Also, wenn es kein Ziel gibt, warum dann diese ewige Reise?

Und ich lehnte meinen Kopf an den Kopf des Schwans und lachte, sagend: Ist nicht unsagbare Freude in diesem ziellosen Fliegen? Ist nicht Trübsal und Ungeduld für den, der irgendein Ziel erreichen möchte?

Und der Schwan schwieg immerfort. Ah! Aber wir schwebten im unendlichen Abyss. Freude! Freude! Weißer Schwan, trage du mich immer empor zwischen deinen Schwingen!

21. Gib dein Leben auf, wenn du leben willst.

Dieser Vers kann mit ähnlichen Behauptungen in den »Gospeln«, in »Die Vision und die Stimme« und in den Büchern von Thelema verglichen werden. Er bedeutet keinesfalls Askese, so wie sie auf der Welt verstanden wird. Im 12. Aethyr (siehe EQUINOX I. V., Nachträge) findet sich die deutlichste Erklärung für diesen Satz.

22. Drei Hallen, oh müder Pilger, führen an das Ende allen Strebens. Drei Hallen, oh Eroberer des Mara, werden dich durch drei Zustände hindurch in einen Vierten bringen und von dort in die Sieben Welten, die Welten des Ewigen Ruhens.

Wenn dieses ein echtes Dokument wäre, hätte ich die drei Zustände mit Srotapatti, etc., und den vierten mit Arhat gleichgesetzt, zu denen der Leser »Wissenschaft und Buddhismus« und ähnliche Abhandlungen konsultieren möge. Doch da es mehr als »echt« ist, da es, wie »Die Chymische Hochzeit des Christian Rosenkreutz« das Werk eines großen Adepten ist, kann man sich seiner Bezüge nicht sicher sein. Denn die »Sieben Welten« kommen nicht im Buddhismus vor.

23. Wenn du ihre Namen lernen willst, dann horche und erinnere dich. Der Name der ersten Halle ist IGNORANZ, Avidya. Es ist die Halle, in welcher du das Licht sahst, in welcher du leben und sterben willst.

Diese drei Hallen sind Korrespondenzen zu den Gunas; Ignoranz: Tamas; Wissen: Rajas; Weisheit: Sattvas.

Noch einmal, Ignoranz korrespondiert mit Malkuth und Nephesch (die animalische Seele), Wissen mit Tiphareth und Ruach (der Geist), und Weisheit mit Binah und Neschamah (die Aspiration oder der Göttliche Geist).

24. Der Name der zweiten Halle ist Halle des Wissens. In ihr wird deine Seele die Blüten des Lebens finden, doch unter jeder Blume wird sich eine zusammengerollte Drachenschlange befinden.

Diese Halle ist eine weitaus größere Region als die, die man für gewöhnlich Astralwelt nennt. Der Lernende wird sich daran erinnern, daß sich seine »Verdienste« sofort in Versuchungen umwandeln.

25. Der Name der dritten Halle ist Halle der Weisheit; jenseits von dieser erstrecken sich die uferlosen Wasser von AKSHARA, dem unzerstörbaren Brunnen des Allwissens.

Akshara ist dasselbe wie das Große Meer aus der Kabbalah. Der Leser muß hierzu THE EQUINOX konsultieren.

26. Wenn du die erste Halle sicher durchqueren willst, laß deinen Geist sich nicht von den Feuern der Lust täuschen lassen, welche darinnen lodern für das Sonnenlicht des Lebens.

Die Metapher ist nun ein wenig abgewandelt. Die Halle der Ignoranz stellt das physische Leben dar. Man bemerke die Phraseologie: »Laß deinen Geist sich nicht von den Feuern der Lust täuschen.« Es ist legitim, sich damit selbst zu warnen, solange die Feuer den Lernenden nicht täuschen.

27. Wenn du die zweite sicher durchqueren willst, atme immer die Düfte ihrer betäubenden Blüten ein. Wenn du befreit bist, hast du die Ketten des Karmas gebrochen, doch suche nicht nach deinem Guru in jenen Regionen des Maya.

Eine ähnliche Lektion wird in diesem Vers gelehrt. Glaube nicht, daß deine frühen geistigen Erfahrungen ULTIMATE WAHRHEIT bedeuten. Werde nicht zum Sklaven deiner Resultate.

28. Die Weisen verweilen nicht in den Freudengründen des Sinne.

Diese Lektion ist bestätigt. Die Weisen verweilen nicht, d.h. sie gestatten es den Freuden nicht, sich in ihre Geschäfte zu mischen.

29. Die Weisen kümmern sich nicht um die süßzüngigen Stimmen der Illusion.

Die Weisen kümmern sich nicht. Sie hören ihnen zu, doch messen ihren Worten nicht notwendigerweise Bedeutung bei.

30. Suche nach ihm, der dich gebären wird, in der Halle der Weisheit, jener Halle, die jenseits liegt, worinnen alle Schatten unbekannt sind und wo das Licht der Wahrheit in seinem unvergänglichen Glanze scheint.

Damit ist offensichtlich gemeint, daß der einzig verläßliche Guru einer ist, der den Grad des Magister Templi erlangt hat. Zum Studium dieses Grades möge der Leser EQUINOX I. V., Nachträge, etc. konsultieren.

31. Das, was unerschaffen ist, wohnt in dir, Schüler, so wie es in dieser Halle wohnt. Wenn du es erreichen und beides vermengen willst, mußt du dich deiner dunklen Kleider der Illusion entledigen. Ersticke die Stimme des Fleisches, gestatte keinem Abbild der Sinne, sich zwischen sein Licht und deines zu stellen, so daß die zwei zu einem werden können. Und wenn du dein eigenes Agnyana kennengelernt hast, flieh aus der Halle des Wissens. Ihre perfide Schönheit ist gefährlich und wird nur zu deiner Prüfung benötigt. Hüte dich, Lanoo, damit deine Seele nicht, geblendet durch illusionenbringendes Strahlen, weiter in der Halle weilt und von ihrem trügerischen Lichte eingefangen wird.

Dies ist ein Resumee der vorherigen sieben Verse. Es prägt dem Lernenden die Notwendigkeit unerschütterlichen Strebens ein und warnt den Fortgeschrittenen insbesondere vor der Akzeptanz seiner Verdienste. Es gibt eine Meditationspraktik, in der der Lernende die Gedanken, die im Verlaufe der Reflektion entstehen, abtötet, »Das ist es nicht.« Frater P. deutete dasselbe mit seinem Motto im zweiten Orden an, »OT MH«, »Nein, gewiß nicht!«, welcher von Yesod bis Chesed reicht.

32. Dieses Licht scheint aus dem Juwel ´der Große Fänger´ (Mara). Die Sinne verhext er, läßt den Geist erblinden und den Unbesonnenen als Wrack zurück.

Ich neige dazu zu glauben, daß die meisten Notizen Blavatskys Tarnungen sein sollen. »Licht« hat, so wie es beschrieben wird, eine technische Bedeutung. Es wäre unzutreffend, Mara so zu betrachten, wie ein Christ jemanden betrachten würde, der ihm eine Zigarette anbietet. Das oberste und blendende Licht dieses Juwels ist die große Vision des Lichts. Es ist das Licht, das von der Schwelle zum Nirvana strömt, und Mara ist der »Bewohner der Schwelle«. Es ist absurd, dieses Licht als »böse« im herkömmlichen Sinne zu bezeichnen. Es ist das zweischneidige Schwert, das auf allen Wegen glüht und das das Tor des Lebensbaumes bewacht. Es gibt aber noch ein weiteres Mysterium, das damit verbunden ist, welches hier anzuführen ungeeignet wäre.

33. Die Motte, die von dem blendenden Licht deiner Nachttischlampe angezogen wird, ist dazu verdammt, in ihrem zähflüssigen Öl zu vergehen. Die unbesonnene Seele, der es nicht gelingt, dem spottenden Dämon der Illusion entgegenzutreten, wird als Sklave Maras zur Erde zurückkehren.

Was sich aus dem Mißlingen der Ablehnung seiner Verdienste ergibt, ist die Rückkehr zur Erde. Die Versuchung ist es, sich selbst als erlangt zu betrachten und somit nicht mehr weiter zu arbeiten.

34. Schau auf die Seelenschar. Sieh, wie sie über der stürmischen See des menschlichen Lebens schweben und wie sie ermattet, blutend, mit gebrochenen Flügeln, eine nach der anderen in die hochschäumenden Wellen stürzen. Geschüttelt von den schrecklichen Winden, getrieben vom Sturm, treiben sie in die Strudel und verschwinden im ersten, großen Vortex.

In dieser Metapher ist eine Warnung vor der Gleichsetzung der Seele mit dem menschlichen Leben nach dem Mißlingen ihres Strebens beinhaltet.

35. Nachdem die Halle der Weisheit durchquert ist, wirst du das Tal der Glückseligkeit erreichen, Schüler, und schließe deine Sinne fest vor der großen, häßlichen Ketzerei der Getrenntheit, die dich aus deiner Ruhe bringt.

Dieser Vers liest sich auf den ersten Blick so, als ob Ketzerei in der Halle der Weisheit noch möglich wäre, doch ist dem nicht so. Der Schüler wird dazu gedrängt, sein Ego zu erforschen und es zu vernichten, auch wenn er gerade beginnt.

36. Gestatte es nicht, daß sich die »Himmelgeborenen«, die in das Meer der Maya eingegangen sind, von der Universellen Mutter (SEELE) trennen, sondern lasse die feurige Kraft sich in die innerste Kammer zurückziehen, der Kammer des Herzens und der Wohnstatt der Weltenmutter.

Dieses wird von Vers 35 vorgegeben. Der Himmelgeborene ist das menschliche Bewußtsein. Die Kammer des Herzens ist der Anahata-Lotus. Die Wohnstatt der Weltenmutter ist der Muladhara-Lotus. Doch es gibt auch eine technischere Bedeutung - und der gesamte Vers beschreibt eine besondere Meditationspraktik, eine finale Methode, die viel zu schwer für den Anfänger ist. (Siehe aber THE EQUINOX zu allen diesen Punkten.)

37. Dann wird diesem Herzen die Kraft der sechsten, mittleren Region entsteigen, dem Ort zwischen deinen Augen, wenn sie zum Atem der ALL-SEELE wird, zur Stimme, welche alles erfüllt, der Stimme deines Meisters.

Dieser Vers lehrt die Konzentration der Kundalini auf das Ajna Chakra. »Atem« ist das, was sich auf und ab bewegt und bezieht sich auf die Vereinigung von Shiva mit Shakti im Sahasrara. (Siehe THE EQUINOX)

38. Erst dann kannst du ein »Himmelsläufer« werden, der die Winde über den Wellen beschreitet und dessen Schritte die Wasser nicht berühren.

Dieses bezieht sich teilweise auf ein bestimmtes Iddhi und betrifft das Verstehen der Devas (Götter), etc.; in diesem Zusammenhang kann das Wort »Wind« im Sinne von »Geist« interpretiert werden. Es ist vergleichsweise einfach, diesen Zustand zu lehren, welcher auch nicht sehr wichtig ist. Der »Himmelsläufer« ist demjenigen, der nur die Gedanken von Ameisen liest, weit überlegen.

39. Bevor du die obere Sprosse der Leiter betrittst, die Leiter der mystischen Laute, mußt du die Stimme deines INNEREN Gottes in siebenfacher Weise vernehmen.

Das Wort »sieben« ist hier, wie so häufig, eher poetisch als mathematisch zu verstehen, denn es gibt viel mehr Stimmen. Der Vers liest sich darüberhinaus auch so, als ob es notwendig wäre, alle sieben zu hören, was nicht der Fall ist - einige mögen eine hören, andere wiederum eine andere. Einige Lernende hören vielleicht nicht eine einzige.

(Dies könnte daran liegen, daß er sie in einem früheren Leben erobert und entwurzelt und ihre »Samen gebraten« hat.)

40. Die erste ist wie die liebliche Stimme der Nachtigall, die ihrem Geschlechtspartner ein Abschiedslied singt.

Die zweite hört sich an wie ein Becken der Dhyanis, das die funkelnden Sterne erweckt.

Die nächste tönt wie die wehklagende Weise des Wassergeistes, der in seinem Schneckenhaus gefangen ist.

Und nach dieser Stimme folgt das Lied von Vina (der Laute der Hindus).

Die fünfte Stimme ertönt in deinen Ohren wie eine Bambusflöte.

Sie verwandelt sich in eine Trompete.

Die nächste der Stimmen vibriert wie das dumpfe Grollen einer Gewitterwolke.

Die siebente verschluckt alle anderen Stimmen. Sie sterben und erklingen nicht mehr.

Die ersten vier Stimmen sind relativ einfach zu erfahren, und viele Menschen können sie nur durch die Kraft ihres Willens vernehmen. Die letzten drei kommen nicht so oft vor, nicht notwendigerweise, weil sie schwieriger erlangbar sind und einen gewissen Fortschritt anzeigen, sondern weil die Schutzhülle des Adepten so stark geworden ist, daß die Stimmen sie nicht durchdringen können. Die letzte der Sieben taucht manchmal auf, jedoch nicht als Geräusch, sondern eher als Erdbeben, wenn der Ausdruck gestattet wird. Sie ist eine Mischung aus Schrecken und Entzückung, die unmöglich beschrieben werden kann, und entzieht dem Adepten in der Regel alle Energien und läßt ihn schwächer zurück, als er nach einem Malaria-Anfall sein würde; wenn aber die Arbeit richtig durchgeführt worden ist, geht dies bald vorüber; und aus Erfahrung läßt sich durchaus sagen, daß man weniger als zuvor durch unbedeutende Phänomene geplagt wird. Es ist gut möglich, daß in Apokalypse XVI, XVII, XVIII darauf Bezug genommen wird.

41. Wenn die Sechs zerstört sind und dem Meister zu Füßen gelegt werden, verbindet sich der Schüler mit dem EINEN, wird zu diesem und lebt darin.

Dies bezieht sich auf die sechs Prinzipien, so daß wir zu einem völlig anderen Thema kommen. Mit der Zerstörung der Prinzipien ist der Rückzug des Bewußtseins aus diesen, die Ablehnung des Wahrheitssuchenden ihnen gegenüber, gemeint. Sabapaty Swami hat eine exzellente Methode dazu: sie ist in verbesserter Form in LIBER HHH veröffentlicht worden. (Siehe THE EQUINOX I. V. 5.)

42. Bevor dieser Pfad betreten wird, mußt du deinen lunaren Körper vernichten, deinen Geistkörper und dein Herz reinigen.

Der lunare Körper ist Nephesch, der Geistkörper Ruach. Das Herz ist Tiphareth, das Zentrum Ruachs.

43. Die reinen Wasser des ewigen Lebens, kristallklar, können sich nicht mit den schmutzigen Fluten des Monsunregens vermischen.

Wir sind nun wieder beim Thema der Gedankenunterdrückung angekommen. Das reine Wasser ist der beruhigte Geist, die Fluten sind der Geist, der von Gedanken getränkt ist.

44. Der Tau des Himmels glitzert in den ersten Sonnenstrahlen des Morgens im Herzen des Lotus. Wenn er zu Boden tropft, wird er zu Lehm; schau, wie die Perle nun im Morast versinkt.

Dies ist nicht nur ein poetisches Bild. Dieser Tautropfen im Lotus ist mit dem Mantra »Aum Mani Padme Hum« verbunden, und auf was sich dieser Vers nun bezieht, ist nur den Inhabern des 9° O.T.O. bekannt.

45. Kämpfe mit deinen unreinen Gedanken, bevor sie dich überwältigen. Benutze sie, so wie sie dich benutzen, denn wisse, wenn du sie verschonst und sie wieder Wurzeln schlagen und wachsen, werden sie dich überwältigen und töten. Hüte dich, Schüler, dulde nicht ihr Näherkommen, auch wenn es nur ihr Schatten sein sollte. Denn er wird größer und mächtiger werden, und dann wird dein Wesen von diesem Ding der Dunkelheit absorbiert werden, bevor du auch nur die schwarze, übelriechende Gegenwart des Ungeheuers wahrgenommen hast.

Der Text kehrt zur Frage der Gedankenunterdrückung zurück. Vers 44 ist dort eingesetzt worden, wo er hoffentlich dem Leser vortäuscht, daß er zu den Versen 43 und 45 gehört, denn das Mysterium, das er beinhaltet, ist so gefährlich. daß es mit allen Mitteln bewacht werden muß. Vielleicht ist die Erregung der Aufmerksamkeit sogar nur eine Täuschung, mit der man beabsichtigt, den Leser davon abzuhalten, nach etwas anderem zu suchen.

46. Bevor die »mystische Macht« aus dir, Lanoo, einen Gott macht, mußt du die Fähigkeit errungen haben, deinen lunaren Willen freiwillig zu vernichten.

Hier wird nun offensichtlich, daß mit Töten oder Vernichten keine permanente Zerstörung gemeint ist. Wenn du ein Ding freiwillig vernichten kannst, bedeutet dies, daß du es freiwillig wiederbeleben kannst, denn das Wort »Fähigkeit« impliziert wiederholte Tätigkeit.

47. Das Selbst der Materie und das Selbst des Geistes können sich niemals treffen. Eines der zwei muß verschwinden; es ist nicht genug Platz für beide da.

Dieses ist ein sehr schwieriger Vers, weil er so einfach erscheint. Es ist nicht nur eine Frage des Advaitismus, der Inhalt bezieht sich auf die spirituelle Vermählung. [Advaitismus ist ein spiritueller Monismus.]

48. Bevor der Geist deine Seele verstehen kann, muß der Keim der Persönlichkeit zerdrückt werden; der Wurm der Sinne zerstörte vergangene Auferstehungen.

Diesem Vers liegt wieder einmal eine tiefere Bedeutung zugrunde. Die Worte »Keim« und »Wurm« sind Schlüsselworte[44].

[44] Im Englischen »bud« und »worm« [A.d.R.].

49. Du kannst nicht auf dem Pfad vorankommen, bevor du nicht selbst zum Pfad geworden bist.

Vergleiche hierzu die Szene aus Parsival, in welcher die Szenerie zum Ritter kommt und nicht umgekehrt. Hier wird auch die Lehre des Tao impliziert, und nur derjenige, welcher ein echter Taoist ist, kann darauf hoffen, diesen Vers zu verstehen. (Siehe »Der Eremit von Esopus Island,« Teil der magischen Aufzeichnungen des Tieres, wird veröffentlicht in THE EQUINOX, Bd. III.)

50. Lasse deine Seele jedem Leidensruf zuhören, so wie der Lotus sein Herz öffnet, um von den Strahlen der Morgensonne zu trinken.

51. Lasse es nicht zu, daß die brennende Sonne auch nur eine Träne trocknet, bevor du sie nicht aus dem Auge des Klagenden gewischt hast.

52. Doch lasse jede brennende, menschliche Träne in dein Herz fallen und dort verbleiben; auch sollst du sie nicht wegwischen, bevor das Leid, das sie hervorgebracht hat, vorüber ist.

Dieses ist ein Ratschlag, niemals den ursprünglichen Stimulus, die »erste erhabene Wahrheit« zu vergessen, welche dich auf den Pfad geführt hat. Alles ist nun »gut«. Darum steht in Vers 53, daß diese Tränen die Ströme sind, die die Felder der immerwährenden Barmherzigkeit fruchtbar halten. (Nebenbei: Tränen. Denke!)

53. Diese Tränen, oh du Mensch gnadenvollen Herzens, sind die Ströme, die die Felder immerwährender Barmherzigkeit fruchtbar halten. Es ist in solcher Erde, da die Mitternachtsblüte Buddhas gedeiht, die schwerer zu finden und seltener zu sehen ist als die Blüte des Vogay-Baumes. Es ist der Same der Befreitheit von der Wiedergeburt. Es isoliert den Arhat von Streben und Lust und geleitet ihn durch die Felder des Seins zu einem Frieden und zu einer Seligkeit, die nur im Land des Schweigens und des Nicht-Seins bekannt ist.

Die »Mitternachtsblüte« ist ein Begriff, der mit der Lehre der Nacht des Pan verknüpft ist, welche den Meistern des Tempels bekannt ist. »Der Mohn, der im Dunkel des Abends erblüht«, ist nur eine andere Bezeichnung. Eine sehr geheime Formel der Magick ist mit diesem »Herz des Kreises« verbunden.

54. Töte die Wünsche; doch gib acht, wenn du dies tust, damit sie nicht wieder von den Toten auferstehen.

Mit »Wunsch« ist in allen mystischen Abhandlungen »Tendenz« gemeint. Wünsche sind im Gesetz der Schwerkraft universell in Form chemischer Anziehungskräfte usw. manifestiert. Tatsächlich wird alles von einem Wunsch zur Handlung im technischen Sinne verursacht. Die »Mitternachtsblüte« impliziert einen gewissen mönchischen Verzicht auf alle Wünsche, welcher sich auf alle Ebenen bezieht. Man muß jedoch unterscheiden zwischen Wunsch, der als eine unnatürliche Anziehung zu einem Ideal verstanden wird, und Liebe, die natürliche Bewegung ist.

55. Töte die Liebe zum Leben; doch wenn du Tanha vernichtest, tue dies nicht aus Durst nach ewigem Leben, sondern um das Flüchtige durch das Immerwährende zu ersetzen.

Dieser Vers hebt eine spezielle Form des Wunsches hervor. Der englische Text ist für jemanden, der mit der buddhistischen Natur nicht vertraut ist, unklar. Das »Immerwährende«, auf das hier Bezug genommen wird, ist keinesfalls ein Lebensumstand. (Tanha ist der Selbsterhaltungstrieb.)

56. Begehre nichts. Rege dich nicht über dein Karma auf und auch nicht über die unveränderlichen Gesetze der Natur; sondern setze dich nur mit dem Persönlichen auseinander, dem Flüchtigen, Vergänglichen und Nichtwährenden.

Die Worte »begehre nichts« sollten sowohl positiv als auch negativ verstanden werden. Der hauptsächliche Sinn des restlichen Verses ist der Ratschlag an den Schüler, zu arbeiten und sich nicht zu beschweren.

57. Hilf der Natur und arbeite mir ihr; und die Natur wird dich als einen ihrer Schöpfer betrachten und dir huldigen.

Obwohl es das Ziel des Schülers ist, die Gesetze zu transzendieren, muß er sich durch diese Gesetze arbeiten, um Erstgenanntes zu erreichen.

Es sollte durchaus bemerkt werden, daß diese Abhandlung - und der größte Teil dieses Kommentars - nur für die Schüler bestimmter Grade verfaßt wurde und daher in ihrer Gänze Büchern wie dem LIBER CXI ALEPH untergeordnet ist; genau aus diesem Grunde aber ist es vielleicht für den durchschnittlichen Suchenden nützlicher.

58. Und sie wird die Portale ihrer geheimen Kammern vor dir weit öffnen und ihre Schätze vor Augen führen, die in den Tiefen ihrer reinen, jungfräulichen Brust verborgen sind. Unbefleckt von Materie, zeigt sie ihre Schätze nur dem Auge des Geistes - dem Auge, das sich niemals schließt, dem Auge, für das es in allen ihren Königreichen keinen Schleier gibt.

Dieser Vers erinnert an die Schriften der Alchemisten; und er sollte so interpretiert werden, wie ihn der beste der Alchemisten interpretiert hätte.

59. Dann wird sie dir die Mittel und die Wege zeigen, das erste Tor und das zweite, das dritte; bis zum siebenten wird sie dich geleiten; und dann erreichst du das Ziel; jenseits davon liegen in das Sonnenlicht des Geistes getauchte ungenannte Wunder, die von keinem Auge, außer dem der Seele, je erblickt worden sind.

Diese Tore werden in der dritten Abhandlung beschrieben. Die Worte »Geist« und »Seele« sind höchst zweideutig und sollten eher als poetische Begriffe ohne jegliche technische Bedeutung verstanden werden.

60. Es gibt nur einen Weg, der auf den Pfad führt: nur auf diesem kann die Stimme der Stille vernommen werden. Die Leiter, die der Kandidat erklimmen muß, besteht aus den Sprossen des Leidens und des Schmerzes: diese können nur durch die Stimme der Tugend zum Schweigen gebracht werden. Wehe dir, Schüler, wenn auch nur ein Laster übriggeblieben ist; denn in diesem Fall wird die Leiter fallen und dich zu Boden werfen; ihre Füße sind tief im Morast deiner Sünden und Fehler verwurzelt, und bevor du versuchen kannst, den weiten Abyss der Materie zu überqueren, muß du deine Füße in den Wassern des Verzichts waschen. Hüte dich, daß du die unterste Sprosse der Leiter nicht mit ungereinigtem Fuße betrittst. Wehe dem, der es wagt, eine Sprosse mit beschmutzen Füßen zu verunreinigen. Der übelriechende und bösartige Schlamm wird trocknen, zäh werden und dann seine Füße an der Sprosse kleben lassen; und wie ein Vogel, der am Vogelleim eines listigen Fängers steckengeblieben ist, wird er nicht weiterkönnen. Seine Laster werden Gestalt annehmen und ihn hinunterziehen, seine Sünden werden ihre Stimmen erheben und klingen wie das abendliche Heulen der Schakale; seine Gedanken werden zu einem Heer werden und ihn versklaven.

Dies ist eine Warnung vor jeglicher Form der Unreinheit des ursprünglichen Strebens. Mit »Unreinheit« wird und sollte stets gemeint sein das Vermischen (im Gegensatz zum Verbinden) zweier Dinge. Tu immer nur eine Sache. Dies ist besonders für das Streben notwendig. Denn sollte dieses unrein sein, würde dies Divergenzen im Willen selbst bedeuten, etwas, das eine fatale Fehlerhaftigkeit des Willens ist. Es wird allerdings verständlich werden, daß sich das Streben beständig verändert und fortschrittlich entwickelt. Für den Anfänger ist nur eine gewisse Entfernung erkennbar. Auch mit unseren ersten Teleskopen entdeckten wir viele neue Sterne, und mit jeder Verbesserung der Technik ging die Entdeckung weiterer einher. Die zweite und offensichtlichere Bedeutung des Verses predigt die Praktik des Yama und Niyama, bevor jede seriöse Arbeit begonnen wird; dies bedeutet im wirklichen Leben, daß du deine Laufbahn so gut wie möglich planen und ausarbeiten sollst. Entscheide dich, so viel Stunden pro Tag zu arbeiten, wie die Umstände es gestatten. Es bedeutet nicht, daß du Neurosen und Hysterien entwickeln sollst, wenn du deine natürlichen Instinkte unterdrückst, welche auf ihrer Ebene vollkommen richtig sind und nur dann als falsch erachtet werden sollten, wenn sie über andere Ebenen herfallen und fremdartige Tyranneien bedingen.

61. Töte deine Wünsche, Lanoo; lasse deine Laster unwirksam werden, bevor der erste Schritt auf der erhabenen Reise getan wird.

Mit »Wunsch« und »Laster« sind jene Dinge gemeint, von denen du selbst annimmst, sie seien für die Arbeit schädlich; für jeden Menschen gibt es andere und jeder Versuch, eine allgemeine Regel festzusetzen, ist schlimmer als nur Verwirrung.

62. Erwürge deine Sünden und mache sie für immer taub, bevor du auch nur einen Fuß hebst, die Leiter zu besteigen.

Dies ist lediglich die Wiederholung des Verses 61 in anderer Sprache. Doch erinnere dich: »Das Wort der Sünde ist Beschränkung.« - »Tu was Du willst soll sein das Ganze des Gesetzes.«

63. Bring deine Gedanken zum Schweigen und konzentriere dich völlig auf deinen Meister, den du noch nicht siehst, den du wohl aber fühlst.

Dieser Vers weist den Schüler erneut an, seine Gedanken zum Schweigen zu bringen. Die vorangegangenen Verse bezogen sich eher auf Emotionen, welche die großen stillen Teiche sind, in denen der Moskito »Gedanke« brütet. Emotionen sind zurückzuweisen, da sie ein Eindringen der Sinnes- und Moraleindrücke in die mentale Ebene darstellen.

64. Lasse deine Sinne zu einem werden, wenn du sicher vor dem Feind sein willst. Nur mit diesem einen Sinn, welcher in den Höhlungen deines Gehirns verborgen liegt, kannst du den steilen Pfad, der zu deinem Meister führt, mit den schwachen Augen der Seele erkennen.

Dieser Vers bezieht sich auf eine Meditationspraktik, die etwa der Praktik ähnelt, die im Liber 831 beschrieben wird (Siehe THE EQUINOX.)

65. Lang und mühsam ist der Weg, der vor dir liegt, oh Schüler. Ein einziger Gedanke an die Vergangenheit, der übriggeblieben ist, kann dich nun hinabziehen und du bist gezwungen, mit dem Erklimmen der Leiter noch einmal zu beginnen.

Erinnere dich an Lots Frau.

66. Töte in dir alle Erinnerung an vergangene Erfahrungen. Schau nicht zurück oder du bist verloren.

Erinnere dich an Lots Frau.

Es ist eine Teilung des Willens, in der Vergangenheit zu schwelgen. Wohl aber müssen die individuellen Erfahrungen der Vergangenheit in die individuelle Pyramide mit eingebaut werden, während man Schritt für Schritt, Ebene für Ebene, voranschreitet. Es sollte angemerkt werden, daß sich dieser Vers nur auf diejenigen bezieht, welche noch nicht Vergangenheit, Gegenwart und Zukunft miteinander versöhnt haben. Jede Inkarnation ist ein Schleier der Isis.

67. Glaube nicht, daß du die Lust jemals abtöten kannst, wenn ihr Dank gezollt oder sie gesättigt wird, denn dies ist eine Abscheulichkeit Maras. Indem du deine Laster nährst, breitet sie sich aus und wird mächtig, genauso wie der Wurm, der vom Herz der Blüte frißt.

Dieser Vers darf nicht wörtlich genommen werden. Hunger wird nicht durch Hungern besiegt. Die Einstellung des Einzelnen zu allen Notwendigkeiten, die die Traditionen des irdischen Lebens involvieren, sollte über sie herrschen, doch weder durch Kasteiung, noch durch Ablaß. Um deine Arbeit verrichten zu können, mußt du bei guter körperlicher und physischer Gesundheit bleiben. Sei gesund. Askese regt immer den Geist an, das Ziel des Schülers ist es, diesen zu beruhigen. Ursprünglich aber bedeutete »asketisch« »athletisch«, und nahm seine moderne Bedeutung nur aufgrund des Verfalls an, welcher die Praktiken der »Übenden« befiel. Die teilweise hilfreichen Verbote wurden zu allgemeinen Regeln erhoben. »Das Üben beenden« ist für diejenigen, die nicht im Üben begriffen sind, nicht sündhaft. Übrigens braucht es alle Arten, um eine Welt auszumachen. Stell dir die Dummheit eines Universums voller Arhane vor! Arbeit ohne Spiel macht Jack zu einem blöden Jungen.

68. Die Rose muß wieder zur Knospe werden und aus ihrem elterlichen Stamm hervorbrechen, bevor der Parasit sich in ihr Herz gefressen und ihren Lebenssaft verzehrt hat.

Der englische Text ist an dieser Stelle zweideutig und unklar, doch es wird ausgesagt, daß es wichtig ist, das Große Werk zu vollenden, während man noch jung ist und über ausreichend Energien verfügt.

69. Der goldene Baum läßt seine funkelnden Knospen sprießen, bevor seine Äste vom Sturm weggerissen werden.

Wiederholt Obiges mit klareren Worten.

70. Der Schüler muß wieder DAS KIND-STADIUM, das ER VERLOREN HAT, erreichen, bevor die erste Stimme an sein Ohr dringen kann.

Vergleiche die Bemerkung von »Christus«: »Wenn sie nicht wieder zu Kindern werden, so werden sie nicht in das Königreich des Himmels eingehen«; desweiteren: »Du mußt wiedergeboren werden«. Dies bezieht sich auch auf das Besiegen von Scham und Sünde. Wenn du dir den Tempel des Heiligen Geistes als einen Schweinestall vorstellst, ist es sicherlich unangemessen, in ihm die Gralsmesse zu zelebrieren. Darum reinigt und weiht euch; und dann, ihr Könige und Priester vor Gott, vollbringt das Wunder der Einen Substanz.

Hier wird auch über das Mysterium des Harpokrat geschrieben. Man muß zum (Jung'schen) »Unbewußten« werden, zum Phallischen oder Göttlichen Kind oder zum Zwergenselbst.

71. Das Licht von dem EINEN MEISTER, dem einen unvergänglichen, goldenen Licht des Geistes, sendet zuallererst seine glänzenden Strahlen auf den Schüler. Seine Strahlen bereiten sich ihren Weg durch die dicken, dunklen Wolken der Materie.

Der Heilige Schutzengel hofft bereits auf die Vereinigung mit dem Schüler, bevor sein Streben sich in diesem manifestiert hat.

72. Hier und da wird es in strahlendes Licht getaucht, als würden Sonnenstrahlen die Erde durch das dichte Laubwerk eines Dschungels erhellen. Doch, oh Schüler, wenn das Fleisch nicht zurückhaltend ist, der Kopf besonnen bleibt, die Seele so fest und rein wie der flammende Diamant ist, werden die Strahlen nicht die KAMMER erreichen, und das Sonnenlicht das Herz nicht erwärmen, und auch werden die mystischen Laute der Höhen von Akasha dein Ohr nicht erreichen, egal, wie eifrig du auch am Anfang sein wirst.

Die Vereinigung des Schülers mit seinem Engel hängt vom Ersteren ab, der Engel ist stets anwesend. »Die Höhen von Akasha« sind die Wohnstätten Nuits.

73. Wenn du nicht hörst, kannst du auch nicht sehen. Wenn du nicht siehst, kannst du auch nicht hören. Hören und sehen können, dies ist die zweite Stufe.

. . . .

Dies ist ein obskurer Vers. Er impliziert die Vermischung der Eigenschaften von Feuer und Geist zu einer zweiten Stufe. Hier fehlt offensichtlich ein Vers oder ist eher ausgelassen worden, wie die Reihe der Punkte nahelegt; dieser würde sich vermutlich auf die dritte Stufe beziehen, welche durch das Erkennen aus Liber 831 erreicht werden kann.

74. Wenn der Schüler sieht und hört, und wenn er riecht und schmeckt, obwohl Augen und Ohren, Nase und Mund geschlossen sind; wenn sich die vier Sinne mischen und bereit sind, zu einem fünften zu werden, zu dem der inneren Berührung - dann hat er die vierte Stufe erreicht.

Die Praktik, die in Vers 74 angezeigt wird, wird in den meisten Büchern über Tattwas beschrieben. Die Kopföffnungen werden mit den Fingern abgedeckt, die Sinne nehmen eine neue Form an.

75. Und im fünften, oh Vernichter deiner Gedanken, müssen all jene jenseits jeder Wiederbelebung getötet werden.

Es genügt nicht, sich nur zeitweise seiner Hindernisse zu entledigen. Man muß ihre Wurzel zu fassen bekommen und diese zerstören, so daß nichts mehr wachsen kann. Das setzt eine sehr tiefgehende psychische Untersuchung voraus. Die ganze Angelegenheit spielt sich zwischen dem Selbst und seinen Modifikationen ab, nicht jedoch zwischen dem Instrument und seinen Toren. Der Sehsinn kann nicht abgetötet werden, indem man die Augen entfernt. Dieser Fehler hat mehr als alles andere dazu beigetragen, den Pfad zu verdunkeln und ist Auslöser für ungeheures Leid gewesen.

76. Halte deinen Geist von allen äußeren Objekten fern, von allen äußeren Eindrücken. Halte innere Bilder zurück, damit diese keinen dunklen Schatten auf dein Seelenlicht werfen können.

Dieses ist noch einmal die herkömmliche Anweisung, die hier jedoch weiterreichend ist; sie deutet an, daß die inneren Bilder oder die Realität des Objekts, wie auch das äußere Bild und das ideelle Bild, zerstört werden müssen.

77. Nun bist du im Dharana, der sechsten Stufe.

DHARANA ist in Buch 4, q.v., bereits beschrieben worden.

78. Wenn du die siebente Stufe erreicht hast, oh Glücklicher, wirst du den heiligen Baum nicht mehr sehen, denn du wirst selbst zu diesem geworden sein. Du selbst und dein Geist werden sein wie Zwillinge, der Stern, der dein Ziel ist, wird über dir leuchten. Die Drei, die ruhmreich und in unaussprechlicher Seligkeit in der Welt des Maya zusammenleben, sind zu Namenlosen geworden. Sie sind nun ein Stern, das Feuer, das brennt, aber nicht verbrennt, jenes Feuer, welches der Upadhi der Flamme ist.

Es wäre ein Fehler, diesen Zeilen zur heiligen Dreiheit mehr als eine poetische Bedeutung beimessen zu wollen; es wird hier auf Ego, Nicht-Ego, und Das, was aus ihrer Vermählung hervorgeht, Bezug genommen. Es gibt zwei Dreiecke, die für die Mystiker besonders wichtig sind; eines ist gleichschenkelig, das andere ist das, was den vergangenen Meistern der Maurerei bekannt war. Der letzte Satz im Text bezieht sich auf den »Samen« des Feuers, den »Zauberstab aller Zauberstäbe«, die »Löwenschlange«, das »Zwergenselbst«, das »Geflügelte Ei«, etc., etc., etc.

79. Und dies, oh Yogi des Erfolgs, ist es, was die Menschen Dhyana nennen, den rechtmäßigen Vorgänger von Samadhi.

Diese Zustände sind ausreichend und auch viel besser in Buch 4, q.v., beschrieben worden.

80. Und jetzt ist dein Selbst im SELBST verloren, Du hast dich an DICH verloren, bist in JENES SELBST eingegangen, aus dem du einst hervorstrahltest.

In diesem Vers wird die zugrundeliegende philosophische Theorie vom Kosmos angedeutet. Siehe Liber CXI, in dem sich ein umfassender Bericht darüber befindet.

81. Wo ist deine Individualität, Lanoo, wo der Lanoo selbst? Er ist der Funke, der im Feuer verlorengeht, der Tropfen im Ozean, der immergegenwärtige Strahl soll zu ALLEM und zum ewigen Erstrahlen werden.

Wieder ist der Text prinzipiell poetisch. Der Mensch wird als bloße Anhäufung zu seinem »Zwergenselbst« gesehen, worin er nunmehr vollständig absorbiert ist. Denn ES ist auch ALLES, der Körper von Nuit.

82. Und nun, Lanoo, bist du Täter und Zeuge zugleich, er, der strahlt und die Strahlen selbst ist, das Licht im Laut, und der Laut im Licht.

Dieser Vers ist wichtig, da er die Erlangung eines mystischen Zustands anzeigt, in dem du nicht nur in eine Aktion involviert bist, sondern auch daneben stehst. Es gibt einen höheren Zustand, der in der Bhagavad Gita beschrieben wird. »Ich, der alles bin, und alles schuf, bleibe sein getrennter Herrscher.«

83. Du wirst mit den fünf Hindernissen vertraut gemacht, oh Gesegneter. Du bist ihr Eroberer, der Meister des Sechsten, Befreier der vier Wahrheiten. Das Licht, das auf sie fällt, erstrahlt aus dir, oh du, der du einst ihr Schüler warst, und nun ihr Lehrmeister bist.

Die fünf Hindernisse werden für gewöhnlich mit den vier Sinnen gleichgesetzt. In diesem Falle nimmt der Begriff »Meister des Sechsten« eine tiefgründige Bedeutung an. Der »sechste Sinn« ist der Rasseninstinkt, dessen gemeine Manifestation im Sex stattfindet; dieser Sinn ist dann die Geburt des Individuums oder des Bewußten Selbst mit dem »Zwergenselbst«, dem Schweigenden Kind, Harpokrat. Die »vier Wahrheiten« (erhabene Wahrheiten) werden in angemessener Weise in »Wissenschaft und Buddhismus« beschrieben. (Siehe Crowley, Gesammelte Werke.)

84. Und zu diesen vier Wahrheiten: Hast du nicht das Wissen allen Leids durchschritten - die erste Wahrheit?

85. Hast du nicht Maras Könige erobert in Tsi, beim Portal der Versammlungen - die zweite Wahrheit?

86. Hast du nicht die Sünde zerstört am dritten Tor und die dritte Wahrheit erlangt?

87. Hast du nicht Tao betreten, den »Pfad«, der zum Wissen führt - die vierte Wahrheit?

Die Bezugnahme auf »Maras Könige« führt dazu, daß die zweite Wahrheit mit der dritten verwechselt wird. (Siehe »Wissenschaft und Buddhismus«.) Die dritte Wahrheit ist nur eine logische Folge der zweiten, die vierte eine Grammatik der dritten.

88. Und ruhe nun unter dem Bodhi-Baum, der die Vollkommenheit allen Wissens ist, denn, wisse, du bist der Meister SAMADHI - der Zustand der fehlerlosen Vision.

Der Text ist hier, in Bezug auf Samadhi, nicht sehr passend. Im gesamten Text werden hinduistische Vorstellungen auf schmerzhafte Weise mit buddhistischen vermischt, und die Einleitung der ´vier erhabenen Wahrheiten' ist seltsamerweise den Versen 88 und 89 vorangestellt.

89. Schau! Du bist zum Licht geworden, du bist zum Laut geworden, du bist dein eigener Meister und Gott. Du bist DU SELBST, das Objekt deiner Suche: die STIMME ist ungebrochen, hallt durch die Ewigkeiten, ist befreit von Veränderung, von Sünde, die sieben Laute sind in einem vereint.

DER STIMME DER STILLE

Om Tat Sat

Dieses ist eine reine Zusammenfassung, die deutliche Elemente einer egozentrischen Metaphysik beinhaltet.

Der Stil der gesamten Abhandlung ist charakteristisch okzidental.

Die zwei Pfade

[Fragment II]

1. Und jetzt, oh Lehrmeister des Erbarmens, zeige anderen Menschen den Weg. Betrachte all jene, die an die Tür klopfen, um eingelassen zu werden, und die in ihrem Unwissen und inmitten der Dunkelheit erwarten (sic)[45], das Tor des Süßen Gesetzes sich weit öffnen zu sehen!

Dieser Vers beginnt mit dem Wort »und«, wobei der Eindruck erweckt wird, er sei die Fortsetzung von »DIE STIMME DER STILLE«. Dem ist nicht so. Dennoch ist es, von der Annahme ausgehend, daß das erste Fragment den Pfad bis zum Meister des Tempels erklärt, durchaus legitim, dieses zweite, wie es ja nun genannt wird, als eine weitere Anweisung zu betrachten; denn der Meister des Tempels muß seinen persönlichen Fortschritt mißachten, um sich um andere Menschen kümmern zu können, eine Aufgabe, von der sich, wie ich hinzufügen muß, sogar der geduldigste aller Meister dann und wann abwenden möchte.

2. Die Stimme der Kandidaten:

Wirst du, Meister deiner eigenen Gnade, mir nicht die Lehre des Herzens offenbaren? Wirst du es ablehnen, deinen Diener auf den Pfad der Befreiung zu geleiten?

Man ist geneigt, in der Darbringung der »Lehre des Herzens« einen gewissen Anflug von Sentimentalität zu spüren; vielleicht liegt das an dem fortschreitenden Alter und der Bedeutung der Autorin. Der wirkliche Grund für das (sogenannte) Erbarmen und Mitleid des Meisters ist ein völlig praktischer und feinfühliger. Er hat nichts mit den schönen Versen zu tun: »Es ist nur die Sorge der anderen, die ihre Schatten auf mich werfen.« Der Meister hat die erste erhabene Wahrheit gelernt: »Alles ist Sorge und Leid«, und auch, daß es so etwas wie eine separate Existenz nicht gibt. Existen Zist eins. Er weiß, daß diese Dinge Tatsachen sind, genauso wie er weiß, daß zwei und zwei vier sind. Folglich und obwohl er den Fluchtweg auf dieser Bewußtseinsfacette, die er einmal »Ich« nannte, erkannt hat, und obwohl er nicht nur dieses Bewußtsein kennt,

[45]Im Englischen »await« [A.d.R.].

sondern auch weiß, daß alle anderen Bewußtseine Teil einer Illusion sind, spürt er, daß seine eigene Aufgabe solange nicht vollendet ist, wie auch nur ein Bewußtseinsfragment übrig ist, das sich noch nicht von der Illusion abgenabelt hat. Hier tauchen wir tief in metaphysische Probleme ein, doch es kann hier nicht Abhilfe geschaffen werden, denn der Meister des Tempels weiß, daß jede Behauptung, wie einfach diese auch immer sein mag, metaphysische Probleme involviert, welche nicht nur schwierig, sondern sogar unlösbar sind. Auf der Ebene, über die der Verstand herrscht, sind alle Antinomien unvereinbar. Es ist für jeden unterhalb des Grades des Magister Templi unmöglich, diese Problemstellung auch nur annähernd zu verstehen. Dieses Fragment aus dem imaginären »Buch der Goldenen Regeln« darf nur studiert werden, wenn diese Tatsache im Bewußtsein immer präsent bleibt.

3. Also sprach der Lehrmeister:

Die Pfade sind zwei an der Zahl; die großen Vollkommenheiten sind drei; sechs ist die Zahl der Tugenden, die den Körper in einen Baum des Wissens umwandeln.

Der »Baum des Wissens« ist natürlich nur ein Euphemismus für den »Drachenbaum«, der die Vereinigung des Geradlinigen und Kurvigen veranschaulicht. Eine weiterführende Beschreibung des Baumes, unter dem Gautama saß und seine Freiheit erlangte, geht über den Rahmen dieser elementaren Kommentare hinaus. Aum Mani Padme Hum.

4. Wer soll sich ihnen nähern?

Wer soll sie zum erstenmal betreten?

Wer soll zum erstenmal von der Lehre der zwei Pfade in einem, von der entschleierten Wahrheit über das Geheime Herz hören? Das Gesetz, das Wissen meidet und Weisheit lehrt, ist eine Leidensgeschichte!

Der Ausdruck »zwei Pfade in einem« soll andeuten, daß dieses Fragment eine weitaus tiefere Bedeutung hat, als dies auf den ersten Blick scheint. Der Schlüssel sollte wieder einmal in der Alchemie gesucht werden.

5. Oh weh, oh weh, daß alle Menschen Alaya besitzen sollen, eins sein sollen mit der Großen Seele, und daß ihnen Alaya so wenig helfen soll!

6. Schau, wie sich auch Alaya mondhaft groß und klein in den ruhenden Wassern widerspiegelt und ihr Abbild selbst in den Atomen zu finden ist, und dennoch aber nicht die Herzen aller Menschen erreicht. Oh weh, daß so wenig Menschen von ihrem Geschenk profitieren sollen, dem unschätzbaren Segen der Wahrheitsfindung, der richtigen Wahrnehmung existenter Dinge, dem Wissen um das Nicht-Existente!

Dieser Vers ist in der Tat eine ernsthafte metaphysische Beschwerde. Die Lösung kann nicht vom Verstand ausfindig gemacht werden.

7. Sagte der Schüler:
Oh Lehrmeister, was soll ich tun, um Weisheit zu erlangen?
Oh Weiser, was, um Vollkommenheit zu erlangen?

8. Suche nach den Pfaden. Aber, oh Lanoo, sei reinen Herzens, bevor du dich auf die Reise begibst. Bevor du deinen ersten Schritt tust, lerne, das Reale vom Falschen, das immerwährend Flüchtige vom Immerwährenden zu unterscheiden. Vor allem aber lerne zu trennen zwischen dem Lernen mit dem Kopf und dem Lernen mit der Seele, zu unterscheiden zwischen der Lehre des »Herzens« und der Lehre des »Auges«.

Die Autorin dieser Abhandlungen ist, was die Anzahl der Dinge anbelangt, welche vor dem ersten Schritt getan werden müssen, ein wenig anspruchsvoll; die meisten Dinge, von denen die Rede ist, ähneln vom Schwierigkeitsgrad her eher dem letzten Schritt. Doch mit dem Erlernen der Unterscheidung zwischen dem »Realen und dem Falschen« ist nur eine Art elementaren Erkennens von Dingen, die man besitzen sollte, und die man nicht besitzen sollte, gemeint; natürlich wird sich die Wahrnehmung bei fortschreitendem Wissen verändern. Mit »Lernen mit dem Kopf« ist der Inhalt Ruachs (des Geistes) oder aber Manas gemeint. Chiah ist das Unterbewußtsein, jenes Subliminale, welches erhaben ist. Die Lehre vom »Auge« ist die Exoterische, die des »Herzens« die Esoterische. Natürlich gibt es in einer noch geheimeren Doktrin eine Lehre des »Auges«, welche die des »Herzens« ebenso transzendiert, wie diese die hier geschilderte geringere Lehre des »Auges«.

9. Ja, Unwissen ist wie ein verschlossenes und luftloses Gefäß; die Seele eines Vogels, der darin eingeschlossen ist. Er trällert nicht, auch kann er keine Feder bewegen; der Sänger sitzt stumm und träge und stirbt vor Erschöpfung.

Die Seele, Atma, ist trotz ihrer Attributes Allwissen, Allmacht, Allgegenwärtigkeit, völlig gebunden und blind vor Unwissen. Das metaphysische Rätsel, das sich so herleitet, kann hier nicht besprochen werden - es ist mit dem Verstand nicht lösbar, obwohl man die Aufmerksamkeit auf die inhärente Unerkennbarkeit eines postulierten Absoluten mit einem beobachteten Relativen lenken sollte.

10. Doch sogar Unwissen ist besser als das Lernen mit dem Kopf, ohne daß die Weisheit der Seele es erleuchten und führen könnte.

Das Wort »besser« wird eher sentimental benutzt, denn so »es besser ist, geliebt zu haben und verloren zu haben, denn niemals geliebt zu haben«, so ist es besser, ein Irrer, denn ein Idiot zu sein. Es gibt immer eine Möglichkeit, das Richtige falsch zu machen. Da das Mißgeschick dieses Zeitalters Intellektualismus ist, ist diese Lehre wohl zu lernen. Zahlreiche Predigten zu diesem Punkt können in vielen Schriften des Frater Perdurabo gefunden werden.

11. Die Samen der Weisheit können im luftlosen Raum weder sprießen noch wachsen. Um zu leben und Erfahrungen zu ernten, benötigt das Bewußtsein Breite und Tiefe und Punkte, um es zu der diamantenen Seele hinzuziehen. Suchet diese Punkte nicht in den Gefilden Mayas, sondern erhebet euch über die Illusionen. Suchet das ewige und das wechsellose SAT. Mißtrauet der Phantasie falscher Suggestionen.

Vergleiche, was in Buch 4, Teil 2 über das Schwert gesagt wird. Die Beschwörung im letzten Teil des Verses ist offensichtlich und man muß sich daran erinnern, daß sich mit dem Fortschreiten die Gefilde von Maya konstant erweitern, so wie sich die von SAT verjüngen. Im orthodoxen Buddhismus setzt sich dieser Prozeß unbegrenzt fort. Es gibt ebenso die Lösung, daß SAT = ASAT ist.

12. Das Bewußtsein ist wie ein Spiegel; es sammelt Staub, während es reflektiert. Es benötigt die angenehme Brise der Seelenweisheit, um den Staub unserer Illusionen fortzuwischen. Suchet, oh Anfänger, euer Bewußtsein und eure Seele abzustimmen.

Die Last besteht darin, Unrat aus dem Bewußtsein zu eliminieren und lehrt, daß Seelenweisheit die auswählenden Handlungen vollzieht. Aber diese Fragmente werden höchst beschämend mißinterpretiert, wenn auch nur einer Spur von Sentimentalität erlaubt wird, sich einzuschleichen. »Seelenweisheit« meint nicht »Frömmigkeit« und »Noblesse« und vergleichbare Konzeptionen, welche lediglich das verbrähmen, wo Wahrheit permanent verloren ist, wie in England. Seelenweisheit meint hier Wille. Du solltest alles aus deinem Bewußtsein eliminieren, was nicht deinem wirklichen Zweck dient. Es wurde jedoch in Vers 11 gesagt, daß »das Bewußtsein Breite benötigt«. Und dies ist ebenso wahr. Aber wenn alle Fakten, die dem Denker bekannt sind, richtig koordiniert und gründlich verbunden sind, so wie es notwendig ist, wird der ideale Bewußtseinszustand erlangt werden. Und obwohl komplex, wird er vereint sein. Und wenn die Spitze dieser Pyramide die Seele ist, wird der Anweisung in diesem Vers 12 für den Anfänger ordentlich gedient sein.

13. Vermeide Unkenntnis und ebenso vermeide Illusion. Wendet euer Gesicht ab von der Welt der Täuschungen. Mißtraut euren Sinnen, sie sind falsch. Aber in eurem Körper - dem Schrein eures Erlebens - suchet im Unpersönlichen nach dem ´ewigen Menschen´. Und habt ihr ihn ausfindig gemacht, seht nach innen: Ihr seid Buddha.

»Vermeide Unkenntnis«: Bleibe bei den Fakten.

»Vermeide Illusion«: Beziehe jedes Faktum auf die ultimate Realität. »Interpretiere jedes Phänomen als eine Zuwendung Gottes zu deiner Seele.«

»Mißtrauet euren Sinnen«: Vermeide oberflächliche Urteile, welche die Fakten präsentieren.

Der letzte Absatz gibt einen zu kurzen Hinweis auf die Fakten. Jede Erlangung der Kenntnis des Heiligen Schutzengels ist nur der »nächste Schritt«. Er impliziert nicht Buddhaschaft von irgendeiner Bedeutung.

14. Vermeide Lobpreisung, oh Verehrer. Lobpreisung führt zu Selbsttäuschung. Euer Körper ist nicht selbst. Euer Selbst ist in sich selber ohne Körper. Und weder Lobpreisung, noch Beschimpfung berühren es.

Stolz ist eine Ausdehnung des Ego und das Ego muß zerstört werden. Stolz ist seine schützende Scheide und deshalb besonders gefährlich. Aber dies ist eine mystische Wahrheit, die das innere Leben betrifft. Der Adept ist alles, außer ein »kriecherischer Jesus«.

15. Selbstverehrung, oh Schüler, ist wie ein wankender Turm, auf den ein übermütiger Narr geklettert ist. Darauf sitzt er in stolzer Einsamkeit und unerreicht durch irgendjemanden außer sich selbst.

Erklärt durch das folgende: Aber diese Abhandlung ist sowohl für Anfänger, als auch für weiter Fortgeschrittene. Es wird ein begreiflicher allgemeiner Grund dafür gegeben, Stolz zu vermeiden, und der liegt darin, daß er seinen eigenen Zweck vernichtet.

16. Falsche Lehren werden vom Weisen zurückgewiesen und vom guten Geset Zin alle Winde zerstreut. Seine Räder drehen sich für alle, die Ehrenvollen und die Stolzen; die »Doktrin des Herzens« für die Auserwählten. Die Ersten antworten in Stolz: »Siehe, ich weiß«, die Letzten, die sich in Unterwürfigkeit gekleidet haben bekennen leise: »So habe ich gehört«.

Setzt die Angelegenheit fort, aber fügt ein weiteres Wort hinzu, um sich von Daath (Wissen) zugunsten von Binah (Verstehen) zu entfernen.

17. »Großer Aussieber« ist der Name der »Herzdoktrin«, O Schüler.

Dies erklärt die »Herzdoktrin« als einen Prozeß der kontinuierlichen Elimination, welcher sich sowohl auf das Streben, als auch auf die Gedanken bezieht.

18. Das Rad des guten Gesetzes bewegt sich schnell voran. Es schleift bei Nacht und Tag. Die wertlose Spreu trennt es vom goldenen Weizen, die Grannen vom Mehl. Die Hand des Karma steuert das Rad. Die Revolutionen markieren die Schläge des karmischen Herzens.

Die Angelegenheit der Elimination wird hier weiter ausgeführt. Das favorisierte östliche Bild des Rades des guten Gesetzes ist schwierig für das westliche Bewußtsein und die gesamte Metapher erscheint uns etwas verwirrt.

19. Wahres Wissen ist die Blume. Falsche Lehre ist die Hülse. Wenn ihr das Brot der Weisheit essen wollt, müßt ihr eure Blume mit den klaren Wassern des Amrita gießen. Aber wenn ihr die Hülsen mit dem Tau der Maya gießt, könnt ihr nichts erschaffen, außer Futter für die schwarzen Tauben des Todes, die Vögel von Geburt, Verfall und Leid.

»Amrita« meint nicht nur Unsterblichkeit, sondern ist ein technischer Name für die göttliche Gewalt, welche zu Menschen hinabsteigt, aber welche durch seine Tendenzen verbrannt wird durch die Gewalt, welche ihn zu dem macht, was er ist. Es ist also ein bestimmtes Elixier, welches das Menstruum des Harpokrates ist.

Amrita wird hier so interpretiert, denn es ist der Gegensatz zu »Maya«. Illusion zu interpretieren heißt, Konfusion noch konfuser zu machen.

20. Wenn euch gesagt wird, daß wenn ihr Arhan werden sollt, ihr davon ablassen müßt, alle Lebewesen zu lieben - sagt ihnen, daß sie lügen.

Hier beginnt die Instruktion gegen Asketismus, welcher immer der Stolperstein war, den die Weisen am meisten fürchteten. »Christus« sagte, daß Johannes kam und weder aß noch trank und die Leute nannten ihn verrückt. Er selbst kam, aß und trank und sie nannten ihn einen Vielfraß, Weinschlecker, einen Freund des Pöbels und der Sünder. Der Adept tut das, was ihm gefällt oder besser, was er will und erlaubt nicht, daß dies behindert wird. Aber gerade, weil er asketisch in dem Sinne ist, daß er keinen Appetit auf die schalen Dummheiten, welche die Idioten Freude nennen, hat, erwarten die Leute von ihm, daß er sowohl die natürlichen als auch die notwendigen Dinge zurückweist. Einige Leute sind so überkritisch, daß sie ihr Unvermögen als Tugend beanspruchen und so arm, verweichlicht, schädlich degeneriert, daß sie nicht rauchen können, weil ihr Her Znicht intakt ist und nicht trinken können, weil ihr Hirn zu schwach ist, um es auszuhalten. Oder vielleicht, weil ihr Doktor es ihnen für die nächsten Jahre verboten hat. Der Mensch, der das Leben fürchtet, der wegen des Ergebnisses, das folgen könnte, fürchtet, etwas zu tun, wird als der Beste und der Größte der Menschheit benannt.

Es ist sehr amüsant, den Snobismus in England zu beobachten, speziell den der Mittelklasse. Und das absurde Nachäffen ihrer Besseren, während der Witz an der Sache darin besteht, daß die Moralität, zu welcher die Mittelklasse sich zählt, in der guten Gesellschaft nicht existiert. Solche, welche Meisterseelen haben, weigern sich, durch irgendetwas, außer ihrem eigenen Willen, gebunden zu werden. Sie mögen sich bestimmter Handlungen enthalten, weil ihr Hauptzweck dadurch behindert würde, gerade so, wie ein Mann sich vom Rauchen zurückhält, wenn er für ein Bootsrennen trainiert. Und solche, deren Schläue stärker ist, als ihr Selbstrespekt, täuschen die Allgemeinheit durch ihr prahlerisches Zurückstehen von bestimmten Handlungen, während sie sie im Privaten durchführen. Besonders in den letzten Jahren haben einige Adepten gedacht, es wäre weise, von unterschiedlichen Dingen zurückzustehen oder vorzugeben zurückzustehen, um ihren Einfluß zu erhöhen. Das ist eine große Narrheit. Was notwendig ist zu demonstrieren, ist, daß der Adept nicht weniger, sondern mehr als ein Mensch ist. Es ist besser, unseren Feind zu treffen und zu Unrecht des Übels angeklagt zu werden, denn davon zurückzustehen, ihn zu treffen und zu Unrecht der Feigheit angeklagt zu werden.

21. Wenn euch gesagt wird, daß ihr, um Freiheit zu erlangen, eure Mutter hassen müßt und euren Sohn verleugnen müßt, euren Vater zu beschimpfen und ihn einen »Haushüter« nennen; denn Menschen und Tiere pochen alle darauf zu entsagen - saget ihnen, daß sie mit falscher Zunge reden.

Dieser Vers erklärt, daß der Adept nicht gezwungen ist, mit seinen häuslichen Gegebenheiten zu brechen. Die rosenkreuzerische Doktrin, daß der Adept ein Mann von Welt sein sollte, ist bei weitem nobler als die der Eremiten. Wenn die asketische Doktrin zu ihrem logischen Schluß gebracht wird, dann ist ein Stein heiliger als Buddha selbst. Lies jedoch Liber CLVI.

22. So lehre die Tirthikas, die Ungläubigen.

Es ist ein bißchen schwierig, das Beiwort »Ungläubiger« zu rechtfertigen - es scheint mir eher so, daß die Gläubigen gemeint sind. Skeptizismus ist Schwert und Schild des weisen Mannes.

Aber mit Skeptizismus ist nicht die höhnische Unfreundlichkeit eines Bolinbroke gemeint oder der Gossenschnepfen-Agnostizismus eines Harry Boulter, welche rohe Hilfsmittel gegen eine sehr vulgäre Kolik sind.

23. Wenn euch gesagt wird, daß Sünde aus Handlung geboren wird und Seligkeit aus absoluter Nichthandlung, dann sagt ihnen, daß sie irren. Nichtdauer der menschlichen Handlung, Befreiung des Bewußtseins von Knechtschaft durch Aufgeben von Sünde und Fehlern ist nicht für die »Deva-Egos«. So sagt die »Doktrin des Herzens«.

Diese Doktrin wird weiter erklärt. Die Bezeichnung »Deva-Ego« ist wieder obskur. Der Vers lehrt, daß man nicht fürchten sollte zu handeln. Handlung muß bekämpft werden durch Gegenhandlung und Tyrannei wird niemals umgestürzt werden durch sklavische Unterordnung ihr gegenüber. Feigheit wird besiegt durch einen Weg, auf dem man sich unnötig der Gefahr stellt. Die Gier des Fleisches wuchs bei den Asketen zu immer größerer Stärke heran, so sie sich bemühten, sie durch Abstinenz zu besiegen. Und wenn im hohen Alter ihre Fähigkeiten schwanden, proklamierten sie prahlerisch »ich habe gesiegt«. Der Weg, eine jede Begierde zu besiegen, besteht darin, sie zu verstehen. Und Freiheit besteht in der Fähigkeit zu entscheiden, ob du eine gegebene Handlung vollziehen willst oder nicht. Der Adept sollte immer bereit sein, auf den Wurf einer Münze hin abzulassen. Und absolut unparteiisch zu bleiben, ob nun Kopf oder Zahl fällt.

24. Das Dharma (Gesetz) des »Auges« ist die Verkörperung des Äußeren und das Nichtexistierende.

Mit »Nichtexistierendes« ist das niedere Asat gemeint. Das Wort wird zu anderen Gelegenheiten benutzt, um ein Asat zu bezeichnen, welches höher als und hinter dem Sat ist.

25. Das Dharma des »Herzens« ist die Verkörperung des Bodhi, das Permanente und Immerwährende.

»Bodhi« impliziert die Wurzel des »Lichtes« in seinem höchsten Sinne von L.V.X. Aber sogar in der Hindu-Theorie: παντα ρει.

26. Die Lampe scheint hell, wenn Docht und Öl rein sind. Um sie rein zu machen, ist ein Reiniger vonnöten. Die Flamme empfindet den Prozeß der Reinigung nicht. »Die Zweige des Baumes werden durch den Wind bewegt, der Stamm bleibt unbewegt«.

Dieser Vers bezieht sich wiederum auf den Prozeß der Selektion und Elimination, der bereits beschrieben wurde. Die Aspiration muß als durch diesen Prozeß unbetroffen betrachtet werden, außer insofern, als sie als eine Konsequenz dessen heller und klarer wird. Der letzte Sat Zscheint sich wiederum auf die Frage des Asketismus zu beziehen. Der Adept ist durch seine Handlungen nicht betroffen.

27. Beides, Handlungen und Nicht-Handlungen mögen Raum in dir finden. Dein Körper handelte. Dein Bewußtsein blieb ruhig, eure Seele so klar wie ein Bergsee.

Dies wiederholt dieselbe Lehre. Der Adept mag sich in die Arbeiten der Welt stürzen und seine täglichen Pflichten und Freuden auf sich nehmen, genauso wie ein anderer Mensch es tun würde. Aber, er wird nicht durch sie bewegt, wie es ein anderer Mensch wird.

28. Willst du ein Yogi des »Zeit-Kreises« werden? Dann oh Lanoo:

29. Glaube nicht an dieses Sitzen in einem dunklen Wald in stolzer Abgeschiedenheit und Trennung von den Menschen. Glaube nicht an dieses Leben auf Wurzeln und Pflanzen, dieses Durstlöschen mit Schnee vom großen Berge - glaube nicht, oh Verehrer, daß dich dies zum Ziel der endgültigen Befreiung führen wird.

30. Denke nicht, daß Knochenbrechen, daß Fleisch- und Muskelzerreißen dich mit deinem ´stillen Selbst´ vereint. Denke nicht, daß wenn die Sünden deiner groben Form besiegt sind, oh Opfer deiner Schatten, deine Pflicht gegenüber der Natur und dem Menschen erfüllt ist.

Noch einmal: das asketische Leben ist verboten. Es wird ein weiteres Mal als Täuschung dargestellt, daß das asketische Leben der Befreiung dient. Der Asket denkt, daß, indem er sich selbst auf eine Pflanze reduziert, er auf dem Pfad der Evolution voranschreitet. Es ist nicht so. Mineralien besitzen keine innewohnende Kraft der Bewegung, außer intramolekular. Pflanzen wachsen und bewegen sich, wenn auch nur wenig. Tiere bewegen sich frei in jeder Richtung, und Raum selbst ist kein Hindernis für die höheren Prinzipien des Menschen. Fortschritt liegt in der Richtung von höherer Kontinuität und unermüdlicher Energie.

31. Die Seligen haben darüber gezürnt, so zu tun. Der Löwe des Gesetzes, der Herr der Gnade, verließ, nachdem er den wahren Grund des menschlichen Leides erfuhr, den süßen, aber selbstsüchtigen Rest der stillen Wildnis. Von Aranyani wurde er der Lehrer der Menschheit, nachdem Julai in das Nirvana einging, predigte er auf Berg und Ebene und hielt Diskussionen in den Stätten mit Devas, Menschen und Göttern.

Hier ist eine Bezugnahme auf die Erlangung des Buddha. Es geschah erst, nachdem er das asketische Leben verbannte, das er erlangte und da er weit davon entfernt war, diese Erlangung durch Nichthandlung zu manifestieren, begann er in Indien eine Revolution, indem er das Kastensystem attackierte und durch seine Predigten ein so gewaltsames Karma erschuf, daß sogar heute noch seine erste Kraft wirksam ist. Der gegenwärtige »Buddha«, der Meister Therion, tut etwas vergleichbares. Eine sogar größere Arbeit durch seine Proklamation: Tu was du willst, soll sein das Ganze des Gesetzes.

32. Säe freundliche Handlungen und du sollst ihre Früchte ernten. Nichthandlung als eine Tat der Gnade wird eine Handlung in Todsünde. So sagt der Weise.

Dies setzt die Schmähschrift gegen Nichthandlungen fort und stellt heraus, daß der Asket sich bereits anfänglich täuscht, wenn er annimmt, daß Nichtstun keine Wirkung hat. Zu verweigern, ein Leben zu retten, ist Mord.

33. Sollt ihr euch der Handlungen enthalten? So kann eure Seele nicht ihre Freiheit erlangen. Um das Nirvana zu erreichen, muß man Selbsterkenntnis erreichen und Selbsterkenntnis ist das Kind liebender Taten.

Setzt die Angelegenheit fort, die Basis von Kenntnis ist Erfahrung.

34. Habe Geduld, Kandidat, wie einer, der keine Fehler fürchtet; hoffiere nicht dem Erfolg. Fixiere den Blick eurer Seele auf den Stern, dessen Strahlen du bist, den flammenden Stern, der in den lichtlosen Tiefen des Immerseins scheint, den grenzenlosen Feldern des Unbekannten.

Der Kandidat wird zur Geduld und Einpunktigkeit aufgerufen und weiter zu einer Gleichgültigkeit dem Ergebnis gegenüber, welche aus dem wahren Vertrauen demgegenüber hervorgeht, das einem Resultat folgt. Aus Liber CCXX; Teil I: »Denn reiner Wille, unbefleckt von Zweck, befreit von der Gier nach Ergebnis, ist in jeder Hinsicht vollkommen.«

35. Habe Beharrlichkeit wie einer, der für ewig ausharrt. Dein Schatten lebt und verschwindet, das in dir soll für immer leben, das in dir weiß, denn es ist wissend und nicht von fließendem Leben: es ist der Mensch, der war, der ist und der sein wird, für den die Stunde niemals schlägt.

Vergleiche Levi's Aphorismus: »Der Magier soll arbeiten, als hätte er Allmacht zu seinem Befehl und Ewigkeit zu seiner Verfügung.« Stelle dir nicht vor, daß es etwas ausmacht, ob du die Aufgabe in diesem Leben beendest oder nicht. Gehe gleichmäßig und kontinuierlich weiter, unbewegt durch irgendetwas, was auch immer.

36. Wenn du das süße Stück abschneiden und ruhen willst, Schüler, besäe mit der Saat des Verdienstes die Felder der zukünftigen Ernten. Akzeptiere die Leiden der Geburt.

Akzeptiere die Gesetze der Natur und arbeite mit ihnen. Versuche nicht immer, Abkürzungen zu nehmen. Beklage dich nicht und fürchte dich nicht vor der Länge des Pfades. Diese Abhandlung ist für Anfänger. Die Belohnung ist angeboten und - es ist die Arbeit wirklich wert. Man mag sich selbst in dem Amt eines Buddha finden.

»Ja, schrie der Heilige, und vor eurem Funken werde ich, der Herr, ein großes Licht entzünden. Ich werde die graue Stadt und das alte öde Land benennen. Ich werde sie von ihrer großen Unreinheit säubern.«

»Und du, oh Prophet, sollst diese Dinge sehen. Und du sollst sie nicht beachten.«

»Nun ist der Grundpfeiler in die Leere gesetzt. Nun ist Asi erfüllt von Asar. Nun ist Hoor herabgelassen in die animalische Seele der Dinge, wie ein feuriger Stern, der auf die Dunkelheit der Erde fällt.«

»Durch die Mitternacht bist du gefallen, oh mein Kind, mein Eroberer, mein schwertgegürteter Kapitän, oh Hoor! Und sie sollen dich finden als einen schwarzen, knorrigen und glitzernden Stein. Sie sollen dich verehren.«

37. Tritt heraus aus dem Sonnenlicht in den Schatten, um mehr Platz für andere zu machen. Die Tränen, die den von Schmerz und Leid versengten Boden wässern, bringen die Blüten und Früchte der karmischen Belohnung hervor. Aus dem Schmelzofen des menschlichen Lebens und seinem schwarzen Stein steigen geflügelte Flammen auf, gereinigte Flammen, die sich weiter aufschwingen. Nahe dem karmischen Auge weben sie am Ende den glänzenden Stoff der drei Gewänder des Pfades:

Nun wendet sich der Diskurs zur Frage nach dem Anfang des Bösen. Die alchemistische Theorie wird hier fortgesetzt. Die erste Materie der Arbeit ist nicht so wertvoll wie das Elixier und sie muß durch das Stadium des schwarzen Drachen gelangen, um dazu zu werden.

38. Diese Gewänder sind: Nirmanakaya, Sambhogakaya, Dharmakaya, die erhabene Robe.

Der Nirmanakayakörper ist der »Lichtkörper«. Wie er in Buch 4, Teil III beschrieben wird. Aber er muß so betrachtet werden, als sei er zum höchstmöglichen Punkt entwickelt worden, der mit Inkarnation vereinbar ist.

Das Sambhogakaya besitzt zusätzlich die sogenannten »drei Vervollkommnungen«. Diese verhindern Inkarnation.

Der Dharmakaya-Körper ist das, was man als die letztendliche Sublimierung eines Individuums beschreiben kann. Es ist eine körperlose Flamme am Punkt der Verbindung mit der unendlichen Flamme. Eine Beschreibung des Zustandes von jemandem, der in diesem Körper ist, wird in »Der Eremit von Aesops Insel« gegeben.

Soweit eine grobe Beschreibung dieser »Roben«, gemäß Mme. Blavatsky. Sie fügt weiterhin hinzu, daß der Dharmakaya-Körper von jedem, der der Menschheit helfen will, nicht benutzt werden darf. Nun ist der Menschheit zu helfen eine sehr nette Sache für die, die es mögen, und es besteht kein Zweifel daran, daß jene, die es tun, ihren Mitmenschen wohl dienen. Aber es gibt keinen vorstellbaren Grund, daß der Menschheit zu helfen, die einzige Arbeit ist, die es in diesem Universum wert ist, getan zu werden. Die Empfindung des Wunsches, dies zu tun, ist eine Begrenzung und ein Hemmschuh, ebenso schlecht wie jeder andere. Und es ist nicht im geringsten notwendig, all dieses Getue um Initiation und den ganzen Rest zu machen. Das Universum ist im höchsten Maße elastisch, besonders für jene, die selbst elastisch sind. Deshalb kann man, obwohl man sich natürlich nicht an die Menschheit erinnern kann, wenn man den Dharmakaya-Körper trägt, den Dharmakaya-Körper mit einigen Kampfer-Kugeln, um die Motten fernzuhalten, in seine magische Garderobe hängen und ihn von Zeit zu Zeit herausnehmen, wenn man das Bedürfnis empfindet, sich zu erfrischen. Tatsächlich benötigt jemand, der dauernd der

Menschheit hilft, von Zeit zu Zeit eine Wäsche und muß gründlich aufgebürstet werden. Es gibt nichts, was ebenso verunreinigt ist wie die Menschheit, besonders die Theosophen, wie Mme. Blavatsky selbst entdeckte. Aber die beste aller Wollüste ist der Tod, in welchem alle Dinge, die zu unwesentlich sind, um fortzuschreiten, verbrennen. Dieser Plan ist bei weitem besser als der des Elixiers des Lebens. Es ist vollständig richtig, dieses Elixier für Energie und Jugend zu benutzen, aber nichtsdestotrotz stopfen die Erlebnisse weiterhin das Bewußtsein voll, und von Zeit zu Zeit ist es sicherlich für jeden eine angenehme Sache, den Frühjahrsputz zu machen.

Im Hinblick auf die Absicht eines Jeden, überhaupt etwas zu tun, gehört dies zur Natur eines Sterns. Blavatsky war fürchterlich verstrickt in die Trance des Leides. Sie konnte nichts in der Welt sehen, außer der Menschheit zu helfen. Sie nahm nicht einmal Notiz von der Frage nach dem Fortschreiten zu anderen Planeten.

Geozentrische Orientierung ist ein sehr pathetischer und amüsant kindlicher Charakterzug der älteren Schulen. Sie reden immer von den 10.000 Welten, aber das ist nur eine sprachliche Verzierung. Sie glauben nicht an sie als tatsächliche Realitäten. Es ist einer der bekannten orientalischen Tricks, in allen Angelegenheiten zu übertreiben, um andere Leute mit dem eigenen Wissen zu beeindrucken und dann alles in allem zu vergessen, diese spezielle Information auf das Rad des Gesetzes zu schweißen. Konsequenterweise ist alles Gerede Blavatskys über die Erhabenheit des Nirmanakaya-Körpers nicht mehr, als die Sprache eines Politikers, der einem berühmten General dafür dankt, daß er einen Teil Drecksarbeit für ihn erledigte.

39. Die Shangna-Robe, das ist wahr, kann ewiges Licht erwerben. Die Shangna-Robe alleine gibt das Nirvana der Zerstörung. Sie beendet Wiedergeburt, aber oh Lanoo, sie tötet ebenso das Mitleid. Nicht länger können die vollständigen Buddhas, die den Dharmakaya-Glan Zanziehen, der Rettung der Menschen helfen. Leider! Sollen SELBSTE sich selbst geopfert werden? Die Menschheit dem Wohle der Einzelnen?

Die gesamte Misere wird nur zu einem sehr kleinen Grade durch die Erlangung eines Pratyeka-Buddha vermindert. Die erworbene fürchterliche Energie wird benutzt, um das Mirakel der Zerstörung zu vollenden. Wenn der Schlüsselstein eines Bogens entfernt wird, werden dadurch die anderen Steine nicht auf einen höheren Platz verschoben - sie fallen. [Ein Pratyeka-Buddha ist jemand, der die Befreiung nur für sich selbst erlangt.]

(«Nirvana der Zerstörung«! Nirvana bedeutet »Beenden«. Was für eine verworrene Ausdrucksweise!)

40. Wisse, oh Beginner, dies ist der offene Pfad, der Weg selbstsüchtiger Seligkeit, gemieden von den Bodhisattwas des geheimen Herzens, den Buddhas des Mitleids.

Die Worte »Selbstsüchtige Seligkeit« müssen nicht in einem wörtlichen Sinne verstanden werden. Es ist äußerst schwierig, diese Frage zu diskutieren. Das abendländische Bewußtsein findet es sogar schwierig, diesen Konditionen des Nirvana auch nur eine Bedeutung zuzuweisen. Teilweise ist das ein Fehler der Sprache, teilweise steht das mit der Tatsache in Zusammenhang, daß der Zustand eines Arhat hinter dem Denkbaren liegt. Er liegt hinter dem Abyss, und dort ist ein Ding nur wahr, insofern es sich selbst widerspricht. Der Arhat hat kein Selbst, um selig zu sein. Es ist bei weitem einfacher, dies über die Hinweise in meinem Kommentar zum letzten Vers zu erwägen.

41. Zum Wohle der Menschheit zu leben, ist der erste Schritt. Die sechs ruhmreichen Tugenden zu praktizieren, ist der zweite.

42. Die niedere Robe des Nirmanakaya anzuziehen, heißt, der ewigen Seligkeit des Selbst voranzugehen, zu helfen bei der Rettung der Menschen. Die Seligkeit des Nirvana zu erreichen, aber ihr zu entsagen, ist der oberste, der letzte Schritt - der höchste auf dem Pfad der Entsagung.

Alles darüber, daß Gautama Buddha dem Nirvana entsagt hätte, ist offensichtlich eine reine Erfindung von Mme. Blavatsky und besitzt im buddhistischen Kanon keine Autorität. Der Buddha wird wieder und wieder erwähnt als »Er hat sich entfernt, indem er sich auf die Art und Weise entfernte, welche nichts, was auch immer, zurückläßt.« Die Beschreibung dieser Tat wird in der Mahaparinibbana Sutta gegeben. Und es war die Behauptung der Theosophen, daß diese »große erhabene Nibbana-Geschichte« etwas besonderes für Gautama Buddha war. Sie begannen über Paranibbana, Super-Nibbana zu reden, als gäbe es einen Weg, eins von eins zu subtrahieren, so daß etwas Höheres, eine überlegene Art des Nichts, übrigbliebe oder als gäbe es eine Art, eine Kerze auszublasen, die Moses in einer bei weitem größeren ägyptischen Dunkelheit zurückließe, als wir uns als Kinder jemals träumen ließen.

Das ist nicht Wissenschaft, das ist nicht Geschäft, das ist amerikanischer Sonntagsjournalismus. Die Hindus und die Amerikaner ähneln sich sehr in dieser Einfalt. Diese Naivität, welche Märchen mit immer größeren Giganten fordert. Sie können die Idee nicht ertragen, daß irgendetwas vollständig und damit erledigt wäre. So reden sie immer in Superlativen und können es nur schwer hinnehmen, wenn die Fakten sie erwischen und sie müssen neue Superlative einführen. Anstatt zu sagen, daß es unterschiedliche Größen von Ziegelsteinen gibt und diese Größen zu spezifizieren, haben sie einen Ziegelstein und einen Superziegelstein und »einen« Ziegelstein und »einige« Ziegelsteine. Und wenn sie an ein Ende gelangten, hasten sie durch das Wörterbuch, um einen anderen Beinamen für Ziegelstein zu finden, welcher Verwunderung über den großen vermutlichen Fortschritt und den angenommenen Super-Fortschritt erregen soll - ich stelle die amerikanische Nation mit diesem Wort vor. Möglicherweise ist die gesamte Angelegenheit ein Bluff, ohne ein einziges Faktum dahinter. Beinahe die gesamte Hindu-Psychologie ist ein Beispiel für diese Art des Journalismus. Sie sind nicht zufrieden mit einem höchsten Gott. Ein weiterer wünscht, sich dadurch hervorzutun, daß er einen höheren Gott hat als der erste, und wenn ein dritter Mensch vorbeikommt und sie so disputierend vorfindet, ist es an ihm, einen höchsten Super-Gott einzuführen.

Es ist einfach überflüssig zu versuchen, die Definition von Nibbana durch die Einführung von Paranibbana zu erweitern und nur Quatschköpfe beschäftigen sich mit diesen phantastischen Spekulationen. Der ernsthafte Student kümmert sich um sein eigenes Geschäft, welches immer das naheliegende ist. Der Präsident einer Gesellschaft bezahlt einen Buchhalter nicht dafür, eine Aussage über die unzähligen Milliarden Profite in einigen zukünftigen Jahren zu machen. Es bedarf keiner großen Fähigkeit, eine Reihe von Nullen hinter einer signifikanten Zahl aufzureihen, bis die Tinte ausgeht. Was gewünscht wird, ist die aktuelle Bilanz der Woche.

Dem Leser wird besonders streng angeraten, sich selbst nicht zu erlauben, sich in phantastische Höhenflüge der Gedanken zu verstricken, welche Gift für das Bewußtsein sind, weil sie einen Versuch darstellen, vor der Realität wegzurennen, eine Verschwendung von Energie und eine Korruption moralischer Stärke. Sein Geschäft ist zuerst, sich selbst zu kennen. Zum zweiten sich selbst zu bestimmen und zu kontrollieren, zum dritten, sich selbst auf einer stimmigen organischen Linie Stück für Stück zu entwickeln. Der Rest ist nur Brimborium.

Es gibt einen Sinn, in welchem der Dienst an der Menschheit für die Vollkommenheit des Adepten notwendig ist. Er darf nicht zu weit wegfliegen.

Einige Bemerkungen zu diesem Weg werden im nächsten Vers gegeben.

Der Student wird ebenso angewiesen, einen Blick auf die Bedingungen der Mitgliedschaft der A.·.A.·. zu werfen.

43. Wisse, oh Schüler, dies ist der geheime Pfad, welcher von den Buddhas der Vollkommenheit, welche das Selbst dem schwächeren Selbst weihten, gewählt wurde.

Dies ist eine Stellungnahme zu den Bedingungen der Durchführung der alchemistischen Operation, welche in der Injunktion »Coagula« angezeigt werden. In »Solve« blickt der Adept aufwärts. Er wirft alles von sich, was er hat oder ist. Aber, nachdem er die höchste Triade erreicht hat, blickt er abwärts. Er fährt darin fort, allem was er hat oder ist, hinzuzufügen, aber auf eine andere Art und Weise.

Dieser Teil unserer Abhandlung ist ekelerregend sentimentales Geschwätz, von Amerika (Gott segne es!) Tränendrüsenzeugs genannt. Wenn zittrige alte Damen sentimental werden, ist es Zeit zu gehen.

44. Nun, wenn die »Doktrin des Herzens« zu hochtrabend für dich ist, wenn du selbst Hilfe brauchst und fürchtest, deine Hilfe anderen anzubieten, dann, du mit dem schreckhaftem Herzen, sei der Zeit gemäß gewarnt: Verbleibe in Übereinstimmung mit der »Augen-Doktrin« des Gesetzes. Hoffe weiterhin, denn wenn der »geheime Pfad« an diesem »Tag« nicht zu erlangen ist, ist es möglich, daß du ihn »Morgen« erreichst.

Lerne, daß keine Anstrengungen, nicht die geringste - ob in richtiger oder falscher Richtung - aus der Welt der Gründe verschwinden kann. Selbst verschwindender Rauch bleibt nicht spurlos. »Ein rauhes Wort, ausgestoßen in vergangenen Leben, ist nicht vergangen, sondern kommet immer wieder.« Die Pfefferpflanze wird keine Rosen gebären, noch wird der süße Silberstern des Jasmin sich in Dornen oder Disteln verwandeln.

Erfahre, was als Parabel im »großen Gesetz« geschrieben steht:

Laß nicht durch Fehlschlag und Schmerz die Anbeter sich abwenden. Die Grundmauern der Pyramide wurden vor Sonnenaufgang in lebendigen Felsen gehauen; weinte der König am Morgen, da die Krone der Pyramide noch ungebrochen im fernen Lande lag?

Es gab auch einen Kolibri, der sprach zur Hornviper und bat sie um Gift. Und die große Schlange von Khem, die Heilige, die königliche Uraeusschlange, antwortete ihm und sagte:

Ich segelte über den Himmel von Nu in dem Wagen, Millionen Jahre genannt, und ich sah kein Geschöpf auf Seb, welches mir gleich war. Das Gift meines Zahnes ist das Erbe meines Vaters und meines Vaters Vater; und wie soll ich es dir geben? Lebe du und deine Kinder, wie ich und meine Väter gelebt haben, sogar einhundert Millionen von Generationen, und es mag sein, daß die Gnade der Mächtigen deinen Kindern einen Tropfen des Giftes von Alters her verleihen.

Doch da war der Kolibri im Geiste betrübt, und er flog zu den Blumen, und es war, als sei nichts zwischen ihnen gesprochen worden. Doch nach einer kleinen Weile biß ihn die Schlange, so daß er starb.

Doch ein Ibis, der am Ufer des Nils meditierte, der schöne Gott, lauschte und hörte. Und er legte seine Ibisart ab und wurde zur Schlange und sprach: Vielleicht in hundert Millionen von Millionen von Generationen meiner Kinder werden sie einen Tropfen von dem Gift aus dem Zahn des Erhabenen erlangen.

Und siehe! Ehe der Mond dreimal zunahm, wurde er zu einer Uraeusschlange, und das Gift des Zahns ward in ihm und seinen Samen gelegt für immer und ewig.

45. Ihr könnt an diesem »Tag« eure Chancen für euer »Morgen« schaffen. Auf der »großen Reise« werden zu jeder Stunde Ursachen gesät und jeder trägt seine Ernte von Wirkungen, denn hartes Recht regiert die Welt. Mit mächtigem Schwung nimmer irrender Handlung bringt es totem Leben mit Wohl oder Leid die karmische Nachkommenschaft all unsere vorhergehenden Gedanken und Taten.

46. Nehmet, soviel der Verdienst für euch in Verwahrung hat, oh du von duldendem Herzen. Sei guter Dinge und ruhe in Verbindung mit dem Schicksal. Dies ist dein Karma, das Karma des Zyklus eurer Geburten, das Schicksal derer, die in ihrem Schmerz und Sorgen mit dir geboren sind. Erfreue dich und weine von Leben zu Leben in Verbindung mit deinen vorhergehenden Handlungen.

47. Handele du für sie. »Heute«! Und sie werden für dich handeln »Morgen«.

Diese Verse verstärken das, was oben in Hinblick auf Rettung gesagt wurde. Jede Ursache hat ihre Wirkung. Es gibt keine Verschwendung. Es gibt keine Ausflucht.

48. Es ist aus der Knospe der Entsagung vom Selbst, daß die süße Frucht der letztendlichen Befreiung entspringt.

Dies ist wiederum obskur, da das Wort »Selbst« so viele Dinge meint und obwohl es auf so viele Arten beschrieben wurde, fehlen klare Definitionen, was jede Art bedeutet. Hier wird wie immer die Doktrin der zwei Pfade gelehrt. Wenn man den höchsten Grad des zweiten Ordens, den des Exempt Adept, erreicht, gibt es zwei offene Pfade, den der rechten Hand und den der linken. Diese sind ausführlich in Liber 418 beschrieben, und wir müssen den Studenten auf dieses Buch verweisen. Aber der wesentliche Punkt ist, daß der Adept auf den Pfad der rechten Hand, sein Selbst abstreifend, Nemo wird, der Meister des Tempels, und über den Abyss zurückkehrt, oder eher, zurückgeworfen wird und im Himmel von Jupiter - oder der Sphäre eines anderen Planeten - als ein Morgenstern oder ein Abendstern erscheint, um denen Licht zu bringen, die auf der Erde wohnen. Auf dem Pfad der linken Hand wünscht der Adept, alles, was er besitzt, zu behalten, und schließt sich selbst in einem Turm der Stille ein, um dort den stufenweisen Fortschritt der Agonie des langsamen Zerfalls zu erleiden. Denn auf dem Pfad der rechten Hand ist der Meister des Tempels - momentan - in gewisser Weise - in Ruhe. Seine intellektuellen und physischen Kräfte handeln in der Welt, aber sein Blut ist in dem Kelch von Babalon; ein Trunk, um die alte Zeit des Allvaters zu erwecken, und alles, was von ihm verbleibt, ist ein kleiner Haufen Staub, der nur den Moment erwartet, da er zu Asche verbrannt werden soll.

49. Zugrunde zu gehen ist er verdammt, der aus Furcht vor Mara davor zurückweicht, den Menschen zu helfen, damit er nicht für sich selbst handelt. Der Pilgerer, der seine müden Glieder in fließendem Wasser zu kühlen wünscht, wagt nicht unterzutauchen, denn es kann sein, daß die Gewalt des Stroms der Hitze unterliegt. Nichthandlung, die auf selbstsüchtige Furcht sich gründet, kann nur böse Früchte tragen.

Eine weitere Warnung gegen die Doktrin des Nichthandelns. Es fällt auf, wie der Autor wieder und wieder auf diesen Punkt hinweist. Der orthodoxe Buddhismus lehrt prahlerisch, daß jede Erschaffung von Karma lediglich das »Leid« fortsetzt.

50. Der selbstsüchtige Verehrer lebt für keinen Zweck. Der Mensch, der seine angewiesene Arbeit im Leben nicht durchläuft, hat umsonst gelebt.

Dieser Vers wiederholt diese Lehre jetzt noch einmal. Es ist ein anderer Weg zu sagen: Tu was du willst, soll sein das Ganze des Gesetzes.

51. Folge dem Rad des Lebens; folge dem Rad der Pflicht gegenüber Rasse und Art, gegenüber Freunden und Feinden und verschließe dein Bewußtsein gegenüber Freuden wie gegenüber Schmerzen. Erschöpfe das Gesetz der karmischen Vergeltung. Erlange Siddhis für deine künftige Geburt.

Dies bestätigt wiederum dieselbe Sache und drängt den Aspiranten, sein Leben vollständig auf jeder Ebene zu leben und - das ist wahr - eine Gleichgültigkeit gegenüber allem, das er tut, zu bewahren, aber nur die innere Gleichgültigkeit der Verachtung, nicht die äußere des Schwundes. Mme. Blavatsky selbst rauchte wie ein Vulkan, trank wie ein Fisch, fluchte wie ein Kavallerist und liebte wie eine Kleopatra. Sie hatte Recht. Lese die taoistischen Instruktionen hierzu.

52. Wenn du nicht die Sonne sein kannst, so sei der niedere Planet. Wenn du gehindert bist, zu sein wie die flammende Nachmittagssonne über dem schneebedeckten Berg der ewigen Reinheit, dann wähle, oh Neophyt, einen bescheideneren Kurs.

Es gibt eine große Anzahl Leute, die nicht nur keine merkliche Kapazität zur Erlangung, wenn auch nur auf der niedersten Ebene, haben, sondern offensichtlich überhaupt keine Kapazität besitzen. Es stellt sich dann die Frage, ob sie »von irgendeinem Wert« sein können. Wenn sie nicht für irgendetwas gemacht sind, fallen sie eher zurück, als daß sie Fortschritte machen. Glücklicherweise gibt es einen Weg, auf welchem sie sicherstellen können, daß sie die Kapazität in ihrer nächsten Inkarnation erlangt haben. Es ist der Weg des Karma-Yoga: Verehrung des Werkes durch Arbeit.

53. Zeige den »Weg« - wie düster und verloren er auch immer sein mag in der Menge - ebenso wie der Abendstern es für jene tut, die ihren Pfad in der Dunkelheit beschreiten.

Die prinzipielle Methode des Karma-Yoga, welche hier eingeführt wird, ist das Predigen des guten Gesetzes. Natürlich muß verstanden werden, daß jemand, der so unglücklich situiert ist, das Gesetz nicht verstehen kann, doch ist das Gesetz von solcher Tugend, daß dies kein fataler Nachteil ist. Siehe Liber CCC.

54. Siehe, Migmar (Mars), wie in seinen karmesinroten Schleiern, sein »Auge« über die schlummernde Erde streicht. Gewahre die feurige Aura der »Hand« von Lhagpa (Merkur) in schützender Liebe über den Köpfen seiner Asketiket ausgestreckt. Beide sind nun Diener von Nyima (Sonne), die in ihrer Abwesenheit stille Wächter in der Nacht zurückließ. Beide waren in vergangenen Kalpas strahlende Nyimas und mögen in zukünftigen »Tagen« wieder zwei Sonnen werden. Derart sind der Aufgang und der Niedergang des karmischen Gesetzes in der Natur.

Die Astronomie der Autorin dieses Buches paßt nicht zu ihrer poetischen Prosa. Man kann kaum von Merkur behaupten, daß er eine feurige Aura hat, oder daß er ein Stiller Wächter in der Nacht sei. Weiterhin ist es schwierig, der Aussage, daß Mars und Merkur einst Sonnen waren, irgendeine Bedeutung zuzuweisen. Die Theorien von Seelenwanderungen, die hierin involviert sind, sind etwas schwierig!

55. Sei du, oh Lanoo, wie sie. Gebe Licht und Unterkunft jenen sich abmühenden Pilgern und mache den ausfindig, der immer noch weniger weiß als du, der in seiner elenden Einsamkeit dasitzt und nach dem Brot der Weisheit schmachtet und nach dem Brot, das die Schatten füttert, ohne einen Lehrer, Hoffnung oder Trost. Und lasse ihn das Gesetz hören.

Diese Aufgabe ist für alle Studenten, welchen Grades auch immer, wichtig. Eines jeden erste Verpflichtung ist die zu sich selbst und die zu seinem Fortschritt auf dem Pfad. Aber seine zweite Pflicht, welche die erste hart bedrängt, ist es, jenen Hilfestellung zu geben, die nicht so weit fortgeschritten sind.

56. Sage ihm, oh Kandidat, daß er, der aus Stolz und Selbstachtung jungfräuliche Bande der Unterwürfigkeit webt, daß er, der an der Existenz klebt, der aber dennoch seine Leidenschaft und seine Unterstützung vor dem Gesetz niederlegt, wie eine süße Blume zu den Füßen des Shakya-Thub-Pa, daß er bei seiner Geburt ein Srotapatti wird. Die Siddhis der Perfektion mögen weit, weit entfernt scheinen; doch der erste Schritt ist gemacht, der Strom ist erreicht, und er mag den Blick des Bergadlers erlangen, das Gehör des furchtsamen Rehs.

Es erscheint beinahe als eine übertriebene Behauptung, daß Srotapatti so einfach erlangt werden kann, und ich kenne keine kanonisch buddhistische Autorität, die diese Aussage bestätigt. (Ein Srotapatti wird in sieben weiteren Inkarnationen zum Arahat. »Siddhis« - magische Kräfte.)

57. Sage ihm, oh Aspirant, daß wahre Anbetung ihm das Wissen zurückgewinnen kann, das Wissen seiner vorherigen Geburten. Deva-Sicht und Deva-Gehör werden nicht in einem kurzen Leben erlangt.

Das Versprechen in diesem Vers ist weniger schwierig zu glauben. Mit »wahre Anbetung« ist eine Anbetung gemeint, die nicht von ihrem Objekt abhängig ist. Die höchste Art der Liebe fragt nicht nach Wiedergutmachung. Dennoch ist die Aussage, daß »Deva-Sicht« und »Deva-Gehör« nicht in einem kurzen Leben erlangt werden, fehlleitend, da dies zu bedeuten scheint, daß wenn du nicht mit ihnen geboren wurdest, du sie niemals erlernen kannst, was mit Sicherheit unwahr ist. Es steht jedem, jedem, der sie erlangt hat, frei, zu sagen, daß er sie in einer vorhergehenden Existen Zerlangt haben muß. Aber ein dümmeres Argument kann man sich kaum vorstellen. Es ist eine ex-cathedra Aussage und sie wirft die gleiche

Frage auf und sie beinhaltet den gleichen Trugschluß, der von jenen gezogen wird, die annehmen, daß ein unerschaffener Gott ein unerschaffenes Universum erklären kann.

58. Sei bescheiden, wenn du Weisheit erlangen möchtest.

Mit Bescheidenheit ist die Bescheidenheit des Wissenschaftlers gemeint.

59. Sei noch bescheidener, wenn du die Weisheit gemeistert hast.

Dies ist lediglich eine Paraphrase von Sir Isaac Newton's Bemerkung über das Kind, das Muscheln sammelt.

60. Sei wie der Ozean, der alle Ströme und Flüsse empfängt. Des Ozeans mächtige Ruhe verbleibt unbewegt; sie fühlt sie nicht.

Dieser Vers hat viele mögliche Interpretationen. Aber seine Hauptbedeutung ist die, daß du das Universum annehmen solltest, ohne von ihm beeinflußt zu werden.

61. Zügele durch deine Göttlichkeit dein niederes Selbst.

»Göttlich« bezieht sich auf Tiphareth (siehe THE EQUINOX).

62. Zügele dein Göttliches durch dein Immerwährendes.

»Immerwährendes« bezieht sich auf Kether. In diesen zwei Versen wird der Pfad in beinahe kabbalistischer Sprache erklärt.

63. Ja (sic)[46] *groß ist er, der Schlächter des Verlangens.*

Mit »Verlangen« ist wiederum »Anziehung« im technischen, buddhistischen Sinne gemeint. Das Gesetz der Gravitation ist das universellste Beispiel für eine solche Tendenz.

64. Größer noch der, dessen Selbst-Göttlichkeit jegliches Wissen vom Verlangen erschlagen hat.

Dieser Vers bezieht sich auf ein Stadium, in welchem der Meister das Gesetz von Ursache und Wirkung überwunden hat. Die Worte »Selbst-Göttlichkeit« sind etwas mißleitend in Anbetracht des Sinnes, in welchem sie zuvor benutzt wurden.

65. Bewache dein Niederes, damit es nicht verschmutze dein Höheres.

---

[46]Im Englischen »Aye« [A.d.R.].

Dem Studenten wird gesagt, daß er das Niedere »bewachen« soll. Das ist gleichbedeutend damit zu sagen, daß er es bewahren und auf jede mögliche Art und Weise stärken soll und ihm niemals erlauben soll, ungebührlich zu wachsen oder seine Begrenzungen zu überschreiten.

66. Der Weg der letztendlichen Freiheit ist in euch Selbst.

In diesem Vers finden wir »Selbst« identifiziert mit dem Universum.

67. Dieser Weg beginnt und endet außerhalb des Selbst.

Das Ego, d.h., das, was dem Nicht-Ego entgegensteht, muß zerstört werden.

68. Ungepriesen von Menschen und bescheiden ist die Mutter aller Flüsse in Tirthika's stolzem Blick; leer die menschliche Form, obwohl gefüllt mit Amrita's süßen Wassern im Angesicht der Narren. Für alle ist der Geburtsort der heiligen Flüsse das heilige Land. Und er, der Weisheit hat, wird von allen Menschen verehrt.

Dieser Vers scheint eine lokale Metapher auszudrücken. Und da Mme. Blavatsky niemals Tibet besucht hat, ist die Metapher obskur und die Geographie zweifelhaft.

69. Arhane und Weise der grenzenlosen Vision sind selten, wie die Blüten des Udumbara-Baumes. Arhane werden zur Mitternachtsstunde geboren, zusammen mit der geheiligten Pflanze der neun und der sieben Stengel, der heiligen Blume, die sich in der Dunkelheit öffnet und blüht aus dem reinen Tau und auf gefrorenem Bette schneebedeckter Höhen, Höhen, die kein sündhafter Fuß betritt.

Wir finden die talentierte Autorin wiederum in Schwierigkeiten, diesmal mit der Botanik. Mit der »grenzenlosen Vision« ist nicht das dumme Siddhi gemeint, sondern eine der Formen des Samadhi, vielleicht das auf die Schlange Ananta, die große grüne Schlange, die das Universum umgibt.

70. Kein Arhan, oh Lanoo, wird dazu bei der Geburt, da die Seele zum ersten Mal nach der letzten Befreiung verlangt. Doch, oh du Ängstlicher, keinem Krieger, der freiwillig nach dem Kampf sich drängt im rasenden Streit der Lebenden und Toten, keinem Rekrut kann jemals das Recht verweigert werden, den Pfad zum Schlachtfeld zu betreten. Denn, er soll entweder siegen oder er soll versagen.

Es ist höchst wichtig, daß der Meister keinen Schüler zurückweist, ebenso, wie es im Liber Legis geschrieben steht. Er muß lehren, aber er kann die Prüfungen schwer machen. Vergleiche ebenso den 13. Aethyr in Liber 418, worin gezeigt wird, daß Nemo keine Möglichkeit hat zu entscheiden, welche seiner Blumen die wirklich wichtige ist, obwohl versichert wird, daß sie eines Tages alle blühen werden.

71. Ja, wenn er erobert, wird Nirvana ihm gehören. Bevor er seine Schatten hinfortschleudert, seine sterblichen Windungen, jenen schwangeren Grund der Pein und des unbegrenzten Schmerzes - werden die Menschen in ihm einen großen und heiligen Buddha verehren.

Die Worte »Sterbliche Windungen« legen eher Stratfort-On-Avon nahe, denn Lhasa. Die Bedeutung dieses Verses ist etwas obskur. Sie ist, daß der Eroberer früher oder später als ein Buddha erkannt wird. Dies ist nicht wahr, aber das macht nichts. Mein Gott! wenn jemand »Erkenntnis« von »Menschen« möchte! Hilfe!

72. Und wenn er fällt, selbst dann fällt er nicht in Verzweiflung. Die Feinde, welche er in seiner letzten Schlacht erschlug, erwachen bei der nächsten Geburt nicht wieder zum Leben. Dessen wird er gewiß sein.

Weiterer Ansporn fortzuschreiten. Denn obwohl du nicht alles erlangst, werden dich dennoch die Feinde, welche du geschlagen hast, nicht wieder attackieren. Faktisch ist dies kaum wahr. Die Schlacht muß nahezu vollständig gewonnen sein, damit es so sein kann. Aber sie kehren sicherlich nur mit viel geringerer Intensität zurück. Vergleichbar ist die graduelle Immunisierung der Männer gegen die Syphilis, welche eine besonders fatale Krankheit war, als sie aufkam. Heute haben wir sie alle in unserem Blut und sind (bis zu einem gewissen Ausmaß zumindest) gegen die Damen geschützt.

73. Aber, wenn du Nirvana zu erreichen wünschst, oder den Preis von dir schleudern willst, laß nicht die Früchte des Handelns und des Nichthandelns dein Motiv sein, oh du von unerschrockenem Herzen.

Dieser Vers ist wiederum sehr obskur wegen seiner Überladung. Die »Frucht« und der »Preis« beziehen sich beide auf Nirvana.

74. Wisse, daß der Bodhisattwa, der Befreiung gegen Verzicht tauscht, um das Elend des »geheimen Lebens« zu tragen, der »Dreifach Geehrte« genannt wird. Oh du Kandidat der Klage durch alle Wiederkehr.

Dieser Vers muß als ein Angebot der Einführung des Titels des »Dreifach Geehrten« an den Bodhisattwa interpretiert werden. Es ist lediglich eine beredte Aufforderung an den Kandidaten. Das über Klage Gesagte ist ekelhaft. Es erinnert an eine Adlige bei Dickens, die auch schon bessere Tage gesehen hat.

75. Der PFAD ist eins, Schüler, wenn auch am Ende zweifältig. Die Stufen sind durch vier und sieben Portale markiert. An dem einen Ende - unmittelbarer Glanz und an dem anderen - verzögerter Glanz. Beide sind die Belohnung für Verdienst; die Wahl ist dein.

Die »vier und sieben Portale« beziehen sich auf 1. die vier Stufen, die in Arhat enden und 2. die Portale, auf welche im dritten Fragment Bezug genommen wird.

76. Die Eins wird zur Zwei, das Offene und das Geheime. Das Erste führt zum Ziel, das Zweite zum Selbstopfer.

Die offensichtliche Bedeutung des Verses sollte genommen werden. Jedoch muß ich den Leser wiederum warnen anzunehmen, daß »Selbstopferung« irgendetwas mit Sir Philip Sidney oder dem Sati von Brahmin's Witwe zu tun hat.

77. Wenn dem Permanenten das Veränderliche geopfert wird, ist der Preis dein: der Tropfen kehrt dorthin zurück, woher er kam. Der offene PFAD führt zum wechsellosen Wechsel - Nirvana, dem ruhmreichen Stadium der Absolutheit, dem Glanz jenseits der menschlichen Gedanken.

78. So ist der erste Pfad BEFREIUNG.

79. Aber der zweite Pfad ist VERZICHT und wird deshalb der »Pfad der Klage« genannt.

Es ist bei weitem zuviel Emotionalität in diesem Teil der Abhandlung, obwohl dies ein Fehler der Sprache sein mag. Aber die Betonung der Kontemplation des Leidens des immerwährenden Universums ist unmännlich und unwissenschaftlich. Im praktischen Versuch, Leiden zu mildern, geht die Bewußtheit für das Leiden verloren. In Anbetracht der Doktrinen des Karma ist Streit kindisch. In einem Sinne kann Karma nicht einmal im Allerkleinsten, auf keine Art, beeinflußt werden, so daß alle Handlung in Wahrheit nicht Ursachen, sondern Wirkungen sind. In einem anderen Sinne hat Zoroaster Recht, wenn er sagt »Theurgen fallen nicht so tief, daß sie auf einer Stufe mit den Herden stehen, die dem Schicksal unterworfen sind.« Selbst, wenn der Wille nicht frei wäre, müßte er als frei angenommen werden oder das Wort verlöre seine Bedeutung. Es liegt jedoch eine weit tiefere Lehre in dieser Angelegenheit.

80. Dieser geheime Pfad führt den Arhan in unaussprechliche geistige Qual. Klagen um die lebenden Toten und hilflose Sorge um die Menschen mit karmischem Leid; die Weisen wagen nicht die Früchte des Karmas zu besänftigen.

Unaussprechliche geistige Qual - Quark! Wenn wir all dies au grand sérieux nehmen würde, müßten wir H.P.B. mit Sacher-Masoch gleichsetzen. Es scheint nicht, als hätte sie irgendeine Ahnung davon, was ein Arhan ist, sobald sie sich in eine dieser Orgien moralischer Selbstgeißelung stürzt! Lange bevor man ein Arhan wird, hat man sein Bewußtsein vollständig kuriert. Man weiß, daß es Widerspruch und Illusion ist. Man hat den Abyss durchschritten und die Realität erreicht, obwohl man nun wieder über den Abyss geschleudert wird - ebenso, wie es in Liber CDXVIII beschrieben steht - und durchaus normale geistige Erfahrungen macht. Sie werden jetzt nicht mehr länger ernst genommen, denn sie haben nicht die Kraft der Verführung.

Die Frage nach Weisen, die nicht wagen, die Früchte des Karmas zu beruhigen, stellt sich nicht. Ich weiß ehrlich gesagt nicht einmal, wie jemand es anfangen würde, eine »Frucht zu beruhigen«. Doch je weiser einer ist, desto weniger will er mit dem Gesetz in Konflikt kommen. Es findet sich ein spezieller Kommentar zu diesem Punkt in Liber Aleph. Die meisten Freuden im Leben und die meiste Erziehung im Leben werden durch überwindbare Hindernisse gegeben. Sport, einschließlich der Liebe, hängt von der Überwindung künstlicher oder imaginärer Widerstände ab. Golf wurde definiert als der »Versuch, einen kleinen Ball mit einem Satz von Instrumenten, die für diesen Zweck sehr schlecht geeignet sind, in ein Loch zu schlagen«. Im Schach ist man durch völlig künstliche Regeln gebunden. Die erfolgreichsten Kurtisanen sind solche, die die meisten Tricks beherrschen. Ich will nicht darüber argumentieren, ob diese Komplexität besser ist als der Weg des Tao. Es ist möglicherweise eine Perversion des Geschmacks, ein spiritueller Kaviar. Aber wie der Poet sagt:

Es mag dir seltsam erscheinen:
Tatsache ist - ich mag es!

81. Denn es steht geschrieben: »Lehre alle Ursachen zu vermeiden. Die kleine Welle der Wirkung, wie die große Flutwelle, sollst du auf ihrem Wege laufen lassen.«

Dieser Vers widerspricht scheinbar vollständig der langen Standpauke gegen Nichthandeln, denn die Angelegenheit jener, die zu Nichthandlung raten, ist es, zu verhindern, irgendeine innere Ursache aufsteigen zu lassen, so daß, wenn die alten Ursachen dies ausgearbeitet haben, nichts übrigbleibt. Aber dies ist unphilosophisch, denn jede Wirkung wird, sobald sie auftritt, zu einer neuen Ursache und ist immer gleich ihrer Ursache. Es gibt keine Verschwendung oder Dissipation. Wenn du ein Wasserstoffatom nimmst und es mit 100.000 anderen Atomen verbindest, bleibt es ein Wasserstoffatom und es hat keine seiner Qualitäten verloren.

Die Harmonie der Doktrinen des Handelns und des Nichthandelns muß im Weg des Tao gefunden werden. Man sollte tun, was für einen vollkommen natürlich ist. Aber dies kann nur getan werden, wenn das eigene Bewußtsein mit dem universellen oder phallischen Bewußtsein verbunden wird.

82. Der »offene Weg«, nicht früher habt ihr sein Ziel erreicht, wird euch dazu führen, den Bodhisattwa-Körper abzulegen und läßt euch eingehen in das dreifach ruhmreiche Stadium des Dharmakaya, welches der Abkehr von der Welt und von den Menschen für immer entspricht.

Die »Ich« genannte Ansammlung ist aufgelöst. Man »geht aus«, wie die Flamme einer Kerze. Aber ich muß bemerken, daß der Schlußsatz wiederum schmerzlich geozentrisch ist.

83. Der »geheime Weg« führt ebenso zum Paranirvanischen Glanz, doch erst am Ende ungezählter Kalpas; Nirvanas gewonnen und verloren aus grenzenloser Sorge und grenzenlosem Mitleid für die Welt getäuschter Sterblicher.

Dies ist durchaus widersprüchlich zu den buddhistischen Lehren. Buddha hatte sicherlich »Parinirvana«, wenn es so etwas gibt, obwohl, da Nirvana »Vernichtung« bedeutet und »Parinirvana« »vollständige Vernichtung«, bedarf es eines metaphysischeren Bewußtseins als meinem, um zwischen diesen beiden zu unterscheiden. Es ist durchaus sicher, daß Buddha keiner alten Kalpas bedurfte, um dorthin zu gelangen. Und anzunehmen, daß sich Buddha immer noch dort befindet, über die Welt wachend, degradiert ihn zu einem gemeinen Gott und es steht in plattem Widerspruch zu den Aussagen in der Mahaparinibbana Sutta, worin Buddha eindeutig erklärt, daß er sich entfernt und zwar auf die Art und Weise entfernt, welche nichts, was auch immer, zurückläßt. Und es vergleicht seinen Tod mit dem Auslöschen einer Lampe. Kanonischer Buddhismus ist sicherlich die einzige Sache, auf welche wir uns als Führer durch die Lehren des Buddha berufen können, wenn es jemals einen Buddha gab. Aber wir sind in keiner Weise daran gebunden, solche Lehren blind zu akzeptieren, wie groß unsere persönliche Verehrung für den Meister auch immer sein mag.

84. Doch wird gesagt: »Der Letzte soll der Erste sein.« Samyak Sambuddha, der Lehrer der Perfektion, gab sein SELBST auf für die Errettung der Welt, indem er an der Schwelle des Nirvana innehielt - im reinen Stadium.

Hier finden wir eine weitere metaphysische Schwierigkeit. Eine Art des Nichts wird, indem seine Freuden traurig angenommen werden, zu einer überlegenen Art des Nichts.

Daß Meister lehren, geschieht ohne Hoffnung auf persönlichen Fortschritt. Persönlicher Fortschritt hat seine Bedeutung verloren, lange bevor einer zum Meister wird. Und sie lehren auch nicht, weil sie so nette, freundliche Leute sind. Meister sind wie Hunde, die »bellen und beißen, aus ihrer Natur«. Wir wünschen keine Gegenleistungen, keinen Dank. Wir haben die Nase voll von dir. Aber wir müssen weitermachen.

Dieser Vers ist, so muß man annehmen, ein Versuch, die Dinge in einer Sprache auszudrücken, die ein Anfänger verstehen kann. Vgl. Kapitel 13 des Buches der Lügen, worin erklärt wird, wie jemand dazu gebracht wird, dem Pfad unter falschen Vorwänden zu folgen. Vergleiche ebenso die Geschichte vom Delphin und vom Propheten in Liber LXV:

37. Siehe! der Abyss der Großen Tiefe. Darin ist ein mächtiger Delphin, der mit der Kraft der Wogen seine Seiten peitscht.

38. Da ist auch ein Harfner aus Gold, der unendliche Töne spielt.

39. Dann entzückte das den Delphin, und er legte seinen Körper ab und wurde ein Vogel.

40. Der Harfner legte auch seine Harfe weg und spielte unendliche Töne auf der Panflöte.

41. Dann verlangte es den Vogel über alle Maßen nach dieser Wonne, und seine Flügel niederlegend, wurde er ein Faun des Waldes.

42. Auch der Harfner legte seine Panflöte beiseite und sang seine unendlichen Weisen mit menschlicher Stimme.

43. Dann ward der Faun in Entzücken versetzt und folgte weit mit; zuletzt schwieg der Harfner, und der Faun wurde Pan inmitten des Urwaldes der Ewigkeit.

44. Nicht mit Schweigen kannst du den Delphin bezaubern, oh mein Prophet!

85. Du hast das Wissen der zwei Wege. Deine Zeit der Wahl wird kommen, oh du eifrige Seele, wenn du das Ende erreicht hast und die sieben Portale durchschritten. Dein Bewußtsein ist klar. Nicht mehr wirst du berührt von täuschenden Gedanken, denn du hast alles gelernt. Entschleiert steht die Wahrheit und blickt dir streng ins Gesicht. Sie sagt dir: »Süß sind die Früchte der Ruhe und der Befreiung zum Wohle des Selbst. Aber süßer noch die Früchte von langer und bitterer Pflicht. Ja (sic)[47], Verzicht zum Wohle anderer, leidender Mitmenschen.«

86. Er, der Pratyeka-Buddha wird, gehorcht nur sich selbst. Doch der Bodhisattwa, der die Schlacht gewonnen hat, der den Preis in seiner Hand hält, und nun in seinem göttlichen Mitleid sagt:

87. »Zum Wohle der anderen erhielt ich diese große Belohnung.« - er vollendet den größeren Verzicht.

EIN ERRETTER DER WELT ist er.

[47] Im Englischen »Aye« [A.d.R.].

Und wiederum wird uns hier von der Süße der Früchte berichtet. Aber sogar zu Anfang muß der Magier, ohne auf irgendwelche Früchte zu schielen, arbeiten, und seine prinzipielle Methode besteht darin, irgendetwas, das ihm im Weg steht, zurückzuweisen. Wiederum ist all das über »zum Wohle« anderer und »leidende Mitmenschen« genau die Art sentimentalen Schwachsinns, die einen sicher macht, daß dieses Buch für die englische Öffentlichkeit und nicht für die tibetanische intendiert war. Der Sinn für Trennung von anderen wurde lange, lange Zeit zuvor aus dem Bewußtsein ausgelöscht. Der Buddha, der den größeren Verzicht leistet, ist ein Erretter der Welt - es ist das Hündische eines Hundes, das ihn hündisch macht. Es ist nicht die Tugend eines Hundes, hündisch zu sein. Ein Hund wird nicht hündisch durch Verzicht auf das Nichthündische. Es ist sicherlich wahr, daß du und ich eine Art des Buddha mehr schätzen, als eine andere Art des Buddha. Aber das Universum ist nicht in Übereinstimmung mit dem geformt, was du und ich mögen, wie Zoroaster sagt: »Das Fortschreiten der Sterne wurde nicht zu deinem Wohle erschaffen.« Und es gibt Zeiten, da ein Dhamma-Buddha über die Tatsache reflektiert, daß er nicht mehr und nicht weniger als irgendein anderes Ding ist und wünscht, er wäre tot. Das heißt, daß die Art Dhamma-Buddha, in welchem solche Gedanken notwendigerweise aufsteigen, so denkt; doch geschieht dies natürlich nicht, da es nicht in der Natur eines Dhamma-Buddha liegt, so etwas zu denken, und außerdem weiß er zuviel, um zu denken, daß es irgendwie natürlich sei, wenn es Arten von Dhamma-Buddhas gäbe, die so dächten. Aber er ist mit Sicherheit den Lobpreisungen und Anwürfen der »leidenden Mitmenschen« gegenüber ziemlich gleichgültig. Er wünscht ihren Dank nicht. Wir werden nun diese peinliche Angelegenheit abschließen.

88. Siehe! Das Ziel des Glanzes und der lange Pfad des Leides sind am äußersten Ende. Du kannst, oh Aspirant der Schmerzen, dir einen wählen, während der kommenden Zyklen.

Om vajrapani hum

Mit dieser eloquenten Passage schließt das Fragment. Es mag noch bemerkt werden, daß die Aussage »du kannst wählen« alles in allem der Form der Theorie des Determinismus, welche orthodoxer Buddhismus ist, entgegensteht. Jedoch wurde die Frage nach dem freien Willen in einer vorhergehenden Anmerkung diskutiert.

OM VAJRAPANI HUM. - Vajrapani war eine Art universelle Gottheit in einem vorhergehenden Manvantara, der einen Eid auf sich nahm:

»Bevor der Zyklus tiefste Dunkelheit erreicht,
Arbeite ich, daß jedes lebende Wesen
Die Kette aller Ursachen verläßt.
Wenn ich fehle, soll all mein Wesen zersplittern
In Millionen weit wirbelnder Scherben.«

Er fehlte natürlich und explodierte also; daher die Sterne.

Die sieben Portale

[Fragment III]

1. »Upadhaya, die Wahl ist getroffen, Ich dürste nach Weisheit. Nun hast du den Schleier vor dem geheimen Pfad geöffnet und das größere Yana gelehrt. [Mahayana, der Große Wagen; Ausdruck für den vom Hinduismus beeinflußten Buddhismus' Tibets.] Dein Diener hier ist bereit für deine Führung.«

Dieses Fragment scheint wiederum dazu gedacht, direkt auf das letzte zu folgen. Und nun sagt der Chela zum Guru, daß die Wahl getroffen ist. Offensichtlich bezieht sich dies nicht auf die große Wahl, auf welche sich Vers 88 in Fragment II bezieht. Man wird weiterhin verleitet zu vermuten, Mme. Blavatsky nähme an, Mahayana und Hinayana würden sich auf die eine oder andere Weise auf die zwei zuvor diskutierten Pfade beziehen. Sie tun es nicht. Die Methode der Exegese der Mme. Blavatsky bestand darin, in Abwesenheit tatsächlicher Information vorhandene Kommentatoren zu nehmen und sich gegen sie zu stellen, wobei ihr Standard das war, was die unbekannten Originale - ihrer Meinung nach - hätten gesagt haben sollen. Diese Methode spart viel Recherchearbeit und mit ein bißchen Glück sollte es im folgenden möglich sein, in den Originalen, wenn sie bekannt werden, Rechtfertigungen zu entdecken. Mme. Blavatsky wurde in dieser Methode bestätigt, weil sie die Angelegenheit tatsächlich besser kannte, als ein anderer Kommentator oder ein Original. Sie benutzte lediglich die orientalische Lehre, wie ein Straußenjäger die Haut eines toten Vogels benutzt. Sie war Odysseus und der Osten ihr hölzernes Pferd [Maha (groß) und Hina (klein) sind lediglich bedeutungslose Beiworte, die lediglich dazu dienen, den hinduisierten tibetanischen Buddhismus von kanonischem, singalesisch-burmesisch-siamesischem Buddhismus zu unterscheiden.]

2. Es ist gut, Shravaka, bereite dein Selbst, denn du wirst allein weiterreisen müssen. Der Lehrer kann nur den Weg aufzeigen. Der Pfad ist einer für alle, doch die Mühen, das Ziel zu erreichen, müssen mit den Pilgern variieren.

Hier wird angefügt, daß es viele Wege gibt, um das gleiche Ziel zu erreichen. Um einem Schüler zu helfen, sollte der Lehrer all diese Wege aus eigener Erfahrung kennen. Er sollte sie im Detail kennen. Es gibt eine Menge pietätvollen Getues um die meisten Lehrer - es ist sehr einfach zu sagen: »Sei gut und du wirst glücklich sein.« Ich befürchte, daß selbst dieses Buch von der Mehrheit seiner Bewunderer als kaum besser aufgefaßt wurde. Was der Schüler wünscht, sind keine vagen Generalisierungen über Tugend, keine Analysen des Nirvana und Ausführungen in hinduistischer Metaphysik, sondern eine klare, zielstrebige Aussage von praktischem Charakter. Wenn ein Mensch meditiert und sich selbst durch eine spezielle Art von Gedanken gestört findet, wünscht er nichts über den Ruhm Buddhas, die Fortschritte des Dhamma und die brüderliche Pietät der Sangha zu wissen. Er will wissen, wie diese aufsteigenden Gedanken anzuhalten sind. Und die einzige Person, die ihm dabei helfen kann, ist ein Lehrer, der selbst mit denselben Gedanken zu tun hatte und in seinem eigenen Fall gelernt hat, sie anzuhalten. Auf einen Lehrer, der seine Angelegenheit tatsächlich kennt, kommen letztendlich Zehntausend, die schönklingende Platitüden von sich geben. Ich wünsche, keine Namen zu nennen, aber Annie Besant, Prentice Mulford, Troward, Ella Wheeler Wilcox, usw. herunter - geradewegs herunter - bis zu Arthur Edward Waite treten sofort ins Bewußtsein. Was nicht ins Bewußtsein tritt, sind die Namen von Leuten, die heutzutage leben und ihre Angelegenheiten aus Erfahrung kennen. Der späte Swami Vivekananda kannte die seinen. Sabapaty Swami ebenso. Shri Parananda Swami ebenso, doch über all diesen steht natürlich Bhikkhu Ananda Metteya. Außer diesen kann man sich keinen denken, außer dem ziemlich zurückhaltenden Rudolf Steiner, der praktische Kenntnis des Pfades verrät. Der Weg zu entdecken, ob ein Lehrer irgendetwas darüber weiß oder nicht, besteht darin, die Arbeit selbst zu tun und zu sehen, ob dein Verständnis von ihm sich verbessert oder ob er dich in der Stunde deines Bedürfnisses mit Bemerkungen über Tugend abspeist.

3. Welchen willst du wählen, oh du von unerschrockenem Herzen? Den Samtan der »Augendoktrin«, das vierfältige Dhyana oder willst du deinen Weg durch Paramitas schlagen, sechs an der Zahl, noble Tore der

Tugend, die zu Bodhi und zu Pragnya führen, dem siebten Schritt der Weisheit?

Man darf nicht annehmen, daß die Pfade, welche hier angegeben werden, vollständig sind. Allem Anschein nach bläst der Schreiber immer noch auf denselben beiden alten Pfaden. Es erscheint, daß »vierfältiges Dhyana« lediglich ein Anhängsel des Wortes Samtan ist. Es gibt jedoch acht, nicht vier, wovon vier niedrig genannt werden und vier hoch. Sie sind definiert in Rhys-David's »Buddhismus«, 174-176.

Der Buddha schritt kurz vor seinem Tod durch all diese Stufen der Meditation, welche in dem hier zitierten Abschnitt beschrieben werden:

»Dann wies der Gesegnete die Brüder an und sagte: »Sehet, Brüder, ich mahne euch und sage: »Verfall wohnt inne allen zusammengesetzten Dingen! Arbeitet euer Wohl mit Fleiß aus!

»Dies war das letzte Wort des Tathagata!

»Dann ging der Gesegnete in das erste Stadium tiefer Meditation ein. Und aus dem ersten Aufstieg ging er in den zweiten über. Und als er aus dem Zweiten aufstieg, ging er in das Dritte über. Und als er aus dem Dritten aufstieg, ging er in das Vierte über. Und als er aus dem vierten Stadium tiefer Meditation aufstieg, ging er in das Stadium der Bewußtheit ein, welchem lediglich die Unendlichkeit des Raumes präsent ist. Und als er aus der reinen Bewußtheit der Unendlichkeit des Raumes aufstieg, ging er in das Stadium der Bewußtheit ein, dem lediglich die Unendlichkeit des Gedanken gewahr ist. Und als er aus der reinen Bewußtheit der Unendlichkeit des Gedankens aufstieg, ging er in das Stadium der Bewußtheit ein, dem überhaupt nichts im Speziellen gewahr ist. Und als er aus dem Stadium der Bewußtheit keines speziellen Objektes aufstieg, fiel er in das Stadium zwischen Bewußtheit und Unbewußtheit. Und als er aus dem Stadium zwischen Bewußtheit und Unbewußtheit aufstieg, verfiel er in ein Stadium, in welchem die Unbewußtheit der Wahrnehmungen und der Ideen vollständig verschwunden war.«

Was für ein Unrat! Hier haben wir einen Mann, der keine Erfahrungen mit den Stadien hat, welche er zu beschreiben versucht, denn Prof. Rhys-David's, obwohl er der Tugenden viele hat, ist nicht Buddha. Und dieser Mann versucht, hochtechnische Terme in eine Sprache zu übersetzen, in welcher diese technischen Terme nicht nur kein Äquivalent haben, sondern nichts im entferntesten Greifbares, was man als ein Äquivalent verwenden könnte. Dies ist charakteristisch für praktisch alle Schriften über östliches Gedankengut. Gewünscht war ein Meister irgendeiner Sprache des Okzidents, um die Erfahrungen des Ostens zu erlangen, indem er die Praktiken des Ostens ausübt; seine eigene Erfahrung, in Worte gefaßt, würde eine bei weitem bessere Übersetzung orientalischer Arbeiten über dieselbe Angelegenheit darstellen, als irgendeine Übersetzung, welche ein Gelehrter erstellt. Ich bin geneigt zu denken, daß dies Blavatskys Methode war. Eine so offensichtliche Fälschung wie dieses Buch, beinhaltet nur soviel Wahrheit und Weisheit, weil dies der Fall ist. Der Meister, sowohl der Sprache als auch der Erfahrung, ist jedoch aufgestiegen. Es ist der Meister Therion, das Tier 666, der Logos des Aeons, dessen Wort ist »Tu was du willst, soll sein das Ganze des Gesetzes«.

4. Der rauhe Pfad des vierfältigen Dhyana windet sich bergauf. Dreimal groß ist er, der die luftigen Höhen erklimmt.

5. Die Paramita-Höhen werden von einem noch steileren Pfad gekreuzt. Ihr habt euch euren Weg durch die sieben Portale zu kämpfen, sieben Festungen, gehalten durch grausame, gewitzte Mächte - inkarnierten Leidenschaften.

Die Unterscheidung zwischen den zwei Pfaden ist nun offensichtlich. Der des Dhyana ist intellektuell oder man könnte besser sagen, mental. Der des Paramita ist moralisch. Aber es mag eine gute Frage sein, ob diese Pfade sich gegenseitig ausschließen, ob ein guter Mann immer ein Idiot ist und ein kluger Mann immer ein Betrüger, um die Antithese auf einer niedereren Ebene darzustellen. Denkt wirklich irgendjemand, daß man überlegene mentale Kontrolle erlangen kann, wenn es »sieben grausame, gewitzte Mächte, inkarnierte Leidenschaften« gibt, die ihn hindern? Tatsache ist, daß diese Dichotomie des Pfades eher dramatisch ist, als auf Erfahrung basierend.

6. Sei guter Stimmung, Schüler, trage im Bewußtsein die goldene Regel. Einst durchschrittest du das Tor Srotapatti »er, der eintrat in den Strom«; wenn einmal dein Fuß das Bett des nirvanischen Stromes berührt hat, ob in diesem oder irgendeinem zukünftigen Leben, hast du nur noch sieben weitere Geburten vor dir, oh du von adamantenem Willen.

Die Autorin sagt nichts darüber aus, was mit der »goldenen Regel« gemeint ist. Ein Srotapatti ist eine Person, die sich in einem solchen Stadium befindet, daß sie nach sieben weiteren Inkarnationen ein Arhan wird[48]. Im Buddhismus gibt es nichts über das freiwillige Auf-Sich-Nehmen von Inkarnationen, um der Menschheit zu helfen. Und natürlich täuscht das Gerede über »nirvanischen Glanz«, wenn man bedenkt, daß diese Qualität des Glanzes oder Ananda, die mit dem ersten Jhana aufsteigt, bereits verschwand, um im zweiten niemals wiederzukehren. Die gesamte Frage des Nibbana ist hoffnungslos durch Mondschein-Metaphysik, Mißinterpretation und falsche Tradition beeinträchtigt. Man muß sich daran erinnern, daß Nibbana lediglich das Pali-Wort ist, der vulgäre Dialekt für das Sanskrit-Wort Nirvana, und das Nirvana ein Stadium ist, das das Mokasha charakterisiert, welches die Befreiung ist, die aus dem Nirvikalpa-Samadhi resultiert. Aber nun wird Mokasha von den Hindus als Einheit mit dem Parabrahman definiert und Parabrahman ist ohne Quantität oder Qualität, keinem, wie auch immer gearteten Wechsel, unterworfen; vollständig jenseits von Manvantara und Pralaya; und so weiter. In einem Sinne ist er reiner Atman.

Der Buddhist weist Atman zurück und sagt, es gibt kein solches Ding. Deshalb gibt es für ihn kein Parabrahman. Es gibt wirklich Maha Brahama, der (letztendlich) Wechsel unterworfen ist, und, wenn das Karma, welches ihn zu Maha Brahama gemacht hat, erschöpft ist, als Schwein oder Pisacha reinkarnieren mag. Daher bedeutet Moksha nicht im geringsten Befreiung, denn Nirvana bedeutet Aufhören dessen, was sich, nach welch langer Zeit auch immer, ändern kann. Dies alles ist deutlich genug, aber dann geht der Buddhist weiter und nimmt das Wort Nibbana, um exakt das auszudrücken, was die Hindus mit Nirvana ausdrücken, streng daran festhaltend, daß es eindeutig unterschiedlich ist. Und das ist es in der Tat. Aber, wenn man weitergeht und fragt »Was ist es denn?«, findet man sich in beträchtlichen Schwierigkeiten. Es ist eine Schwierigkeit, welche ich nicht behaupten kann zu lösen, nicht einmal durch die Logik, welche oberhalb des Abyss erhalten wird. Ich kann jedoch die Schwierigkeit darstellen, indem ich ein

[48]Siehe Crowleys »Die drei Charakteristiken« in seinem »Schwert des Gesanges« für eine amüsante, aber erleuchtete Geschichte über dieses Stadium.

Gespräch darstelle, welches ich mit Bhikkhu Ananda Metteya im November 1906 führte, während ich in seinem Kloster außerhalb von Rangoon weilte. Ich argumentierte, daß Ergebnis die direkte Wirkung der Arbeit des Studenten wäre, und wenn er lange genug fortschreiten würde, müßte er Erfolg haben und könnte vernünftigerweise einen kausalen Zusammenhang zwischen seiner Arbeit und seinem Ergebnis folgern. Der Bhikkhu war bereit zuzugeben, daß dies auf so elementaren Stufen wie Jhana vorkommen mag, aber im Hinblick auf die Erlangung der Arhatschaft argumentierte er, daß es eher vom universellen Karma, als von dem durch den Aspiranten erschaffenen abhänge. Metaphysische Wortspielereien darüber, ob diese zwei Arten des Karma identisch wären, vermeidend, stellte er die Situation in folgender Art da. Es gibt zwei Räder. Das eine von ihnen ist das Rad des Nibbana und das andere das der Erlangungen des Adepten. Diese beiden Räder berühren sich lediglich in einem Punkt. Nun mag der Arhat den Umfang seines Rades, welcher den Gipfel seiner Erlangungen darstellt, so oft er will erreichen, doch solange er dies nicht in dem Moment tut, da dieser Punkt das Rad des Nibbana berührt, wird er kein Arhat werden und es ist deshalb notwendig für ihn, solange wie möglich an diesem Gipfel zu verbleiben, tatsächlich für immer, bis daß - vielleicht erst nach vielen Inkarnationen der Vollkommenheit - diese beiden Punkte übereinstimmen. Diese Perfektion betrachtete er nicht als die der spirituellen Erfahrung, sondern als die der Erlangung von Sila. Und mit Sila meinte er die strikte Beachtung aller Regeln, die der Buddha für den Bhikkhu niederlegte. Er fuhr damit fort, daß der Buddha offensichtlich sehr viel mehr Wert auf Tugend, als auf irgendeinen Grad spiritueller Erlangung legte und den Bhikkhu mit gutem Benehmen nicht nur über die Götter, sondern über den größten Yogi stellte (Für Buddhisten ist es offensichtlich, daß Hindu-Yogis, wie außerordentlich diese auch sein mögen, niemals Arhats sind). Er sagte, daß die Regeln, welche für Bhikkus niedergelegt wurden, die notwendigen Bedingungen schaffen. Ein guter Bhikkhu ohne spirituelle Erfahrung hat zumindest Chancen, während der schlechte Bhikkhu oder der Nicht-Bhikkhu, trotz Erlangung jeder Form des Samadhi, keine habe. Dieser Punkt ist sehr wichtig, denn nach dieser Theorie mag der Letztere nach all seinen Erlangungen durch alle Dhyana-Lokas und durch die Arupa-

Brahma-Lokas schreiten, dieses Karma erschöpfen, als Spirochaetes Pallida wieder inkarnieren und von vorne beginnen müssen. Und der tugendhafteste Bhikkhu mag so unglücklich sein, gerade eine Millionstel-Sekunde, bevor sein Punkt auf dem Umfang der Sphäre das Rad des Nibbana berührt, von der Tugend abzufallen, sie Zweimillionstel-Sekunden später wiedererlangen und doch die Arhatschaft unendlich lange aufgeschoben finden.

Ich sagte dann, oh höchst außerordentlicher Erklärer des guten Gesetzes, bitte erkläre mir den exakten Unterschied zwischen dieser Doktrin und der, welche wir von Shri Paranada hörten, daß die Erlangung von Samadhi, obwohl sie bis zu einem gewissen Grade von der Erlangung des Yogi abhängt, ebenso von der Gnade des Herren Shiva abhängt, und daß Yoga uns allen nichts nützen wird, bis der Herr Shiva geneigt ist, guter Stimmung zu sein. Da erwiderte der Bhikkhu mit einem dramatischen Flüstern, »es gibt keinen Unterschied, außer, daß das nicht Buddhismus ist«. Durch dieses Beispiel wird der Student verstehen, daß er sich besser keine Sorgen über Nibbana und seine Natur machen sollte, sondern sich darauf beschränken, seine Gedanken zu kontrollieren.

7. Siehe weiter. Was siehst du vor deinem Auge, oh Aspirant Gottgleicher Weisheit?

8. »Der Mantel der Dunkelheit liegt über der Tiefe der Materie; in seinen Falten bin ich gefangen. Unter meinem Blick vertieft er sich, Herr; unter dem Winken deiner Hand wird er vernichtet. Ein Schatten bewegt sich, kriechend wie die sich streckenden Schlangenwindungen... Er wächst, schwillt an und verschwindet in der Dunkelheit.«

In dieser Passage wird dem Lannoo eine bestimmte Vision gezeigt. Dies kann ein Adept tun, und manchmal ist es eine nützliche Methode.

9. Es ist der Schatten deiner Selbst außerhalb des PFADES, geworfen auf die Dunkelheit deiner Sünden.

Dieses charmante, poetische Bild sollte nicht buchstäblich genommen werden.

10. »Ja, Herr, ich sehe den PFAD. Sein Fuß im Schimmer, sein Gipfel verloren im strahlend Nirvanischen Licht. Und nun sehe ich die sich weiter verjüngenden Portale auf dem harten und dornigen Weg zu Gnyana.«

Dies setzt eine Vision fort, die nur zu schmerzlich an die farbigen Drucke breiter und enger Wege erinnert, die jenen Unglücklichen so bekannt sind, deren Geschäft sie durch Paternoster-Alleen führt.

11. Du siehst gut, Lanoo. Diese Portale führen den Aspiranten über die Wasser zu »dem anderen Gestade«. Jedes Portal besitzt einen goldenen Schlüssel, der ein Tor öffnet. Und diese Schlüssel sind:

Der Ausdruck »das andere Gestade« ist besonders unglücklich; und zwar wegen der Assoziationen im englischen Gemüt mit der Hymne, welche allgemein als »The Sweet bye and bye« bekannt ist, eine Metapher, welche kaum zu rechtfertigen ist. In buddhistischen Schriften wird von Nirvana zwar oft als einer Insel gesprochen, aber mir ist nicht eine Passage bekannt, in welcher die Metapher einen Ort am anderen Ende einer Reise bezeichnet. Hinzu kommt, daß die Metapher vermischt ist. Im letzten Vers erklomm er eine Leiter, nun geht er über die Wasser, doch weder auf Leitern, noch auf Wasserreisen schreitet man üblicherweise durch Portale.

12. 1. DANA. Der Schlüssel der Barmherzigkeit und unsterblichen Liebe.

2. SHILA, der Schlüssel der Harmonie in Wort und Handlung, der Ursache und Wirkung ausgleicht und keinen weiteren Raum für karmische Handlungen läßt.

3. KSHANTI, süße Geduld, die nichts beunruhigen kann.

4. VAIRAGYA, Gleichgültigkeit, der Freude und dem Schmerz gegenüber, besiegte Illusion, Wahrheit allein erkannt.

5. VIRYA, die makellose Energie, die sich ihren Weg zur überlegenen WAHRHEIT erkämpft, heraus aus dem Dunste irdischer Lügen.

6. DHYANA, dessen goldenes Tor, wenn einmal geöffnet, den Narjol zu den Gefilden des ewigen SAT führt und seiner unaufhörlichen Kontemplation.

7. PRAGNYA, der Schlüssel, welcher aus einem Menschen einen Gott macht, ihn als Bodhisattwa erschafft, als Sohn der Dhyanis. Solche sind die goldenen Schlüssel zu den Portalen.

Unterabschnitt 1: Barmherzigkeit und Liebe sind hier in ihrem technischen Sinne benutzt, Agape. »Liebe ist das Gesetz, Liebe unter Willen.« Beide, Agape und Thelema (Wille) addieren sich zur

93, welche sie kabbalistisch identifiziert. Diese Liebe ist nicht ein verworrenes Gefühl sentimentaler Art. Die Mehrheit der Leute von der Art christlicher Wissenschaft, der Theosophie, der Neuen Gedanken, denken, daß ein Bündel sonderbarer Gedanken, die Ströme von Liebe in sechs Ecken aussenden usw., ihnen hilft. Wird es nicht. Liebe ist eine reine Flamme, so geschwind und so tödlich wie der Blitz. Dies ist die Art der Liebe, derer der Student bedarf.

Unterabschnitt 2: Der »Schlüssel«, von dem hier gesprochen wird, ist deutlich erklärt in Thien Tao (in Konx Om Pax), doch gibt es dort eine von dieser Ebene getrennte Methode, die leicht durch das Equilibrium verstanden werden kann, durch das Dinge getan werden können, die keine Früchte tragen. Und diese Methode ist fast unmöglich zu erklären.

Am nächsten komme ich einer Art Verständlichkeit, indem ich sage, daß du beinahe dieselbe Art von Gefühl erlangst, wie wenn du dich selbst unsichtbar machst.

Shila steht in keinerlei Verbindung zu dem charmanten irischen Mädchen selben Namens.

Unterabschnitt 3: Die »Geduld«, von der hier gesprochen wird, scheint eine Courage sehr aktiver Art zu implizieren. Es ist die Qualität der Beharrlichkeit gegen alle Widerstände. Man darf nicht vergessen, daß Geduld (patience) von Patior (ich leide) abgeleitet ist. Aber besonders bei den Alten wurde Leid nicht als eine rein passive Funktion verstanden. Es war deutlich aktiv und intensiv erfreulich. Es gibt bestimmte Worte, die heute noch bestehen, in welchen die ursprüngliche Bedeutung dieses Wortes anklingt. Und durch Überlegung mag der Student die wahre und geheime Bedeutung dieser Passage erfahren: »Accendat in nobis Dominus ignem sui amoris et flammam aeternae caritatis.«, ein Satz mit jener subtilen Zweideutigkeit, welche die Alten als feinste Form des Geistreichen empfanden.

Unterabschnitt 4: Diese Indifferenz ist beinahe dasselbe wie das, von dem üblicherweise als Nicht-Verhaftung gesprochen wird. Die Doktrin wurde im Westen wiederentdeckt und wird üblicherweise benannt als »Kunst, um der Kunst willen«. Diese Qualität ist besonders im Yoga notwendig. In Zeiten des Stillstandes kommt der »Teufel« zu dir und überzeugt dich davon, daß ein Fortfahren in

Meditation oder Pranayama oder mit was auch immer du dich momentan beschäftigst, dich in in den Wahnsinn treiben wird. Er wird dir ebenso beweisen, daß es äußerst notwendig für deinen spirituellen Fortschritt ist, dich auszuruhen. Er wird erklären, daß du, durch das große Gesetz von Aktion und Reaktion, die Aufgabe, die du dir gestellt hast, durch etwas anderes ersetzen solltest, daß du, in der Tat, deine Pläne so oder so ändern solltest. Jeder Versuch, mit ihm zu argumentieren, wird mit Sicherheit in deiner Niederlage enden. Du mußt in der Lage sein zu erwidern: »Aber ich bin nicht im mindesten an meinem spirituellen Fortschritt interessiert; ich tue dies, weil ich in meinem Programm niederlegte, es zu tun. Es mag meinen spirituellen Fortschritt mehr hindern, als irgendetwas anderes in der Welt. Das macht nichts, ich werde glücklich immerwährend verdammt sein, aber ich werde meine Verpflichtung, Vereinbarung nicht in der kleinsten Einzelheit brechen«. Indem du das tust, gelangst du an das andere Ende und entdeckst, daß die gesamte Kontroverse Illusion war. Der eine wird blind, der andere muß sich seinen Weg durch einen Ozean aus Asphalt kämpfen. Hoffnung und Glaube sind nicht mehr. Alles, was getan werden kann, ist die Liebe, die ursprüngliche Quelle deiner Kraft, durch die Maske der Gleichgültigkeit zu schützen. Dieses Bild ist vielleicht etwas irreführend. Man darf nicht annehmen, daß die Gleichgültigkeit nur ein Mäntelchen ist; sie muß wahre Gleichgültigkeit sein. Verlangen jeder Art muß bereits besiegt sein, denn natürlich ist jeder Wunsch, so wie er ist, ein Faden an dir, um dich in eine Richtung zu ziehen. Und man muß sich daran erinnern, daß Nirvana (so wie es ist), ebenso wie die vierte Dimension im Raum, in keiner Richtung liegt.

Unterabschnitt 5: »Virya« ist, etymologisch gesehen, Männlichkeit. Es ist jene Qualität, welche gewöhnlich durch den Phallus symbolisiert wurde, und deren Wichtigkeit genügte, den Phallus zum universellen Symbol zu machen, getrennt von Gründen, die aus dem Lauf der Natur erstehen. Doch bestätigen diese die Wahl. Er ist frei - er hat einen eigenen Willen, durchaus unabhängig von dem bewußten Willen des Mannes, an dem er hängt. Er hat kein Bewußtsein. Er springt. Er hat keine Gedanken für irgendetwas anderes als seinen eigenen Zweck. Wieder und wieder kehrt dieses

Symbol in einem neuen Sinne als Typus des Idealen zurück. Er ist ein Symbol für sowohl den Anfang, als auch den Weg und das Ende. In dieser speziellen Passage ist er jedoch prinzipiell synonym mit Wille, und der Wille wurde so vollständig in Buch IV Teil II behandelt, daß es eine Menge Arbeit sparen wird, anzunehmen, daß dem Leser dieses Meisterstück bekannt ist.

Unterabschnitt 6: Auch dies wurde sorgfältig in Buch IV, Teil I beschrieben.

Es gibt einen Unterschied zwischen dem buddhistischen »Jhana« und dem Sanskritwort »Dhyana«. Obwohl das vorhergehende etymologisch eine Korruption des Nachfolgenden ist.

Der Drang nach Klassifikationen, welcher von den stumpfen Gemütern der Gelehrten Besitz ergriffen hat, war im Osten besonders verderblich. Um zu erreichen, Bewußtseinszustände in 84 Klassen zu teilen, was - zu ihrer Einfältigkeit! - ein Ding an sich ist, da 84 gleich sieben mal zwölf, zögern sie nicht, Namen für völlig imaginäre Bewußtseinszustände zu erfinden und dieselben Bewußtseinszustände mehrere Male niederzuschreiben. Dies führt zu extremen Schwierigkeiten im Studium ihrer Arbeiten über Psychologie und ähnliches. Der ursprüngliche Mensch, Buddha, oder wer auch immer er gewesen sein mag, grub aus seinem Bewußtsein eine ansehnliche Anzahl von Juwelen und die elenden Intellektuellen, die seine Arbeit editierten, fügten Glasstücke hinzu, um die Kette zu vervollständigen. Das Ergebnis war, daß viele Schüler dachten, die gesamte Psychologie des Ostens sei ein Bluff. Eine vergleichbare Bemerkung trifft auch auf die Philosophie des Westens zu, in welcher die Scholasten eine ähnliche Verwirrung produzierten. Immer noch erkennen die Leute nur zögerlich an, daß diese irgendeine wertvolle Arbeit vollbrachten und zitieren ihre Kontroversen, wie jene über die Anzahl von Engeln, die auf einer Nadelspitze tanzen können, als Beispiele für ihre völlige Albernheit und Vergeblichkeit. Tatsächlich ist es der Kritiker, der dumm ist. Die Frage nach den Engeln schließt die profundesten Überlegungen der Metaphysik ein, und um diese wogte die Schlacht. Ich vermute, daß die Kritiker sich die Scholasten vorstellen, wie sie darüber disputieren, ob die Anzahl 25 oder 26 sei, was ihre eigene Oberflächlichkeit durch die Leichtfertigkeit belegt, mit der sie dieselben

Qualitäten auf andere attribuieren. Jedoch wurde von den Pedanten eine Menge Unsinn begangen, und die Unterscheidungen zwischen verschiedenen Jhanas sagen westlichen Geistern nur wenig, auch jenen Menschen, die einige Erfahrungen mit ihnen haben. Allein die Frage der Fehlübersetzung macht die Mehrzahl buddhistischer Dokumente, wenn nicht wertlos, so doch zumindest unzuverlässig. Wir jedoch sehen dieses Buch als originale Arbeit von Blavatsky und brauchen uns nicht von irgendwelchen Zweifeln, tödlicher als jenen, ob ihre Beherrschung des Englischen vollkommen war, beeinträchtigen zu lassen; und in dieser Abhandlung, abgesehen von einigen offensichtlichen Sentimentalitäten und Bombastizismen, finden wir letztlich die Grundlage eines durchaus feinen Stils. Ich denke, daß sich das, was sie in diesem Unterabschnitt sagt, auf eine Unterweisung beziehen läßt, welche ich von meinem Guru in Madura erhielt, woraus sich ergab, daß ein bestimmter, für die Meditation hilfreicher Punkt im Körper existiert, der, wenn erst entdeckt, die Gedanken natürlich auf sich selbst zieht, so daß Schwierigkeiten bei der Konzentration verschwinden; und daß das Wissen um diesen besonderen Punkt vom Guru an seine fortgeschrittenen Schüler weitergegeben werden kann.

Unterabschnitt 7: Wir finden nun eine Verwirrung zwischen den Schlüsseln und den Toren. Die ersten fünf sind offensichtlich Schlüssel. Die letzten zwei scheinen, in Anbetracht der Aussagen im Text, Tore zu sein. Wir finden außerdem den Begriff Bodhisattwa in einem ziemlich unverständlichen Sinn. Wir werden diese Frage etwas später vollständiger diskutieren.

Die Dhyanis sind Götter von entweder der Art vollkommener Menschen oder von der Art, die man natürliche Götter nennen könnte, und die die Ewigkeit in endloser Kontemplation des Universums bewohnen. Der Meister des Tempels ist, in sich selbst, eine durchaus vergleichbare Person.

Narjol ist derjenige, der auf dem Pfad wandelt und kein Paraffin-Abführmittel.

13. Bevor du dich dem letzten nähern kannst, oh Weber deiner Freiheit, mußt du diese Paramitas der Vollkommenheit meistern - die transzendentalen Tugenden, 6 und 10 an der Zahl - entlang des ermüdenden Pfades.

Wir kehren nun zurück zu den Paramitas. Und diese Abhandlung schweigt augenscheinlich in Hinblick auf diese. Bedauert das jemand? Es ist nicht der Pfad, der ermüdend ist, es sind die Sermone auf dem Weg.

14. Denn, oh Schüler! Bevor du vorbereitet wurdest, deinem Lehrer von Angesicht zu Angesicht gegenüberzustehen, deinem MEISTER Licht zu Licht, was wurde dir gesagt?

Der alte Ärger kehrt wieder. Wir können nicht deutlich beschreiben, in welchem Stadium sich der Schüler in Hinblick auf irgendeinen Teil der gegebenen Instruktionen befinden soll.

15. Bevor du dich dem vordersten Tore nähern kannst, hast du zu lernen, deinen Körper von deinem Bewußtsein zu trennen, den Schatten zu zerstreuen und in der Ewigkeit zu leben. Dafür mußt du leben und alles einatmen wie alles, was du wahrnimmst, dich einatmet; zu fühlen, wie du selbst in allen Dingen weilst, alle Dinge in dir.

In Vers 13 wurde uns gesagt, die Paramitas zu meistern, bevor wir uns dem letzten Tor nähern. Nun greift der Autor auf das zurück, was wir zu tun haben, bevor wir uns dem ersten Tor nähern. Aber dies mag als eine Art Witz auf Seiten des Guru betrachtet werden. Der Guru hat eine anstrengende Zeit und amüsiert sich von Zeit zu Zeit damit, dem Schüler zu erzählen, daß er etwas offensichtlich Unmögliches tun muß, bevor er überhaupt beginnt. Dies steigert den Respekt des Schülers vor dem Guru und hilft ihm auf diese Weise, während zur selben Zeit sein Flair der Hoffnungslosigkeit äußerst belustigend ist - für den Guru. So stellen wir in diesem Vers fest, daß das letztendliche Resultat oder etwas, was diesem sehr ähnlich ist, als Qualifikation angegeben wird, die dem Anfangspunkt vorhergeht; als ob jemand einem blinden Mann mitteilt, daß er in der Lage sein müsse, durch Wände zu schauen, bevor er sein Augenlicht wieder erlangt.

16. Du sollst deine Sinne nicht eine Spielwiese aus deinem Geiste machen lassen.

Folgend auf die furchtbare Aufgabe aus Vers 15 kommt eine offensichtlich elementare Anweisung, welche man einem Anfänger gibt. Der beste Weg aus dem Dilemma ist, Vers 15 in einem sehr elementaren Sinne aufzufassen. Paraphrasieren wir diesen Vers. »Versuche, dich daran zu gewöhnen, deinen Körper und deinen Geist als getrennt zu betrachten. Binde dich an Ideen ewiger Wichtigkeit und versuche, dich nicht von der Idee irreführen zu lassen, das materielle Universum sei real. Versuche, die Einheit des Daseins zu realisieren.« Dies ist eine vernünftige und nützliche Anweisung, eine Art Skizze des Ziels. Es harmonisiert die emotionale und intellektuelle Konzeption dessen, was sich in der Folge als nicht real erweist.

17. Du sollst dein Wesen nicht vom WESEN - und dem Rest - trennen, sondern zur Tiefe des Ozeanes werden, zum Tropfen im Ozean.

Auch dies kann in einem elementaren Licht als so gesehen werden, daß es bedeutet: »Beginne sofort, die Wahrnehmung der Teilung zu zerstören.«

18. So sollst du in vollständiger Übereinstimmung mit all dem sein, was lebt. Trage die Liebe zu den Menschen im Herzen, als wären sie deine Bruderschüler, Schüler eines Lehrers, Söhne einer süßen Mutter.

Nun wird es klar, daß all dies in einem elementaren Sinne gemeint ist, denn Vers 18 ist wirklich wenig mehr, als eine Aussage darüber, daß ein leicht verstörbarer Bewußtseinszustand schlecht für die Meditation ist. Natürlich würde jeder, der wirklich wie gefordert »Liebe im Herzen trägt« etc. unter Hirnerweichung leiden. Das heißt, wenn man es im offensichtlich wörtlichen Sinne auffaßt. Es gibt einen reinen Weg der Liebe, doch es ist nicht diese alberne Bonbonsirupmasse.

19. Der Lehrer gibt es viele. Die MEISTERSEELE ist eine, Alaya, die universelle Seele. Lebe in diesem MEISTER, wie seine STRAHLEN in dir. Lebe in deinen Mitstreitern, wie sie DARIN leben.

Hier wird weiterhin die Abtötung der Wahrnehmung der Trennung angewiesen. Es ist eine Beschreibung der Natur von Atma, und Atma ist, wie anderswo dargestellt, keine buddhistische, sondern eine hinduistische Idee. Die Lehre besteht hier darin, alles auf Atma zu beziehen, um alles als eine Korruption des Atma zu erkennen, wenn du wünschst, aber als eine Korruption, welche unwirklich ist, weil Atma kein wirkliches Ding ist. Es gibt eine vergleichbare Anweisung in Liber Legis: »Machet da unter euch keinen Unterschied zwischen irgendeiner Sache und irgendeiner anderen Sache.« und du wirst gedrängt, die »Raumzeichen nicht zu verwechseln«, indem du sagst »sie sind eins« oder »sie sind viele«.

20. Bevor du auf der Schwelle des Pfades stehst; bevor du das vorderste Tor durchschreitest, mußt du die zwei in das Eine vereinen und das persönliche dem unpersönlichen SELBST opfern und so den »Pfad« zwischen den beiden zerstören - Antakarana.

Hier bemerken wir wiederum die Konfusion in Hinblick auf Vers 15 - denn die Zerstörung der niederen Manas impliziert eine nicht geringere Erlangung, als die eines Meisters des Tempels.

21. Du mußt vorbereitet sein, Dharma zu antworten, dem strengen Gesetz, dessen Stimme dich zuerst bei deinem Anfangsschritte fragen wird:

22. »Hast du alle Regeln befolgt, oh du mit hohen Hoffnungen?

»Hast du dein Herz und dein Bewußtsein auf das große Bewußtsein und Herz der ganzen Menschheit eingestellt? Denn wie des geheiligten Flusses rauschende Stimme, durch welche alle Töne der Natur widerhallen, so muß das Herz dessen, »der in den Strom eintritt« in Antwort auf jeden Seufzer und Gedanken von allem, das lebt und atmet, erbeben.«

Hier finden wir eine weitere Absurdität. Was ist der Sinn, einen Menschen bei seinem Anfangsschritte danach zu fragen, ob er alle Regeln eingehalten hat? Befände sich der Schüler in der besagten Lage, wäre er bereits sehr weit fortgeschritten, aber wenn wir natürlich die Ausdrücke

»Die Schwelle des Pfades«

»Das vorderste Tor«

»Der Strom«

als Äquivalent zu Srotapatti nähmen, würde die Passage an Verständlichkeit gewinnen. Aber gerade auf dem edlen achtfältigen Pfad sind die Schritte nebeneinander und nicht aufeinander folgend, sodaß, wie der Compte de Saint Germain, als er aus Berlin ausgestoßen wurde, man durch alle sieben Tore gleichzeitig gehen kann.

23. Schüler mögen verglichen werden mit den Saiten der seelenwiderhallenden Vina; die Menschheit mit ihrem Klangkörper, die Hand, welche sie anschlägt, mit dem Atem der GROSSEN WELT-SEELE. Die Saite, welche darin fehlt, auf des Meisters Berührung in angenehmer Harmonie mit allen anderen zu antworten, zerbricht - und wird fortgeworfen. So auch die kollektiven Bewußtseine der Lanoo-Shravakas. Sie müssen gestimmt werden auf das Bewußtsein des Upadhyaya - eins mit der Überseele - oder sie brechen durch.

Dies ist eine etwas hochtrabende Beschreibung - es ist kaum mehr, als ein Anraten der Fügsamkeit, eine ruhige Akzeptanz der Situation, wie sie ist und Hingabe an einen ultimaten sublimen Zweck. Die Frage des Durchschreitens des Abyss erhebt sich nun und wir kommen zu Überlegungen zu den Brüdern des linkshändigen Pfades.

24. Dies[49] tun die »Brüder des Schattens« - die Mörder ihrer Seele, der schreckliche Dad-Dugpa Clan.

»Die Brüder des Schattens« oder des linkshändigen Pfades sind sehr ausführlich in Liber 418 beschrieben. Der Exempt Adept hat, wenn er fortschreiten muß, die Wahl, entweder sich selbst, mit allem, was er hat und ist, in den Abyss zu werfen, oder sich selbst zu verschließen, um das zu tun, was er sich als Fortsetzung seiner persönlichen Enwicklung auf den ursprünglichen Linien vorstellt. Der letztere Weg führt ihn nicht durch den Abyss, sondern bindet ihn in Daath, der Krone eines falschen Lebensbaumes, bei dem die höchste Triade fehlt. Nun wird dieser Mensch auch als Schwarzmagier bezeichnet und eine große Verwirrung hat sich in Verbindung mit diesem Ausdruck ergeben. Sogar die Autorin, an ihrer Bemerkung gemessen, scheint die Angelegenheiten zu vermischen. Rotkappen und Gelbkappen[50] sind im allgemeinen unterhalb der Stufe, von der wir sprechen. Und vom Standpunkt des Meisters des Tempels gibt es wenig Unterschiede zwischen weißer und schwarzer Magie, so, wie sie ordinärerweise vom Mann auf der Straße verstanden wird, der sie danach unterscheidet, ob sie für ihn selbst hilfreich oder schmerzlich sind. Wenn ein Magier seine Kopfschmerzen heilt oder ihm einen guten Börsentip gibt, ist er ein weißer Magier. Verdächtigt er den Magier, Krankheit und ähnliches zu verursachen, ist er schwarz. Dem Meister des Tempels erscheinen beide Vorgehensweisen blind und stupide. Auf den unteren Stufen ist lediglich ein Weg richtig und der Rest ist falsch. Du mußt das Wissen

[49] Bezieht sich auf das Brechen der Saiten im vorhergehenden Vers. [A.d.R.]

[50] Rotkappen bzw. Gelbkappen sind die beiden Haupt-«Sekten« des tibetischen Buddhismus. [A.d.R]

von und die Konversation mit dem heiligen Schutzengel anstreben und natürlich alle anderen Dinge, die diesem Zweck nutzen; jedoch nichts darüber hinaus. Und natürlich ist es ein Mißbrauch, außer unter sehr besonderen Umständen, irgendwelche Wunder zu vollbringen, denn sie verschwenden die höchste Energie, welche für die Durchführung der Hauptaufgabe reserviert ist. Man wird sich daran erinnern, daß das Wissen von und die Konversation mit dem heiligen Schutzengel Tiphareth zugeordnet wird, während der Exempt Adept sich in Chesed befindet. Wie kann es dann geschehen, daß ein schwarzer Magier, ein Bruder des linkshändigen Pfades, jemals diesen Grad erreichen kann? Die Antwort wird im 11. Aethyr gegeben: Wenn ein Exempt Adept die Grenze des Abyss erreicht, verläßt ihn sein heiliger Schutzengel. Und dies ist der eine höchste Schrecken dieses Durchganges. Es erscheint außerordentlich, daß einer, der sich jemals des Wissens und der Konversation erfreut hat, danach herabfallen sollte in diesen blinden Horror, dessen Name Choronzon ist. Aber dies ist der Fall. Einige der Probleme oder besser Mysterien, welche damit verbunden sind, sind zu tief, um an dieser Stelle näher darauf einzugehen. Aber: Der hauptsächliche Punkt, an den man sich erinnern muß, ist, daß im äußeren Orden und im Kollegium der Adepten selbst, es nicht sicher ist, zu welchem Ende irgendwer gelangen mag. Der größte und heiligste der Exempt Adepten mag in einem einzigen Moment ein Bruder des linkshändigen Pfades werden. Und es geschieht aus diesem Grunde, daß die große weiße Bruderschaft keine essentielle Verbindung mit den niederen Zweigen, die dem Orden angeschlossen sind, erlaubt. Zur selben Zeit weisen die Brüder der A.·.A.·. niemanden zurück. Sie haben keine Einwände dagegen, daß irgendjemand beansprucht, einer von ihnen zu sein. Wenn er es tut, laß ihn dabei bleiben.

25. Hast du dein Wesen auf den großen Schmerz der Menschheit eingestimmt, oh Kandidat des Lichtes?

Du hast?... Du mögest eintreten.

Doch, bevor du einen Fuß auf den ermüdenden Pfad der Sorge setzt, ist es recht, wenn du zuerst die Fallen auf dem Weg erlernst.

. . . .

Es scheint, als wäre die Bedingung des Betretens des Pfades die Vision der Sorge; und natürlich könnte der gegenwärtige Kommentator verleitet werden, diese Theorie anzunehmen, denn in seiner eigenen Erfahrung war es die Vision der Sorge, welche ihn dazu antrieb, den ersten großen Eid auf sich zu nehmen. Er hatte ihm plötzlich die Wahrnehmung der drei Charakteristika präsentiert. Dies wird vollständig in Buch 4, Teil IV erzählt. Es ist ebenso offensichtlich, daß Streben Unzufriedenheit einer gewissen Art impliziert. Aber zugleich denke ich, daß es nicht in allen Fällen notwendig ist, daß diese Enttäuschung so bewußt und universell sein sollte, wie es in diesem Text impliziert zu sein scheint.

26. Bewaffnet mit dem Schlüssel der Nächstenliebe, der Liebe und der sanften Gnade seid ihr sicher vor dem Tor von Dana, dem Tor am Eingang des Pfades.

27. Siehe, oh glücklicher Pilger! Das Tor, das vor dir steht, ist hoch und weit, scheint einfach zu durchschreiten. Die Straße, die dort hindurchführt, ist gerade, glatt und grün. Sie ist wie eine sonnige Lichtung in eines dunklen Waldes Tiefe, ein Lichtpunkt auf der Erde, widergespiegelt aus Amitabha's Paradies. Dort singen Nachtigallen der Hoffnung und Vögel mit strahlendem Gefieder, gesetzt in grüne Käfige, den furchtlosen Pilgern Erfolg zusingend. Sie singen von den fünf Bodhisattwa-Tugenden, der fünffältigen Quelle der Bodhi-Kraft und von den sieben Stufen des Wissens.

28. Schreite weiter! Denn du hast den Schlüssel bei dir, du bist sicher.

Die Reihe von Punkten im Text (hinter Vers 25) scheint einen vollständigen Wechsel des Themas zu implizieren, obwohl das bei anderen Gelegenheiten nicht so war. Ich habe bereits eine der technischen Bedeutungen von Dana erklärt und unzweifelhaft scheint der Pfad in diesem Stadium anziehend zu sein. Man denkt an freudvolle Aufnahme in die Gemeinschaft der Adepten. Man geht beinahe wie ein Junge, der geht, um seine erste Liebe zu treffen.

Doch hier ist eine weitere Anspielung auf die Anfänge der Meditation, da alles so einfach scheint und gradlinig und alles so leicht und erfreulich. Da ist etwas intensiv Menschliches dabei. Menschen gehen frohen Mutes auf die gefährlichste Expedition.

29. Und auch zum zweiten Tor ist der Weg grün. Doch er ist steil und windet sich den Berg hinauf; ja, hoch zum steinigen Gipfel. Graue Nebel werden seine rauhen und steinigen Höhen überdecken, und alles dahinter wird dunkel sein. Wenn man geht, klingt das Lied der Hoffnung schwächer im Herzen des Pilgers. Das Zittern des Zweifels ergreift ihn nun und sein Schritt wird weniger stetig.

Dem letzten Kommentar folgend, bezieht sich diese Beschreibung des Pfades auf den Beginn von »Trockenheit« im Verlauf der Meditation.

30. Hüte dich davor, oh Kandidat. Hüte dich vor der Furcht, die sich ausweitet, wie die schwarzen und lautlosen Schwingen der Fledermaus der Mitternacht zwischen dem Mondlicht seiner Seele und dem großen Ziel, das schimmert weit entfernt.

Diese Passage scheint ebenso eine Beziehung zum früheren Leben des Studenten zu haben, daher wird er besonders vor der Furcht gewarnt. Furcht ist natürlich der erste Pylon, durch welchen man im ägyptischen System schreitet. Es ist daher wichtig, daß man sich sein Leben so arrangiert, daß man niemals einer Angelegenheit erlaubt, mit einer anderen zu kollidieren und daß man sich niemals Sorgen um sich selbst macht. Die Methode, welche in »Thien Tao« angegeben ist, ist die beste anzuwendende.

31. Furcht, oh Schüler, tötet den Willen und hält alle Handlungen an. Wenn unvollkommen in der Shila-Tugend, stolpert der Pilger, und die karmischen Kiesel verletzen seine Füße auf dem steinigen Pfad.

Dieser Einwand gegen die Furcht ist nicht der einzig offensichtliche. Furcht ist lediglich eines der Dinge, welche die Konzentration stören. Die Reaktion gegen Furcht führt zu übergroßer Tapferkeit. Alles, was die vollkommen unbewußte Einfachheit des eigenen Ganges stört, führt zu Verletzungen. Ärger dieser Art mag karmisch genannt werden, denn es sind Ereignisse in der Vergangenheit, welche eine Gelegenheit für Ärger auslösen.

32. Sei sicheren Fußes, oh Kandidat. In Kshanti's Essenz bade deine Seele; denn nun näherst du dich dem Portal mit diesem Namen, dem Tor der Standhaftigkeit und Geduld.

Wir kommen nun zum dritten Tor. Bemerke, daß dies eine weitere Verwechslung des Portals mit dem Schlüssel ist. Wie bereits zuvor gesagt, impliziert Geduld hier eher Selbstkontrolle - eine Haltung, sogar Gefälligkeiten abzulehnen, bis man für sie bereit ist.

33. Schließe deine Augen nicht, noch verliere deine Sicht auf Dorje (die Swastika). Mara's Pfeile zerschmettern stets den Menschen, der das Vairaga nicht erreicht hat.

»Schließe deine Augen nicht«, mag sich auf Schlaf oder Ekstase beziehen, vielleicht auf beide. Dorje ist die wirbelnde Kraft, welche jeden anderen Einfluß von sich selbst hinfortschleudert.

Vairaga ist eine sehr definite Stufe moralischer Stärke. Der Punkt ist der, daß es das eigene intensive Verlangen, Ekstase zu erlangen, ist, welche einen dazu bringt, sich ihr hinzugeben. Wenn man dies tut, wird man von der Illusion überwältigt, denn selbst die höchste Ekstase ist immer noch Illusion. In vielen Fällen ist das Ergebnis der Erlangung von Dhyana, daß die Arbeiter die Arbeit abbrechen. Vairaga ist eine Gleichgültigkeit, die sich allem mit Abscheu nähert. Es erinnert einen ziemlich an die Oxford-Manieren. Cambridge-Leute haben ebenfalls dieses Gefühl, aber denken, daß andere Leute nicht den Ärger wert sind, sich aufzuregen.

34. Hüte dich vor Erschütterung. Unter dem Atem der Furcht wird der Schlüssel von Kshanti rostig: der rostige Schlüssel verweigert das Öffnen.

Das Wort »Erschütterung« scheint zu implizieren, daß es sich hier um schwindelerregende Ekstase handelt. Und die »Furcht«, von der hier gesprochen wird, mag vielleicht die panische Furcht sein, möglicherweise ein Gefühl, analog zu dem, welches sogenannte »psychische Impotenz« erzeugt.

35. Je weiter du fortschreitest, in desto mehr Gruben werden deine Füße treten. Der Pfad, der weiterführt, ist durch ein Feuer erleuchtet, das Licht des mutigen Brennens in deinem Herzen. Je mehr man wagt, desto mehr soll man erhalten. Je mehr er fürchtet, desto mehr soll das Licht fahl werden, und dies ist die einzige Führung. Denn wie der züngelnde Sonnenstrahl, der auf dem Gipfel eines hohen Berges scheint, von der schwarzen Nacht gefolgt wird, wenn er erlischt, so ist es mit dem Herzenslicht. Wenn es erlischt, fällt ein dunkler, drohender Schatten von deinem eigenen Herzen auf den Pfad und fesselt deine Füße in Schrecken an diesen Punkt.

Es ist wahr, daß, je weiter einer fortschreitet, desto subtiler und tödlicher die Feinde sind, bis hinauf zur Überquerung des Abyss; und soweit man hier entscheiden kann, reicht die gegenwärtige Abhandlung nicht über Tiphareth hinaus. Es tut mir leid, daß ich an diesem Punkt bemerken muß, daß Mme. Blavatsky nun vollständig von ihrem eigenen Stil besessen ist. Sie verfällt bei weitem häufiger, als in den vorhergehenden Teilen dieser Abhandlung, in poetische und romantische Schwelgerei und in miltonische Inversion (ich beziehe mich hier nicht auf Lycidas). Konsequenterweise erhalten wir eine lange Passage über einen ziemlich offensichtlichen Punkt und die böse Persona oder der Bewohner der Schwelle wird eingeführt. Jedoch, der Platz ist angemessen genug. Dieser Bewohner ist Furcht - seine Form ist Zerstreuung. Es ist in diesem Sinne, daß Satan, oder besser Samael, eine vollkommen andere Person, der Ankläger der Brüder, der Teufel ist.

36. Hüte dich, Schüler, vor diesem tödlichen Schatten. Kein Licht, das vom Geiste scheint, kann die Dunkelheit der niederen Seele durchdringen, bis jeder selbstsüchtige Gedanke sie geflohen hat, und der Pilger sagt dieses: »Ich habe all diesen vorübergehenden Vorstellungen entsagt: Ich habe die Ursache zerstört: Schatten kann, als Wirkung, nicht länger sein«. Denn nun hat der letzte große Kampf, der letzte Krieg zwischen dem höheren und dem niederen Selbst begonnen. Siehe, das tatsächliche Schlachtfeld ist vom großen Krieg umschlungen und ist nicht mehr.

Das Zitat ist ausschließlich im Munde eines Buddha angemessen, von dem es genommen ist. An diesem Punkt sind das höhere und niedere Selbst vereint. Es ist ein Fehler, ihre Auseinandersetzung als Krieg darzustellen - es ist eine Hochzeit.

37. Aber wenn du erst das Tor von Kshanti durchschritten hast, ist der dritte Schritt genommen. Dein Körper ist dein Sklave. Nun bereite den Vierten vor, das Portal der Versuchungen, welche den inneren Menschen verführen.

Wir befinden uns nun, alles in allem, auf einer höheren Ebene. Die höheren und niederen Selbste sind zu Einem gemacht. Es ist dieses Eine, dessen weiterer Fortschritt von Tiphareth nach Binah nun beschrieben wird.

38. Bevor du dich diesem Ziel nähern kannst, bevor sich deine Hand zum Riegel des vierten Tores erhebt, mußt du alle mentalen Wechsel in deinem Selbst gemeistert und die Armee der gedanklichen Eindrücke erschlagen haben, die subtil und innewohnend, ungefragt in der Seele strahlend hellem Schrein kriechen.

Es sind die mentalen Wechsel und die eindringenden Gedanken, welche uns ablenken. Sie müssen in einem eher fortgeschrittenen Sinne verstanden werden, denn natürlich muß der Gedanke eher als diese erobert sein, das heißt, das Selbst muß von seinen Gedanken getrennt sein, so daß sie das Selbst nicht länger stören. Nun jedoch müssen die Festungsmauern niedergerissen und das Bewußtsein auf offenem Feld geschlagen werden.

39. Wenn du nicht von ihnen erschlagen werden willst, dann mußt du deine eigenen Schöpfungen unschädlich machen, die Kinder deiner ungesehenen Gedanken, nicht fühlbar, die um die Menschheit schwärmen, Nachkommenschaft und Erben des Menschen und seiner irdischen Güter. Du mußt die Leere der scheinbaren Fülle studieren, die Fülle der scheinbaren Leere. Die Vollständigkeit der scheinbaren Nutzlosigkeit. Oh furchtloser Aspirant, schaue tief in das Befinden deines eigenen Herzens und antworte. Kennst die Kräfte des Selbst, oh du, der du die äußeren Schatten durchschaust? Wenn nicht - dann bist du verloren.

Der Weg, die Gedanken unschädlich zu machen, führt über den Ausgleich der Widersprüche - dies ist die Bedeutung des Satzes »Du mußt die Leere der scheinbaren Fülle studieren, die Fülle der scheinbaren Leere.« Diese Angelegenheit wurde bis zu einem bestimmten Grad in »Der Soldat und der Bucklige« in EQUINOX Vol. I, Band 1[51] behandelt. Und viele andere Bezüge können in den Arbeiten von Mr. Aleister Crowley gefunden werden.

Eine wirkliche Identifikation des Selbst mit dem Nicht-Selbst ist notwendig.

40. Denn auf dem vierten Pfad wird die leichteste Brise von Leidenschaft oder Verlangen das stetige Licht auf den reinen weißen Mauern der Seele stören. Die kleinste Welle von Verlangen oder Ablehnung für Maya's illusionäre Gaben, entlang Antakarana - dem Pfad, der zwischen deiner

---

[51] In deutscher Sprache erschienen im Kersken-Canbaz-Verlag, Bergen.

Seele und deinem Selbst liegt, der Einfallstraße der Eindrücke, dem rüden Erwecker des Ahankara (der Fähigkeit, welche die Illusion genannt, Ego hervorruft) - ein Gedanke, so fließend wie der Blitz, wird dir deine drei Preise verwirken - die Preise, die du gewonnen hast.

Die Bedeutung wird wiederum durch die möchtegernpoetische Schreibweise sehr verwirrt, doch ist es durchaus klar, daß Verlangen irgendeiner Art diese besonders intellektuelle Meditation nicht stören darf; und natürlich ist das ganze Thema, der Bevorzugung irgendeines Dinges vor irgendeinem anderen Ding zu entsagen. Wenn gesagt wird, daß »ein Gedanke, so fließend wie der Blitz, dir deine drei Preise verwirken wird, die Preise, die du gewonnen hast«, heißt das nicht, daß, wenn dir in der Meditation ein Fehler unterläuft, du wieder als absoluter Anfänger von vorne beginnen mußt, und doch zerstört natürlich das Auftreten einer einzelnen Unterbrechung in einer Meditation für den Moment die Wirkung dessen, was direkt zuvor geschehen ist. Wann immer jemand auf kumulative Wirkung abzielt, ist etwas in dieser Art wahr. Man erhält eine Wirkung in der Art eines Leydenes Kruges; doch ist der Satz, wie er steht, irreführend, denn wie sie später in Vers 70 erklärt - »Jeder Fehler ist ein Erfolg und jeder ernsthafte Versuch gewinnt zu Zeiten seine Belohnung«.

41. Denn wisse, daß das EWIGE keinen Wechsel kennt.

Hier haben wir wiederum ein Subjekt »DAS EWIGE« und ein Prädikat »Kennender keines Wechsels«; die hinduistische Aussage ist identisch mit der buddhistischen, und die Identität wird durch eine verrückte Terminologie verdeckt. X = A sagen die Hindus. Y = A sagen die Buddhisten. X = Y wird furiengleich von beiden bestritten, obwohl diese beiden Gleichungen unsere einzige Informationsquelle über sowohl X als auch Y sind. Metaphysik war immer voll von solchen luftigen Gebilden. Wir müssen etwas Unsichtbares jenseits des Sichtbaren postulieren; und wenn wir das Unsichtbare als rundes Quadrat definieren, geraten wir in eines Streit mit unseren Mitprofessoren, die bevorzugen, es als einen quadratischen Kreis zu definieren. Der einzige Weg, dies zu vermeiden, besteht darin, diese Auseinandersetzung insgesamt bleiben zu lassen und nur der Konzentration Aufmerksamkeit zu schenken, bis die Zeit kommt, um mentale Phänomene ein für allemal durch eine solche Methode, wie die des Liber 474 in Angriff zu nehmen.

42. »Die acht schrecklichen Nöte gib für immer auf, wenn nicht, wirst du zur Weisheit sicher nicht gelangen und auch nicht zur Befreiung,« spricht der große Herr, der Tathagata der Vollkommenheit, »er, der in den Fußstapfen seiner Vorgänger folgte«.

»Die acht schrecklichen Nöte« sind die fünf Sinne, zuzüglich des dreifältigen Feuers von Lust, Haß und Eintönigkeit. Aber das Zitat ist nicht sehr geläufig. Ich bin mir sicher, daß er nicht »sicher« sagte.

43. Streng und zwingend ist die Tugend des Vairaga. Wenn du willst meistern ihren Pfad, mußt du dein Bewußtsein und deine Wahrnehmungen bei weitem freier von tödlicher Handlung halten, als zuvor.

Die Sprache wird vieldeutig. Das Wort »tödlich« ist, so nehme ich an, ein Adjektiv, das »fatal für den Zweck des Studenten« impliziert. Aber auch so scheint mir der Kommentar deplaziert. Auf diesem hohen Pfad sollte Handlung bereits harmlos sein; tatsächlich hatte der zweite Pfad dies als grundlegendes Ziel. Es ist recht schwierig, herauszufinden, was die Autorin tatsächlich von einem wünscht zu tun.

44. Du mußt dein Selbst mit reinem Alaya sättigen, eins werden mit dem Seelengedanken der Natur. Eins mit Ihm, bist du unbesiegbar; in Trennung von Ihm wirst du der Spielball des Samvritti, Ursprung aller Täuschungen der Welt.

Dies bedeutet, daß du Sympathie mit der universellen Seele der Natur erwirbst. Diese Seele der Natur, von der hier gesprochen wird, wird natürlich als vollständig gegensätzlich zu allem, was wir wirklich von der Natur kennen, vorgestellt. Tatsächlich wäre es schwierig, sie von einer pietätvollen Fiktion zu unterscheiden. Der einzige Grund, der angegeben werden kann, die Seele der Natur als rein, ruhig, freundlich und all den anderen Teegesellschafts-Tugenden entsprechend, anzunehmen, ist *Lucus a non lucendo.* In einer logischen Form: das Manifestierte ist nicht das Unmanifestierte; daher ist das Manifestierte das, welches das Unmanifestierte nicht ist. Die Natur, so wie wir sie kennen, ist dumm, brutal, hart, schön, extravagant und vor allem, das Gefäß oder Vehikel der unbegrenzten Energie. Durch Meditation gelangt man jedoch zu einer durchaus anderen Sicht der Natur. Viele der Dummheiten und Brutalitäten sind lediglich augenscheinlich. Die Schönheit, die Energie und die Majestät oder - wenn du das bevorzugst - die Liebe, verbleiben unbeeinträchtigt. Sie ist das erste umgedrehte Dreieck des Lebensbaumes.

Das, was von »Samvaritti«' gesagt wird, ist Unsinn. Die Vrittis sind Eindrücke oder Gründe für Eindrücke. Samvritti ist lediglich die Summe ebendieser.

45. Alles ist unbeständig im Menschen, außer der reinen, strahlenden Essenz des Alaya. Der Mensch ist dessen kristallener Strahl, ein makelloser Strahl des Lichtes darin, eine Form aus tönernem Material über der niederen Oberfläche. Dieser Strahl ist Lebensführer und dein wahres Selbst, der Wächter und der stille Denker, das Opfer deines niederen Selbst. Deine Seele kann nicht verletzt werden, außer durch deinen irrenden Körper; kontrolliere und meistere beide und du bist sicher, wenn du das nahende »Tor des Gleichgewichtes« durchquerst.

Hier finden wir Alaya identifiziert mit Atma. Der Rest des Verses ist zum größten Teil poetisches Nichts und es gibt keinen Hinweis auf die Bedeutung des Wortes »Seele«. Es ist eine vollständig absurde Theorie, den Körper als fähig anzusehen, der Seele Wunden zu schlagen, was hier offenbar gemeint ist. Die Definition von Atma enthält Unverletzlichkeit als beinahe erste und oberste Bedingung.

Dem Satz »kontrolliere und meistere beide« nach, müssen wir annehmen, daß die Seele, von der hier gesprochen wird, ein dazwischenliegendes Prinzip ist, mutmaßlich Nephesh.

46. Sei guten Mutes, oh tapferer Pilger »zum anderen Gestade«. Beachte nicht das Geflüster der Heere Mara's; fege die Versucher hinfort, diese Geister von böser Natur, die eifersüchtigen Llamayien im endlosen Raum.

Dieser Vers mag wiederum übergangen werden als zu leichtfertig der poetischen Diktion gefrönt. Ein gut kontrolliertes Bewußtsein sollte diesen Illusionen nicht erliegen. Und obwohl zugestanden werden mag, daß diese Dinge, obwohl Illusionen, mit einer bestimmten Realität korrespondieren, sollte alles Hinderliche bereits in einem früheren Stadium abgetan sein. In mentalen Auseinandersetzungen sollte kein Platz für Dämonen sein. Wenn mich meine Erinnerung nicht trügt, war das der einzige Ärger, den ich nicht hatte.

Der Grund mag möglicherweise darin liegen, daß ich alle externen Dämonen gemeistert hatte, bevor ich die Meditation aufnahm.

47. Bleibe standhaft! Du näherst dich nun dem mittleren Portal, dem Tor der Klage mit seinen 10.000 Fallstricken.

Es wird keine Erklärung dafür gegeben, warum das fünfte, das »Mittelportal« der Sieben genannt werden sollte.

48. Habe Meisterschaft über deine Gedanken, oh Strebender nach Vollkommenheit, wenn du seine Schwelle überschreiten willst.

Von hier bis Vers 71 folgt die lange Beschreibung dieses fünften Tores. Der Schlüssel dazu (man wird sich daran erinnern) war Virya. Dies ist Energie und Wille. Männlichkeit in ihrem geheimsten Sinne.

Es scheint recht nutzlos, dem Studenten in diesem Vers zu sagen, er solle Meisterschaft über seine Gedanken haben, denn er hat bei all den vorhergehenden Toren nichts anderes getan.

49. Habe Meisterschaft über deine Seele, oh Sucher, nach unsterblichen Wahrheiten, wenn du das Ziel erreichen willst.

Dem Schüler wird ebenso gesagt, Meisterschaft über seine Seele zu haben und wiederum gibt es keinen Hinweis darauf, was mit »Seele« gemeint ist.

Bhikkhu Ananda Metteya bemerkte einmal, daß es recht absurd sei, wenn Theosophen sich selbst als Buddhisten bezeichnen, denn der Buddhist hat keine Seele und der Theosoph, nicht einmal zufrieden damit, eine zu haben, besteht auf dem Besitz von sieben unterschiedlichen Arten.

Sollte Nephesh gemeint sein, nun, dies sollte natürlich vor langer Zeit gemeistert worden sein. Möglicherweise meint sie Neshamah. Wenn wir dies annehmen, wird die ganze Passage verständlich. Zu Beginn des Fortschrittes haben wir das automatische Ego, den animalischen Schöpfer oder Erhalter von Nephesh in Yesod, dem niedrigsten Punkt von Ruach; und die Heirat zwischen diesen beiden ist die erste Erneuerung. Nephesh ist Syrinx und Yesod ist Pan. Nephesh ist die Elemental-Seele, welche Erlösung und Unsterblichkeit sucht. Um diese zu erlangen, muß sie sich eine Seele erwerben, wie sie der Mensch besitzt. Nun wird vom Elemental gesagt, es habe Furcht vor dem Schwert mit seinem Kreuzgriff und vor dem Kreuz, das heißt vor dem Phallus, und diese Furcht wird Panische Furcht genannt. Dieser Begriff wiederum, ursprünglich eine individuelle Angelegenheit, wird auf den Mob angewendet, weil der Mob keine Seele hat. Eine große Zahl von Elementalen kann heutzutage in menschlicher Form gefunden werden. Sie sind beinahe immer Frauen, oder solche Männer, die keine Männer sind. Solche Wesen sind nachahmend, unverantwortlich und immer schockiert, ohne irgendeinen Standard von Wahrheit, obwohl häufig extrem logisch, kriminell, ohne einen Sinn für richtig und falsch und ebenso schamlos wie prüde. Wahrheit irgendeiner Art macht ihnen Angst. Sie hängen üblicherweise der Christian Science, den Spiritisten, den Theosophen oder was nicht alles an. Sie reflektieren die Persönlichkeit eines Menschen mit besonderer Leichtigkeit und bringen ihn manchmal dazu anzunehmen, sie wüßten, worüber sie reden. Levi bemerkt, daß »die Liebe des Magus für solche Wesen unvernünftig ist und ihn zerstören kann«. Er hatte einige. Diese Doktrin wird großartig in Wagners Parcifal dargestellt. Der Weg, solche Kreaturen zu befreien, liegt darin, ihnen zu widerstehen und ihr Weg der Befreiung ist der Weg des Dienstes an dem Menschen, der ihnen widerstanden hat. Wenn jedoch im richtigen Moment der Gekreuzigte, der Ausgedehnte, der Geheime Erlöser zustimmt, sie zu befreien und dies tun kann, ohne seine Kraft zu verlieren, ohne sich auf irgendeine Art und Weise an sie zu binden, ist ihr nächster Schritt vervollständigt und sie werden als Menschen wiedergeboren. Dies bringt uns zurück zu unserem Thema, denn der niedere Mensch, von dem wir immer noch sprechen, besitzt über Yesod fünf Formen des Intellektes und Daath, ihre Krone.

Wir kommen dann zu einer anderen Hochzeit auf einer höheren Ebene, die Befreiung von Malkuth durch Tiphareth, die Erlangung des Wissens von und der Konversation mit dem Heiligen Schutzengel.

Der nächste kritische Schritt ist die Opferung dieses gesamten Organismus an die Mutter, Neshamah, eine höhere Seele, welche spirituell ebenso dunkel und einsam ist, wie Nephesh es materiell ist. Neshamah ist jenseits des Abyss, hat nichts zu schaffen mit diesem Bräutigam, außer ihn zu absorbieren; und indem sie das Blut ihres Sohnes dem Allvater, der ihr Ehemann war, opfert, erweckt sie Ihn. Er für Seinen Teil vitalisiert die ursprüngliche Tochter und vervollständigt so den Zyklus. Auf der menschlichen Ebene nun ist der Allvater die wahre schöpferische Kraft, das reale Ego, von welchem alle Arten des bewußten Ego im Menschen lediglich Abbilder sind, und diese wahre kreative Kraft ist das Virya, von welchem wir nun sprechen.

50. Den Blick deiner Seele zentriere auf das eine, reine Licht. Das Licht, welches frei von Beeinflussung ist und benutze deinen goldenen Schlüssel.

. . . .

Virya ist das eine reine Licht, von dem in diesem Vers gesprochen wird. Es wird »frei von Beeinflussung« genannt. Es erschafft ohne Wunsch, einfach, weil es seine Natur ist zu erschaffen. Es ist diese Kraft des eigenen Selbst, welcher man sich in diesem Stadium bewußt werden muß.

51. Die ermüdende Aufgabe ist getan, deine Arbeit wohl bald getan. Der weite Abyss, der gähnte, um dich zu verschlingen, beinahe überwunden.

. . . .

Es sollte bemerkt werden, daß dieser Vers, sowohl oben als auch unten eine Reihe von Punkten hat. Es gibt eine geheime Bedeutung in Vers 51, welche jedem offensichtlich sein wird, der unseren Kommentar zu Vers 49 richtig verstanden hat. Die höchste Hochzeit, diejenige zwischen Neshamah und Chiah, ist geschlossen - wiederum auf eine andere Art!

52. Du hast nun den Graben überquert, der das Tor der menschlichen Leidenschaften umgibt.

Unter »menschliche Leidenschaften« muß jede Art von Anziehung verstanden werden, nicht nur grober Appetit - welcher bereits lange zuvor besiegt wurde, nicht durch Ausschluß, sondern durch Regulierung. Auf der Ebene des Bewußtseins selbst ist alles geordnet; jedes Ding wurde durch seinen Gegensatz ausgeglichen.

53. Du hast nun Mara erobert und sein rasendes Heer.

Der Sucher hat nun den Abyss durchschritten, wo Choronzon wohnt, dessen Name Legion ist. All dies muß sorgfältig in Liber 418 studiert werden.

54. Du hast nun den Schmutz aus deinem Herzen entfernt und unreine Wünsche ausgeblutet. Aber, oh du strahlender Krieger, deine Aufgabe ist noch nicht erfüllt. Baue hoch, Lanoo, die Mauer, die die heilige Insel hegen soll, den Damm, der dein Bewußtsein vor dem Stolz und der Befriedigung über Gedanken an die große vollbrachte Tat beschützt.

Hier ist wiederum eine dieser unglücklichen Passagen, welche dem Oberflächlichen die Vorstellung eingeben, daß die Aufgabe des Adepten aus Hunger besteht und darin, blaue Bänder zu tragen und das Rauchen aufzugeben. Der erste Absatz dieses Verses meint eher das Füllen des Kelches von Babalon mit jedem Tropfen des Blutes, was in Liber 418 erklärt ist.

Das höhere Ego - »Heilige Insel« - ist nicht das denkende Selbst. Es ist das »Zwergenselbst«, das Selbst, welches hinter dem Denken liegt. Der Aspirant befindet sich nun tatsächlich jenseits aller Gedanken, und dieses Gerede vom Erbauen einer hohen Mauer oder eines Dammes ist zu sehr Poesie, um einen Sinn zu ergeben. Was es bedeutet, ist: »Hüte dich, daß nicht das wiedererwachte Ego, Chiah, sich seiner Selbst bewußt wird, wozu es aufgrund seiner Hochzeit mit Neshamah fähig ist«.

Oder sollten wir sagen mit Nephesh? Denn der Organismus wurde nun zu vollständiger Harmonie in all seinen Teilen gebracht. Der Adept hat einen starken, gesunden, kräftigen Körper und ein nicht weniger vollkommenes Bewußtsein. Er ist eine andere Person als das schwache, verweichlichte, kohlkauende Opfer der Anämie, mit seinem Bewußtsein, dadurch, daß es vergessen hat, wie man denkt, das gewonnen zu haben, was es Emanzipation nennt. Sowenig, wie es je davon wußte! Nicht in einem solchen wird man den wahren Adepten finden. Lies Liber Legis, Kapitel II, Vers 24 und erkenne, wo man Einsiedler suchen muß.

55. Ein Sinn von Stolz würde die Arbeit beeinträchtigen. Oh, baue sie stark, damit nicht der heftige Ansturm kriegerischer Wellen, die gegen ihre Gefilde stürmen und schlagen, von Maya's großem Ozean der Welt und der Pilger die Insel verschlingen - ja, sogar, wenn der Sieg schon erlangt ist.

Wir erfahren nun deutlicher die Bedeutung dieser Passage. Ebenso, wie der Mann, um die Frau zu erobern, Zurückhaltung benutzte, so muß auch diese wahre Seele sich, sogar in diesem hohen Stadium, zurückhalten, obwohl sie sich vollständig aufgibt. Obwohl sie ohne Gedanken und ohne Wunsch erschafft, laß sie dies tun, ohne irgendetwas zu verlieren. Und weil die Kapitulation vollständig sein muß, muß sie sich vor der Ausdehnung, welche Stolz genannt wird, hüten, denn es heißt, die Dualität zu zerstören und Stolz impliziert Dualität.

56. Deine »Insel« ist das Reh. Deine Gedanken sind die Hunde, die seinen Lauf zum Strom des Lebens ermüden und verfolgen. Wehe dem Reh, welches durch die bellenden Feinde überwunden wird, bevor es das Tal des Refugiums - Dhyana-Marga - »Pfad des reinen Wissens« genannt - erreicht.

Einmal mehr bezieht sich die Passage auf den Abyss, wo die Gedanken die Oberhand haben. Es ist ein weiteres poetisches Bild und kein gutes. Außerordentlich, wie leicht sich diese unangreifbare Alaya-Seele erkälten kann. Es ist kein Schaden für diese, sondern deiner!

57. Bevor du dich in Dhyana-Marga niederlassen und es dein nennen kannst, muß deine Seele werden, wie eine reife Mangofrucht, so weich und süß, wie ihr goldenes Fruchtmark für den Jammer anderer; so hart, wie der Stein dieser Frucht für deinen eigenen Schmerz und deine Sorgen, oh Eroberer des Wohles und des Jammers.

Mehr Ärger, mehr poetische Bilder, mehr offensichtliche Sentimentalität. Die wahre Interpretation kann in dem alten Symbolismus dieser Hochzeit von Chiah und Neshamah gefunden werden. Chiah ist der Mann, sicher vor Verführung; Neshamah ist die Frau, die mit Schwäche überwunden wird. Doch in der täglichen Praxis mag die Bedeutung so erklärt werden: du selbst hast erobert, du wurdest vollkommen gleichgültig, vollkommen energetisch, vollkommen kreativ, doch, da du dich mit dem Universum vereint hat, wirst du dir akut bewußt darüber, daß dein eigener vorteilhafter Zustand nicht von dem, das du nun bist, geteilt wird. Es geschieht dann, daß der Adept sein Gesicht niederwendet und seine Formel von Solve zu Coagula verändert. Sein Fortschritt auf dem Pfad nach oben korrespondiert nun exakt mit seinem Fortschritt auf dem Pfad nach unten; er kann sich nur selbst retten, indem er andere rettet, denn wenn dies nicht so wäre, wäre er kaum besser als der, der sich selbst im schwarzen Turm der Illusion abschließt, der Bruder der linken Hand, der Klingsor des »Parsifal«.

58. Mache deine Seele hart gegenüber den Fallstricken des Selbst; verdiene für sie den Namen der »Diamant-Seele«.

Hier liegt eine weitere Verwechslung vor, denn die Worte »Seele« und »Selbst« wurden zuvor mit der exakt entgegengesetzten Bedeutung benutzt. Wenn diesem Vers und Vers 59 überhaupt irgendeine Bedeutung zugewiesen werden kann, so ist es dieser Fortschritt hinab, der Fortschritt des Erlösers der Sonne, wie er vom Zenit herniedersteigt, oder von der Sommersonnenwende zu seiner Verdammung schreitet, der eine freiwillige Absorption des Todes sein muß, um ihn zum Leben zu verwandeln. Nie wieder darf der Adept von seinen Eindrücken betrogen werden, obwohl es diesen Teil von ihm gibt, der leidet.

59. Denn wie der Diamant, der tief im pochenden Herzen der Erde vergraben ist, nie das irdische Licht zurückspiegeln kann, so sind dein Bewußtsein und deine Seele; geworfen in Dhyana-Marga dürfen diese nichts aus den illusionären Gefilden des Maya spiegeln.

Es ist nun offensichtlich, daß eine höchst unglückliche Metapher gewählt wurde. Ein Diamant ist von keinem großen Nutzen, wenn er tief im pochenden Herzen der Erde begraben ist. Der rechte Platz für einen Diamanten ist der Hals einer Kurtisane.

60. Wenn du dieses Stadium erreicht hast und die Portale, die du auf dem Pfad erobern mußt, ihre Tore weit aufschwingen, um dich passieren zu lassen und die stärksten Mächte der Natur keine Macht besitzen, deinen Kurs zu hindern; dann wirst du Meister des siebenfältigen Pfades sein, aber nicht zuvor, oh Kandidat der Prüfungen vorübergehender Rede.

Nun wird klar, daß wir diese obskuren Passagen richtig interpretiert haben. Keine weitere persönliche Anstrengung ist erforderlich. Die Tore öffnen sich selbst für den Meister des Tempels.

61. Bis dahin erwartet dich eine bei weitem schwierigere Aufgabe: du mußt dich selbst als ALL-GEDANKEN fühlen und doch alle Gedanken aus deiner SEELE verbannen.

Der Diskurs geht nun wiederum in eine andere Phase dieser Aufgabe des Vairaga über. Es ist ebenso, wie in »Erde-Bhavana«, wo du ein Stück Erde anschauen und jenen Eindruck von Erde erreichen mußt, in dem keine erdige Qualität ist. »Die Erde, die keine Erde ist«, wie die Kabbalah sagen würde. So mußt du auf dieser höheren Ebene eine Quintessenz des Gedankens erreichen, von dem alle Gedanken vielleicht entwurzelte Abbilder sind, die aber auf keine Art und Weise an irgendetwas Teil hat, was diese Gedanken betrifft.

62. Du mußt diese Festigkeit des Bewußtseins erreichen, in welcher keine Brise, wie stark auch immer, einen irdischen Gedanken hinein wehen kann. So gereinigt muß der Schrein von aller Handlung, allem Klang und allem irdischem Licht bar sein; eben, wie der Schmetterling durch den Frost überwunden, leblos auf die Schwelle fällt, so müssen alle irdischen Gedanken tot vor dem Tempel niederfallen.

Wiederum eine weitere Phase dieser Aufgabe. Vollständige Ablösung, vollständige Stille, absoluter Wille; dies muß dieses reine Chiah sein, welches gänzlich von Ruach entfernt wurde.

63. Siehe, es steht geschrieben:
»Bevor die goldene Flamme mit stetigem Licht brennen kann, muß die Lampe an einem wohlbehüteten Punkt frei von allem Wind stehen«. Der windigen Brise ausgesetzt, wird der Strahl flackern und die zitternde Flamme wirft betrügerische Schatten, dunkel und immer wechselnd, auf der Seele weißen Schrein.

Dieser bekannte Satz wird üblicherweise so interpretiert, daß sie das Freihalten des Bewußtseins von eindringenden Gedanken bedeutet. Sie besitzt ebenso die geheime Bedeutung, auf welche wir mehrere Male hingewiesen haben.

Diese unglücklichen poetischen Bilder befremden uns wiederum. Blavatskys konstante Benutzung des Wortes »Seele«, ohne es zu definieren, ist äußerst ärgerlich. Diese Verse 63 und 64 müssen als Berichte eines der Erlangung des fünften Tores vorhergehenden Stadiums genommen werden. Wenn sich die Lanze in der Hand des Kriegers windet, aus welchem Grunde auch immer, ist das Resultat Tolpatschigkeit und Versagen.

64. Und dann, oh du Strebender nach Wahrheit, wird deine Bewußtseins-Seele wie ein verrückter Elefant werden, der im Dschungel wütet. Die Bäume des Waldes mit lebenden Feinden verwechselnd, vergeht er in seinem Versuch, die sich immer verändernden Schatten, die auf der Wand der sonnenbeschienenen Steine tanzen, zu töten.

Dieser Vers erklärt den Zustand des Bewußtseins, welches im Abyss versagt hat. Der Student wird verrückt.

65. Hüte dich, daß nicht in Sorge um das Selbst, deine Seele ihren Halt auf dem Boden des Deva-Wissens verliert.

66. Hüte dich, daß nicht im Vergessen des SELBST deine Seele ihre Herrschaft über das wankende Bewußtsein verliert und so den gerechten Lohn ihrer Eroberungen verwirkt.

Diese beiden Verse scheinen zu bedeuten, daß jegliche Aufmerksamkeit dem Selbst gegenüber eine Durchquerung des Abyss verhindern würde, während im Moment irgendeiner Unaufmerksamkeit dem Selbst gegenüber das Bewußtsein revoltieren würde. Mit anderen Worten: »Seele« bedeutet Neshamah und es ist für Neshamah wichtiger, die Aufmerksamkeit auf Chiah zu fixieren, als auf Ruach.

67. Hüte dich vor Wechsel! Denn Wechsel ist dein großer Feind. Dieser Wechsel wird dich abwehren und dich vom Pfade werfen, denn du gehst tief in zähe Sümpfe des Zweifels.

Das einzig Schwierige in diesem Vers ist das Wort »Wechsel«. Menschen, die meditieren, werden häufig durch ihre Lebensumstände aus der Bahn geworfen und diese Lebensumstände müssen absolut kontrolliert werden. Es sollte jedoch ebenso auf jeglichen Wechsel in den Methoden der Meditation bezogen werden. Du solltest dein Bewußtsein vollständig auf ein gegebenes Handlungsschema ausrichten und dich daran halten. Ein Mensch ist vollkommen hoffnungslos, wenn er, so er ein Mantram nicht erfolgreich findet, ein anderes versucht. Es gibt einen kumulativen Effekt in allen mystischen und magischen Arbeiten; und das Mantram, das du meditiert hast, wie schlecht auch immer, ist das beste, um damit weiterzumachen.

68. Bereite dich vor und sei zu Zeiten vorgewarnt. Wenn du versucht hast und gefehlt, oh makelloser Kämpfer, verliere doch nicht die Courage: Kämpfe weiter und kehre zur Aufgabe zurück, immer wieder.

Vers 68 bestärkt unsere Interpretation dieser Verse.

69. Der furchtlose Krieger, dessen wertvolles Lebensblut aus seinen weiten und klaffenden Wunden sickert, wird immer noch den Feind attackieren, ihn aus seiner Festung treiben und ihn vernichten, ehe er selbst sein Leben aushaucht. Handelt denn, all ihr, die ihr versagt und leidet, handelt wie er; und jagt aus der Festung eurer Seele all eure Feinde hinfort - Ambition, Ärger, Haß bis hin zum Schatten des Wunsches - sogar, wenn ihr versagt habt.

70. Erinnere dich, daß du für die Befreiung des Menschen kämpfst, jeder Fehler ist Erfolg und jeder ernsthafte Versuch gewinnt beizeiten seine Belohnung. Die heiligen Samen, die in der Seele des Schülers ungesehen sprießen und wachsen, ihre Stengel werden mit jedem neuen Versuch stärker, sie beugen sich wie Schilf und brechen niemals, noch können sie jemals verloren werden. Es sei denn, die Zeit reißt ihre Blüten fort.

. . . .

Doch wenn du vorbereitet kamst, dann habe keine Furcht.

. . . .

Diese Verse erklären den kumulativen Effekt, von dem wir sprachen. Es ist sehr schwer, durchzuhalten, da wir häufig scheinbar keinen Fortschritt machen. Das Wasser steht auf dem Herd und nichts, was auch immer, scheint zu geschehen. Aber ohne Vorwarnung beginnt es plötzlich zu kochen. Du magst seine Temperatur auf 99° steigern und es tausend Jahre auf 99° halten und das Wasser wird nicht kochen. Es ist der letzte Schritt, der den Trick ausmacht.

Eine Bemerkung mag in diesem Zusammenhang nützlich sein: »Ein bewachter Topf wird niemals kochen«. Der Student muß vollständige Loslösung praktizieren - muß das Stadium erreichen, wo er sich keinen Pfifferling darum kümmert, ob er erlangt oder nicht, während er zur selben Zeit ehrgeizig den Pfad der Erlangung verfolgt. Dies ist die ideale Einstellung. Sie wird in »Parsifal« sehr gut zum Ausdruck gebracht. Klingsor sagte, als er auf seinen Fehler aufmerksam gemacht wurde: »Oh, das ist durchaus einfach.«, nahm ein Messer und entfernte alle Gefahren, diesen Fehler jemals wieder zu begehen. Als er voller ehrlichen Stolzes über seine Erlangung zurückkehrte, fand er sich bei weitem schimpflicher zurückgewiesen, als zuvor. Zuletzt wird die heilige Lanze in die Halle des Grals zurückgebracht und dort, nicht durch Verlangen bewegt, nicht durch die schlaue Kundry verführt, sondern nach seiner eigenen Natur, mag das Opfer vervollständigt werden.

So, wie es zuvor erklärt wurde, ist es wichtig, sich nicht ständig um seinen eigenen Fortschritt zu sorgen; andernfalls ist alle Konzentration verloren und eine verstörbare Stimmung entsteht, Arbeit wird aufgegeben und der Student wird ärgerlich mit seinem Lehrer. Seine Bewußtseins-Seele wird ein verrückter Elefant, der im Dschungel wütet. Er mag sogar die Vision des Dämons Crowley erhalten. Aber durch Durchhalten auf dem festgelegten Pfad, durch Vermeidung von Enttäuschung, indem dem Feind Hoffnung nicht erlaubt wird, seine Saugnäpfe an deine Seele zu setzen, durch schlichtes Fortfahren auf dem festgesetzten Kurs, trotz Mara und seiner Heere, wird das Rad zum vollständigen Kreis, schlägt die Stunde, blüht die Palme und alles ist freudig und festlich, wie Alice, als sie zum achten Quadrat gelangt.

Es ist mein tägliches Gebet, daß es mir erspart bleibt, einen vollständigen Kommentar zu den extrem mystischen Arbeiten des Rev. C.L. Dodgson zu schreiben.

Bemerke die zwei Zeilen an Punkten am letzten Absatz dieses Verses. Es ist diese letzte Szene des Parsifal, die durch Worte nicht zum Ausdruck gebracht werden kann.

71. Dein Weg ist weiterhin klar, geradewegs durch Virya-Tor, dem fünften der sieben Portale. Du bist nun auf dem Weg, der zu dem Dhyana-Hafen führt, dem sechsten, dem Bodhi-Portal.

72. Das Dhyana-Tor ist wie eine Alabaster Vase, weiß und transparent; darin brennt ein stetiges goldenes Feuer. Die Flamme des Pragnya, die aus Atma strahlt.
Du bist diese Vase.

73. Du hast dich selbst von Objekten der Sinne entfremdet, gereist auf dem »Pfad des Sehens«, auf dem »Pfad des Hörens« und standest im Licht des Wissens. Du hast nun das Titiksha-Stadium erreicht.
Oh Narjol, du bist sicher.

. . . .

In diesen drei Versen wird die Reise zum sechsten Tore dargelegt. Es gibt keinen weiteren Streit, da ist nur das goldene Feuer in der Alabaster Vase und du bist diese Vase. Männliches und Weibliches werden wieder vertauscht. Über Chiah und Neshamah ist Yechidah und in dem niederen Aspekt dessen wurde man wieder Empfänger des Unendlichen, nicht das, was das Unendliche durchdringt.

Es gibt zwei Formeln, aus zwei Dingen eins zu machen. Die aktive Formel ist die des Pfeiles, der den Regenbogen durchbohrt, das Kreuz, errichtet auf dem Berg von Golgatha und so weiter. Aber die passive Formel ist die der Tasse, in welche der Wein gegossen wird, der Wolke, welche sich um Ixion hüllt. Es ist sehr ärgerlich zu hören, daß der Narjol sicher ist. Dies ist alles ein Ödipus-Komplex. Warum nicht »Sicher in den Armen von Jesus«? Zum Teufel mit diesem »immerwährende Ruhe«-Zeugs! Gib mir eine Nachtruhe dann und wann, ein kurzer Sprung ins Tao - und los geht's wieder!

74. Wisse, Eroberer der Sinne, wenn ein Sowani einmal den siebten Pfad gekreuzt hat, ist alle Natur mit freudvoller Ehrfurcht entzückt und fühlt sich unterworfen. Der silberne Stern glitzert nun die Neuigkeiten den Nachtblüten zu, das Bächlein berieselt die Kiesel mit der Geschichte; dunkle Ozean-Wogen röhren es den Ufer-Klippen zu, duftende Brisen singen es den Tälern und stattliche Pinien flüstern geheimnisvoll: »Ein Meister hat sich erhoben, EIN MEISTER DES TAGES«.

Dies ist eine weitere fürchterliche Konfusion zwischen dem persönlichen Fortschritt des Menschen und seinem Fortschritt in Relation zu seinen Inkarnationen.

Es kann gar nicht deutlich genug gemacht werden, daß diese Dinge völlig unterschiedlich sind. Blavatskys Versuch, Hinduismus und Buddhismus zu kombinieren, produziert ständige Reibungspunkte. Der erste Pfad in Dhyana hat nichts, was auch immer, damit zu tun, ein Srotapatti zu sein. Es ist völlig klar, daß man Meister aller acht Jhanas sein könnte, ohne mehr Hoffnung zu haben, ein Srotapatti zu werden als ein Pwe-Tänzer.

Jedoch, es ist eine äußerst poetische Beschreibung dessen, was auf dem siebten Pfad geschieht.

Man muß bedenken, daß am Ende der Pfade und der Portale eine bestimmte Verwirrung zwischen ihnen besteht. Scheinbar erreicht man das siebte Tor nicht vor dem Ende dieser Abhandlung. »Ein Meister des Tages« soll sich auf Manvantara beziehen, doch ist es ebenso ein offensichtlicher Satz, in welchem Tag äquivalent zu Sonne benutzt wird.

75. Er steht nun wie eine weiße Säule im Westen, auf deren Angesicht die aufgehende Sonne des ewigen Gedankens ihre ersten, höchst strahlenden Wellen ausgießt. Sein Bewußtsein, wie ein beruhigter und grenzenloser Ozean, strömt aus in den uferlosen Raum. Er hält Leben und Tod in seiner starken Hand.

Es ist interessant zu bemerken, daß er immer noch im Westen ist. Dies ist das halbvollständige Stadium. Er ist nun wirklich praktisch identisch mit Mayan selbst. Er hat den Erzeuger der Illusion getroffen und besiegt, wurde eins mit ihm und sein Problem wird sein, dies Werk so zu vervollständigen, daß es auf ihn selbst konzentriert wird, und keine Saat zurückläßt, die darauf wuchern und alles Erreichte zerstören kann.

76. Ja, er ist mächtig. Die lebende Kraft wurde freigesetzt in ihm, die Kraft, die ER SELBST ist, kann das Tabernakel der Illusion hoch über die Götter erheben, über die großen Brahma und Indra. Nun soll er sicher seine große Belohnung erhalten!

Die Versuchung an diesem Punkt besteht darin, ein Universum zu erschaffen. Er ist fähig: Die Notwendigkeit, dies zu tun, ist stark in ihm und er mag sich vielleicht sogar vorstellen, daß er eines erschaffen kann, welches frei von den drei Charakteristika ist. Evelyn Hall - eine frühe Liebe von mir - pflegte zu sagen: »Gott der Allmächtige - oder Worte, die das gleiche ausdrücken - hat kein Bewußtsein«. Und in diesem schrecklichen Stadium des Bewußtseins, in dem er sich befindet, einem Stadium kosmischem Priapismus, mag er sehr leicht Rot sehen, sich nicht darum kümmern, was das Resultat für ihn selbst oder seine Opfer sein mag und brutal sich selbst auf das Akasa projizierend, mag er es befruchten und das Universum beginnt von Neuem.

In Liber I scheint es, als müßte dies getan werden, als wäre es Teil der Arbeit und Liber Legis, wenn ich es recht verstehe, schärft dasselbe ein. Denn für UNS sind die drei Charakteristiken und die vier noblen Wahrheiten Lügen - die Gesetze der Illusion. Unser ist der Palast des Grals - nicht Klingsor's Festung.

77. Soll er die Gaben nicht benutzen, welche er zu seiner eigenen Ruhe und seinem eigenen Glanz erhielt, sein wohlverdientes Wohl und seinen Ruhm - er, der Unterwerfer der großen Täuschung?

Es wird nun gesehen, daß er dies nicht tun sollte, obwohl er in der Lage dazu ist. Er sollte im Gegensatz dazu die Last eines Magus auf sich nehmen. Diese gesamte Passage findet sich in viel deutlicherer Sprache in Liber I, EQUINOX VII.

78. Nein, oh du Kandidat der verborgenen Lehre der Natur! Wenn einer den Spuren des heiligen Tathagata folgt, sind diese Gaben und Kräfte nicht für sein Selbst.

Es sollte bemerkt werden, daß dies nicht identisch mit dem Weg ist, auf welchen der Meister des Tempels das Dasein, was einst »Selbst« genannt wurde, loslöst, damit es sich hinab über den Abyss schwingt, so daß es »in den Himmeln von Jupiter als ein Morgenstern oder ein Abendstern erscheinen mag, damit es denen Licht gebe, die auf der Erde wohnen«. Dieser Magus ist eine viel stärkere Person, als der Meister des Tempels. Er ist die kreative Kraft, während der Meister nur die empfangende ist. Aber in diesen Versen 78, 79, 80 mag sehr einfach angenommen werden, daß es sich lediglich um eine Rekapitulation der vorhergehenden Bemerkungen handelt, und ich bin verführt zu denken, daß im Bewußtsein der Autorin einige Verwirrung zwischen diesen beiden Graden herrscht. Sie erlangte lediglich den niederen. Doch sorgfältiges Studium dieser Verse wird den Leser dazu bringen zu bemerken, daß es sich um eine neue Kreation handelt, von welcher hier gesprochen wird, nicht um eine bloße Verbesserung.

Der einzig schwierige Vers in dieser Interpretation ist 86. Es steht eine Menge sentimentales Zeugs in diesem Vers. Er gibt ein völlig falsches Bild des Adepten, der nicht winselt, der nicht spielt. All dieses Getue über Bewahrung des Menschen vor weit größerem Elend und Sorge ist absurd. Zum Beispiel erklärt H.P.B. in einer Passage, daß die niederste Hölle ein menschentragender Planet ist.

Es ist ein gutes Stück Melancholie und Illusion über Verfolgung in diesem Vers. Vielleicht natürlich für jemanden, der von Vittoria Cremers betrogen und beraubt wurde?

79. Würdest du so die Wasser eindämmen, die Sumeru gebar? Wirst du den Strom zu deinem eigenen Wohl ablenken oder ihn zurücksenden zu seiner ersten Quelle, entlang der Gipfel der Zyklen?

Hier wird gesehen, daß das Ideal, welches von der Autorin vorgestellt wird, keineswegs Ruhe oder Immobilität ist. Der Pfad, oder eher das Ziel, ist symbolisiert als ein geschwinder und kraftvoller Strom. Das große Mysterium wird offenbart, daß der Pfad selbst das Ziel ist.

»Wäre die Welt verstanden,
Würdest du sehen, daß sie gut ist.
Ein Tanz zu einem delikaten Takt«.

Dies ist ebenso die Doktrin, die in allen Arbeiten von Fra. Perdurabo angeführt wurde. Du kannst sie in Liber 418 sehen, wo, sobald ein bestimmtes Stadium erreicht ist, der große Fluch sich in einen unantastbaren Glanz wandelt. Im Buch der Lügen wird ebenfalls wieder und wieder die gleiche Idee formuliert; und die Wiederholung ermüdet nur wegen der Schönheit und Vielfalt der Form niemals.

»Alles ist Leid«, sagt der Buddha. Recht so, damit zu beginnen. Wir analysieren die Dinge, die wir für am wenigsten leidvoll halten und indem wir eine genügend lange Periode oder eine genügend kurze Periode nehmen, können wir beweisen, daß sie die exquisiteste Qual von allen sind. Dies ist der Versuch aller buddhistischen Schreiber und ihrer noch schwächeren westlichen Imitatoren. Aber wenn einmal das Geheimnis des Universums gefunden ist, dann ist alles Freude. Dieser Satz ist ebenso universal.

80. Wenn du willst, daß dieser Strom hart verdienten Wissens, himmelsgeborener Weisheit, ein ständig fließendes Wasser bleibt, sollst du nicht zulassen, daß er zum stehenden Teich wird.

Hier haben wir dieselbe These, mit unerwarteter Gewalt entwickelt. So weit entfernt vom Pfad als Ruheort, bringt ihn das leichteste Schlingern zum Stehen.

81. Wisse, wenn du ein Mitstreiter Amitabhas werden willst, des »grenzenlosen Zeitalters«, dann mußt du das erlangte Licht ausgießen, einem Bodhisattwa gleich, auf die Weiten der drei Welten.

Die selbe Doktrin wird weiter ausgeführt, aber ich kann nicht die Autorität angeben, nach der Blavatsky von Kwan-Shi-Yin als einem Bodhisattwa spricht. Es wird im Kommentar zu Vers 97 völlig offensichtlich, daß Blavatsky nicht die geringste Ahnung davon hatte, was ein Bodhisattwa war und ist. Aber es ist durchaus wahr, daß du das Licht in der eingeführten Art und Weise auszugießen hast, wenn du das Leben eines Magus leben willst.

82. Wisse, daß der Strom des übermenschlichen Wissens und der Deva-Weisheit, den du gewonnen, von dir selbst, dem Kanal Alaya's, in ein anderes Bett gegossen werden muß.

Entwickelt weiterhin dieselbe Doktrin. Du hast die höchste kreative Kraft erlangt. Du bist das Wort und es muß gesprochen werden (Vers 83). In Vers 83 ist eine ziemliche Antiklimax und eine besonders unnötige Zersplitterung des Endlosen.

Blavatskys Schwierigkeit scheint gewesen zu sein, daß, obwohl sie immer vom Fortschritt des guten Narjol redet, er niemals in Bezug auf seine Sichtweise fortzuschreiten scheint. Nun, auf der Schwelle des letzten Pfades, ist er immer noch eine ordinäre Person mit vagem, visionärem Verlangen! Es ist wahr, daß Er die Vereinigung von allem, das lebt, wünscht, vollständige Harmonie in den Teilen und vollkommenes Licht im Ganzen. Es ist ebenso wahr, daß er eine Menge Zeit darauf verwenden mag, Menschen zu töten oder auf andere Weise zu unterrichten, aber Er hat in keiner Weise die alte Konzeption verstanden. Der gewöhnliche Buddhist ist schlicht unfähig, irgendetwas außer Details wahrzunehmen. Bhikkhu Ananda Metteya wies einst das Angebot, Verwalter einer Kokosnußplantage zu werden, zurück, weil er zu der Ansicht gelangt war, daß er dann Anweisungen zur Zerstörung von Ungeziefer geben müsse. Aber (mit dem besten Gefühl der Welt) aß er Reis und die Leute, die den Reis kultivierten, mußten ebenso eine Menge Ungeziefer töten. Man kann der Verantwortung auf diesem seltsamen Weg nicht entkommen. Er ist besonders dumm, denn das wichtigste an Buddhas Position ist, daß es kein Entkommen gibt. Die Anweisungen der Buddhisten sind vergleichbar mit

Anweisungen, welche der Kapitän der Titanic hätte geben können, aber nicht gegeben hat, da er nicht verrückt war, die Planken zu kalfatern, nachdem das Schiff in zwei Teile zerbrochen war.

83. Wisse, oh Narjol des geheimen Pfades, seine reinen, frischen Wasser müssen benutzt werden, die bitteren Wogen des Ozeans süßer zu machen - diese mächtige See des Leidens, geformt aus den Tränen der Menschen.

84. Wehe! wenn du einst wurdest wie der feste Stern am höchsten Himmel, muß diese strahlende himmlische Kugel aus Raumes Tiefen für alle scheinen - außer für sich selbst, allen Licht geben, doch von niemandem nehmen.

Es ist unvergleichlich ärgerlich, dieses Wort »Wehe«! am Anfang dieses Verses zu sehen als reinen Widerspruch zum Rest des Textes. Ist stupide, blinde Selbstsüchtigkeit so fest in der Natur des Menschen verankert, daß er sogar in dieser Höhe immer noch lamentiert? Glaube dies nicht. Es ist interessant, hier die Ansicht zu bemerken, welche von Ihm vertreten wird, der den Grad des Magus bereits erlangt hat. Er sagt:

> *»Tu was du willst, soll das Ganze des Gesetzes sein! Es mögen diese drei Vollkommenheiten meiner Sambhogakaya-Robe sein, aber Tatsache ist, daß man eine Stufe erreicht hat, wo Pfad beinahe bedeutungslos wird. Die Illusion des Leides wurde so restlos enthüllt, daß man kaum verstehen kann, daß man selbst oder irgendjemand anderes sich jemals in einer solch dummen Wirrnis befunden haben kann. Es scheint so vollkommen natürlich, daß alles genau so sein sollte wie es ist, und so richtig ist, daß man geradezu aufschreckt, wenn man die Natur seines Sterns kontempliert, welche einen auf diese »schweren Pfade« führte. Das einzig »falsche« ist überhaupt nur das Nachdenken über irgendetwas; dies ist natürlich das alte »Gedanke ist schlecht« auf einer höheren Ebene. Man beginnt, die Upanishaden zu verstehen, welche uns erzählen, wie das Ursprüngliche Es den Fehler machte, sich selbst zu kontemplieren und selbstbewußt wurde; und man durchschaut ebenso den gewaltigen Transzendentalismus, der im folgenden Satz aus dem Buch des Gesetzes verborgen ist: »Genug von Weil! Sei er verdammt wie ein Hund!« Dieses Universum - das* ΙΟ ΠΑΝ ΠΑΝ *und das* ΟΙΜΟΙ ΤΑΛΑΙΝΟΙ *ebenso - ist das Spiel unserer fröhlichen Lady. Es ist ebenso natürlich, all dieses schwermütige Zeugs über des müden Pilgers blutende Füße zu erhalten und über den Kandidat des Leides und all das, wie es für*

Theseus und Hippolyta ist, zu entscheiden, daß Pyramus und Thisbe sie amüsieren mögen. Die Öffentlichkeit wird den Magus wohl freundlich entschuldigen, wenn es Seine Natur ist - und Seine Stimmung - es zu verweigern, die Tragödie zu ernst zu nehmen und die rohen Possenspiele des Niederen zu verhöhnen. Vielleicht wäre es besserer Geschmack auf Seiner Seite, die Vorhänge seiner Loge zu schließen. Aber letztlich ist es Seine Freude, die Schauspieler zu belohnen. Liebe ist das Gesetz, Liebe unter Willen«.

85. Wehe! wenn du einst wurdest wie der reine Schnee in Berges Tälern, kalt und unempfindlich der Berührung gegenüber, warm und schützend für die Saat, die nahe seinem Herzen schläft - nun ist es dieser Schnee, welcher den beißenden Frost empfangen muß, die nördlichen Stürme; so die Erde vor ihren scharfen, grausamen Zähnen schützend, die die versprochene Ernte in sich birgt, die Ernte, die die Hungrigen nähren wird.

Sicherlich wäre die Mutter ein besseres Bild gewesen; und beklagt sich, oder erfreut sich die Mutter? Auch ist dieses Bild des Schnees ein schlechtes Bild. Wird der Schnee auf irgendeine Art und Weise durch den beißenden Frost der nördlichen Stürme belästigt?

86. Selbstverdammt dazu, zu leben durch zukünftige Kalpas hindurch, ungedankt und unverstanden von den Menschen; eingekeilt wie ein Stein zwischen zahllosen anderen Steinen, die die »Wachmauer« formen, solcherart ist deine Zukunft, wenn du das siebente Tor durchschritten hast. Erbaut durch die Hände vieler Meister des Mitleides, erhoben durch ihre Qualen, durch ihr Blut zementiert, schützt sie die Menschheit seit der Mensch Mensch ist, und bewahrt sie vor weit größerem Elend und Leid.

Der Kommentar zu diesem Vers wurde bereits gegeben.

87. Denn der Mensch sieht es nicht, wird es nicht verstehen, noch wird er das Wort der Weisheit beachten ... denn er kennt es nicht.

Hier ist tatsächlich das einzige, was, und wenn nur für einen Moment, den Adepten berühren könnte. Es macht ziemlich wütend, daß die Menschen den großen Preis, der ihnen angeboten wird, verachten. Aber auch dies nur, wenn der Adept für einen Moment auf eine niederere Ansicht verfällt, den üblichen Ausblick auf das

Universum annimmt. Wenn er sich nur an die sehr einfache und elementare Instruktion erinnert, daß der Magier arbeiten muß, als hätte er Allmacht unter seinem Befehl und Ewigkeit zu seiner Verfügung, wird Er nicht unzufrieden sein.

88. Aber du hast es gehört, du weißt alles, oh du von strebender, argloser Seele ... und du mußt wählen. Dann horche wiederum.

Dieser Vers leitet den Höhepunkt dieser Abhandlung ein.

89. Auf Sowans Pfad, oh Srotapatti, bist du sicher. Ja (sic)[52] *auf diesem Marga, wo nichts außer Dunkelheit den müden Pilger trifft, wo die Hände, durch Dornen verletzt, Blut tropfen, die Füße von scharfen, unnachgiebigen Obsidianen zerschnitten werden, und Mara seine stärksten Waffen führt - eine große Belohnung liegt direkt dahinter.*

Es ist nicht klar, auf welches Stadium des Pfades sich dies bezieht. In Vers 91 scheint es sich auf den Dhyana-Pfad zu beziehen, aber der Dhyana-Pfad wurde eingangs mit unterschiedlichen Ausdrücken in den Versen 71 bis 73 beschrieben, und es ist mit Sicherheit eine ziemlich schlechte Beschreibung des Zustandes des Srotapatti.

Ich denke, diese tragische Bemerkung ist zur Ausschmückung hinzugefügt. Verdammt seien all diese Qualen und Belohnungen! Besitzt denn der Narjol nicht die geringste Mannhaftigkeit?

90. Ruhig und unbewegt gleitet der Pilger den Strom hinauf, der zum Nirvana führt. Er weiß, daß je mehr seine Füße bluten werden, desto weißer er selbst gewaschen wird. Er weiß wohl, daß nach sieben kurzen und fließenden Leben Nirvana ihm gehören wird.

Hier finden wir wiederum eine vollkommen unbuddhistische Beschreibung. Es erscheint mir eher eine Paraphrase des Altbekannten:

»Stürmend durch die Tore des neuen Jerusalem, Gewaschen im Blut des Lammes«.

91. Solcherart ist der Dhyana-Pfad, der Hafen des Yogi, das glänzende Ziel, das Srotapattis ersehnen.

---

[52] Im Englischen »Aye« [A.d.R.].

Wiederum eine Verwirrung der Erlangung des Studenten in Anbetracht spiritueller Erfahrung und seiner Erlangung in Anbetracht seines Grades. Es gibt eine Verbindung zwischen diesen, aber es ist keine abgeschlossene, unveränderliche. Ein Mensch mag eine Menge Samadhi erleben, doch immer noch viele Leben von Srotapatti entfernt sein.

92. Nicht so, wenn er den Aryahata-Pfad gekreuzt und gewonnen hat.

Von hier bis Vers 95 folgt die Beschreibung dieses letzten Pfades, welcher zum letzten Tor führt.

93. Dort wird Klesha für immer zerstört und Tanhas Wurzeln werden ausgerissen. Doch bleib, Schüler ... Doch noch ein Wort: Kannst du göttliches MITLEID zerstören? Mitleid ist kein Attribut, es ist das Gesetz der GESETZE - ewige Harmonie, Alayas SELBST. Eine uferlose universelle Essenz, das Licht des immerwährenden Rechtes und Fähigkeit aller Dinge, das Gesetz der ewigen Liebe.

Hier wird wiederum eine ernste Schwierigkeit offensichtlich. Die Idee des Klesha, hier identifiziert mit der Liebe zu weltlicher Freude, scheint einen beinahe noch vor den Anfang zurückzuwerfen. Ist es nur zu diesem Zeitpunkt, daß der Beinahe-Arhat nicht länger zum Theater gehen will? Es darf nicht in diesem niederen Sinne interpretiert werden. Zur selben Zeit ist es schwierig, einen Sinn zu entdecken, der hoch genug ist, um diese Passage zu füllen. Für Tanha ist es leichter, eine Bedeutung zu finden, denn Madame scheint Tanha mit der kreativen Kraft zu identifizieren, von welcher wir gesprochen haben. Aber dies ist natürlich inkompatibel mit den buddhistischen Lehren zu dieser Angelegenheit. Tanha wird richtig definiert als der Hunger des Individuums nach immerwährender persönlicher Existenz, entweder im materiellen oder im spirituellen Sinne.

Im Hinblick auf den Rest des Verses liest es sich, als hätte Blavatsky wiederum das Schwert auf den gordischen Knoten gerichtet. Indem sie sagt, daß Mitleid kein Attribut ist, unterstützt sie lediglich, was offensichtlich nicht wahr ist und definiert es auf eine besondere, ich fürchte, auf eine etwas verleitende Weise. Es wäre unpassend, hier zu enthüllen, was vermutlich die wahre Bedeutung dieses Verses ist. Man kann ihn lediglich Mitgliedern des Sanctuarium der Gnosis, des IX° O.T.O., zum sorgfältigen Studium empfehlen.

94. Je mehr du eins mit ihm wirst, desto mehr verschmilzt dein Sein in sein SEIN, je mehr sich deine Seele mit dem, was IST vereint, desto mehr wirst du ABSOLUTES MITLEID.

Dieser Vers wirft etwas mehr Licht auf seinen Vorgänger. MITLEID[53] ist tatsächlich eine bestimmte chinesische Figur, derer Namen viele sind. Einer ist BAPHOMET.

95. Solcherart ist der Arya-Pfad, Pfad der Buddhas der Vollkommenheit.

Dies beschließt die Angelegenheit.

96. Jedoch, was bedeuten die heiligen Schriftrollen, die dich sagen lassen:

»Om! Ich glaube, daß nicht alle Arhats des nirvanischen Pfades süße Frucht erhalten.«

»Om! Ich glaube, daß nicht alle Buddhas in das Nirvana-Dharma eingehen.«

Hier kommen wir zu der Frage des letzten Verzichtes. Es ist unzweifelhaft wahr, daß man spirituelle Erfahrungen bis hin zum Punkte vollständiger Erlangung machen kann, ohne jemals die Arbeit eines Dhamma-Buddha auf sich zu nehmen, obwohl es kaum zu glauben ist, daß zu keiner Periode des Fortschrittes klar werden sollte, daß der Vollständige Pfad sowohl hinunter als auch hinauf geht.

97. Ja, auf dem Arya Pfad bist du nicht mehr Srotapatti, du bist ein Bodhisattwa. Der Strom ist überquert. Es ist wahr, daß du ein Recht auf die Dharmakaya-Robe hast; doch Sambhogakaya ist größer als ein Nirvani und größer noch ist ein Nirmanakaya - der Buddha des Mitleids.

Hier werden wir ein weiteres Mal der Ignoranz der Autorin in Bezug auf sämtliche Angelegenheiten mystischer Terminologie gewahr, eine Ignoranz, die in der Tat amüsant gewesen wäre, wenn sie zehn Jahre später gelebt hätte. Ein Bodhisattwa ist einfach ein Wesen, welches in einen Buddha kulminierte. Wenn du oder ich morgen Buddhas würden, dann wären all unsere vorherigen Inkarnationen Bodhisattwas, und deshalb, weil es kein einziges Staubkorn geben soll, daß nicht Buddhaschaft erlangen soll, ist jedes existierende Ding in einem Sinne ein Bodhisattwa. Aber in der Praxis wird dieser Term natürlich auf jene Inkarnationen dieses einen

[53]Im Englischen »COMPASSION« [A.d.R.].

Buddha, von dem wir Kenntnis haben, angewendet. Es ist deshalb lächerlich, Srotapatti als eine Seele niederen Grades neben Bodhisattwa zu plazieren. Buddha wurde erst sieben Inkarnationen, bevor er Buddhaschaft erlangte, zum Srotapatti.

Der letzte Teil des Verses und die lange Bemerkung (aus welcher wir nur das wesentliche zitierten) sind unsinnig. Einen vollständigen Buddha als »idealen Atem; Bewußtlosigkeit, eingegangen in universelle Bewußtlosigkeit oder Seele, frei von jeglichem Attribut« zu beschreiben, ist keineswegs Buddhismus und ist auch mit dem Buddhismus ziemlich unvereinbar.

98. Nun neige deinen Kopf und höre gut zu, oh Bodhisattwa - Mitgefühl spricht und sagt: »Kann da Glanz sein, wenn all diese Leben leiden müssen? Sollst du gerettet sein und die ganze Welt weinen hören?«

Nun hast du gehört, was gesagt wurde.

Wiederum steigen wir hinab zur Anti-Klimax einer etwas rührseligen Sentimentalität. Wiederum finden wir den Fehler der Dualität, diesen Gegensatz zwischen Selbst und anderen, welcher, sogar in den elementarsten Erfahrungen des Samadhi augenblicklich zerstört, durch Fortschritt in den Graden vollständig ausgelöscht wird. Der Pfad wäre in der Tat eine Tretmühle, wenn man immer in dieser Heilsarmee-Stimmung verbliebe.

99. Du sollst die siebte Stufe erlangen und das Tor des letzten Wissens durchqueren, doch nur, um Hochzeit mit dem Leid zu feiern - wenn du Tathagata sein willst, folge den Schritten deines Vorgängers, bleibe selbstlos bis zum endlosen Ende.

Du bist erleuchtet - wähle deinen Weg.

Die Anti-Klimax ist nun vollständig. Wissen ist keineswegs der letzte Schritt. Wissen wurde sogar bereits beim Meister des Tempels beendet und die ganze Frage von Heirat mit dem Leid, selbstlos bleiben bis zum endlosen Ende, ist bombastisch poetisch und basiert auf Mißverständnis. Sie ist ebenso kindisch, wie die rohe Konzeption vieler christlicher Sekten.

100. Siehe, das milde Licht, das den östlichen Himmel überflutet. Im Zeichen der Lobpreisung vereinen sich Himmel und Erde. Und von den vierfach manifestierten Kräften erhebt sich ein Gesang der Liebe, vom flammenden Feuer und fließendem Wasser, von süßriechender Erde und rauschendem Wind.

Horche! ... aus dem tiefen unergründlichen Wirbel des goldenen Lichtes, in dem der Sieger badet, erhebt sich die wortlose Stimme der ALL NATUR in tausend Tönen, um zu proklamieren!

FREUDE AUF DICH, OH MENSCH VON MYALBA.
EIN PILGER IST ZURÜCKGEKEHRT
»VOM ANDEREN UFER«
EIN NEUER ARHAN IST GEBOREN.

Friede allen Wesen.

Hier jedoch kommt so etwas wie wahre Poesie. Dies und nicht das Geschwätz, sollte als der Schlüssel zu diesem Meisterstück angesehen werden.

Liebe ist das Gesetz, Liebe unter Willen.

Weitere Titel Aleister Crowleys in unserem Verlagsprogramm

Liber Al vel Legis. Das Buch des Gesetzes

Dieses initiierte Buch bildet die Grundlage Thelemas und damit des von Crowley proklamierten Neuen Äons. Das Buch liegt in englisch-deutscher Fassung vor, wobei Zeilen- und Seitenfall dem Faksimile der Originalhandschrift entsprechen, welches auch enthalten ist.

Aleister Crowley
Liber Al vel Legis
ca. 150 S.
ISBN 978-3-89423-000-5

Das Buch der Lügen

Eines der berühmtesten Werke der modernen Magie.

Ein Kenner sagte über dieses Buch, daß es »dummidiotisch und verwirrend genial« sei. Dies ist das Buch, welches Theodor Reuss, das damalige Oberhaupt des »Ordo Templi Orientis« dazu veranlaßte, Crowley auf der Stelle zum Oberhaupt des englischen Zweiges dieses Ordens zu ernennen, denn, so sagte Reuss: »... das Buch beweist, daß Crowley alle magischen Geheimnisse kennt.«

Aleister Crowley
Das Buch der Lügen
204 S.
ISBN 978-3-89423-002-9

Liber 418
Die Vision und die Stimme

Dieses Buch, auch Liber CDXVIII genannt, ist die Aufzeichnung dessen, was geschah, als Crowley die Anrufung der 33 Aethyre vornahm. Die Aethyre, die, jeder für sich, auch als eigene Welt angesehen werden können, gehören zu den am schwersten faßbaren Ebenen, die von Magiern erreicht werden können.

Aleister Crowley
Liber 418 - Die Vision und die Stimme
ca. 280 S.
ISBN 978-3-89423-004-3

Liber 777 und andere kabbalistische Schriften

Ein Grundlagenwerk der Kabbala. Enthalten sind eine Einführung in die Techniken dieser ursprünglich jüdischen Geheimlehre, Crowleys Neapelanordnung, Abhandlungen über Zahlen und Symbole, Zuordnungstabellen, sowie ein sehr umfangreiches Sepher Sephiroth (Zahlwerte hebräischer Worte). Auch diejenigen, die Crowleys System der Zuordnungen, die jedoch im allgemeinen klassisch sind, nicht befürworten, werden aus dem umfangreichen Sepher Sephiroth sicherlich Gewinn ziehen können.

Aleister Crowley
Liber 777 und andere kabbalistische Schriften
ca. 450 S.
ISBN 978-3-89423-006-7

Magick, 2 Bände

Das Hauptwerk Crowleys, was die praktische Magie angeht. Im ersten Band werden die theoretischen Grundlagen seines Systems eingehend erläutert. Dazu gehören seine 1911 unter dem Titel Buch 4 veröffentlichten Abhandlungen über Yoga, welches er unter initiierten östlichen Yogis studierte, seine im Teil 2 behandelten magischen Instrumente und die magische Ausrüstung, sowie die allgemeinen Prinzipien der traditionellen Magie unter Einbeziehung der Sexualmagie.
Der zweite Band enthält vorwiegend diejenigen Rituale und Übungsanweisungen, die in diesem System von Wichtigkeit sind.

Aleister Crowley
Magick, Band 1 und Band 2
Bd. 1, ca. 550 S.
ISBN 978-3-89423-007-4
Bd. 2, ca. 350 S.
ISBN 978-3-89423-008-1

Confessions, 2 Bände
Die Bekenntnisse des Aleister Crowley

Crowleys Lebensgeschichte, von ihm selbst erzählt. Sein Statement zu diesem Werk: »Nichts ist erfunden worden, nichts wurde verdrängt, nichts verändert und nichts gefärbt. Ich glaube, daß die Wahrheit nicht nur seltsamer als Fiktion ist, sondern sogar interessanter.« Messen Sie Crowleys Biographie an diesem Anspruch!

Aleister Crowley
Confessions - Die Bekenntnisse des Aleister Crowley
Bd. 1, ca. 530 S.
ISBN 978-3-89423-012-8
Bd. 2, ca. 600 S.
ISBN 978-3-89423-013-5

Besuchen Sie auch unseren Online-Shop.
http://www.magiewelt.de